新标准学科教育系列教材

中学生物学教学设计

主编◎郑晓蕙 李增娇 张春雷

华东师范大学出版社
·上海·

图书在版编目（CIP）数据

中学生物学教学设计 / 郑晓蕙，李增娇，张春雷主编. -- 上海：华东师范大学出版社，2024. -- ISBN 978-7-5760-4692-2

Ⅰ. G633.912

中国国家版本馆 CIP 数据核字第 2024UT7628 号

中学生物学教学设计

主　编　郑晓蕙　李增娇　张春雷
策划编辑　李恒平
责任编辑　张　婧
特约审读　李　欢
责任校对　郭　琳　江小华
装帧设计　俞　越

出版发行　华东师范大学出版社
社　　址　上海市中山北路3663号　邮编 200062
网　　址　www.ecnupress.com.cn
电　　话　021-60821666　行政传真 021-62572105
客服电话　021-62865537　门市（邮购）电话 021-62869887
地　　址　上海市中山北路3663号华东师范大学校内先锋路口
网　　店　http://hdsdcbs.tmall.com

印 刷 者　常熟高专印刷有限公司
开　　本　787毫米×1092毫米　1/16
印　　张　20
字　　数　470千字
版　　次　2024年8月第1版
印　　次　2024年8月第1次
书　　号　ISBN 978-7-5760-4692-2
定　　价　59.00元

出版人　王　焰

（如发现本版图书有印订质量问题，请寄回本社客服中心调换或电话021-62865537联系）

前言

教师专业能力的发展是提升教学质量的重要途径,教学设计能力正是从各项教学能力中提取出来的上位能力,是提高教师专业水平和教学能力的核心内容之一。

国际上对于教学设计的研究由来已久。对于教学设计的思想源头可以追溯到古希腊哲学家亚里士多德、苏格拉底与柏拉图。20世纪初至二三十年代,美国教育家杜威提出"从做中学"的教育理念,美国心理学家、测量学家桑代克提出"联结理论"的教育主张,赫尔提出"刺激-有机体-反应(S-O-R)"的模型理论,标志着教学设计最初的思想萌芽。20世纪五六十年代,教学设计作为一门实践性很强的新兴学科,成为教育学领域中的重要分支。斯金纳在1954年发表的《学习的科学及教学的艺术》一文以及后来的文章中对程序教学进行了阐述,提出小步子原则、积极反应原则、即时强化原则、自定步调原则、低错误率原则,促使了教学设计理论的诞生和早期发展。20世纪70年代,许多认知心理学的研究成果被吸收到教学设计中,认知学习理论、系统科学理论等逐渐成为教学设计的指导思想,进一步推动了教学设计的发展。与此同时,许多学者提出了系统的教学设计模式,例如,加涅与布里格斯提出的ADDIE教学设计模型、迪克和凯里的"系统化教学设计"模式、梅瑞尔的成分显示理论、史密斯和雷根的"教学设计过程"模型、肯普的综合性教学设计模式、瑞格卢斯的精加工理论以及马杰的教学设计模型等。20世纪90年代以来,建构主义学习理论、联通主义学习理论等丰富了认知主义学习理论,促进了教学设计的迅速发展。近十年来,以网络和多媒体为核心的信息技术的发展与应用,研究者对绩效技术、知识管理的研究,以及教育游戏、移动学习与泛在学习的研究正在逐渐兴起,为教学设计的进一步发展提供了广阔的空间和土壤,成为教育学领域重要的研究方向。

我国对于教学设计的理论研究虽然起步较晚,但许多研究者和一线教师开展了不少卓有成效的实践研究。特别是随着《普通高中课程标准(2017年版2020年修订)》《义务教育课程标准(2022年版)》的颁布以及各版本中学教材的重新修订,我国基础教育改革进入深入发展的新阶段,这就对教师在教学中如何选择教学内容、运用什么样的方法和手段、采用什么样的教学策略、选择何种信息传播形式、如何对学生进行评价等,提出了新的要求。因此,如何有效贯彻课程的教学理念、落实课程培养目标、提高师范生和一线教师的教学设计和教学设计研究能力是师范院校教育专家们必须思考的问题。

"中学生物学教学设计"是中学生物学教师培养的专业基础课,根据《教师教育课程标准(试行)》,该课程从属于"中学学科教育与活动"学习领域之下的"中学学科教学设计"模块。"中学生物学教学设计"作为一门教师教育课程,是连接教育科学理论与中学生物学课堂教学实践之间的桥梁。该课程旨在提高学生生物学教学设计的理论素养与实践能力,不仅使学生具备生物学教学设计的理论基础，更引导学生将相关的理论运用于生物学教学实践之中，学会对自身的教育教学行为进行反思和改进，从而促进生物学教师专业水平的不断提高。

针对国家基础教育课程改革对中学生物学教师培养的需求，结合《教师教育课程标准（试行）》和师范生培养方案的要求，借助华东师范大学的师资力量和办学条件，以近年来教学改革、教学研究成果以及国内外生物学教育的新观念、新成果为基础，我校"中学生物学教学设计"课程于2012年入选了"教育部教师教育国家级精品资源共享课建设"项目。自项目建设以来，我们组建了涵盖课程与教学论教师、学科专家、不同地区一线中学教师及研究生的教研团队，对中学生物学教学设计开展了理论及实践研究，初步形成了《中学生物学教学设计》讲义并先后在近10年的华东师范大学本科教师教育课程和一线生物学教师培训课程中使用。结合我国基础教育课程改革的发展趋势、中学生物学教学的实际需求，以及专家和历届学生的反馈，我们不断地对讲义进行修订和完善，最终形成了这本《中学生物学教学设计》教材。本教材旨在提升生物学师范生和一线教师的教学设计理论素养和教学设计实践能力，加强高校教育研究与中学教学实践的对话，推进课程理念在课堂教学实践中的落实，从而提升我国生物学教育师资的力量和水平。

本教材整体的框架设计主要基于加涅《教学设计原理》中提出的ADDIE教学设计模型，以生物学教学设计为核心内容，遵循学习者的认知特点以及知识体系的层次性与完整性，共设置七章。其中，第一章首先引导学习者对教学设计的基本内涵、理论基础和基本模式有所了解；第二章旨在帮助学习者更好地理解中学生物学课程性质与课程目标，理解生物学学科核心素养，熟悉我国中学生物学课程的历史沿革与发展，以期为教学设计理论和方法的掌握做铺垫；第三章在介绍学习的内涵及相关学习理论的基础上，引导学生掌握学习者分析和学习内容分析的一般方法；第四章以教学目标的理论为基础，结合中学生物学教学设计案例，帮助学习者理解教学目标的内涵、作用以及表达方式，从而制定合理的教学目标；第五章旨在让学习者逐步掌握教学策略的选择、教学过程的设计与表述方法，其中在教学策略的设计部分，介绍了整体化、情境化、深度化、活动化等教学策略，深入探讨了基于学科核心素养发展的教学设计的实施策略；第六章分析了教学媒体的相关概念，介绍了中学生物学教学设计中常用教学媒体的特点及相关案例，讨论了教学媒体的选择方法；第七章在介绍教育评价基本理论及其发展情况的基础上，引导学习者学会对学生的学业成就和教师的教学设计与实施进行合理评价。

本教材以促进学习者发展为主要目标，基于活动理论视角，在每一节中设置了若干任务，每个任务都有相应的任务情境，并以一系列的学习活动为线索组织章节内容。这些活动并不是简单的、形式上的操练活动，而是引导学习者尝试在解决问题的过程中，实现课程的学习目标，从而更好地凸显学习者在学习过程中的主体地位。学习者可以利用"资料阅读""课标链接""案例鉴赏/评析""拓展阅读""小试牛刀"等栏目和学习资源，获得多方位的感知和活动体验，逐步形成"中学生物学教学设计"完整的知识结构，获得教学设计与教学实践能力的提升。

本教材由郑晓蕙、李增娇、张春雷担任主编；华东师范大学教师教育学院栾瑞红博士，上海市正高级生物学特级教师张治、娄维义，闵行中学副校长韩雁等参与了精品课程的建设与实践活动;华东师范大学生命科学学院课程与教学论专业的历届硕士研究生吴旭聪、张诗田、杨宇杰、程亮、陈曦乐、蒋清玲、赵怡姗、陈樱樱、覃艳妮、于佳萍、刘佳露等,参与了前期资料的搜集与整理,在此一并表示感谢。本教材的编写和出版还受到了华东师范大学精品教材建设专项基金(2019年度)的资助,也受到了华东师范大学出版社、华东师范大学教师教育学院、华东师范大学生命科学学院以及《生物学教学》杂志编辑部的关怀和大力支持,在此表示衷心的感谢。

教材的编写参阅了诸多专家、学者的著作和论文,所引文献绝大部分已经在参考文献中列举,如有遗漏,恳请谅解!

由于编写时间、精力和学术水平有限,书中会有不妥与错误,恳请专家、同行和广大读者批评指正。

郑晓蕙　李增娇　张春雷
2024年2月于华东师范大学

目录

第一章 教学设计概述 / 1
第一节 教学设计的基本内涵及理论基础 / 3
第二节 教学设计的基本模式 / 7

第二章 中学生物学课程要素分析 / 15
第一节 中学生物学课程的性质、理念和目标 / 17
第二节 理解生物学核心素养 / 26
第三节 中学生物学课程的发展 / 38

第三章 中学生物学教学分析 / 51
第一节 学生是如何学习的 / 53
第二节 学习者分析 / 67
第三节 学习内容分析 / 86

第四章 中学生物学教学目标设计 / 113
第一节 中学生物学教学目标概述 / 115
第二节 中学生物学教学目标的设计 / 132

第五章 中学生物学教学策略与过程设计 / 145
第一节 中学生物学教学策略设计 / 147
第二节 中学生物学教学过程的设计 / 190

第六章 中学生物学教学媒体的设计 / 209
第一节 教学媒体概述 / 211

第二节 生物学教学中常用的教学媒体／217

第三节 教学媒体的选择／235

第七章 中学生物学教学评价设计／243

第一节 中学生物学教育评价概述／245

第二节 对学生学习效果的评价／255

第三节 对教师教学的评价／294

课外活动：说课／309

第一章
教学设计概述

要点提示

本章首先分析了教学设计的基本概念及具体作用,介绍了教学设计的主要理论基础,包括学习理论、教学理论、系统论及传播学理论;然后介绍了目前国际上比较典型的5种教学设计模式;最后建构了本书倡导的中学生物学教学设计模式及其包含的内容,为后续章节的学习奠定基础。

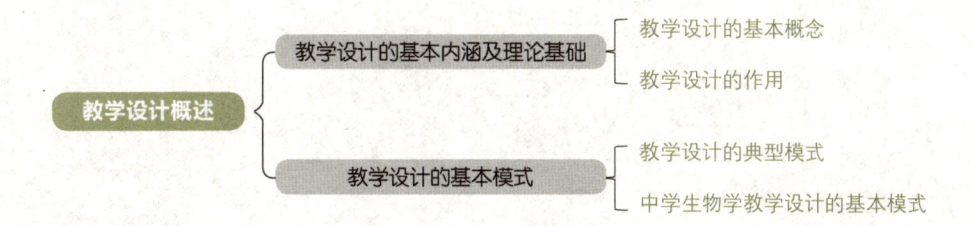

```
                    ┌─ 教学设计的基本内涵及理论基础 ─┬─ 教学设计的基本概念
教学设计概述 ───────┤                                └─ 教学设计的作用
                    └─ 教学设计的基本模式 ───────────┬─ 教学设计的典型模式
                                                    └─ 中学生物学教学设计的基本模式
```

学习目标

1. 通过分析不同专家提出的教学设计的概念,尝试理解教学设计的内涵。
2. 结合内容的学习和自己的理解,能够说出教学设计的重要作用。
3. 通过阅读资料,知道教学设计的相关理论基础。
4. 通过分析国际上典型的教学设计模式,尝试说出不同模式的区别和联系。
5. 能够理解中学生物学教学设计的基本模式,陈述教学设计包含的主要内容。

第一节
教学设计的基本内涵及理论基础

情境导入

三位生物学实习教师的课堂教学

实习教师 A 认为课堂就是教师的展示舞台,教师是课堂绝对的主角,教学效果的达成靠的是教师多讲、学生多练。所以在讲课时她只是一个人自顾自地讲解,讲到后面,她自己感觉很累,学生也有点昏昏欲睡,完全没有学习的兴趣。

实习教师 B 在上课之前进行了精心的准备,设计了教学过程,她认为中学教材很多知识没有讲清楚,所以特意查阅了大学的教材,将大学中学习的生物学知识补充进自己的课堂,结果发现学生似乎都听不太懂,学习积极性很低。

实习教师 C 分别在不同层次班级中都采用了探究式的教学策略,但是他发现在一个班级中探究教学开展得非常顺利,而另一个班级却什么都探究不出来。教学效果为什么会产生这么大的差异呢?

你能尝试分析为什么三位教师的教学没有达到理想的教学效果吗?
教师为什么要进行科学合理的教学设计呢?

一线教师能否重视学生的主体地位,对学习内容和学生情况进行合理分析,并针对学生情况设计有针对性的教学目标、教学策略和教学评价等,将直接影响课堂的教学效果。而这些内容正是教学设计的基本内容。那么教学设计的内涵是什么,它又有怎样的作用呢?带着这些问题,让我们进入本节的学习吧。

任务 1:理解教学设计的内涵及作用

教学设计作为一门教学技术,诞生于 20 世纪六七十年代的美国,在 20 世纪八九十年代,这一学科得到迅速发展,形成了许多教学设计的理论和模型。[①]

1. 教学设计的基本概念

很多学者从不同的角度对教学设计的内涵进行了不同的阐述。请自主阅读以下的专家视角,分析这些定义的区别和联系。

---

① 皮连生.教学设计(第 2 版)[M].北京:高等教育出版社,2009.

> **专家视角**
>
> 　　教学设计是一个系统化规划教学系统的过程。教学系统本身是指对资源和程序做出有利于学习的安排。
> 　　　　　　　　　　　　　　　　　　　　——加涅《教学设计原理》
> 　　用系统方法描述教学,分析、设计开发、评价和修改的全过程。
> 　　　　　　　　　　　　　　　　　　——迪克、凯瑞等《系统化教学设计》
> 　　教学设计指将学习与教学原理转化为教学材料、教学活动、信息资源和教学评价计划的系统化和反思性过程。　　——史密斯、拉甘《教学设计》
> 　　教学设计是设计科学大家庭的一员,设计科学各成员的共同特征是用科学原理及应用来满足人的需要。因此教学设计是对学业业绩问题的解决措施进行策划的过程。
> 　　　　　　　　　　　　　　　　　　——帕顿《什么是教学设计》
> 　　教学系统设计是运用系统方法分析教学问题和确定教学目标,建立解决教学问题的策略方案、试行解决方案、评价试行结果和对方案进行修改的过程。
> 　　　　　　　　　　　　　　　　　　　　——乌美娜《教学设计》
> 　　教学设计是运用系统方法,将学习理论与教学理论的原理转换成对教学目标(或教学目的)、教学条件、教学方法、教学评价等教学环节进行具体计划的系统化过程。
> 　　　　　　　　　　　　　　　　　　　　——何克抗《教学系统设计》

　　从以上这些定义可以看出,有的阐述突出教学设计的系统特征,有的侧重学习经验和学习环境的设计与开发,有的则从设计科学的视角出发突出教学设计的设计本质。

　　如果要给教学设计下一个定义的话,那么本书倾向于认为:教学设计是运用系统思想和方法,以学习理论、教学理论和传播学理论为基础,来计划和安排教学全过程的诸环节及各要素,以实现教学效果最优化为目的的科学。

2. 教学设计的作用

▲ 教学设计有利于增强教学工作的科学性,提高教学质量

　　教学设计在一定程度上克服了以往经验式教学的不足,将教学工作建立在学习理论、教学理论、传播学理论和系统科学理论的基础上。它使教学过程有了科学依据,教学活动的每个步骤、每个环节都有相应的理论支撑;教师的每一种教学行为都会受到教学设计方案的约束和控制;教学过程的运行科学、有序、有效,确保了教学任务的完成和教学质量的提高。

▲ 教学设计能够整合教学要素,形成最大的教学合力

　　教学活动是一个由若干要素以一定的联系方式构成的教学系统。每个要素都能对教学效果产生直接或间接的影响作用。这种影响作用不是各要素的力的简单相加,而是各要素之间相互联系、相互作用所产生的"合力"。教师只有综合地、整体地规划和安排教学活动,全面、周密地考虑、分析每一个教学要素,使每个教学要素在指向教学目标的同时,形成最优的匹配关系,产生最大合力,才能收到最佳教学效果。

▲ **教学设计是联结教学理论与教学实践的重要环节**

如何解决教学理论"上不着天,下不着地"的问题,使其有效地指导教学实践、服务教学实践,这是教学理论研究者和教学实践工作者都十分关心的一个问题。对教学设计的研究和实践,实际上就是为了把教学理论与教学实践结合起来,充分发挥教学理论对教学实践的指导功能的一条重要途径。

小试牛刀

结合以上内容的学习和自己的理解,请你谈谈学习教学设计有怎样重要的作用。

任务 2：阅读并了解教学设计的理论基础

通过前面对教学设计概念的学习理解,我们其实可以发现,教学设计作为一门复杂的教学技术,其理论基础包括了学习理论、教学理论、系统论和传播学理论等。

1. 学习理论

学习理论是探索人类学习的本质及其形成机制的心理学理论,而教学设计是为学习而创造环境,是根据学习的需要设计不同的教学计划,因此教学设计必须广泛了解学习及人类行为,教学设计的学习理论基础主要是以斯金纳、华生等人为代表的行为主义学习理论,以布鲁纳、奥苏伯尔等为代表的认知主义学习理论和以皮亚杰、维果茨基为代表的建构主义学习理论等。[1] 学习理论可以说是教学设计最重要的理论基础,所以本书在第三章会专门来讨论对中学生物学教学设计产生重要影响的学习理论。

2. 教学理论

教学理论是为解决教学问题而研究教学一般规律的科学。教学设计是科学地解决教学问题、提出解决方法的过程,为了解决好教学问题,人们就必须遵循和应用教学客观规律。教学设计的教学理论基础主要有斯金纳的程序教学理论,布鲁姆的教育目标分类理论,布鲁纳的以认知结构为中心的课程论思想、发现式学习和探究式教学理论,奥苏伯尔的有意义教学理论,巴班斯基的教学过程最优化理论,加涅的任务分析教学论和我国学者皮连生的"六步三阶段教学"模型等。对中学生物学教学设计产生重要影响的教学理论,我们在后面的章节中也会陆续学习到。

3. 系统论

教学设计的方法论基础是系统科学理论。系统理论把事物看成由相互关联的部分所组成的具有特定功能的整体。它要求人们着眼于整体,从整体与部分、整体与环境之间的相互联系、相互制约中选择解决问题的优化方案。教学设计的根本特征是追求教学设计的最优化。

系统科学理论指导下的教学设计把教学视为一个由若干要素组成的整体,包括教师、学

---

[1] 严文法.教学设计能力实训[M].北京:高等教育出版社,2019.

生、教学内容、教学方法、教学环境等若干要素,教学设计就是要把这些要素系统化,将其视为一个整体进行综合设计,以达到教学设计、教学效果的最优化。因此,教学设计又称为教学系统设计。

4. 传播学理论

教学过程是一个信息特别是教育信息的传播过程,在这个传播过程中有其内在的规律和理论。美国政治学家拉斯维尔 1948 年在《社会传播的构造与功能》一书中,用"5W"公式简明地表达了一般传播过程中的五个基本要素和直线型的传播模式,如下所示。

传播者 → 信息 → 媒体 → 接收者 → 效果
　谁　　说什么　渠道　　给谁　　取得什么效果

用"5W"公式分析教学过程,我们可以看到教学传播过程至少涉及以下要素(表 1-1),这些要素自然成为研究教学过程、解决教学问题的教学设计所应该关心和考虑的重要因素。

表 1-1　教学传播过程涉及的要素

Who	谁	教师或其他教学信息源
Says what	说什么	教学内容
In which channel	通过什么渠道	教学媒体
To whom	对谁说	教学对象
With what effect	产生什么效果	教学评价

任务小结

通过本节两个任务的学习,我们理解了教学设计的基本内涵、重要作用和主要的理论基础。相信大家对教学设计已经有了初步的认识,知道了教学设计的最终目的是在对教学设计各构成要素分析的基础上,在提出解决问题的最佳设计方案的基础上,实现教学效果的优化。这为我们后续学习中学生物学教学设计的具体方法奠定了基础。

拓展阅读

进一步阅读以下文献,加深对教学设计相关理论的全面理解。

[1] 加涅,等.教学设计原理(第五版修订本)[M].王小明,庞维国,陈保华,等译.上海:华东师范大学出版社,2018.
[2] 皮连生.教学设计(第二版)[M].北京:高等教育出版社,2009.
[3] W.迪克,L.凯瑞,J.凯瑞.系统化教学设计(第六版)[M].庞维国,等译.上海:华东师范大学出版社,2007.
[4] 钟启泉.教学设计[M].上海:华东师范大学出版社,2022.
[5] 史密斯,雷根.教学设计[M].庞维国,等译.上海:华东师范大学出版社,2008.

第二节
教学设计的基本模式

教学设计理论与实践发展到今天,在不同的教学设计专著中出现了许多教学设计模式。这些教学设计模式繁杂多样,适用的情境对象也大相径庭。但是,从一定意义上说,都是回答"我们的教学要引导着学生'到哪里去'？我们怎样让学生'到那里去'？学生是否'到了那里'？"三个基本问题。了解教学设计的基本模式有助于我们初学者顺利地开展中学生物学教学设计。那么,目前都有哪些比较典型的教学设计模式呢？这些模式又对我们中学生物学教学设计模式的建构产生怎样的影响呢？

任务 1：阅读并了解教学设计的典型模式

在教学设计过程中,因设计者所持的教育立场、教学理论依据、教学目标任务、教学对象特点等的不同,教学设计的基本步骤和方法也就不同,从而形成了不同的教学设计模式。比较典型的教学设计模式有:

1. 系统分析模式[①]

系统分析模式是把教学过程看作输入(学生)—产出(受过教育的人)的系统过程。通过对教学系统的输入—产出过程及其各组成要素的全面分析和组合,以获得最佳的教学设计方案。美国心理学家加涅(R. M. Gagne)和布里格斯(L. J. Briggs)提出了系统分析模式。这一教学设计模式的基本步骤为:

(1) 分析和确定现实需要；
(2) 确定教学的一般目标和特定目标；
(3) 设计诊断或评估的方法；
(4) 形成教学策略,选择教学媒体；
(5) 开发、选择教学材料；
(6) 设计教学环境；
(7) 教师方面的准备；
(8) 小型实验,形成性评价及修改；
(9) 总结性评价；

[①] 司晓宏,张立昌.教育学教程[M].北京:高等教育出版社,2011.

(10) 系统的建立和推广。

其中，前七个步骤为教学的预设计，而后三个步骤是对教学设计方案的验证、评价和修订。这一教学设计模式强调采用系统分析的方法，对教学系统的各个构成要素进行综合分析，从而实现教学过程和结果的最优化，设计出最佳的教学方案。

2. 目标模式①

目标模式是由美国教学设计专家迪克（W. Dick）和凯瑞（L. Carey）提出来的。这一教学设计模式与系统分析模式一样，也强调系统分析，但不同的是它没有把教学过程看作输入—产出的系统过程，而是强调以教学目标作为基点来系统设计教学方案。

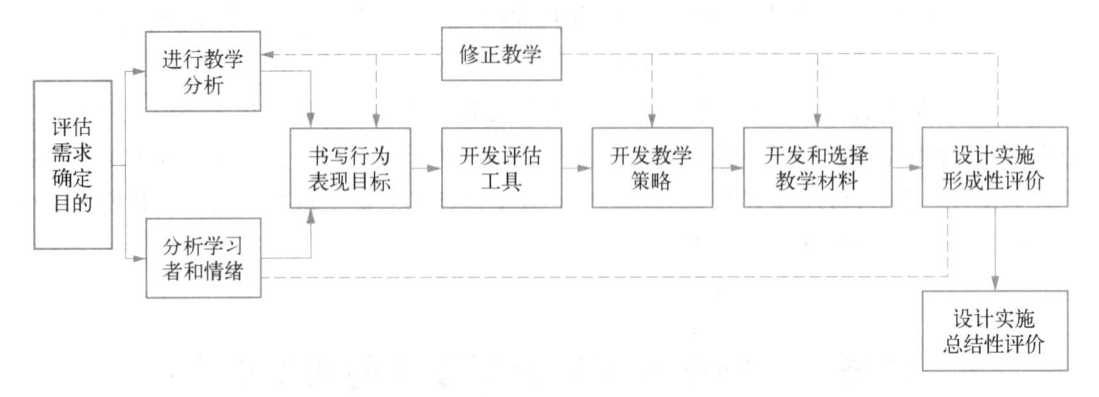

图1-1 目标模式

这一教学设计模式的基本程序呈直线型，其主要步骤有：

（1）确定教学目标。即根据教学的总目标确定教学的行为目标。行为目标应对学生学习活动的预期结果、课程中的重点难点以及其他特殊要求有明确规定。

（2）进行教学分析。确定教学目标后，要通过对目标的进一步分析，确定学生应掌握的各种知识、技能和技巧，并确定掌握某种技能技巧的过程或步骤。

（3）分析学生的现实发展水平。学生的现实发展水平主要指学生已有的知识、能力水平、学习准备状态和一般身心发展特点。

（4）列出操作目标。在完成前三项工作任务的基础上，进一步列出具体的、可操作的目标，即进一步分解和细化已确定的教学目标。

（5）确定测验项目的参照标准。以教学目标为依据，设立测验评价的参照标准。要注意测验项目的要求与目标所陈述的行为类型应有关联。

（6）确定教学策略。为达成预定的教学目标，设计者必须考虑采用何种教学策略和方法来有效实施教学。

（7）选择教学材料。根据教学的需要，合理选择和利用有用的资源，如教学材料、学生学习指南、教师指导书和试卷等。

（8）进行形成性评价。从个体评价、小组评价和学科评价三类形成性评价中，获得有益的反馈信息。

---
① 司晓宏,张立昌.教育学教程[M].北京：高等教育出版社,2011.

(9) 修正教学。根据形成性评价所得到的反馈信息,发现教学中的不足,进一步修正教学方案。

目标模式重视教学目标的基点作用,注重从教学过程各要素关联中,根据学生已有的学习水平来设计教学方案。这种教学设计模式的设计过程系统性强、设计步骤环环相扣,便于操作,因而成为目前应用最广泛的一种教学设计模式。

3. 过程模式[①]

过程模式是由美国新泽西州立大学教授肯普(G. E. Kemp)提出来的,也称为肯普模式。这一教学设计模式的设计步骤是非直线型的。设计者根据教学的实际需要,可从整个设计过程的任何一个步骤起步,向前或向后展开。肯普等人在编著的《设计有效教学》一书中指出通过教学设计开展的教学要关注学习者本身,而不是传统教学及培训所关注的教学内容。也就是说,教学设计应是从学习者的观点而非传统的从内容的视角来考虑教学。

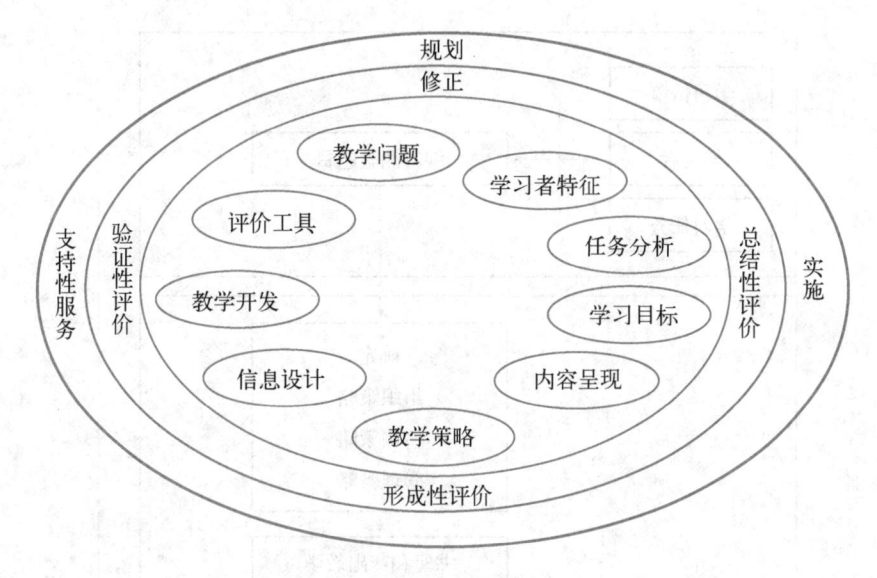

图 1-2 过程模式

过程模式的设计步骤主要有:

(1) 确定教学目的和课题。主要是解决在教学中想要完成什么样的问题。

(2) 列出学生的重要特点。如学生的一般特征、能力、兴趣和需求等。

(3) 确定学习目标。

(4) 确定学习目标的主题内容。主要是将学习目标具体化和可操作化。

(5) 预测学生已有的学习准备状况。如学生已有的知识经验水平和学习能力等。

(6) 构思教学活动,选用教学资源。主要是确定实现教学目标用什么样的教学方法和教学资源最合适。

(7) 评定学生学习,评价和修正教学方案。

这一教学设计模式具有较强的灵活性和适用性,设计者可根据教学情境的需要有针对

[①] 司晓宏,张立昌.教育学教程[M].北京:高等教育出版社,2011.

性地设计教学方案。

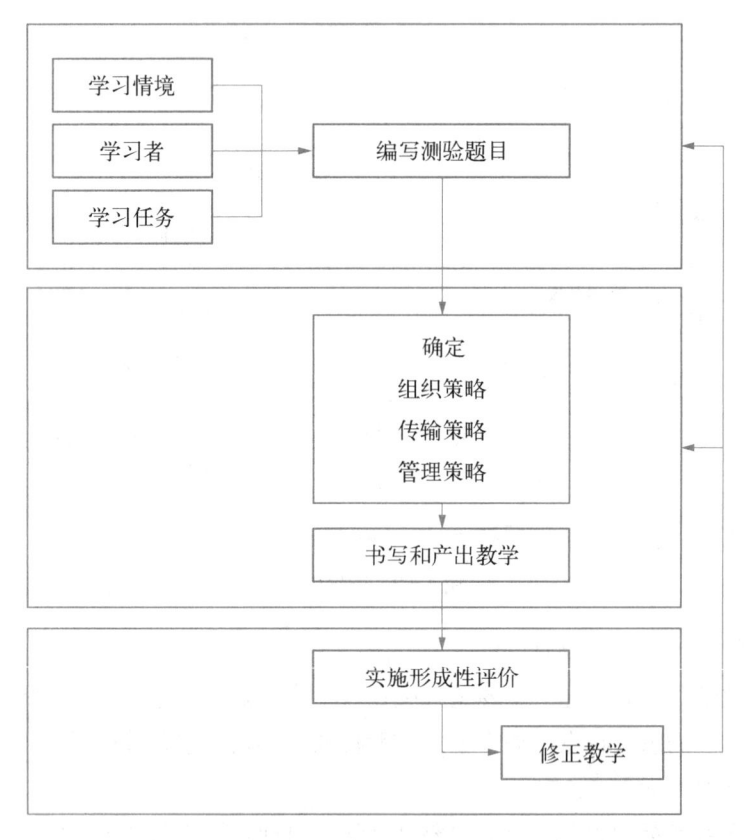

4. 史密斯和拉甘模式[①]

史密斯和拉甘(P. L. Smith & T. J. Ragan)的《教学设计》(*Instructional Design*)于1995年出版第一版,1999和2005年分别出版了第二和第三版。该书目前在国际教学设计研究领域享有盛誉。

史密斯和拉甘将教学设计过程划分为三个阶段:分析阶段、策略阶段和评价阶段。在第一阶段,分析学习环境、学习者、学习任务,制定初步的设计栏目;在第二阶段,确定组织策略、传递策略,设计好教学过程;在第三阶段,进行形成性评价,对预期的教学过程予以修正。这三个阶段或三个设计活动是绝大多数教学设计模式都予以强调的。在史密斯和拉甘看来,教学设计模式是教学设计过程的一种形象表征,由此突出了各个要素及其相互关系。他们认为,自己的模式同迪克等人的模式并无根本的差别,也算是一个常见的模式。但是该模式突出了情境分析以及按照组织、传递和管理三个类别来讨论策略等,还是有其创新之处的。

图 1-3 史密斯和拉甘模式

5. 马杰模式[②]

马杰(R. F. Mager)所著的《有效教学的设计》(1997年第二版)也是一本出色的教学与培训设计著作。《有效教学的设计》以当今教学与培训设计的先进理念为依托,依据教学分

---

① 盛群力.教学设计的基本模式及其特点[J].广州大学学报(社会科学版),2006(07):32-37.
② 盛群力.教学设计的基本模式及其特点[J].广州大学学报(社会科学版),2006(07):32-37.

析、设计、开发、实施和评价等阶段(即教学设计或培训设计界通用的 ADDIE 模式),具体讨论了分析业绩、分析目标、分析任务、确定教学具体目标、落实知识技能分层、明确课程先决条件、配置标准测试、提供针对性练习、确定教学内容、选择教学传递方式、安排教学模块、开展试教、安排教学顺序、制定上课程序、做好准备工作、实施教学和教学改进等各个教学设计具体工作。马杰认为,尽管这些程序是按实际完成的大致顺序来阐述的,但并非是指进入了后一个程序,前面的程序就可以抛诸脑后了。教学设计总是要求思前顾后、通盘考虑。

其教学设计模式中的各步要义如下:

(1) 教学分析阶段。包括实施业绩分析,开展目标分析,完成任务分析。

(2) 教学设计阶段。包括说明教学具体目标,明示技能分层,说明预期教学对象,规定课程先决条件。

(3) 教学开发阶段。包括拟定标准测试,提供针对性练习,选择教学内容,选择教学传递方式,安排教学模块,进行试教,单元教学排序。

(4) 教学实施阶段。包括制定上课程序,做好各种准备,实施教学。

(5) 教学评价或改进阶段。涉及对教学实践的现状和预期的教学进行比较。

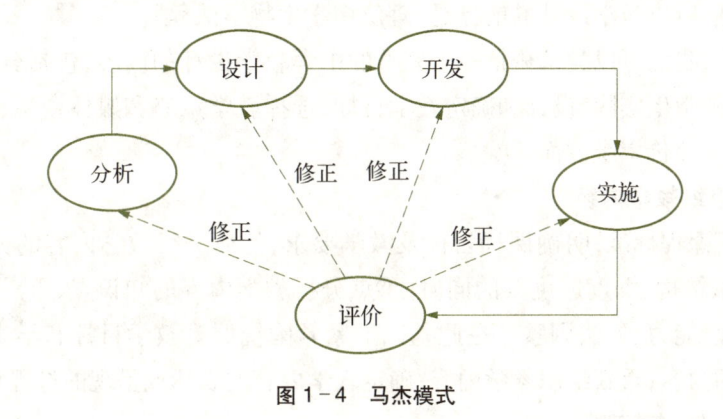

图 1-4　马杰模式

> 小试牛刀

结合以上内容学习,你发现以上模式有什么共同点?教学设计包含哪些共同要素?

任务 2:分析并建构中学生物学教学设计的基本模式

结合 ADDIE 教学设计模型及中学生物学课程的特点,我们尝试提出了中学生物学教学设计的基本模式,供学习者参考。这一模型共分为三个部分:分析、设计和评价。分析部分包括对学习内容的分析和学习者分析;设计部分包括对教学目标的设计、教学策略的设计、教学媒体的设计和教学过程的设计;评价部分主要是对学习成果评价的多元化设计,以促进对教学设计的反馈修正。当然,笔者认为只有理解中学生物学课程的本质与课程目标,理解生物学核心素养,熟悉我国中学生物学课程的历史沿革与发展,才能为教学设计理论和方法

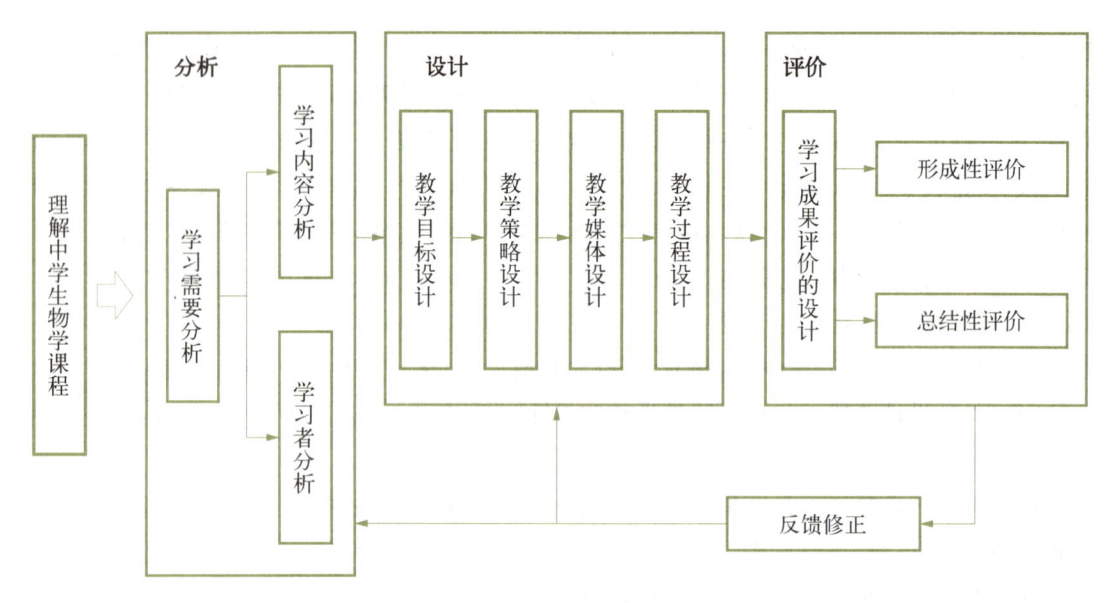

图 1-5　中学生物学教学设计基本模式

的掌握打好基础,所以教学设计的前提是"理解中学生物学课程"。

基于此模式,我们可以尝试概括一个完整的中学教学设计的内容,包括分析和组织教学内容、分析和了解学生实际、设计和确定教学目标、选择教学策略和媒体资源、设计具体的教学过程、设计教学评价六个方面。

1. 分析和组织教学内容

首先要分析课程标准,明确课程目标及教学要求,然后进行教学内容的分析,在整体把握教学内容体系结构、深度广度等的同时,重点分析教学内容的知识点、重点、难点、疑点以及所包含的教育、能力、方法因素。在此基础上紧紧围绕课堂教学目标和学生的学习实际,选择学生学习的内容,重新组织教学内容,确定教学内容的表达或呈现的过程和方式。

2. 分析和了解学生实际

分析和了解学生的学习实际是进行教学设计的关键环节。分析和了解学生的学习实际主要包括学生已有的学习准备状态、认知结构及认知发展水平、自主学习能力以及非认知品质,以确定教学活动的起点。同时还要分析和了解学生从教学活动开始到教学活动结束这一过程中,应该掌握的知识技能和应当形成的情感态度与价值观。分析和了解学生,既要关注学生个体的学习实际,又要把握好学生集体的学习情况,这样教学设计就会更有针对性。

3. 设计和确定教学目标

教学目标是对教学活动所要达到的预期结果的要求的规定,指导和支配着整个教学活动。只有设计和确定出合理的教学目标,教学过程的运行才会有明确的方向,教学过程运行的效果才会有科学的评价依据。设计和确定教学目标首先要从整体出发,注重不同维度目标的统一。其次,对各项总目标进行分解,使其具有可观察性、可测量性。再次还要考虑目标的难度要适中,以确保学生在教师的指导下,通过自己的主观努力能够达到。

4. 选择教学策略和媒体资源

为确保学生完成学习任务,达成学习目标,增强课堂教学的有效性,教师要熟悉不同教学模式、教学策略、教学媒体的特性、功能、适用范围和基本要求,根据课堂教学目标任务、教学内容的特点、学生的实际情况、自身的教学风格来合理选择。除此,还要考虑教学环境、教学条件,尤其是在教学媒体资源的选择上要从教学实际出发。

5. 设计具体的教学过程

教学过程的设计和实施是课堂教学的中心环节。教学过程的设计是指依据教学策略设计教学的各个环节,以及其中的教学活动、学生活动和时间安排。其中,课堂教学时间的合理分配和有效利用,决定着教学的成效和质量。一般来讲,分配和控制好课堂教学每一环节的时间和教与学各自所需的时间非常重要。

6. 设计教学评价

教学评价是为了诊断教学中存在的问题,调节教学过程的运行状态,检测教学目标的达成度,为进一步改进和优化教学提供依据。教学评价从功能作用上看,有诊断性评价、形成性评价和总结性评价;从参照标准来看,有常模参照评价和标准参照评价;从评价工具上来讲,有纸笔测验和表现性评价;从评价性质的不同来看,有量化评价和质性评价等。教师应根据课程教学的需要,科学选择具体的教学评价方式。目前表现性评价被认为是发展学生核心素养的一种重要评价方式。

小试牛刀

结合以上的学习,谈一谈教学设计和教案之间的区别和联系。

任务小结

通过本节两个任务的学习,我们了解了国际上比较有代表性的 5 种教学设计基本模式。从这 5 种基本模式可以看出,尽管它们相互之间有不同的视角和关注的焦点,但它们都从系统理论的角度来分析教学,强调教学设计的循环性和整体性,很注重学习目标、学习内容与策略、学习评价三个成分的分析。随后我们基于经典的 ADDIE 教学设计模型建构了中学生物学教学设计的基本模式,这一模式的建立为教学设计初学者提供了参考。

拓展阅读

进一步阅读以下文献,加深对教学设计相关理论的全面理解。

[1] 盛群力,刘徽.现代教学设计论(2020 年版)[M].杭州:浙江大学出版社,2022.

[2] 格兰特·威金斯,杰伊·麦克泰格.追求理解的教学设计(第二版)[M].闫寒冰,宋雪莲,赖平,译.上海:华东师范大学出版社,2017.

[3] 许静.传播学概论(第三版)[M].北京:北京大学出版社,2023.

[4] 卢明,崔允漷.教案的革命:基于课程标准的学历案[M].上海:华东师范大学出版社,2016.

[5] 凯·M·普赖斯,卡娜·L·纳尔逊.有效教学设计:帮助每个学生都获得成功(第四版)[M].李文岩,等译.北京:中国人民大学出版社,2016.

第二章
中学生物学课程要素分析

> **要点提示**

作为未来的生物学教师,我们首先应该正确地认识自己所教课程的性质,深入理解课程理念和课程目标,理解生物学核心素养,了解我国中学生物学课程的沿革与发展。生物学教师只有理解了中学生物学课程,才能将课程设计者的设计意图贯彻落实到"教学设计"中来,通过每一教学单元、每一堂课的教学实践来完成课程目标,培养与发展学生的生物学核心素养。

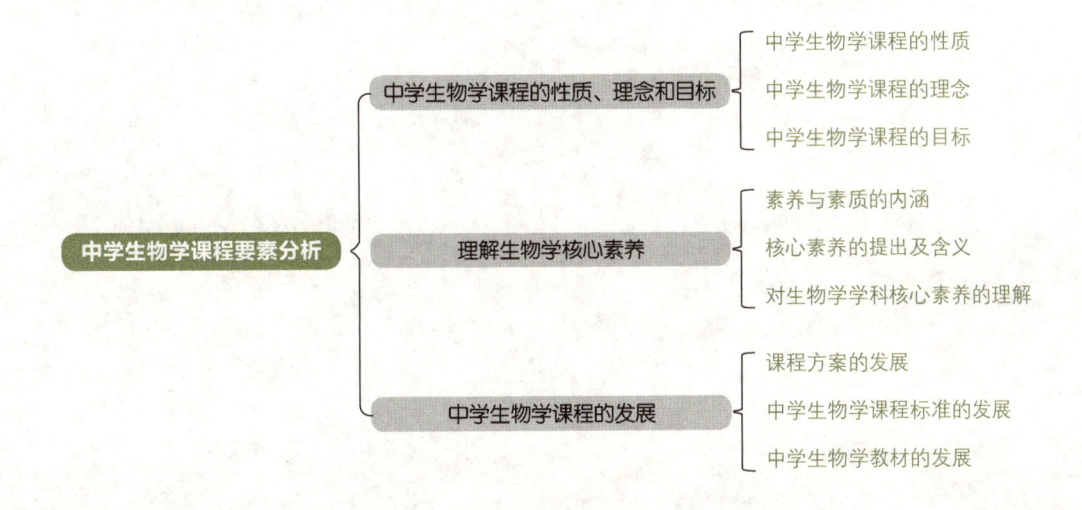

```
                                              ┌─ 中学生物学课程的性质
                    ┌─ 中学生物学课程的性质、理念和目标 ─┼─ 中学生物学课程的理念
                    │                         └─ 中学生物学课程的目标
                    │                         ┌─ 素养与素质的内涵
中学生物学课程要素分析 ─┼─ 理解生物学核心素养 ──────────┼─ 核心素养的提出及含义
                    │                         └─ 对生物学学科核心素养的理解
                    │                         ┌─ 课程方案的发展
                    └─ 中学生物学课程的发展 ─────────┼─ 中学生物学课程标准的发展
                                              └─ 中学生物学教材的发展
```

> **学习目标**

1. 通过小组合作研读和分析课标及相关材料,尝试概述中学生物学课程性质、课程理念与课程目标。

2. 阐释中学生物学核心素养的组成要素及其含义;理解课程对培养学生核心素养的重要意义。

3. 通过资料阅读,概述我国中学生物学课程的历史沿革与发展,明确生物学教师肩负的责任和使命。

第一节
中学生物学课程的性质、理念和目标

中学生物学教师应该正确地认识自己所教的课程，深入理解课程的性质、理念和目标。对课程的理解程度将对教师的教学设计产生直接深远的影响。那么，中学生物学课程到底是一门怎样的课程？带着这个问题，让我们进入本节的学习。

任务：理解中学生物学课程的性质、理念和目标

> **情境导入**
>
> **微信群中的争论**
>
> 一次家长会结束后，生物学教师小刘在家长微信群中看到了两位家长的讨论，一位"学霸"的家长说："孩子这次考试生物成绩拖了后腿。其实，将来孩子高考并不准备加考生物学，所以现在的学习精力更多地用在了学习物理和化学上……"另一位家长则说："我家孩子也有过生物只考70多分的时候，考后分析原因主要就是该记得的没记得，现在孩子最重要的复习方法就是阅读课本和记忆，把全部课本仔仔细细看几遍，看的时候要勾画，任何地方都不要略过，记得用不同颜色的笔，至少红黑两色，这样一定能考高分。"
>
> 看了两位家长的讨论，小刘老师有些哭笑不得，小刘老师认为生物学课程是一门理科课程，并不是死记硬背就能学好的。同时她还认为，学习生物学也不只是为了应付各种考试。小刘老师有点困惑，该如何和家长们讨论这些问题呢？
>
> 问题：你认为中学生物学课程是一门怎样的课程？学生为什么要学习这门课程？

活动1　小组合作，探讨中学生物学课程的性质

要研究中学生物学课程，首先要了解中学生物学课程的性质。让我们以小组合作学习的方式，通过研读初高中生物学课程标准，来共同探讨中学生物学课程的性质。

> 💡 **课标链接**

《义务教育生物学课程标准(2022年版)》对生物学课程性质的描述

- 生物学是自然科学中的一门基础学科,是研究生命现象和生命活动规律的科学,其研究对象是具有高度复杂性、多样性和统一性的生物界。生物学是农业科学、医药科学、环境科学及其他有关科学和技术的基础。生物学的研究经历了从现象到本质、从定性到定量的发展过程,形成了结论丰富的知识体系,以及人类认识自然现象和规律的一些特有的思维方式和探究方法。当今,生物学在微观和宏观两个方向的发展都非常迅速,并且与信息技术和工程技术的结合日益紧密,在人类健康与疾病防治、粮食和食品安全、生态环境保护等方面产生越来越大的影响。

- 义务教育生物学课程注重探究和实践,以丰富的生物学知识为载体,通过多种教学活动展现人们认识自然现象和规律的思维方式及探究过程,反映自然科学的本质。学习生物学课程有利于学生养成科学思维的习惯,形成积极的科学态度,学会学习,提升科学素养,对学生的健康生活、终身发展具有重要意义。

《普通高中生物学课程标准(2017年版2020年修订)》对生物学课程性质的描述

- 生物学是自然科学中的一门基础学科,是研究生命现象和生命活动规律的科学。它是农业科学、医药科学、环境科学及其他有关科学和技术的基础。生物学的研究经历了从现象到本质、从定性到定量的发展过程。当今,它在微观和宏观两个方向的发展都非常迅速,并且与信息技术和工程技术的结合日益紧密,正在对社会、经济和人类生活产生越来越大的影响。

- 生物学有着与其他自然科学相同的性质。它不仅是一个结论丰富的知识体系,也包括了人类认识自然现象和规律的一些特有的思维方式和探究过程。生物学的发展需要许多人的共同努力和不断探索。生物学的学科属性是生物学课程性质的重要决定因素。

- 高中生物学课程是科学领域的重要学科课程之一,是义务教育阶段相关课程的延续和拓展,其精要是展示生物学的基本内容,反映自然科学的本质。它既要让学生获得基础的生物学知识,又要让学生领悟生物学家在研究过程中所持有的观点以及解决问题的思路和方法。生物学课程要求学生主动地参与学习,在亲历提出问题、获取信息、寻找证据、检验假设、发现规律等过程中习得生物学知识,养成科学思维的习惯,形成积极的科学态度,发展终身学习及创新实践能力。学习生物学课程是每个公民不可或缺的教育经历,其学习成果是公民素养的基本组成。本课程是以提高学生生物学学科核心素养为宗旨的学科课程,是树立社会主义核心价值观、落实立德树人根本任务的重要载体。

通过研读课程标准我们发现：从课程性质来说，中学生物学课程既属于学科课程，同时又是一门科学课程。中学阶段的生物学课程是自然科学领域的学科课程，其精要是展示生物科学的基本内容，反映自然科学的本质。

一方面，中学生物学课程属于**学科课程**，生物学是自然科学中的基础学科之一，是研究生命现象和生命活动规律的科学。它是农业科学、医药科学、环境科学及其他有关科学和技术的基础。生物学的研究经历了从现象到本质、从定性到定量的发展过程，并且与信息技术和工程技术的结合日益紧密，在人类健康与疾病防治、粮食和食品安全、生态环境保护等方面产生越来越大的影响。

另一方面，中学生物学课程是**科学课程**。生物学有着与其他自然科学相同的性质。它不仅是一个结论丰富的知识体系，也包括了人类认识自然界的一些特有的思维方式和探究过程。生物学需要许多人的共同努力和不断探索。这些是生物学课程性质的重要决定因素。

课程标准强调中学生物学课程的自然科学课程属性无疑是正确的，这反映了当代科学教育的正确方向。然而仅仅强调其自然科学课程属性也是不完整的，生物学还有着**不同于其他自然科学**的特性，这些特性也应当属于学科本质的范畴。人民教育出版社赵占良老师提出，生物学学科的独特性应体现在研究对象的特殊性、思想观念的人文性、概念和规律的概率性、思维方式的灵活性、研究方法的综合性、学科地位的领先性、实践应用的广泛性等方面。

> **资料阅读**
>
> **生物学学科不同于其他自然科学学科的特点**[①]
>
> 1. 研究对象的特殊性表现在：研究对象是活的、有生命的，是复杂的生命系统，是历史的产物，且人也是研究的对象。
>
> 2. 思想观念的人文性主要表现在：它实现了世界观、人生观和价值观的全覆盖，生物学的学科思想最核心的是进化思想和生态学思想。
>
> 3. 研究对象的复杂性和多样性决定了生物学的概念和规律的概率性。生物学中的概念大多是观察基础上归纳概括的产物，而不是靠数理逻辑的演绎，因此，往往不够精致，不宜做绝对的理解。
>
> 4. 研究对象的复杂性和多样性、概念和规律的概率性（或然性），决定了生物学思维方式的灵活性。思维方式的灵活性表现在对概念和规律不做绝对的理解，对事物能做多因素、多角度的分析，对问题的求解不过分追求非此即彼的标准答案。思维方式的灵活性还表现在思维方式的多元化，既注重自然科学普遍运用的形式逻辑思维和分析式思维，又注重辩证逻辑思维、整体性思维和复杂性思维。
>
> 5. 生物学研究对象的特殊性还决定了研究方法的综合性，这一方面表现在数学、

[①] 赵占良.试论中学生物学的学科本质[J].中学生物教学，2016(Z1)：4-8.

物理和化学方法在生物学中的综合运用,自然科学通用的观察法、实验法、调查法、模型法等在生物学中同样广泛应用;另一方面表现在分析与综合的结合以及历史考察法的运用。此外,因为研究对象是活的,具有复杂性和多样性,因此通过对照实验控制变量、设置重复组、求平均值等方法,在生物学实验中得到格外重视。

6. 生物学的研究需要以其他自然科学为基础。相对于其他自然科学的成熟程度,生物学又是一门有着众多未知领域的正处于迅猛发展过程中的科学,吸引许多其他学科的科学家投身其中,由此产生许多前沿的交叉学科。生物学带动其他学科向前发展,已经成为自然科学中的带头学科。

7. 说到生物学实践应用的广泛性,许多人会想到其他自然科学的应用同样非常广泛,但笔者对这一说法未必认同。所有的自然科学同技术的结合,都产生了非常广泛的应用,但至少有一点,生物学是独占鳌头的,那就是其他自然科学的应用大都发生在人的身外,而生物学的应用则不限于身外之物,也深入到人的体内。例如,试管婴儿、器官移植、干细胞技术、克隆器官(生殖性克隆人在禁止之列)、基因诊断、基因治疗等,有的已经广泛应用,有的已经展示出广阔前景,有的还引发对人类伦理道德体系的冲击,影响到未来的人类文明。对生物学科这一特点,究其原因,还是源于研究对象的特殊性——包括人。

综上所述,我们既要将生物课上成真正的科学课而不是语文课或政治课,又要将生物课上成真正的"生物学"课而不是"死物学"课。一言以蔽之,只有理解生物学的学科本质,才能聚焦学科核心素养,彰显学科育人价值!

学习生物学课程是每个公民不可或缺的教育经历,它既要让学生理解基础的生物学知识,又要让学生领悟生物学家在研究过程中所持有的观点以及解决问题的思路和方法,其学习成果是公民素养的基本组成,是树立社会主义核心价值观、落实立德树人根本任务的重要载体。学习生物学课程有利于学生养成科学思维的习惯,形成积极的科学态度,学会学习,提升科学素养,对学生的健康生活、终身发展具有重要意义。

小试牛刀

1. 以下是有关中学生物学课程性质的说法,你认为哪个或哪些论述比较合理呢?
   A. 生物学有着与其他自然科学相同的性质,就是反映自然、社会、思维等客观规律的分科知识体系。
   B. 从课程性质来说,中学生物学课程既属于学科课程,同时又是一门科学课程。
   C. 中学生物学课程的性质在很大程度上取决于生物学的学科性质,两者是不可分割的统一体。
   D. 生物学没有不同于其他自然科学的特性。
2. 查阅相关资料,与你的学习伙伴共同讨论:中学生物学是一门怎样的课程?学校为什么要开设这门课程?

活动 2　研读课标，理解中学生物学课程理念与设计思路

课程理念体现了课程的整体设计思路，是课程设计者基于对课程的理解而决定的课程方向。为进一步研究中学生物学课程，结合《普通高中生物学课程标准（2017年版2020年修订）》《义务教育生物学课程标准（2022年版）》，中学生物学课程理念与设计思路主要体现在以下几个方面。

1. 以核心素养为宗旨，指导课程设计与实施

中学生物学课程着眼于学生适应未来社会发展和个人生活的需要，立足于坚实的生物学学科内容基础，密切结合中国学生发展核心素养研究等教育领域新成果，融入社会主义核心价值观的基本内容和要求，发展学生核心素养。根据课程的特点与育人价值，凝练出初、高中生物学核心素养，包括：生命观念、科学思维、科学探究（探究实践）、态度（社会）责任。中学生物学核心素养充分体现了中学生物学课程的学科特点和育人价值，是本课程的设计宗旨和实施的基本要求。

2. 以学习主题（或模块）为框架，用大概念组织课程内容

在过去的几十年间，国际上科学教育的发展不仅强调了基于探究的教学改革，同时也高度关注了学生在主动学习中对大概念的建立和理解。在选择有价值的学习内容时，都将理科课程内容聚焦在科学的大概念上。

中学生物学课程根据学习科学和近年来国内外生物学教育的研究成果，充分利用我国生物学教育教学实践的有效经验，在选择有价值的学习内容的同时，追求"少而精"的原则。初中学段的七个学习主题和高中学段的必修、选择性必修模块都是围绕生物学大概念来组织课程内容，用大概念构建课程的内容框架，淡化了细枝末节的内容，降低了对记忆背诵的要求，强调对重要概念的深入理解，为主动学习留出了更多的课时，为课程内容少而精提供了保障。这不仅是课程标准呈现方式的变化，也是对课堂教学变革的要求和期待。[①]

同时，课程标准还关注初中阶段与高中阶段学习的有效衔接、循序渐进、连贯一致，引导学生逐步深入地认识生物学的学科本质和重要思想观念。

3. 教学过程重实践，强调学生学习过程的主动参与

中学生物学课程高度关注学生学习过程中的实践经历，强调学生的学习过程是主动参与的过程，选择恰当的真实情境，设计学习任务，让学生积极参与动手和动脑的活动。通过实验、探究类学习活动或跨学科实践活动，学生加深对生物学概念的理解，提升应用知识的能力，激发探究生命奥秘的兴趣，进而能用科学的观点、知识、思路和方法探讨或解决现实生活中的某些问题，从而引领教与学方式的变革。

4. 开展多元化评价，重视以评价促进学生的学习与发展

中学生物学课程重视以评价促进学生的学习与发展，重视评价的诊断、激励和促进作用。要求高度关注生物学科的特点开展学业评价，将评价重点放在学生的学习活动上，特别

[①] 刘恩山，刘晟. 核心素养作引领 注重实践少而精——《普通高中生物学课程标准》修订思路与特色[J]. 生物学通报，2017，52(08)：8-11.

注重对探究和实践过程的评价,致力于创建一个主体多元、方法多样、既关注学业成就又重视个体进步和多方面发展的生物学学业评价体系。同时,提倡在评价中关注学生的个体差异和发展需求,帮助学生认识自我、建立自信,改进学习方式,促进其核心素养的形成。

小试牛刀

通过研读上述材料,尝试分析课程理念对理解与实施中学生物学课程的指导意义。

活动 3　研读课标,概述中学生物学课程目标

纵观课程目标研究的发展,课程目标的含义一直是广大专家和学者争论的焦点。目前,对课程目标概念的理解,尽管理论界也存有异议,但其基本观点还是比较一致的,即普遍认为,课程目标是在课程设计与开发过程中课程本身要实现的具体要求,它意味着一定阶段的学生在发展品德、智力、体质、素养等方面所达到的程度。[①] 是对学生学习课程所应达到的发展水平和最终结果的预设和期待。

课程目标作为课程标准的核心部分,是指导课程内容选择、教材编写、教师教学设计和实施及学业评价最为关键的准则。

课标链接

《义务教育生物学课程标准(2022年版)》对生物学课程目标的描述

1. 掌握生物学基础知识,形成基本的生命观念

获得生物体的结构层次、生物的多样性、生物与环境、植物的生活、人体生理与健康、遗传与进化等方面的基础知识;初步形成生物学的结构与功能观、物质与能量观、进化与适应观、生态观等生命观念;能够应用生命观念探讨和阐释生命现象及规律,认识生物界的多样性和统一性,认识生物界的发展变化,认识人与自然的关系等,初步形成科学的自然观和世界观;能够应用生命观分析生活中遇到的一些与生物学相关的实际问题。

2. 初步掌握科学思维的方法,具备一定的科学思维习惯和能力

尊重事实证据,能够运用比较和分类、归纳和演绎、抽象和概括、分析和综合等思维方法认识事物,解决实际问题,初步形成基于证据和逻辑的思维习惯;能够进行独立思考和判断,多角度、辩证地分析问题,提出自己的见解;能够对他人的观点进行审视评判、质疑包容;能够运用科学思维,探讨真实情境中的生物学问题,参与社会性科学议题的讨论。

[①] 杨明全.课程论[M].北京:中国人民大学出版社,2016:237.

3. 初步具有科学探究和跨学科实践能力，能够分析解决真实情境中的生物学问题

能够从生物学现象中发现和提出问题、收集和分析证据、得出结论。综合运用生物学和其他学科的知识、方法与实验操作技能，采用工程技术手段，通过设计、制作和改进，形成物化成果，将解决问题的想法或创意付诸实践，逐步形成团队合作意识、坚持不懈的探索精神、实践创新意识、审美意识和创意实现能力。

4. 初步确立严谨求实的科学态度，乐于探索生命的奥秘

初步理解科学的本质，能以科学态度进行科学探究；面对各种媒体上的生物学信息或社会性科学议题，做到不迷信权威，不盲从他人，能对自己或他人的观点进行理性审视，尊重他人的观点；乐于探索自然界的奥秘，关注生物科学和生物技术的新进展及其对个人和社会发展的促进作用。

5. 树立健康意识和社会责任感，能够强身健体和服务社会

关注身体内外各种因素对健康的影响，在饮食作息、体育锻炼、疾病预防等方面形成健康生活的态度和行为习惯；能够基于生命观念和科学思维，破除封建迷信，反对伪科学；理解科学、技术、社会、环境的相互关系，参与社会性科学议题的讨论；初步形成生态文明观念，践行"绿水青山就是金山银山"的理念，积极参与环境保护实践，立志成为美丽中国的建设者；主动宣传关于生命安全与健康的观念和知识，成为健康中国的促进者和实践者。

> **《普通高中生物学课程标准（2017年版2020年修订）》对生物学课程目标的描述**
>
> 学生通过本课程的学习，能认识到生物学在坚持人与自然和谐相处、促进科技发展、社会进步和提高人类生活质量等方面的重要贡献；树立生命观念，能够运用这些观念认识生命现象，探索生命规律；形成科学思维的习惯，能够运用已有的生物学知识、证据和逻辑对生物学议题进行思考或展开论证；掌握科学探究的思路和方法，形成合作精神，善于从实践的层面探讨或尝试解决现实生活问题；具有开展生物学实践活动的意愿和社会责任感，在面对现实世界的挑战时，能充分利用生物学知识主动宣传引导，愿意承担抵制毒品和不良生活习惯等社会责任，为继续学习和走向社会打下认识和实践的基础。

研读课标我们会发现，中学生物学课程目标体现课程性质，反映课程理念，指向对学生生物学核心素养的培养，围绕学生生命观念的形成，科学思维、科学探究能力的发展，以及态度与社会责任的提升来展开。生物学核心素养是学生后天学习的成果，主要依托在校期间的生物学课程来习得和巩固。生物学核心素养的提出，将本学科的教学内容和立德树人的宏观要求有机结合起来，具体描述了生物学课程的育人价值，是生物学课程设计的准绳，也是教师教学实践的方向和总体要求。生物学核心素养的提出使教育工作者对这一课程有了

更加深入的理解和期待,将生物学教学改革推向一个新的、更高的平台。①

> **资料阅读**
>
> 美国《新一代科学教育标准》(NGSS)中的
课程目标(生命科学,10—12年级)②
>
> 美国《新一代科学教育标准》课程目标由科学与工程实践、核心概念、跨学科概念三个维度有机组成,三个维度就像紧紧缠在一起的三根绳子,美国《新一代科学教育标准》就是三根绳子有机结合的整体(图2-1)。
>
> 三个维度中,科学与工程实践处于基础地位,工程实践的地位尤其突出。强调给学生以实践,让他们能像科学家和工程师一样去思考、去工作,帮助学生理解科学的本质。美国《新一代科学教育标准》中科学和工程学实践包含八种实践类别,分别为:① 提出并定义问题;② 开发和使用模型;③ 计划与实施调查;④ 分析与解释数据;⑤ 使用数学和计算思维;⑥ 构建解释并设计解决方案;⑦ 参与基于证据的论证;⑧ 获取、评估、交流信息。科学实践与工程实践各有侧重,科学实践侧重于在自然中发现问题,并通过科学的方法设计实施方案,解决之前提出的问题;而工程实践则侧重于利用工程学的方法及设计解决实际生活中遇到的问题。
>
> 图2-1 美国《新一代科学教育标准》标志
>
> 跨学科概念也称共通概念,超越了科目间的界限,是对理科知识的共通性高度概括,对于理解核心概念,建立学科内、学科间知识的联系至关重要。在《新一代科学教育标准》中,共有七个跨学科概念,分别是:① 模式;② 原因和结果;③ 尺度、比例和数量;④ 系统和系统模型;⑤ 能量和物质;⑥ 结构和功能;⑦ 稳定性和变化。这七个跨学科概念贯穿整个《新一代科学教育标准》。对高中生命科学领域的内容分析发现,生命科学多"结构和功能"的概念,因为"结构和功能"往往是认识事物最基本的出发点。
>
> 《新一代科学教育标准》中高中生命科学领域包含了四个核心概念,即"从分子到生物:结构与进程""生态系统:相互作用、能量和动态变化""遗传:遗传与性状的多样性""生物进化:统一性与多样性",同时在四个核心概念下又有对应的次级概念。

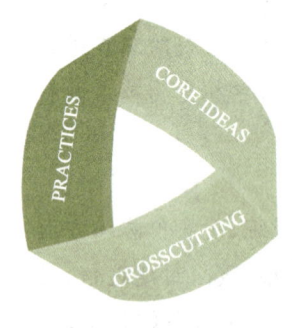

---

① 刘恩山,刘晟.核心素养作引领 注重实践少而精——《普通高中生物学课程标准》修订思路与特色[J].生物学通报,2017,52(08):8-11.
② ACHIEVE.The Next Generation Science Standards [EB/OL]. (2014-10-16)[2021-9-23]. http://www.nextgenscience.org/next-generation-science-standards.

小试牛刀

1. 进入美国新一代科学(或其他国家)教育官网,查询不同学段生命科学内容的课程目标,尝试与我国的生物学课程目标进行比较,分析它们的异同与特点。
2. 通过查阅文献和相关研究报告,尝试分析我国初中和高中的生物学课程目标的区别和联系。

任务小结

作为生物学教师,我们应该知道中学生物学课程不仅是一门学科课程,也是一门自然科学课程,当然它还有许多不同于其他自然科学课程的特点。生物学课程在设计过程中强调了核心素养为宗旨、内容聚焦大概念、教学过程重实践和学业评价促发展等基本理念。其中培养学生核心素养是中学生物学课程的课程目标。了解中学生物学课程的课程性质、课程理念和课程目标,有助于理解作为中学生物学教师的责任和使命,也为更好地设计并实施教学奠定基础。

拓展阅读

查阅资料,阅读以下所列文献,并与你的同伴交流读书心得与体会。

[1] 施良方.课程理论:课程的基础、原理与问题[M].北京:教育科学出版社,1996.

[2] 钟启泉.课程论[M].北京:教育科学出版社,2007.

[3] 刘恩山.中学生物学教学论[M].北京:高等教育出版社,2003.

[4] 郑晓蕙.生物课程与教学论[M].杭州:浙江教育出版社,2003.

[5] 杨明全.课程论[M].北京:中国人民大学出版社,2016.

[6] 崔鸿,郑晓蕙.新理念生物教学论[M].北京:北京大学出版社,2016.

[7] 赵占良.试论中学生物学的学科本质[J].中学生物教学,2016(Z1):4-8.

[8] 刘恩山,刘晟.核心素养作引领 注重实践少而精——《普通高中生物学课程标准》修订思路与特色[J].生物学通报,2017,52(08):8-11.

第二节
理解生物学核心素养

党的十八大报告明确提出将"立德树人"作为教育的根本任务。但立德树人靠什么来落小、落细、落实呢？这是个问题。2015年3月，一个崭新的概念——"核心素养"，首次出现在国家文件中。在教育部印发的《教育部关于全面深化课程改革落实立德树人根本任务的意见》中，"核心素养"被置于深化课程改革、落实立德树人目标的基础地位。今天，这个概念体系正在成为新一轮课程改革深化的方向。生物学核心素养是生物学课程育人价值的集中体现，是学生通过本课程学习而逐步形成的正确价值观、必备品格和关键能力。中学生物学课程目标紧紧围绕培养与发展学生的生物学核心素养。那么核心素养这一教育理念是如何产生与发展的呢？国家为什么会将培养学生的核心素养作为重要的课程目标呢？让我们一起进入本节的学习。

任务1：有关核心素养的相关概念建构

情境导入

世界不同国家、地区或组织对核心素养的主要观点

21世纪是"知识社会"的时代，在知识社会里，知识的习得与再现，电子计算机也能做到，然而"创造性"(creative)学力的育成不仅仅是知识的习得与再现的"记忆型"学力，而必须是能动的"思考型"学力。时代要求学校的课程与教学必须随着时代的变革而变革。发达国家的教育目标于是出现了在学科的知识技能之上，明确学科教育固有的本质特征的动向。在这里，强调了"批判性思维""决策能力""问题解决""自我调整"之类的高阶认知能力，沟通与协作之类的社会技能，以及反省性思维、自律性、协作性、责任感之类的人格特征与态度。正因为此，核心素养的研究受到国际教育界的高度关注。其中对核心素养研究较早的是经济合作与发展组织(OECD)，而后不同国家、地区和国际组织都纷纷加入其中，以下列举一些针对核心素养比较有代表性的观点(表2-1)。

表2-1 不同国家、地区和国际组织针对核心素养的主要观点

国家或国际组织	主 要 观 点
经济合作与发展组织(OECD)，2005	能互动地使用工具，能在社会异质群体中互动，能自主行动
联合国教科文组织(UNESCO)，2012	基本技能，可转移技能，技术和职业能力

续 表

国家或国际组织	主 要 观 点
欧洲联盟,2005	母语交流,外语交流,数学素养和科技素养,数字化素养,学会学习,社交和公民素养,主动和创业意识,文化意识和表达
世界经济论坛,2016	基本素养,核心素养,品格
美国,2011	21世纪技能:学习与创新技能,信息、媒介和技术技能,生活与生涯技能
日本,2012	21世纪型能力:基础能力,思维能力,实践能力
新加坡,2010	自信的人,自主学习者,积极贡献者,热心的公民
新西兰,2007	思维能力,语言能力,自我管理,与人相处,参与与贡献
韩国,2015	创造性思维,审美感性,沟通,共同体,知识信息处理,自我管理

问题：根据上述材料,你能说说你认为的核心素养是什么吗？不同的国家、地区和国际组织对核心素养的界定为什么不尽相同？产生差异的原因会是什么？

当前,我国基础教育课程与教学改革正进入一个新的发展阶段。一方面立足我国立德树人的根本要求,另一方面充分借鉴国际教育改革的先进经验,将核心素养作为新一轮改革的出发点和归宿。那么,什么是核心素养？要想理解核心素养的相关内涵,首先要知道它的上位概念"素养"的含义。

活动1　探索"素养"的内涵及其与"素质"的区别

▲ 素养的内涵

什么是素养？根据《辞海》的解释,素养有以下四个方面的含义：① 修习涵养；② 平素的修养；③ 素质与教养；④ 平时所养成的良好习惯。事实上,素养是一个不断发展和演进的概念,其内涵伴随着时代对于个体的要求而不断发展。其最初含义是"能读会写的能力"。随着时代的发展,素养的内涵发生了深刻的变化。素养已经从最初一系列彼此孤立的技能组合(如简单的识字、算术)拓展为"个人为了健全发展,必须通过教育而学习获得适应社会复杂生活情境需求所不可欠缺的知识、能力和态度,特别是个人经过学校教育课程设计而学习获得的优质教养的综合状态"。[①] 简言之,素养就是透过教育情境获得学以致用的知识、能力与态度而展现出"优质教养",强调非先天遗传的后天"教育"与人为"学习"之功能。

值得注意的是,素养不是知识,知识的积累不必然带来素养的发展。但素养离不开知识,没有知识,素养就是无源之水、无本之木。学生的个人知识是其素养的基础、前提和载体。还要转变知识的学习方式,倡导深度学习与协作学习。另外,素养的形成和发展与情境存在密不可

---

① 黄光雄,蔡清田.核心素养:课程发展与设计新论[M].上海:华东师范大学出版社,2017:3.

分的关系。在真实情境和真实的学习中,知识才能得以创造,素养才会得到有效发展。

▲ 素养与素质

素养与素质又有什么区别呢?按照《现代汉语规范词典》的解释,"素",即本色;"素质",即事物本来的性质、特点或人的生理上的先天特点。从这个角度来说,素质是与生俱来的、纯天然的,是人发展的基础、可能性和条件,对一个人发展的水平和质量有着重要的甚至是决定性的影响。而素养是后天形成的,是人们通过教化方能习得的东西。尽管素养是人们在先天素质的基础上形成和建构起来的,两个概念都与教育有着紧密的关系,但它们毕竟具有不同的内涵,本来就不是一回事。随着20世纪80年代末90年代初为克服应试教育的弊端而提出的素质教育主张,人们对素质这个概念的理解发生了显著的变化。人们更倾向于将素质理解为:以人的先天禀赋为基础,在后天环境和教育的影响下,逐渐形成和发展起来的内在的相对稳定的身心特点及其质量水平。素质和素养之间的区别淡化了,在人们的心目中,两者已经成为一组同义词。但当我们区分素质和素养时,我们强调前者是先天的禀赋,后者是后天的产物。这一点尤其表现在生理方面。例如,我们讲生理素质但不讲生理素养,就是因为两者存在先天和后天的差别。从广义角度来说,素质是素养的上位概念,也可以理解为素质是发展中的素养,素养则是更为成熟的素质。

📙 小试牛刀

以下是有关素养和素质的说法,你认为哪个或哪些论述比较合理呢?

A. 素养强调非先天遗传的后天"教育"与人为"学习"之功能。
B. 知识的积累不必然带来素养的发展,所以不用学习知识。
C. 素养的形成和发展与情境存在密不可分的关系。
D. 素质是素养的上位概念,也可以理解为素质是发展中的素养。

活动 2　阅读文本,了解核心素养提出的背景及其涵义

素养渗透于人的整个心灵,涵盖了人的全部精神世界。它的形成是多种复杂因素相互作用的结果,从教育的角度来讲,我们必须凸显素养中最重要的组成部分,即核心素养,它是学校教育的聚焦点和着力点。本活动中,让我们通过阅读资料了解核心素养概念是在什么样的时代背景下提出的,它又具有怎样的内涵。

📊 资料阅读

核心素养的提出

根据本节任务1情境中的材料可以发现,当前对于核心素养框架的研究,无论是国际组织还是特定国家,均指向21世纪信息时代公民生活、职业世界和个人自我实

现的新特点和新需求,因此核心素养的别称为"21世纪素养"或"21世纪技能"。[1] 例如,经济合作与发展组织(OECD)提出的核心素养框架的总名称为"为了新千年学习者的21世纪技能和素养",欧盟委员会提出的核心素养框架则是建立在前者研究的基础上,其名称为"为了终身学习的核心素养",两者均旨在应对21世纪信息时代对教育的挑战。世界上研究核心素养最著名的国家为美国,其教育部与苹果、微软等公司联合发起的21世纪技能伙伴协会,以及思科、英特尔和微软赞助成立的21世纪技能教学和评估委员会,它们均指向于21世纪信息时代的新特点和新需求。人类进入21世纪以后,信息通信技术出人意料的迅猛发展和广泛运用,使人类社会快速迈入信息时代,这与20世纪的工业时代形成鲜明对比,如果20世纪素养对应的是工业时代,那么21世纪素养对应的则是信息时代。

虽然不同国家、地区、国际组织和专业机构,根据各自需求和传统,厘定信息时代核心素养的内涵和框架,但人们对信息时代人类共同追求的核心素养也达成了一些共识。例如,荷兰学者沃格特等人在对世界上著名的八个核心素养框架进行比较分析以后,得出如下结论:① 所有框架共同倡导的核心素养是四个,即"协作""交往""信息通信技术素养""社会和文化素养、公民素养";② 大多数框架倡导的核心素养是另外四个,即创造性,批判性思维,问题解决和开发高质量产品的能力或生产性。[2] 这八大素养是人类在信息时代的共同追求,可称为世界共同核心素养。认知性素养和非认知性素养同时受到关注,体现了知识社会的新要求。我们可将其进一步提炼约化为四大素养:协作、交往、创造性和批判性思维,由此共同构成享誉世界的21世纪"4C's",前两者属于非认知性素养,后两者属于认知型素养。世界共同核心素养是信息时代对人的发展目标的共同追求,体现了世界教育的共同发展趋势。

我国核心素养框架的提出

我国经过几十年的教育改革,素质教育成效显著,但与立德树人的要求还存在一定差距,主要表现在:重智轻德,单纯追求分数和升学率,学生的社会责任感、创新精神和实践能力等较为薄弱。为此,学生发展核心素养已成为当前我国基础教育课程改革乃至整个基础教育改革的一个热点,构建核心素养体系便是试图从顶层设计上解决这些难题。它的构建使学生发展的素养要求更加系统、更加连贯,重点要解决两个问题:一是把对学生德智体美劳全面发展总体要求和社会主义核心价值观的有关内容具体化、细化,转化为具体的品格和能力要求,进而贯穿到各学段,融合到各学科,最后体现在学生身上,深入回答"培养什么人,怎样培养人"的问题;二是为衡量学生发全面发展状况提供评判依据,引导教育教学评价,从单纯考查学生的基本知识和

---

[1] Jean G, Gabor H, Magdalena K, et al. Key Competences in Europe: Opening Doors for Lifelong Learners across the School Curriculum and Teacher Education[J]. Case Network Reports, 2009(87): 39.

[2] Voogt J, Roblin N. A Comparative Analysis of International Frameworks for 21st Century Competences: Implications for National Curriculum Policies[J]. Joural of Curriculum Studies, 2012(44): 3, 299-321, 309.

基本技能转向考查学生的综合素质。

核心素养体系的构建,将成为顺应国际教育改革趋势、增强国家核心竞争力、提升我国人才培养质量的关键环节。因此,必须清醒地认识到,中国学生发展核心素养的研究,其根本出发点是全面贯彻党的教育方针,践行社会主义核心价值观,落实立德树人的根本任务,突出强调社会责任感、创新精神和实践能力,促进学生全面发展,使之成为中国特色社会主义合格建设者和可靠接班人。

2016年9月,中国教育部委托北京师范大学,联合国内高校近百位专家成立课题组,在北京发布了历时三年完成的《中国学生发展核心素养》研究成果。该成果指出,中国学生发展核心素养,以培养全面发展的人为核心,分为文化基础、自主发展、社会参与三个方面,综合表现为人文底蕴、科学精神、学会学习、健康生活、责任担当、实践创新六大素养,具体细化为国家认同等18个基本要点(图2-2)。与征求意见稿相比,从数量上来说,少了三大素养,基本要点也减少了七个,显然关于核心素养的研究还在不断深入和完善中。

图2-2 中国学生发展核心素养框架模型

▲ 我国对核心素养内涵的界定

在教育部《关于全面深化课程改革落实立德树人根本任务的意见》中,明确把核心素养的内涵界定为"学生应具备的、适应终身发展和社会发展需要的**正确价值观念、必备品格和关键能力**"。为什么是品格和能力?这是因为品格是一个人做人的根基,是幸福人生的基石;能力,是一个人做事的根基,是成功人生的基石。

核心素养是关于学生知识、技能、情感、态度、价值观等多方面要求的综合表现;是每一名学生获得成功生活、适应个人终身发展和社会发展都需要的、不可或缺的共同素养;其发展是一个持续终身的过程,**可教可学**,最初在家庭和学校中培养,随后在一生中不断完善。

> **专家视角**
>
> 对核心素养内涵的解读[①]
>
> 福建师范大学的余文森教授在《核心素养导向的课堂教学》一书中对核心素养的内涵进行了深入解读。他认为,能力和品格是人的两种最宝贵的精神财富,一方面它

[①] 余文森.核心素养导向的课堂教学[M].上海:上海教育出版社,2017:14.

们具有相对的独立性，表现为它们有各自的内涵、特点和形成机制；另一方面，它们又具有内在的关联性，表现为彼此在内涵上有交叉，在形成上相互促进。在核心素养的形成上，我们强调两者的互动和融合。

就实际表现而言，核心素养指的是个体在面对复杂的、不确定的现实生活情境时，能够综合运用特定学习方式所孕育出来的（跨）学科观念、思维方式和探究技能、结构化的（跨）学科知识和技能，以及世界观、人生观和价值观在内的动力系统，来分析情境、提出问题、解决问题、交流结果的综合性素质。比如科学探究能力，就是个体在各种情境下持之以恒地观察现象，研究问题，形成猜想、假设或解释，通过一系列方法获取数据，对猜想或假设进行反复论证的过程中所表现出来的一种品质。

他在书中也提到哲学家罗素的观点，即"智慧不足和道德缺陷是人类灾难的两大根源，无论是对于个人的发展，还是对于社会的进步，智慧（能力）和（道德）品格，都是具有决定性的两种力量，缺一不可"。套用现在时髦的话来说，能力是一个人的硬实力，品格是一个人的软实力，一个人有多大的能量，能走多远，能成就多大的事业，甚至能拥有多强的幸福感，都取决于他的实力——硬实力和软实力。从心理学的角度讲，能力是一个人的智力因素，品格是人的非智力因素，智力因素和非智力因素的结合，才构成一个人完整的精神世界。从文化的角度讲，能力指的是人在科学维度上的素质（科学精神），品格指的是人在人文维度上的素质（人文情怀），一个健全的人必须同时具备科学精神和人文情怀。

小试牛刀

国际核心素养框架模型的比较研究

分析以下核心素养结构模型（图2-3～图2-6）。

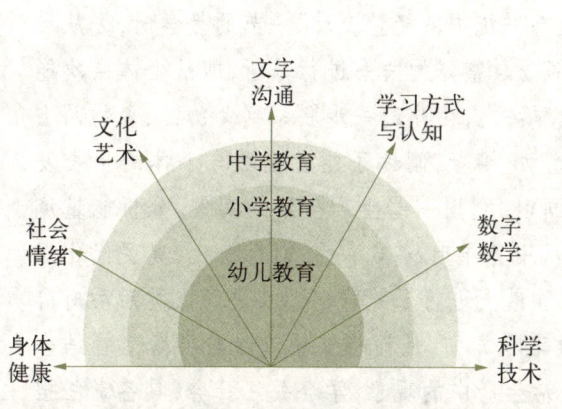

图2-3 联合国教科文组织核心素养的学习领域框架

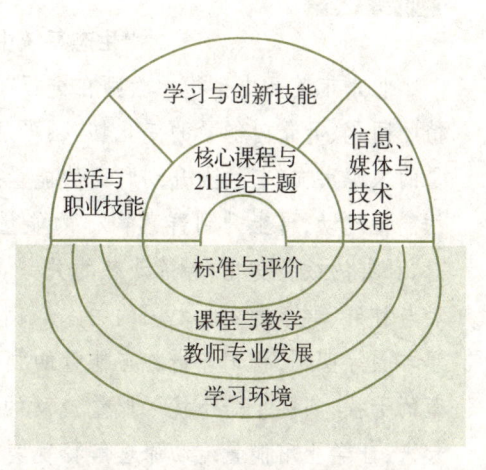

图2-4 美国的学生核心素养框架

图 2-5 日本的 21 世纪型能力模型　　图 2-6 新加坡学生发展核心素养的结构模型

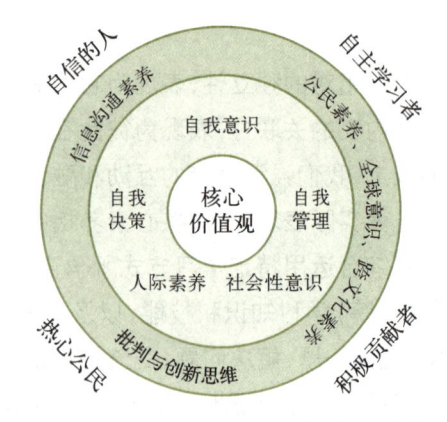

1. 通过查阅相关资料，尝试分析联合国教科文组织、美国、日本及新加坡的核心素养结构模型的特点。
2. 中国学生发展核心素养的结构模型有哪些特点？它对于我们的课堂教学有何指导意义？

任务小结

不同的国家、地区和组织根据各自发展的需要和文化、教育传统对核心素养进行了界定。而我国在吸收国际核心素养研究成果的基础上，提出了适合我国国情和发展需要的核心素养内涵。作为中学生物学教师，要在分析和比较不同国家、地区和组织对核心素养的研究基础上，理解我国核心素养提出的背景、核心素养的基本含义，为更好地在教学中落实核心素养的培养打下基础。

任务 2：小组合作学习"学科核心素养与生物学核心素养"

情境导入

"生态系统中的能量流动"的教学

北京市某高中生物学教师在进行"生态系统中的能量流动"一节的教学时，先从动植物同化、异化时能量的变化切入；再从部分与整体的关系进行分析，即从个体层次能量的来源去向，归纳上升到种群的能量来源去向，由此进一步联系到食物链、食物网上的能量流动，再上升到群落内部的能量流动；接着，阐述了能量流动与个体的生长发育、种群的数量变化、群落演替的关系。同时，利用一些生产生活的实例，分析能量流动与种群、群落的变化之间的关系。例如，用养羊时粉碎草料、饲料糖化、建现代化保温羊圈等实例，将饲养措施与能量的利用和散失进行了关联；又如，讲解人类活动对群落的干扰，实际上是干扰了能量流动的效率和方向，从而将能量流动与群落演替结合起来，让学生用能量流动原理解释现实生活生产中的现象，学会关注社会，具备责任担当。教学过程中，教师还请学生构建生态系统能量流动模型，分析并归纳能量流动的特点,将知识的学习与科学方法的运用结合起来。同时,尝试对能量流动的研究对象、对实际科研中数据的处理进行探讨,养成科学探究精神。这样,就将对能量这一概念的理解与维持系统有序的结构、实现系统的功能有机结合,将对生态系统中能量流动的学习,与细胞、个体的能量需要结合起来,实现了和物质与能量、结构与功能、群体与共存等生命观念的关联。[①] 专家们对该教师的高中生物学课堂有很高的评价。

问题:你认为,专家对该教师的课堂为什么有很高的评价?

通过前面的学习,我们已经知道自2014年我国新一轮基础教育课程改革启动以来,国家将"立德树人"作为教育的根本任务,并十分重视学生发展核心素养在各个学科课程标准的落实。初中、高中生物学课程标准将生物学核心素养凝练为"生命观念、科学思维、科学探究(探究实践)、态度(社会)责任",这并不是对之前课程改革提出的"生物科学素养"的否定,而是在顺应国际基础教育课程改革中"课程内容少而精"的理念和扎实贯彻我国对立德树人和核心素养基本要求的基础上提出的。与"生物科学素养"相比,"生物学核心素养"更加关注教育的内在性、人本性、整体性和终极性,并对人的发展内涵特别是关键的素质进行了清晰的描述和科学的界定。[②] 那么生物学核心素养有怎样的含义呢?

活动1　理解"学科核心素养"的内涵

余文森教授在《核心素养导向的课堂教学》一书中提出,学科核心素养=学科+核心素养。学科核心素养是核心素养在特定学科或学习领域的具体化,是学生学习一门学科或特定学习领域之后,所形成的具有学科特点的必备品格和关键能力,是学科育人价值的集中体现,学科核心素养是各门学科对核心素养的独特贡献,准确把握学科本质和学科特性,是构建学科核心素养的前提。中小学是按学科进行教育教学的,学科是学校教育教学的根本依托,甚至可以说是学校教育之本,所有改革的理念和目标都必须落实到学科层面,否则再好的改革蓝图也只能是空中楼阁。如果说核心素养是培养目标(全面发展的教育目的)的具体化,那么学科核心素养就是核心素养的具体化。具体化是把理想转化为现实的唯一通道和途径。值得注意的是,核心素养不是各学科核心素养简单机械的组合,尽管各学科核心素养是核心素养最关键的组成部分,但核心素养在内涵和外延上都存在着超学科的内容,学生核心素养的培育,也不是单靠学科教育就能完成的,而要依托很多非学科的教育和活动来共同完成。学科核心素养也不是核心素养在学科上的简单演绎、体现和反映,它有着独特的内涵和外延,任何一门学科都有其不可取代的学科价值和育人价值,各学科核心素养应该既包括本学科能够落实的核心素养,也包括各学科独特的核心素养。

---

① 谭永平.发展学科核心素养——为何及如何建立生命观念[J].生物学教学,2017,42(10):7-10.
② 余文森.核心素养导向的课堂教学[M].上海:上海教育出版社,2017:51.

> **专家视角**
>
> 《义务教育课程标准(2022年版)》为什么没有
"学科核心素养"的说法
>
> 《义务教育课程标准(2022年版)》框架研制组组长、北京师范大学郭华教授在对义务教育新课标进行解读的讲座中指出,《义务教育课程标准(2022年版)》的课程目标提到核心素养的时候,既没有说学科核心素养,也没有说课程核心素养,而说学生核心素养。以前大家都知道高中用的是学科核心素养,有人就质疑,难道学科还有核心素养吗？核心素养难道不应该是学生的核心素养吗？确实是学生的核心素养,所以我们这一次在义教课标修订的时候,就特别强调,我们课标说的不是这门课程有没有核心素养,而是这门课程对于学生去发展核心素养有哪些贡献。通过这门课程学习以后,学生能够形成的素养,这就是这门课程的贡献。这样我们就解决了所谓的学科素养,其实不是学科的素养,而是学生学了这门学科以后所形成的素养,所以核心素养既有这门学科独特的那些东西,也有共同的素养。比方说像体育有运动能力,有健康行为,这一定是体育特有的,而品格也是体育品德,但是品德本身又是一个共同素养,所以它就解决了所谓的一个学科只培养自己的学科素养,而不培养共同素养这一个问题。所以我们这一次的核心素养的自觉转向就很好地解决了"目中有人"的问题,目标不再是学生掌握了多少知识技能,而是学生通过学习知识技能成为了一个什么样的人,这样的一个人具备什么样的素养。

🛠 小试牛刀

下列有关学科核心素养的说法有误的是：

A. 学科核心素养的培养单靠学科教育就能完成。
B. 学科核心素养是指通过一门课程学习以后,学生能够形成的素养。
C. 学科核心素养要依托很多非学科的教育和活动来共同完成。
D. 各学科核心素养应该既包括本学科能够落实的核心素养,也包括各学科独特的核心素养。

活动 2　研读课标,理解生物学核心素养

以《普通高中生物学课程标准(2017年版2020年修订)》为例,阅读并理解生物学核心素养的四个维度。

> 💡 **课标链接**
>
> **《普通高中生物学课程标准(2017年版2020年修订版)》对学科核心素养的描述**
>
> 　　学科核心素养是学科育人价值的集中体现,是学生通过本学科学习而逐步形成

的正确价值观、必备品格和关键能力。生物学学科核心素养包括生命观念、科学思维、科学探究和社会责任。

"生命观念"是指对观察到的生命现象及相互关系或特性进行解释后的抽象，是人们经过实证后的想法或观点，是能够理解或解释生物学相关事件或现象的意识、观念和思想方法。学生应该在较好地理解生物学概念的基础上形成生命观念，如结构与功能观、进化与适应观、稳态与平衡观、物质与能量观等；能够用生命观念认识生物的多样性、统一性、独特性和复杂性，形成科学的自然观和世界观，并以此指导探究生命活动规律，解决实际问题。

"科学思维"是指尊重事实和证据，崇尚严谨和务实的求知态度，运用科学的思维方法认识事物、解决实际问题的思维习惯和能力。学生应该在学习过程中逐步发展科学思维，如能够基于生物学事实和证据运用归纳与概括、演绎与推理、模型与建模、批判性思维、创造性思维等方法，探讨、阐释生命现象及规律，审视或论证生物学社会议题。

"科学探究"是指能够发现现实世界中的生物学问题，针对特定的生物学现象进行观察、提问、实验设计、方案实施以及对结果的交流与讨论的能力。学生应在探究过程中，逐步增强对自然现象的好奇心和求知欲，掌握科学探究的基本思路和方法，提高实践能力；在探究中，乐于并善于团队合作，勇于创新。

"社会责任"是指基于生物学的认识参与个人与社会事务的讨论，作出理性解释和判断，解决生产生活问题的担当和能力。学生应能够以造福人类的态度和价值观，积极运用生物学的知识和方法，关注社会议题，参与讨论并作出理性解释，辨别迷信和伪科学；结合本地资源开展科学实践，尝试解决现实生活问题；树立和践行"绿水青山就是金山银山"的理念，形成生态意识，参与环境保护实践；主动向他人宣传关爱生命的观念和知识，崇尚健康文明的生活方式，成为健康中国的促进者和实践者。

生物学学科核心素养是学生在生物学课程学习过程中逐渐发展起来的，在解决真实情境中的实际问题时表现出来的价值观念、必备品格与关键能力，是学生知识、能力、情感态度与价值观的综合体现。生物学学科核心素养的培养应贯穿于教材编写、课堂教学及考试评价中。

> **资料阅读**
>
> **比较分析生物学学科核心素养4个维度之间的关系**[①]
>
> 高中生物学课程标准将生物学学科核心素养分为四个部分来阐述是必要的，不分析，无分类，就无法从多角度阐述。但是，如果只关注分析而不注意综合，则容易形

[①] 谭永平.生物学学科核心素养：内涵、外延与整体性[J].课程·教材·教法,2018,38(08)：86-91.

成平面分割、线性串联的思路，容易用"四块"来代替原来的"三维"，而不能立体、整体地思考其关系。要准确地描述这四者之间的关系实际上比较困难，比较接近的描述是用类似于四面体的立体关系来描述。这不是一个平面上的四块拼盘，更不是一条线串起四点。这四个部分之间的关系，可以连线构成四面体形状。

生命观念是构成生物学学科核心素养的生物学特质，是生物学育人价值最为显著的表现，居于突出的位置。生命观念的建立，需要以概念为支撑，需要以思维为工具；生命观念对价值观念、品格的形成起到支持作用，因此与社会责任有关联。科学探究是概念形成的途径，也就自然成为观念建立的途径。可见，生命观念与其他三者都有密切联系。

科学思维是生物学核心素养"能力"因素的关键部分。它以概念为思维的细胞，既是概念形成的工具又是生命观念建立的工具。科学思维是科学探究的基础，也在科学探究中得到磨砺。同时，在"社会责任"的"担当、能力"中，科学思维自然是不可或缺的。科学思维与其他三者都有密切联系。

科学探究充分体现生物学作为科学的特征。科学探究的过程和结果，建立的概念、观念，磨砺的思维能力，在履行社会责任中得以运用。科学探究与另外三者也都有关联。

社会责任是一个人在社会生活中品格、能力外显的途径。社会责任的实现，离不开另外三者的支撑，又集中反映综合素养水平，因此是其他三者与社会、与生活建立联系的连接点，是核心素养在社会生活中外显的衔接点。

由此可知，在学科核心素养的形成过程中，以及形成后的综合素养中，这四个方面是立体关联的整体，它们指向的人的发展，是立体的、融通的，它们构成一个整体，共同体现生物学课程主要的育人价值。

小试牛刀

1. 在本节前两个学习活动中，我们讨论了"素养""素质""核心素养""中国学生发展核心素养""学科核心素养"及"生物学核心素养"几个概念，请你通过画概念图的方式梳理这些概念之间的相互关系。
2. 研读《义务教育生物学课程标准（2022年版）》对核心素养内涵的描述，尝试分析其与高中生物学核心素养的联系与差异。
3. 查阅相关资料，尝试分析中学生物学课程对中国学生核心素养发展独特的教育价值。

任务小结

生物学核心素养的提出，具体描述了中学生物学课程的育人价值，是生物学课程设计的准绳，也是教师教学实践的方向和总体要求。因此，中学生物学教师必须深度理解生物学核心素养的内涵、组成维度及相互关系,理解生物学课程对发展中国学生核心素养的教育价值。

拓展阅读

查阅资料,阅读以下所列文献,并与你的同伴交流读书心得与体会。

[1] 余文森.从三维目标走向核心素养[J].华东师范大学学报(教育科学版),2016(01): 11-13.

[2] 赵占良.对生物学学科核心素养的理解(三)——科学探究与实践[J].中学生物教学,2020(05): 4-7.

[3] 赵占良.对生物学学科核心素养的理解(二)——科学思维及其教学[J].中学生物教学,2019(19): 4-7.

[4] 赵占良.对生物学学科核心素养的理解(一)——生命观念的内涵和意义[J].中学生物教学,2019(11): 4-8.

[5] 唐小为,丁邦平."科学探究"缘何变身"科学实践"?——解读美国科学教育框架理念的首位关键词之变[J].教育研究,2012,33(11): 141-145.

[6] 黄光雄,蔡清田.核心素养:课程发展与设计新论[M].上海:华东师范大学出版社,2017.

[7] 余文森.核心素养导向的课堂教学[M].上海:上海教育出版社,2017.

[8] 谭永平.发展学科核心素养——为何及如何建立生命观念[J].生物学教学,2017,42(10): 7-10.

[9] 崔鸿,解凯彬.发展生物学学科核心素养的教学设计:从理论到实践[M].北京:人民教育出版社,2019.

[10] 谭永平.生物学学科核心素养:内涵、外延与整体性[J].课程·教材·教法,2018,38(08): 86-91.

第三节
中学生物学课程的发展

在前面两节,我们已经了解了中学生物学课程的性质和理念,分析了生物学核心素养的相关内涵,那么作为未来的中学生物学教师,你了解我国中学生物学课程的发展历史吗?你对基础教育生物学课程改革又知道多少呢?课程的发展对生物学教师的教学设计具有哪些影响呢?带着这些问题,让我们开始这一节的学习。

任务 1:小组合作,分析我国中学生物学课程的历史沿革

情境导入

表2-2 改革开放40多年来我国中学生物学课程的发展(节选)

阶段	课程内容	年级	教学计划(课程计划或课程方案)	教学大纲(或课程标准)	教材(或教科书)	备注
1978—1989	生物、农基、生理卫生	初高中	1978年颁发《全日制十年制中小学教学计划试行草案》	1978年颁布《全日制十年制学校中学生物教学大纲、生理卫生教学大纲(试行草案)》;1986年颁布《全日制中学生物学教学大纲》	人民教育出版社编写全国通用中学生物课本	学制过短,只设必修课,初高中课程间隔时间过长
	生物、生理卫生	初高中	1981年颁发《全日制六年制重点中学教学计划(试行草案)》《全日制五年制中学教学计划(试行草案)》		根据新颁布的大纲陆续编写中学生物课本及教学参考书	课时增加,高中规定开设选修科,为1986年九年义务教育教学计划制定奠定基础
1990—1995	生物学	初高中	1992年颁布《九年制义务教育全日制小学、初级中学课程计划(试行)》	1990年颁布《全日制中学生物学教学大纲(修订本)》	人民教育出版社在原教材基础上,编写四年制初中生物课本、教学参考书、实验报告册等	学生在初中可以掌握比较全面系统的生物学基础知识;浙江初中开设自然科学综合学科课程

续表

阶段	课程内容	年级	教学计划（课程计划或课程方案）	教学大纲（或课程标准）	教材（或教科书）	备注
1996—1999	生物学	初高中	1996年颁布《全日制普通高级中学课程计划（试验）》	1996年颁布《全日制普通高级中学生物教学大纲（供试验用）》		初中生物学毕业会考、生物学高考相继取消，1999年高考以"3+X"方式在广东等省试点
2000—2016	科学 生物学	初高中	2000年颁布《全日制普通高级中学课程计划（试验修订稿）》、2003年颁布《普通高中课程方案（实验）》	2001年颁布《义务教育生物课程标准（实验稿）》；2003年颁布《普通高中生物课程标准（实验）》；2011年颁布《义务教育生物课程标准（2011年版）》	教材进行了重新修订，并逐步发展为"一纲多本""多纲多本"	上海、浙江省开设初中科学综合课程
2017—	科学 生物学	初高中	2018年颁布《普通高中课程方案（2017年版）》；2020年课程方案进行了重新修订；2022年颁布《义务教育课程方案（2022年版）》	2018年颁布《普通高中生物学课程标准（2017年版）》；2020年颁布《普通高中生物学课程标准（2017年版2020年修订）》；2022年颁布《义务教育生物学课程标准（2022年版）》《义务教育科学课程标准（2022年版）》	各版本教材重新修订并相继出版	高中课程类型调整为必修、选择性必修和选修课程，适当增加选修课程学分，既保证基础性，又兼顾选择性

与同伴一起，尝试从课程内容、课程计划、课程标准及教材几个方面分析我国中学生物学课程有怎样的发展与演变。

我国生物学课程发展到现在已经有100多年的历史。1840年到1902年间的生物学课程教学，主要掌握在外国传教士手中，教材也是对外国教材的翻译，带有浓厚的宗教和神学色彩，可以称作生物学教育的萌芽阶段。1902年是系统地开设生物学课程的开端。中华人民共和国成立后，中小学基础教育必须适应国家经济建设和社会发展的需要而改革发展。作为中学课程之一的生物学课程，新中国成立70多年来经历了曲折的、比较艰难的、从数次不设课到得到较高重视的变化发展过程。20世纪末，随着我国经济体制从计划经济向社会主义市场经济的转变,加之科学技术的迅速发展及其对人民生活各方面的渗入,我国社会已经发生了深刻的变化。社会变化连同知识经济的兴起,对我国基础教育提出了新的要求和挑战,教育改革势在必行。

在教育部的规划和领导下,旨在体现时代要求,实现"教育要面向现代化,面向世界,面向未来"的基础教育课程改革于1999年正式启动,2000年成立各学科课程标准研制组并开始工作。这次改革被人们称作"基础教育第八次课程改革"。2001年年初,教育部颁布了义务教育各学科课程标准实验稿,同年秋季新的课程方案和课程标准开始实施。2003年,高中各学科课程标准实验稿颁布,次年秋季,新的课程标准在四个省份使用,随后逐步扩展至全国各个省份。这是一次影响深远的基础教育课程改革。作为此次基础教育课程改革的组成部分,生物学课程改革的关键是实现从以"双基"为导向到以"生物科学素养"为导向、以探究式教学为特点的转变。第八次课程改革后的十多年间,生物学教育成为本次课程改革中最为活跃、变化最为显著的学科。党的十八大以来,国家将"立德树人"作为教育的根本任务。2014年3月,"核心素养"出现在教育部《关于全面深化课程改革落实立德树人根本任务的意见》中,并被置于深化课程改革、落实立德树人根本任务的首要位置,成为修订课程方案、课程标准和研制学业质量标准的重要依据。2018年1月《普通高中生物学课程标准(2017年版)》正式颁布(2020年进行了修订),2022年4月《义务教育课程标准(2022年版)》颁布,这也预示着我国中学生物学教学进入了一个跃升发展的阶段。

活动1 文本阅读,了解课程方案的发展

课程方案是关于学校课程的宏观规划,它规定学校课程的门类、各类课程的学习时数以及在各年级的学习顺序、教学时间的整体规划等。它是学校教学的依据,也是制定学科课程标准、编撰教材的依据。新中国成立初期,我国学习苏联,将"课程方案"称为"教学计划",1992年,课程改革又改称为"课程计划",2003年,教育部制定了新的《普通高中课程方案(实验)》和15个学科的课程标准(实验),"课程方案"正式代替了"课程计划"一词。但是,面对经济科技的迅猛发展和社会生活的深刻变化,面对新时代社会主要矛盾的转化,面对新时代对提高全体国民素质和人才培养质量的新要求,面对我国高中阶段教育基本普及的新形势,普通高中课程方案实验稿还有一些不相适应和亟待改进之处。

2013年教育部启动了普通高中课程修订工作,并于2018年正式颁布《普通高中课程方案(2017年版)》,本次修订深入总结21世纪以来我国普通高中课程改革的宝贵经验,充分借鉴国际课程改革的优秀成果,努力将普通高中课程方案修订成既符合我国实际情况,又具有国际视野的纲领性教学文件,构建具有中国特色的普通高中课程体系。2022年,《义务教育课程方案(2022年版)》正式颁布,该课程方案反映时代特征,努力构建具有中国特色、世界水准的义务教育课程体系。

> **资料阅读**
>
> **2003 年版普通高中课程方案实验稿中的课程结构设置**
>
> 课程方案的核心内容即课程结构。学习课程结构有助于教师了解所教课程所处的地位及与其他课程的关系。2003 年版高中课程方案实验稿中,我国高中阶段课程结构由学习领域、科目和模块三个层次组成,其中学习领域包括语言与文学、数学、人文与社会、科学、技术、艺术、体育与健康、综合实践活动。每个学习领域包含若干个科目,每个科目又包含若干个模块(表 2-3)。
>
> **表 2-3 2003 年版普通高中课程方案实验稿中的课程结构**
>
> | 学习领域 | 科目 | 模块 | 必修学分（共计 116 学分） |
> |---|---|---|---|
> | 语言与文学 | 语文 | | 10 |
> | | 外语 | | 10 |
> | 数学 | 数学 | | 10 |
> | 人文与社会 | 思想政治 | 以生物课程为例： | 8 |
> | | 历史 | | 6 |
> | | 地理 | 必修模块 { 分子与细胞 遗传与进化 稳态与环境 } | 6 |
> | 科学 | 物理 | | 6 |
> | | 生物 | 选修模块 { 生物技术实践 生物科学与社会 现代生物科技专题 } | 6 |
> | | 化学 | | 6 |
> | 技术 | 技术（含信息技术和通用技术） | | 8 |
> | 艺术 | 艺术或音乐、美术 | | 6 |
> | 体育与健康 | 体育与健康 | | 11 |
> | 综合实践活动 | 研究性学习活动 | | 15 |
> | | 社区服务 | | 2 |
> | | 社区实践 | | 6 |
>
> **2017 年版普通高中课程方案中的开设科目及学分**
>
> 普通高中开设语文、数学、外语、思想政治、历史、地理、物理、化学、生物学、技术(含信息技术和通用技术)、艺术(或音乐、美术)、体育与健康科目和综合实践活动等国家课程,以及校本课程。具体学分安排如下(表 2-4)。

表2-4 2017年版普通高中课程方案中各科目学分安排

科 目	必修学分	选择性必修学分	选修学分	科 目	必修学分	选择性必修学分	选修学分
语文	8	0—6	0—6	技术（含信息技术和通用技术）	6	0—18	0—4
数学	8	0—6	0—6				
外语	6	0—8	0—6	艺术（或音乐、美术）	6	0—18	0—4
思想政治	6	0—6	0—4				
历史	4	0—6	0—4	体育与健康	12	0—18	0—4
地理	4	0—6	0—4	综合实践活动	14		
物理	6	0—6	0—4	校本课程			≥8
化学	4	0—6	0—4	合 计	88	≥42	≥14
生物学	4	0—6	0—4				

其中，高中生物学课程分为必修、选择性必修和选修三个部分。必修部分包括"分子与细胞"及"遗传与进化"两个模块；选择性必修部分有"稳态与调节""生物与环境"和"生物技术与工程"三个模块；选修部分涉及现实生活应用、职业规划前瞻及学业发展基础三个方向的多个拓展模块（图2-7）。

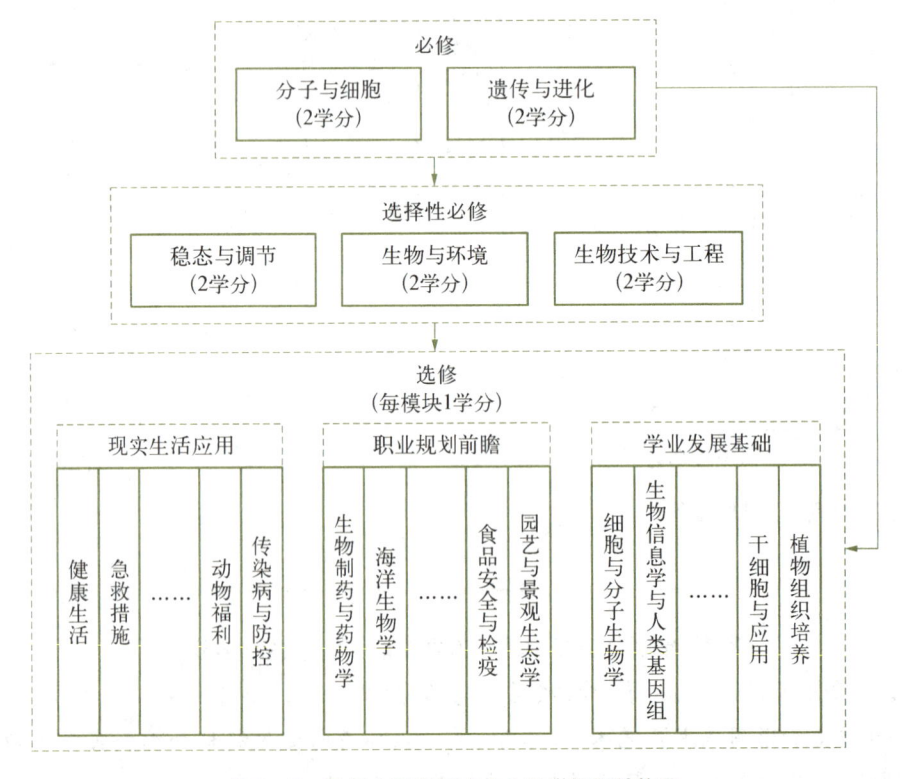

图2-7 2017年版普通高中生物学课程结构图

小试牛刀

1. 与2003年版高中生物学课程结构相比,你认为2017年版高中生物学课程结构发生了哪些变化?查阅相关资料,与同伴合作探讨发生这些变化的原因。
2. 根据学习资料,你能说说生物学科同物理、化学、地理等其他自然科学学科的关系吗?

活动2　小组合作,探讨生物学课程标准的发展

中学生物学课程标准具体规定了中学生物学课程的性质、课程理念、课程目标、内容要求和学业质量,并提出了课程实施、教学评价及教材编写等方面的建议。它是我国基础教育阶段生物学课程的基本规范和质量要求,是每个中学生物学教材编写者、生物学教师和教育管理者开展工作的依据和准绳。

事实上,"课程标准"在我国并不是一个新词,最早可追溯到清朝末年。在"废科举,兴学校"的近代普及教育运动初期,清政府颁布的各级学堂章程中就有《功课教法》或《学科程度及编制》,并列出课程门目表和课程分年表,这是课程标准的雏形。

1912年南京临时政府教育部公布的《普通教育暂行课程标准》,明确以"课程标准"作为教育指导性文件。此后,"课程标准"一词沿用了40年。其间课程标准多次重订和修订,相续颁发了小学各科和中学个别科目的课程标准。考察这些课程标准,可以发现其中的教学目标、内容规定大多以概要形式出现,或给出简要的教学指导建议,以便教师自行选择。但是由于受当时政治背景的影响,这些课程标准并没有得以有效的贯彻和落实。

1952年以后,我国学习苏联的做法,制定教学大纲。教学大纲不仅对教学目标和教学内容做出了明确的规定,还比较详细地规定了日常教学中所涉及的知识点、教学顺序和具体的课时。这样看来,"刚性"的教学大纲更像是教育专家为教师设计的"教学图纸"。教师依据教学大纲及其配套的教材就可以知道知识点发生了哪些变化、增加删减了哪些内容、具体的要求和课时数是多少、在规定的时间内能否完成教学任务等。如此一来,教学大纲和教科书就成为教师教学的"圣典",教师难越雷池半步。此外,我国特有的考试文化也潜在地影响着教师的课堂教学。

随着我国第八次课程改革的到来,课程标准取代了教学大纲。"一纲多本"的教科书编写方式也已实现,考试改革也已被提上议程。2001年,教育部颁布了《全日制义务教育生物课程标准(实验稿)》,2003年又颁布《普通高中生物课程标准(实验)》。2011年,修订后的《义务教育生物学课程标准(2011年版)》颁布。21世纪的第一个十年,我国初中和高中生物学课程沿着新的方向发展,取得了标志性的进步,这主要表现在课程理念的变化和课程内容的更新上。这一阶段,中学(初中、高中)生物学课程的理念是:面向全体学生、提高学生的生物科学素养(该理念的确定,为生物学课程指明了新的目标和方向,也为课程三维目标的确定提供了基准)、倡导探究性学习、注重与现实生活的联系。其中前三个是初中生物学课程理念,高中生物学课程理念是全部四个要求;而课程内容则以模块化内容框架(初中10个一级主题,高中分为3个必修、3个选修模块)突出生物学重要主题,强调探究和学生动手实践

活动,将生物技术纳入课程内容,并强调学生在现实生活的背景下学习生物学。[①]

党的十八大以来,国家将"立德树人"作为教育的根本任务。2014 年 3 月,在教育部《关于全面深化课程改革落实立德树人根本任务的意见》中提出培养学生"核心素养",并被置于深化课程改革、落实立德树人根本任务的首要位置,成为研制学业质量标准、修订课程方案和课程标准的重要依据。2018 年,《普通高中生物学课程标准(2017 年版)》正式颁布并于 2020 年进行了修订;2022 年《义务教育生物学课程标准(2022 年版)》颁布。初高中课程标准最主要的变化是将发展学生的核心素养作为课程目标,高中课程标准将核心素养的要素凝练为:生命观念、科学探究、科学思维和社会责任。初中课程标准将核心素养的要素凝练为:生命观念、科学思维、探究实践和态度责任。

资料阅读

《普通高中生物学课程标准(2017 年版)》的主要变化

新的普通高中课程标准的变化还是显著的,结合刘恩山、刘晟在《核心素养作引领 注重实践少而精——〈普通高中生物学课程标准〉修订思路与特色》[②]一文中对课标变化的总结,我们将课程标准的主要变化归结为以下 6 个方面。

1. 以生物学核心素养指导课程设计和课堂教学

提炼生物学核心素养是本次课程标准修订中最具有挑战性的任务,最终凝练出了高中生物学学科核心素养包括:生命观念、科学思维、科学探究、社会责任 4 个维度。生物学核心素养是学生获得的持久能力和品格,是学生终身受益的学习成果,其 4 个维度分别指向了"知、情、意、行"方面的学习结果。

生命观念(知):包括对生命世界现象及其运作规律的理解和认识,是科学世界观的组成部分;

科学思维(意):是认识物质世界、争取获得高质量结果的思维方式和习惯;

科学探究(行):是了解和认识生命世界、回答科学问题、揭示自然规律的实践方法;

社会责任(情):是对待生命的态度,以及回应社会性科学议题的意愿和行为。

生物学核心素养是学生后天学习的成果,主要依托在校期间的生物学课程习得和巩固,是公民基本素养的重要组成之一。生物学核心素养的提出,将本学科的教学内容和立德树人的宏观要求有机结合,具体描述了高中生物学课程的育人价值,是高中生物学课程设计的准绳,也是教师教学实践的方向和总体要求。生物学核心素养的提出使教育工作者对这一课程有了更加深入的理解和期待,可以将生物学教学改革推向一个新的、更高的平台。

---

① 刘恩山,曹宝义.普通高中生物学课程标准(2017 年版)解读[M].北京:高等教育出版社,2018.
② 刘恩山,刘晟.核心素养作引领 注重实践少而精——《普通高中生物学课程标准》修订思路与特色[J].生物学通报,2017,52(08):8-11.

2. 用生物学大概念构建课程内容以实现少而精

在过去的几十年间，国际上科学教育的发展不仅强调了基于探究的教学改革，同时也高度关注了学生在主动学习中对大概念的建立和理解。在强调少而精和选择有价值的学习内容时，都将理科课程内容聚焦在科学的大概念上。

根据学习科学和我国中学生物学教育近年来的研究结果，高中生物学课程中必修和选择性必修课程都是围绕生物学大概念组织教学内容的。例如，必修课程就是由4个大概念构成其内容框架，包含了4学分的学习内容。

概念1：细胞是生物体结构与生命活动的基本单位；

概念2：细胞的生存需要能量和营养物质；

概念3：生物体的遗传信息会一代代地传递下去，遗传信息控制生物性状；

概念4：生物的多样性是进化(演化)的结果。

用大概念构建课程内容框架，淡化了细枝末节的内容，降低了对记忆背诵的要求，强调对重要概念的深入理解，为主动学习留出了更多的课时，是课程内容少而精的保障。这不仅是课程标准呈现方式的变化，也是对课堂教学变革的要求和期待。

3. 准确描述的内容标准细致地刻画了教学深度和理解水平

2000年以后，我国中学生物学课程标准中习惯于采用"行为动词+生物学术语"的方式描述课程内容，如"概述光合作用的过程和意义"。用不同认知水平的3组行为动词取代"了解、理解和掌握"描述教学的不同要求和期待，已经是生物学课程文件进入新世纪后的标志性进步。但随着科学教育的发展，科学课程文件中对内容标准的描述方式，在21世纪的第一个10年后又有了进步和更好的呈现方式。依据国内、外的研究成果，《普通高中生物学课程标准(2017年版)》中，教学内容要求采用了针对学生年龄特点的命题式描述，明确陈述学生可以理解的生物学观点。例如，在必修课程中，关于遗传的内容有如下要求。

概念3：生物体的遗传信息会一代代地传递下去，遗传信息控制生物性状。

3.1 亲代传递给子代的遗传信息编码在DNA分子上；

3.2 有性生殖中基因的分离和重组导致双亲后代的基因组合有多种可能；

3.3 由突变和重组引起的基因变异，是进化的源泉。

这样的描述可以更好地帮助教材编写者和教师把握教学的要点和学生理解的深度，防止不必要的"拔高"或低水平的记忆背诵。这也有助于教师将生物学知识的教学与核心素养的目标达成相结合，减轻学生负担，提高教学效率。《普通高中生物学课程标准(2017年版)》中的内容要求全部采用了这样的描述方式。

4. 设计了指向学科核心素养的教学提示和学业要求

每个模块的内容要求(知识点的标准、知识点的学习结果)之后都设置了教学提示(应该怎么教才能够通向核心素养)和学业要求(指向了核心素养)。这三方面内容形成完整的一套，就是让教师在教具体知识点时能够看到素养。

"教学提示"栏目包括两部分的内容:一是本模块教学应特别关注的教学策略和方法;二是围绕提升核心素养和促进概念理解,提出的一系列教学活动。

"学业要求"则体现模块教学"成就标准",并明确指出"成就标准"对应的生物学核心素养,即在每一点的要求后注明涉及的主要核心素养,是发展学生核心素养的"阶段性、过程性"要求,保证了学生的学习和评价沿着发展学生核心素养的方向循序渐进。学业要求是新课程标准的一个重要变化。一方面,学业要求有利于指导教师课堂教学,学业要求所陈述的内容,相较于内容要求更为具体,通过结合具体的学习情境或方法进行阐述,有助于教师有效开展教学活动,指向核心素养的培养;另一方面,学业要求为学生开展学业自评和互评提供参照,也为本校、本地区开展命题考试提供了评价标准。

5. 研制了学业质量标准

各学科明确学生完成本学科学习任务后,学科核心素养应该达到的水平,各水平的关键表现构成评价学业质量的标准。引导教学更加关注育人目的,更加注重培养学生核心素养,更加强调提高学生综合运用知识解决实际问题的能力,帮助教师和学生把握教与学的深度和广度,为阶段性评价、学业水平考试和升学考试命题提供重要依据,促进教、学、考有机衔接,形成育人合力。

6. 2020年修订版课程标准增补了部分时代新热点、新要求[①]

最突出的就是增加了防控新型冠状病毒的相关内容。例如,在"传染病与防控"模块开设建议部分指出:"教师在教学活动中要通过案例,让学生掌握病原体、感染、传染源、传染等重要概念的内涵和区别,重点介绍对人类影响巨大的传染病案例,如鼠疫、天花、艾滋病、严重急性呼吸系统综合征(SARS)和新型冠状病毒(COVID-19)等的流行及防控……"其中,"新型冠状病毒(COVID-19)"是新增内容。又如,在"社会热点中的生物学问题"模块开设建议部分明确指出:"本模块选取转基因植物、试管婴儿、克隆哺乳动物、艾滋病、禽流感、SARS、埃博拉疫情以及COVID-19等主题加以论述,旨在向广大学生传递正确的科学知识……"其中,"COVID-19"是新增的主题。

小试牛刀

查阅相关资料,尝试分析《义务教育生物学课程标准(2022年版)》的主要变化。

活动3 文本阅读,了解生物学教材的发展

一个国家教材的编写水平,反映出一个国家或地区的学科教育水平,在教育越发达的国家,生物学教材的品种也就越丰富、越有特色。早在清末新政时期,我国就开始了生物学教材的编

[①] 刘恩山,曹保义. 普通高中生物学课程标准(2017年版2020年修订)解读[M]. 北京:高等教育出版社,2020.

写,但那时更多的是翻译国外的教科书。到了民国,已经出现了我国自主编写的生物学教材。

从20世纪50年代开始,我国生物学课程和教材长期保持"一纲一本"(即每个科目根据全国统一的教学大纲编写统一的教材,全国通用)的状态。在我国经济和教育尚不够发达、生物学课程专业人员不足的情况下,举国家之力、集中优势资源编写统一的教科书,显然是当时条件下最好的选择。但随着我国科学的普及和教育的发展,单一版本的生物学教材逐渐难以适应我国不同地区由经济、文化、教育发展差异所带来的不同需求。加之我国幅员辽阔,东西南北间的自然环境差异明显,一本生物学教科书很难适应学生的生活情境和实际需要。因此,中学生物学教科书的多样化成为我国生物学教育发展的现实需求。

21世纪初,随着义务教育和高中生物学课程标准实验稿的颁布,教育部实施了教材多样化的政策(即一纲多本:以国家统一颁布的课程标准为依据,编写出不同侧重点、不同风格的多套教科书,供不同地区、不同学校的教师和学生选择),允许具有资质的研究团队和出版机构参与课程标准教科书的编写和推广,地处北京、山东、河北、江苏、浙江等地的出版机构与高校、教研人员和著名生物学教师携手,组成了多支生物学教材的编写团队,及时地编写和出版了多套符合课程标准要求的教科书,满足了课程标准颁布后学校对全新教材的需求。多个版本的生物学教材,在改变学生学习方式、注重科学史渗透、图文并茂呈现等方面取得了突出的进步。但就整体而言,我国初中、高中生物学教科书不同版本之间的特色仍不够鲜明,基于自主研究的创新不够,与探究教学活动有关的内容质量有待提高。[①]《普通高中生物学课程标准(2017年版2020年修订)》《义务教育生物学课程标准(2022年版)》颁布后,适应基于学生核心素养发展要求的生物学教材已经相继出版和使用,以满足国家对人才培养的要求。

> 📊 **资料阅读**
>
> **表2-5 我国不同时期初中生物学教材的比较**
>
> | 教科书版本 | 主 要 内 容 |
> | --- | --- |
> | 1983年版初级中学课本(试用本)《动物学》《植物学》《生理卫生》封面 | 《动物学》教科书目录
第一章 原生动物门
第二章 腔肠动物门
第三章 扁形动物门
第四章 线形动物门
第五章 环节动物门
第六章 软体动物门
…… |

---

① 刘恩山,曹宝义.普通高中生物学课程标准(2017年版)解读[M].北京:高等教育出版社,2018.

续表

教科书版本	主要内容
2012年人教版初中生物教科书《生物学》	生物与生物圈 生物与细胞 生物圈中的绿色植物 生物圈中的人 生物圈中的其他生物 生物的多样性及其保护 生物圈中生命的延续和发展 健康的生活
2011年版上海初中《科学》教科书	能与能源 水与人类 空气与生命 宇宙与空间探索 地球、矿物与材料 海洋与海洋开发 人与自然的协调发展

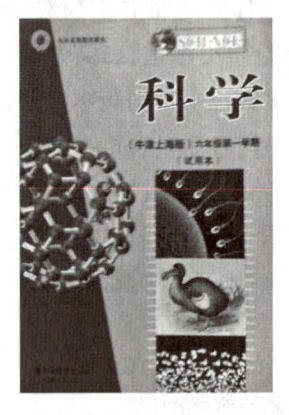

目前,中学生物学教材的编写已经逐步形成了分科体系、小综合体系和大综合体系三类教材并立的格局。20世纪80年代,人民教育出版社出版的生物学教材属于典型的分科体系教材,曾经是我国初中生物学教学使用的主要版本。这类教材的突出特点是内容系统性强,学科体系完整,教师容易组织教学和评价;不足之处在于学生获得的是分门别类、相互独立的生物学知识,无法构建综合性的生物学概念。小综合体系的教材以生物的基本特征为纲,以生命活动为主线,把分科的生物学知识内容综合在一起,属于学科内的综合。这类教材改变了分科体系教材中知识的繁琐和重复,节省教学时间,学生更容易形成完整的、综合性的生物学知识体系。大综合体系的教材打破生物、物理、化学和地理的学科界限,将它们有机融合在一起,属于学科间的综合。这类教材避免了各科之间的重复和脱节,有助于学生对自然形成统一和整体的认识,能够很好地培养学生的综合能力和素养。

小试牛刀

1. 查阅资料,尝试通过设计表格,比较和分析不同年代、不同版本生物学教材的特点。
2. 谈谈你对课程方案、课程标准及教材三者相互关系的理解。

任务小结

我国中学生物学课程的发展已有一百多年,而新中国成立以来,我国基础教育也先后进行了近十次课程改革。每一次课程改革中,课程方案、课程标准和教材都会或多或少发生一些变化。作为生物学教师,只有了解我国中学生物学课程发展的历史,理解课程方案、课程标准及教材的演变与发展,才能更好地开展符合时代要求、促进学生发展的生物学课堂教学。

拓展阅读

查阅资料,阅读以下所列文献,并与你的同伴交流读书心得与体会。

[1] 刘恩山,刘晟.核心素养作引领 注重实践少而精——《普通高中生物学课程标准》修订思路与特色[J].生物学通报,2017,52(08):8-11.

[2] 刘恩山,曹宝义.普通高中生物学课程标准(2017年版2020年修订)解读[M].北京:高等教育出版社,2020.

[3] 赵占良,谭永平.聚焦学科核心素养,彰显教材育人价值——普通高中生物学教材修订的总体思路[J].课程·教材·教法,2020,40(01):82-89.

[4] 谭永平.发展核心素养为宗旨的高中生物学新教材[J].课程·教材·教法,2019,39(11):104-109,115.

[5] 谭永平.人教版《普通高中教科书生物学》修订情况简介[J].生物学教学,2019,44(10):10-14.

第三章
中学生物学教学分析

要点提示

学习者分析和学习内容分析是教学设计的基础。学习者的认知规律以及心理变化对于有效开展中学生物学教学有着重要意义。本章首先介绍了学习的内涵及相关的学习理论,并通过对学生一般特征、学习风格以及学习起点等方面的分析,了解学习者的基本情况,随后以学生的前科学概念为重点,展开相关的案例学习。在学习内容分析部分,通过对具体教学内容的重点、难点、与前后学习内容的联系等内容的分析,引导学习者掌握学习内容分析的基本方法。

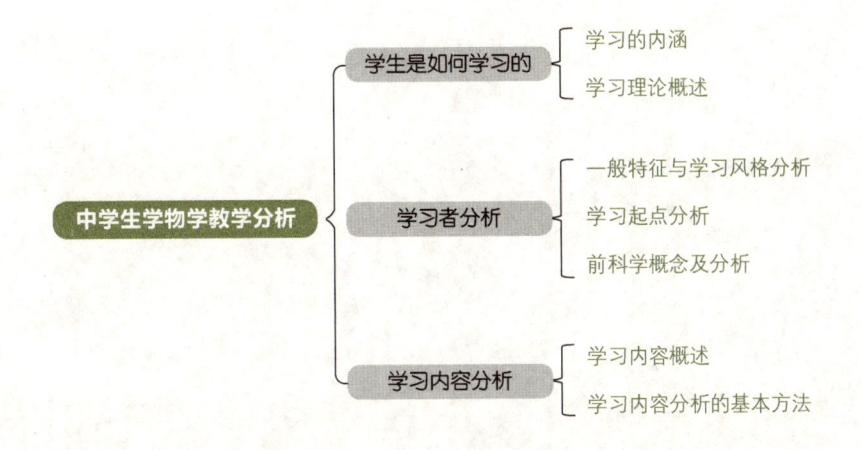

```
                          ┌── 学习的内涵
              学生是如何学习的─┤
                          └── 学习理论概述

                          ┌── 一般特征与学习风格分析
中学生学物学教学分析 ── 学习者分析 ─┤── 学习起点分析
                          └── 前科学概念及分析

                          ┌── 学习内容概述
              学习内容分析 ─┤
                          └── 学习内容分析的基本方法
```

学习目标

1. 通过课堂小实验和相关学习理论的阅读和分析,概述"学习"的定义,描述几种学习理论的基本观点,讨论这些学习理论对生物学课堂实践带来的启示。

2. 通过小组合作讨论,概述初中及高中学段学生的一般认知、能力特点,认同学生个体学习起点、学习风格的差异性。

3. 学会制定合理的方案,在了解学生基本情况的同时了解中学生物学前科学概念。

4. 关注学生的认知水平以及生物学学习需求,在教学设计中渗透以学生为主体的教育教学理念。

5. 学会教学内容分析的基本方法,能对中学生物学某一具体教学内容进行完整的学习内容分析。

第一节
学生是如何学习的

作为未来的生物学教师,在进行教学设计时,首先要了解学生是如何学习的、哪些教育心理学的理论影响着生物学教育的改革与发展、教师该如何用这些理论来指导生物学教学……带着这些问题,让我们进入本节的学习吧。

任务 1:学习的内涵以及相关的学习理论建构

情境导入

课堂小实验"知觉—动作学习实验"[①]

1. 实验用具

10 枚 1 元硬币,直径为 10 cm 的圆纸一张,笔,纸盒,米尺。

2. 主试与被试

主试为主持实验操作的人,被试为学习实验的对象,可分别由学生们轮流担任。

3. 操作步骤

将圆形小纸平放于地面。被试站在距圆形纸一米远的地方。

第一阶段——确定正式训练前的成绩。被试将眼睛闭上或蒙上,将 10 枚硬币投向目标(圆纸块)。主试测量每次硬币的落点与圆纸块之间的距离并做记录。

第二阶段——进行训练并记下每次练习的成绩。被试闭上眼睛,向目标投一枚硬币后,睁开眼,查看硬币落点与目标距离。如此连续投币 20 次。成绩的测量与记录同上。

第三阶段——检查消退和遗忘情况。被试如同第一阶段一样,在不知道投币结果的情况下,连续投币 10 次。成绩的测量与记录同上。

整理结果:将三阶段记录的练习结果描绘到坐标图上(图 3-1),从左至右依次描绘训练前、训练期和消退期的成绩。每次投币的次数(见横坐标)和测到的距离(见纵坐标)的交点用一黑点表示,然后用直线将各点相连,分别在图的三个部分得到三条曲线。这样的曲线叫学习曲线或练习曲线。训练前的叫基线,训练期的叫习得曲线,消退期的叫消退曲线。

[①] 邵瑞珍.学与教的心理学[M].上海:华东师范大学出版社,1990.

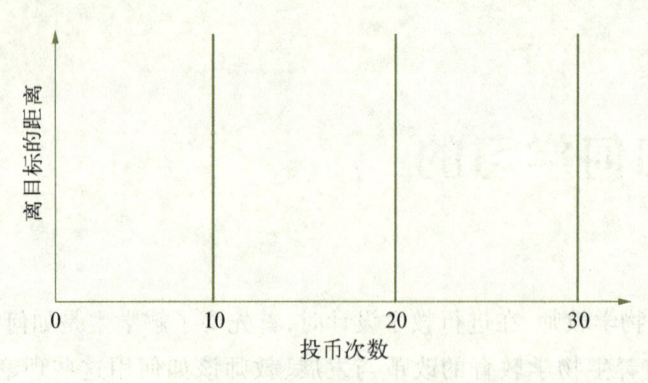

分析结果：分析影响知觉—动作学习的重要原因，努力发现有规律性的知识。

图 3-1 练习结果坐标记录

1. 你认为实验中的被试者是否在学习？
2. 单纯的练习是否会引起学习？
3. 如果下课之后，再让被试者进行这个实验，他的成绩会怎样？

"学习"是人们很常用的日常词汇。自古至今，毋须专门的心理学研究，人们似乎也懂得学习的含义，凭借经验和直觉，很容易举出一些学习的典型例证，比如看书、听课、做作业等。但是当科学心理学试图从日常的学习活动中抽象出它的本质特征，为学习下一确切定义时，却引发了来自不同流派的争端和分歧。首先，让我们一起来看看不同心理学流派是如何定义学习的吧。

活动1　学习的概念建构

行为主义心理学家认为学习是"由经验引起的行为相对持久的变化"。强调学习的本质是**行为的变化**，即学习活动发生后，学习者要有可观察、可测量的外在变化。这个定义对上述那样的简单学习实验研究很有用。根据这一定义，我们必须测量到学习者的行为发生变化，才承认有学习出现。例如，在上述实验第一阶段，通过10次练习，学习者的成绩若无进步，则不能说学习出现了。这就是说，单有练习不一定产生学习。认知心理学家则认为，学习是人的**倾向或能力的变化**，但这种变化要能保持一定时期，且不能单纯归因于生长过程。根据这一定义，学习的实质不是外在行为的变化，而是内在能力或倾向的变化。但是内在的变化难以直接观察，必须依据外部行为变化来推测。内在变化和外显行为有时是一致的，有时则不完全一致，必须经过多次观察和测量才能对内在变化做出恰当的推测。依据行为主义和认知心理学的两种学习定义，我们可以归纳出学习概念的三大要点。

第一，学习是学习者经过一定的练习后出现的某种变化。这种变化因学习类型的不同而表现在不同方面,有某种动作技能的形成(如学会打字),有某种态度的获得(如喜欢古典音乐),也有认知能力的提高(如写出一则500字的日记)。这些变化的实质是学习者内在能力或倾向的变化,但内隐的变化一般由外显行为表现出来。

第二,学习者的某种变化应是后天习得的,不是先天的反应倾向或生理成熟导致的。在一个较长的学习期内,学习者身上会有许多变化,有些变化不是单纯由后天经验引起的,也有生理成熟的作用。如幼儿从不会走路到会走路,从不会用筷子到会用筷子,外在行为的变化是巨大的,但这些变化既有练习的作用,也包含了幼儿骨骼肌肉发育成熟的作用。

第三,学习者的某种变化必须能保持一定的时期。人们因疲劳的消除、药物的作用以及生理上的适应引起的变化只能保持很短暂的时间,不能归因于学习的结果。[1]

> **资料阅读**
>
> ### 学习科学对"学习"的定义
>
> 1991年第一届世界学习科学大会在美国召开,并创刊《学习科学杂志》(*Journal of the Learning Sciences*),以此为标志,学习科学正式诞生。
>
> 学习科学(Learning Sciences)是以神经生物学(脑科学)、心理学的研究成果为基础,融合了教育学、信息学、人类学、社会学、设计学、计算机学等多门学科,形成的以研究"学"和"教"为重点的新型的、跨学科的交叉领域。学习科学研究在各种情境下的学习,包括学校课堂里的正式学习和发生在家庭、工作岗位、生活情境之中的非正式学习。
>
> 学习科学认为学习是由学习者和学习环境共同构筑的一个共同体,在学习过程中学习的主体要全部投入其中,而学习环境中的各个因素也对学习产生着影响。比如,学习过程中教师的作用、教室的环境、教学辅助设备的使用、教学场景的创设等,都会影响学习者的学习效果。学习科学区别于认知科学和心理学的一个重要方面,就是学习科学把学习看作一个整体,在"学习"这个整体中,不仅要研究学习者的身体、智力和情感因素,还要考虑学习者在学习环境中与其他因素的依存状况,正是这些内部与外部的交互影响、互相作用,才使学习者在认识事物、把握事物规律的过程中,呈现最佳的学习效果。因此,学习科学提出学习的概念是:学习的主体与学习环境相互依存,诸多因素互相影响,最终由学习主体表现出学习效果的互动过程。
>
> 可以说,学习科学从更大的范围界定了学习的定义,也更加聚焦学习主体——"人"在学习过程中的活动状况,它要探究的也是在各种情况下人从事学习活动的本质规律,进而用这些规律创设学习环境,改造课堂,提高学习效率。[2]

---

[1] 皮连生.学与教的心理学[M].上海:华东师范大学出版社,1997:93.
[2] 李荐,方中雄.学习科学:友善用脑[M].北京:商务印书馆,2016.

小试牛刀

请思考下列行为是不是学习？
- 一个幼儿迈出了她的第一步，是不是一种学习行为？
- 运动员服用兴奋剂后成绩暂时提高，是不是一种学习行为？
- 一个青少年男性感到自己被某些女性强烈吸引着，是不是一种学习行为？
- 一个学步儿童在唱《蜗牛与黄鹂鸟》，是不是一种学习行为？

活动 2　文本阅读了解相关学习理论，讨论其对生物学教学的影响

在心理学领域，围绕学习过程中如何获得知识、如何改变行为的问题，形成了两大体系的学习理论：行为主义和认知主义的学习理论。20 世纪 50 年代中期以前，**行为主义**学习理论在学习理论的研究中占据着主导地位。作为一个划时代的人物，桑代克首次用实验而不是思辨的方法来研究学习问题，是学习理论的一大超越，也为后继学习理论的研究提供了基本的范式；与行为主义学习理论相对立，源自格式塔学派的**认知主义**学习理论经过布鲁纳、奥苏伯尔等一批认知心理学家的大量创造性的工作，从 20 世纪 50 年代中期之后在学习理论的研究中开始占据主导地位。在现代学习理论的发展过程中，还出现了体现当代认知心理学特点的加涅（1916—2002）的**信息加工学习理论**，代表心理学新思潮的**人本主义学习理论**，以及继认知主义之后更强调学生主体作用的**建构主义学习理论**。限于本书的讨论重点，这里对行为主义、认知主义两大学习理论体系中的主要观点及建构主义对生物学教育的重要影响进行介绍，其他详细内容请参阅有关的学习心理学和教育心理学书籍。

一些学者把行为主义、认知主义和建构主义视为三种"平行"的学习理论，不管此说是否准确，足见这三种学习理论具有非常广泛的影响力。依据不同的学习理论，我们可以对生物学学习活动中的同一现象（如"光合作用"概念的学习）作出不同的解说，而这些解说从不同的角度而言都有其合理性。适当了解一下从行为主义到建构主义的这段发展轨迹，对我们全面认识和把握生物学教学的改革定有裨益。本活动中，我们仍然可以采用小组合作学习的方式，每组分别学习一种理论，然后各小组派代表为全班同学进行讲解。

▲ 行为主义学习理论

行为主义学习理论（Behavioral Learning Theory）又称"刺激—反应"理论（Stimulation-Reaction，简称 S-R），"刺激—反应联结"和"强化"是行为主义最为基本的理论框架。该理论把学习看作外显行为的变化过程，认为学习是由选择性强化形成的，学习者外显行为改变主要显示在刺激与反应之间的联结，学习者对原本不反应的刺激而表现出反应，即表示产生了学习。

行为主义学习理论中对教育影响较大的有三个学派：以巴甫洛夫和华生为代表的经典条件作用理论、桑代克的联结主义理论和斯金纳的操作条件作用理论。

1. 桑代克的联结主义理论

桑代克(1874—1949)是美国一位极有声望的心理学家,他曾担任过美国哥伦比亚大学师范学院的心理学教授,被公认为是联结理论的首创者。他从 1896 年起对动物的学习进行实验研究,后又研究了人类的学习及其测量方法,出版了《人类的学习》《学习心理学》《教育心理学》等著作。他在这些方面的研究和著作曾在西方心理学界产生过很大的影响。

> **资料阅读**
>
> **猫开笼实验**
>
> (1) 在一个迷笼中有一块踏板,踏板通过绳子和门钮连在一起,猫只要踏下踏板,门闩就会被拉动,笼门就可打开,笼外放有鱼和肉。
>
> (2) 研究者把一只饥饿的猫关入迷笼中,猫在笼中用爪子够不到食物,于是乱咬乱跳。后来偶然碰到踏板,笼门打开取到食物。
>
> (3) 再次将猫放回笼中,猫仍然需要经过乱咬、乱跳等过程才能逃到笼外。
>
> (4) 但随着实验次数的增加,猫的无效动作逐渐减少,打开笼门所需的时间逐渐减少。
>
> (5) 最后,猫一入笼内,就能打开笼门而取得食物。
>
> 这个实验就是桑代克创立的,他据此提出了以下观点:
>
> (1) 将学习归结为刺激(S)-反应(R)的联结形式。
>
> 在桑代克看来,"学习即联结,心即人的联结系统","学习是结合,人之所以长于学习,即因它形成了许多结合"。在猫学习打开迷笼的过程中,经过多次尝试与失败,在复杂的刺激情境中发现门闩(S)作为打开笼门的刺激(S)与开门反应(R)形成了牢固的联系,这时学习便产生了。所以在实验中可以把学习看作刺激与反应的联结,即 S-R 之间的联结。因此,人们又称各种联结主义的理论为 S-R 理论。
>
> (2) 一定的联结是通过试误而建立的。
>
> 这种学习过程是渐进的,是尝试与错误直至最后成功的过程。所以,桑代克的联结说又称尝试与错误说(简称试误说)。
>
> (3) 试误学习成功的条件包括练习律、效果律等。
>
> 练习率认为,S-R 联结的牢固程度与练习次数有关。如果猫在建立 S-R 联结后,停止做这个实验,很久之后再把它收入迷笼,它同样不知道立刻踏下踏板逃出去。
>
> 效果率认为,S-R 联结的增强或削弱与反应后获得的是奖励还是惩罚有关。如果猫踏下踏板的结果不是逃出去并获得食物,而是被打,就不会建立上述的联结。

> **小试牛刀**
>
> 请结合中学教学中常用的"题海战术"解释"练习率",并谈谈它们的优点和不足。

2. 斯金纳的操作性条件反射学说

斯金纳(1904—1990)在巴甫洛夫经典性条件反射理论和桑代克的学习理论的影响下，于1937年提出了操作性条件反射学说，根据操作性条件反射的强化观点提出了自己的学习理论并把在动物学习实验研究中所确定的一些规律用于教学。其主要著作有《有机体的行为》《科学和人类行为》《教学技术》《学习的科学和教学的艺术》《教学机器》等。

> **资料阅读**
>
> **白鼠的学习实验**
>
> 实验过程如下。
>
> （1）在一个特制的箱内装有一个杠杆，杠杆与传递食丸的机械装置相连，只要杠杆手柄被压动，一颗食丸便滚进食盘。
>
> （2）白鼠被放进箱内，自由活动，当它踏上杠杆手柄时，有食丸放出，于是吃到食物。
>
> （3）它一旦再按压杠杆，食丸又滚出，反复几次，白鼠就学会了按压杠杆手柄来取得食物的条件反射。
>
> 上面的实验就是斯金纳首创的。随后，他又对鸽子进行了研究。将白鼠和鸽子作为被试对象进行研究后，斯金纳认为，机体并不一定需要接受明显的刺激才能形成反应。他把机体由于刺激而被动引发的反应称为"应激性反应(respondent response)"，机体自身主动发出的反应称为"操作性反应(operant response)"，操作性反应可以用来解释基于操作性行为的学习，如人们读书或写字的行为。为了促进操作性行为的发生必须有步骤地给予一定的条件作用，这是一种"强化类的条件作用"。强化包括正强化(positive reinforcement)和负强化(negative reinforcement)两种类型。正强化可以理解为机体希望增加的刺激，负强化则是机体力图避开的刺激。这一发现被提炼为"刺激—反应—强化"理论。这一理论可以用来指导教学工作：在学习过程中，当给予学习者一定的教学信息——"刺激"后，学习者可能会产生许多种反应（包括应激性反应和操作性反应）。在这些反应中，只有与教学信息相关的反应才是操作性反应。在学习者作出了操作性反应后，要及时给予强化，如学生答对时告诉他"好"或"正确"，答错时告诉他"不对"或"错了"，这样在下次出现同样刺激时学生作出错误反应的可能性就会大为减小，从而促进学生在教学信息与自身反应之间形成联结，完成对教学信息的学习。
>
> 在把操作性条件作用学说和强化理论应用于人类学习研究的基础上，斯金纳提出了程序教学的概念并且总结了一系列的教学原则，如小步调教学原则、强化学习原则、及时反馈原则等，形成了程序教学理论，并从20世纪50年代后期开始积极倡导程序教学运动。

小试牛刀

1. 请你谈谈如何在实际教学中合适地运用奖赏和惩罚。
2. 你认为行为主义理论为生物教育改革与教学实践提供了哪些启示？它还存在哪些弊端？

▲ 认知主义学习理论

认知主义学习理论(Cognitive Learning Theory)产生于20世纪50年代中后期，代表人物及理论主要有布鲁纳的发现教学论、奥苏伯尔的意义教学论(认知同化理论)、加涅的信息加工理论、瓦根舍因的范例式教学论和弗拉维尔(Flavell)的元认知理论等。

与行为主义不同，认知主义更注重研究学习者对环境刺激的内部加工过程机制，而不限于外显的刺激与反应；研究人是如何形成概念、理解事物以及进行思维和解决问题的，而非研究实验室中动物的行为学习。他们强调学习者的内部因素，认为学习是主动的心智活动，而不简单是行为习惯的加强或减弱。比如美国心理学家托尔曼就曾提出了一个"中间变量"的概念，并将行为主义的公式"S-R联结"改为"S-O-R联结"，这里的"O"就是"中间变量"，代表有机体的内部变化，它虽然不能被直接看到，但对可见行为有着关键性的影响。因此，我们应重视对"中间变量"的研究。从生物学学习活动来看也应如此，如对光合作用概念的学习，一个采用理解性识记，一个采用机械性识记，但其外显的行为结果可能相同——完整地写出或说出了所记住的光合作用的定义。所以，认知过程是学习心理学应该研究的重要内容，它是学习活动的意义和本质所在。

资料阅读

资料1 布鲁纳的发现教学论

布鲁纳指出：教师教一个科目，并不希望学生成为该科目的一个小型图书馆，而是要学生参与获得知识的过程。他强调学生像科学家那样去主动思考和探索求知，最终达到对所学知识的理解和掌握。

布鲁纳的发现学习具有以下一些特征：① 强调学习过程。教师教学的主要目的就是学生亲自参与所学知识的体系建构，自己去思考，自己去发现知识。布鲁纳认为，只有学生亲自发现的知识才是真正属于自己的东西。学习的主要目的不是要记住教师和教科书上所讲的内容，而是要学生参与建立该学科知识体系的过程。② 强调直觉思维的培养。布鲁纳认为，直觉思维对科学发现和创新活动非常重要。直觉思维的形成过程，一般不是靠语言信息，它的本质是影像性和图像性的，所以教师在引导学生学习和探究时，要注意鼓励发动学生的参与意识，采用直观生动的教具加以辅助，力求引起学生丰富的想象和思考。③ 强调内在动机的重要作用。在学习过程中，发现学习最能激发学生好奇心，学生的好奇心是其内在动机的原型，是学生内在动机的初级形式。外部动机也必须将其转化为内在动机，才能起作用。在教学中，要求教师能够设置某种情境,或生动活泼,或贴近现实,或具有问题探究的意义,以此来吸引学生的眼球,调动起学生的内部探究学习的欲望。④ 强调学习中的信息提取。人类记忆所要解决的问题不是储存而是提取,提取信息的关键在于如何组织信息,知道信息储存在哪里和怎样才能提取信息。学生亲自参与发现事物的活动,必然会用某种方式对它们加以组织,从而对记忆具有最好的效果。

资料2 奥苏伯尔的意义教学论

意义学习是奥苏伯尔教育心理学中最重要的观念之一。为了说明意义学习,他仔细地区分了接受学习与发现学习,以及机械学习与意义学习。在发现学习中,学习的内容不是现成地给予学生的,而是必须在内化之前由学生自己去发现这些内容。所以发现学习只是比接受学习多了一个阶段——发现,其他没有什么不同。接受学习并不必然是机械学习,发现学习也不必然是意义学习。接受学习和发现学习都有可能是机械的,也都有可能是有意义的。例如,在实验教学中,学生只是机械地记住典型的步骤,而对自己正在做什么和为什么这样做不清楚,也属于机械学习。所以,奥苏伯尔认为学生的学习应该是有意义的接受学习。

对此,他提出了以下观点:① 学生能否习得新的信息,主要取决于他们的认知结构中已有的有关观念,如果学习内容对学生具有潜在意义,就能够与学生已有的知识结构实质性联系起来;意义学习是通过新信息与学生认知结构中已有的相关观念的相互作用才得以发生的,这种相互作用的结构,导致了新旧知识意义的**同化**。② 能促进有意义学习的发生和保持的最有效策略是利用适当的引导性材料,对当前所学的新内容加以定向与引导。这类引导材料与当前所学新内容、新概念、新命题、新知识之间在包容性、概括性和抽象性等方面应符合认知同化理论的要求,便于建立新旧知识之间的联系,从而能对新学习内容起到固定、吸收的作用,这种在学习内容之前用语言文字或适当媒体呈现出来的引导性材料,被称为**先行组织者**,它可以帮助学生预知将要学习的内容,并且帮助他们储存、分类和整理学习的内容,以便他们记住并在未来使用。在某种程度上先行组织者就像是一个带分支的树状结构。这些分支将成为要长出来的枝条的基点或生长点,如果没有这些悬挂内容的分支,本来能够清晰易懂的要点,就容易变得模糊不清。

资料3 弗拉维尔的元认知理论

人能认识世界,还能认识自我,产生自我意识,知觉自我思维。弗拉维尔于1976年第一次提出元认知概念(metacognition),他指出元认知是一系列有关个人自我认知过程、认知产物、认知相关事物的知识。此后,这方面的研究一直处于白热化阶段,其对学习者认知能力的影响也日益彰显。布朗(Brown)在弗拉维尔之后做了大量研究,聚焦于个人对信息的理解和对信息的高效运用。他提出,元认知是学生对制定计划、问题解决过程中的自我思维的意识和组织。斯卡尔(Scarr)和赞登(Zanden)提出,元认知是个人对大脑状态、思维技能、记忆和行为的理解、知觉与调控。总之,元认知可以概括为对思考进行的思考,对认知进行的认知。

元认知包含三方面的内容：① 元认知知识。元认知知识包括关于人的知识、任务的知识和策略的知识。人的知识指认知主体对自我认知特征、思维习惯有清晰的了解,知道自我优缺点,能意识到自己知道什么、不知道什么,还能了解同伴、他人及人类普遍性的认知规律。任务的知识是指认知主体清楚任务的要求、目的、实现条件是什么。策略的知识是指认知主体以一系列策略、方法完成某项任务,要求认知主体清楚地知道使用的策略是什么,应用条件是什么,为什么及如何使用。② 元认知技能。仅有一些知识储备不足以完成任务,还要求认知主体对任务完成过程有较强的监控和调整能力,包括计划、引导能力、自我调控能力、评价能力。计划：认知主体在任务进行前利用元认知知识制定切实可行的计划,于一定程度预测计划实施结果;引导：认知主体在任务进行过程中对动态思维、行动的持续性知觉和意识;评价：认知主体以一定的标准(如行动是否正在靠近目标)来持续评价认知或任务解决过程;自我调控：监管自己的执行计划,对任务执行过程中出现的问题能及时进行调整,表现出对未知元认知知识的探索。③ 元认知体验。元认知体验包括两个部分,一是认知主体于某次认知或任务完成过程中获得的感受,如豁然开朗、迷茫;二是认知主体长期形成的对认知的非逻辑、直觉性判读,这与自我效能感、自信心、自尊密切相关,如面对具有挑战的任务,认知主体对是否能顺利完成的直觉判断。

小试牛刀

1. 请你谈谈认知主义理论为生物学教育改革与教学实践提供了哪些启示。
2. 有意义的接受学习与发现学习有什么不同？怎样合理地运用这两种学习方式？
3. 你认为还有哪些方式可以培养学生的元认知能力？

▲ 建构主义学习理论

建构主义的基本观点来源于认知加工学说,以及维果茨基(Ler Vygoisky, 1896—1934)、皮亚杰(Jen Piaget, 1896—1980)、布鲁纳等人的思想。在建构主义思想的指导下形成了一套新的比较有效的学习理论,即建构主义学习理论(Constructivism Learning Theory)。

资料阅读

资料1　建构主义的理论来源

1. 维果茨基的思想

维果茨基强调,个体的学习是在一定的历史、社会文化背景下进行的,社会可以为个体的学习发展起到重要的支持和促进作用。维果茨基区分了个体发展的两种水平：现实的发展水平和潜在的发展水平。现实的发展水平即个体独立活动所能达到的水平,而潜在的发展水平则是指个体在成人或比他成熟的个体的帮助下所能达到的活动水平,这两种水平之间的区域即"**最近发展区**"。在教学中,学生通过与教师的交往,观察体现在教师活动中的社会经验,在教师指导下从事某种活动,逐步地把体现在教师身上的经验内化为自己的经验,从而可以独立地从事这种活动,将潜在的发展变成现实的发展,并不断创造新的最近发展区。另外,维果茨基很重视学生原有的经验与新知识之间的相互作用,他把学习者的日常经验称为"自下而上的知识",而把他们在学校里学习的知识称为"自上而下的知识"。自下而上的知识只有与自上而下的知识相联系,才能成为自觉的、系统的知识;而自上而下的知识只有与自下而上的知识相联系,才能获得成长的基础(维果茨基,1994)。

2. 皮亚杰的思想

皮亚杰的学说是当代建构主义理论的重要来源。皮亚杰认为知识既非来自主体,也非来自客体,而是在主体与客体之间的相互作用过程中建构起来的。一方面,新经验要获得意义,需要以原来的经验为基础,从而融入到原来的经验结构中,即**同化**(assimilation);另一方面,新经验的进入又会使原有的经验发生一定的改变,使它得以丰富、调整或改造,即原有经验发生**顺应**(accommodation)。这就是双向的建构过程。当今的建构主义者比皮亚杰走得更远,他们更强调学习中的具体情境性、非结构性,甚至反对学习中的抽象和概括等。另外,布鲁纳的发现学习以及认知心理学中的图式理论、新手专家研究等都对当今的建构主义者有重要的影响。

资料2　建构主义学习理论的基本观点

与认知主义相比,建构主义更重视学习活动中学生的主体性作用,重视学生面对具体情境进行意义建构。与实际教学活动的密切联系常常被视为现代建构主义的一个重要特点,建构主义思想反映在生物学教育上,简单地说,就是生物学学习是学生主动建构意义的过程。也就是说,学生对生物学对象的认识并非一种被动的反映,而是主体以已有的知识和经验为基础的主动建构,学生对生物学对象的观察、记忆和思考,都应是一种主动建构的过程。

资料3　建构主义的学习观

建构主义认为,学习并不是教师将知识灌输给学生,而是学生自己主动构建知识结构的过程,学生不是信息的被动接受者,而是主动建构者。学生以自己原有的知识经验系统为基础,对新的信息进行编码,构建自己的理解,从而原有的知识又因为新知识的进入而发展变化。理想的学习环境应包括情境、协作、交流和意义建构四个部分。

(1)情境。建构主义强调创设冲突的真实的学习情境。因为知识学习是与情境化的社会实践联系在一起的,在社会实践中学生会面对复杂的学习环境,应付繁杂、不良结构的问题,那么在解决问题的过程中,学生可以去学习怎样发现资源、利用资源、保持良好心态,以及将复杂任务分解的方法等。

(2) 协作。协作应该贯穿于整个学习活动过程中。教师与学生之间、学生与学生之间的协作,对学习资料的收集与分析、假设的提出与验证、学习进程的自我反馈和学习结果的评价以及意义的最终建构都有十分重要的作用。

(3) 交流。交流是协作过程中最基本的方式或环节。交流对于推进每个学习者的学习进程,是至关重要的手段。

(4) 意义建构。这是教学过程的最终目标。其建构的意义是指事物的性质规律以及事物之间的内在联系。

资料4　建构主义的教学观

建构主义教学观强调以下几点。

(1) 从学习者的经验出发。教师在教授科学知识之前应认真考虑学习者先前的(原有的)知识背景,呈现的教学内容应在学生可能的建构区范围之内。

(2) 角色的调整。教师在教学过程中不是一个知识的提供者,而是一个协助者,适时创设机会由学生自己去组合、批判和澄清新旧知识的差异,进而再构建自己新的认知。

(3) 布置良好的学习情境。教师是学习情境的建构者,以建构主义为取向的教学应注重调整现有的教学材料,布置适当的问题情境,制造学习者在认知上的冲突,以引起学习者的反省及思考,寻找解决问题的途径,教师不能照本宣科。

(4) 鼓励学习者反省和思考。课程教材的安排虽然无法兼顾多样性的学习者之间的个别差异,但建构主义取向的教学希望学习者能对过去一直被视为理所当然的知识,如课本知识,加以思考。教学时注意提供适合学生经验背景的教材次序,以促使学习者对学习对象有建设性的理解。

(5) 重视合作的学习方式。建构主义的教学方式有别于传统以教师或教材为主的教学。整个教学活动借助于师生之间、学习伙伴之间充分的沟通互动、辩论协调、澄清疑问等过程,以引导学习者由非正式的先前概念向正式的科学想法接近。虽然整个教学过程可能比较费时,但却是值得尝试的。

小试牛刀

鱼就是鱼

《鱼就是鱼》是美国儿童作家李欧·李奥尼的作品。绘本讲的是,有一条鱼,它很想了解陆地上发生的事,却因为只能在水中呼吸而无法实现。它与一个小蝌蚪交上了朋友。小蝌蚪长成青蛙之后,便跳上陆地。几周后青蛙回到池塘,向鱼汇报它所看到的。青蛙描述了陆地上的各种东西:鸟、牛和人。书中呈现了鱼根据青蛙对每一样东西的描述所创作的图画(图3-2)。每

图3-2　《鱼就是鱼》内页之一

样东西都带有鱼的形状,只是根据青蛙的描述稍作调整:人被想象为用鱼尾巴走路的鱼,鸟是长着翅膀的鱼,奶牛是长着乳房的鱼。

请尝试用建构主义的观点来解释这则漫画故事。

任务小结

作为生物学教师,要想知道如何教,首先要知道学生是如何学习的。在本任务中,我们首先对学习的概念和特点有了初步认识,并学习了行为主义、认知主义和建构主义等学习理论的基本原理和对生物学教学的影响。这些理论将有助于我们更好地解决教学设计和课堂实施中的问题。

拓展阅读

建构主义理论指导下的初中生物学概念教学[①]

建构主义学习理论认为,知识不是通过教师的传授直接得到的,而是学习者利用必要的学习资料,在一定的情境即社会文化背景下,借助他人的帮助,通过意义建构的方式而获得的。用建构主义进行生物学概念教学,应注重学习者先前的经验,强调以学习者为中心,由学习者通过主动的、互动的方式学习新概念。教师不再是一个知识的提供者,而是一个"引导者、协作者、促进者",适时创设机会让学生自己去组合、探究、验证和批判新旧知识的差异,进而建构自己新的认知,有效地构建生物学概念知识体系。

1. 注重学习者的经验,促进前概念向科学概念转变

当学习者感受到刺激时,把它们纳入到头脑中已有的图式之内,使其成为自身知识结构的一部分,这就是建构主义理论学习的概念同化,也就是从概念学习概念。新概念的获得,依赖原有知识结构中的相关概念,任何学科的学习和理解都不像在白纸上画画,学习总要涉及学习者原有的认知结构,学习者总是以其先前的经验来理解和建构新的知识和信息。学生在学习生物学之前,通过日常生活中的所见所闻和自身的实践经验,对客观世界中的各种生物现象已经形成了自己的看法,在他们的大脑里存在着许多先前的概念,例如,把植物的地下部分叫做"根",把肉质可食的果皮叫做"果实",认为无花果不开花就能结果,鸟都是会飞的等。建构主义认知心理学把学生的这些没有经过专门的教学,而是在日常生活中通过辨别学习、积累经验而掌握的概念,叫做前概念(或日常概念)。这些概念有的是正确的,有的是错误的;有的是完整的,有的是不完整的,但都对学习者学习生物学产生一定的影响。生物学概念教学就是要把学生的这些前概念转变成科学概念。例如,在讲授"昆虫"概念时,有些学生认为"虱子、跳蚤"不是昆虫,但又误把蜘蛛、蝎子、蜈蚣、蚯蚓、蚂蟥、蜗牛等认为是昆虫,针对这种情况,教师可充分利用网络资源,给学生提供大量鲜活的图片,并耐心引导学生对这些常识材料进行细致入微的观察,在辨别中把握"昆虫"概念的本质特征,纠正学生前概念错误,促使前概念向科学的概念发展。

[①] 张路恩. 应用建构主义理论指导初中生物学概念教学[J]. 生物学教学,2016,41(12): 15-16.

2. 创设情境,促进学习者主动建构知识的意义

建构主义理论认为,知识的意义总是存在于情境之中的。学习总是在一定情境之下进行的,人不能超越具体的情境来获得某种知识。因此,在生物学教学过程中,教师要充分发挥主导作用,善于从教材内容出发,围绕学生已有的知识经验和感知的生命现象,设计富有启发性的问题,创设思维的最佳情境,激起学生思考和探求的欲望,把学生的学习变为自己寻找答案的探究活动,使学生在学、做、用过程中,把握概念的本质特征,构建概念的恰当的心理表征。

例如,在讲授"输导作用的蒸腾拉力"概念时,围绕学生已感知的现象"插在装有稀释红墨水的带叶枝条,其内部的一些管道及叶脉染成了红色",设计富有启发性的问题:"红墨水是怎样被拉上去的?抽水的马达在哪儿?抽水的力量从何而来?水分又是通过茎的什么部位向上运输的?"有意识地让学生回忆茎和叶片的结构特点以及先前学过的渗透作用等,使学生头脑中浮现出一系列相关的知识,再引导学生通过分析茎和叶片的结构特点,将枝条制成横切或纵切的徒手切片观察,围绕渗透原理展开讨论,最后得出结论:"由于叶子表面的气孔不断地蒸发水分,从而使导管内产生一种使水向上流动的力量,这就是蒸腾拉力。水分就是由蒸腾拉力通过茎中木质部的导管向上运输的。"情境创设要根据学生的思维认知发展水平以及学习内容和学习目标不同而有所不同,如创设直观情境、认知冲突情境、问题情境、活动情境、探究情境等。有时一种情境可能促进多种特征的学习,有时一种学习特征需要创设多种不同的情境。但无论如何,教学时创设一个良好的情境,是学生学好生物学概念的前提,创设情境的目的就是激活学生原有的认知结构,激发学生强烈的学习兴趣,引导学生积极探索,为学习生物学概念奠定一个良好的基础。值得一提的是,计算机技术在创设情境方面所起的作用越来越明显,应充分发挥多媒体教学的优势。

3. 开展合作学习,完善对概念的理解

建构主义理论重视教学中教师与学生以及学生与学生之间的社会性相互作用,合作学习、交互式教学在建构主义的教学中广为采用。建构主义认为,每个人都在以自己的经验为背景建构对事物的理解。因此,只能理解到事物的某一方面或某些方面,不存在唯一标准的理解。教学就是要使学生和教师都超越自己的认识,看到那些与自己不同的理解,看到事物另外的侧面。学生在日常生活和以往的学习中,对生物学知识已形成了较丰富的经验,从生命现象到生物发展规律,几乎都有自己的看法。由于学生学习背景的差异,学生对各种生物学概念的理解常常各异,在学生的共同体中,这些差异便构成了一种宝贵的学习资源。教学过程中,可开展合作学习,发挥学习者的群体优势,集思广益,实现资源共享。

例如,在学习"变态的根、茎、叶"这节课时,学生对"块根、块茎、球茎、鳞茎、鳞叶、茎刺、叶刺、皮刺、茎卷须、叶卷须"等一系列概念辨别不清,经常张冠李戴。教师在讲这部分内容时,可事先准备好相关的实物或标本,有萝卜、荸荠、红薯、蒜头、莲藕、马铃薯、姜块以及长有刺或卷须的菝葜、豌豆、葡萄、柑橘、黄瓜、石榴、玫瑰、酸枣等,课堂上师生一起探讨,通过实例观察和比较对照,最后归纳出科学而准确的"变态的根、茎、叶"生物学概念。通过交流表达,使大家了解彼此的见解,是理解那些不同观点的基础。看到自己抓住了哪些,又漏掉了哪些,从而形成更丰富和深层次的理解。在小组讨论中,每个人的想法、解决问题的思路都

被明确化和外显化,学习者可以更好地对自己的理解和思维过程进行监控,不断反思自己的思考过程,对各种观念加以组织或重组,以更全面、更深刻地建构事物的意义。通过同学间的讨论交流,学生不仅可以有更多的机会对自己的想法进行表述和辩论,而且也可学会如何去聆听别人的意见并作出适当的评价,利于学生提高对概念的自我意识和自我反省。通过教师与学生之间的交流与对话,教师就能充分了解学生对各种现象的理解,倾听他们的看法,洞察这些想法的由来,并以此为据,引导学生丰富或调整自己对概念知识的理解和建构,从而对新概念建立起更完善的理解。

4. 联系生活实际,使概念教学具体化

建构主义理论认为,有效教学始于学生原有的知识和技能。有经验的教师在教学策略上更关注学生的已有知识经验,了解学生可能面对的困难,知道如何挖掘学生已有知识以使新的信息有意义。因此,在进行生物学概念教学时,首先应当了解、正视学生已有的日常经验,把学生这些知识经验作为新知识的生长点,从中"生长"出新的知识。例如,在讲"植物向光性和背地性"概念时,逐步向学生提问:① 把一盆花卉幼苗摆放在窗台,过一段时间后,幼苗会怎样生长?② 幼苗为什么不向窗内弯曲?若把幼苗移到室外栽培,有没有这种现象出现?③ 如果把幼苗倒挂着种养,过一段时间后,又会是怎样的情形?对于幼苗向窗外弯曲生长,学生有不同的解释,有的认为是水肥分布不匀所致,有的认为是风造成的影响,大部分学生则认为是单侧光照造成的。通过引导甚至让学生自己动手做一做,使他们明确植物茎具有向光性和背地性的原因,并深刻地领会这一概念。

5. 应用概念解释现象,达到学以致用的目的

生物学概念教学的目标是让学生通过概念的学习,学会解决问题,而且是解决生活中的实际问题。因此,概念教学不能仅停留在对概念的理解和给概念下定义的水平上,要让学生用于实践中,学会用概念解释事物的现象以及指导自己的实践,将概念内化并形成自己的一种技能。例如,学习"酶"这个概念后,引导学生运用知识解释"为什么加酶洗衣粉不能用在开水中洗衣服";学习"血液循环"的概念后,解释"为什么跑步后脸会变红""为什么剧烈运动之后不能立刻进食"等问题,还有用自然选择来解释生物的进化与多样性,用有氧呼吸来解释水果的保鲜原理,用渗透作用解释植物的"烧苗"现象等。尽可能结合实际情况,联系常见的实例进行引导、启发,使学生能融会贯通,感觉学有所用,实惠实在,实现从"苦学"到"乐学"的转变,既获得了知识又发展了能力,达到学以致用的目的。

第二节 学习者分析

中学生物学课程的教育价值在于提高学生的生物学核心素养，而教学设计的出发点也在于促进学生更好地发展。作为学习活动的主体，学生在学习过程中是以自己的特点和学习方式获得知识、能力和情感的提高与完善的。因此，在教学设计中必须要重视对学生情况的分析，以学生作为教学设计的基本出发点。那我们该如何对学生进行分析呢，下面就让我们进入本节课的学习吧。

任务 1：阅读文本了解学习者分析的主要内容

> **情境导入**
>
> **生物学实习教师的困惑**
>
> A 实习教师：今天第一次讲课，我自己把自己讲郁闷了。讲课前我先看了一下教材，然后给他们讲渗透概念、原理和过程等知识。我觉得我讲得很清楚，但是，学生好像一点兴趣也没有，完全不听我在讲什么。本来讲课前我是很兴奋的，看到学生那一张张无趣的脸，我一下子就失落了，很痛苦地结束了我的课。
>
> B 实习教师：我今天的课也不成功。我要讲鸟的骨骼，我问学生如果人要是有了翅膀能飞翔吗？结果他们异口同声地回答说能！本来我想他们应该说不能，然后我引出为什么飞鸽能飞翔，继而引出飞鸽的骨骼有什么特点，结果学生的回答一下子就让我不知道怎么办了。接下来，有好几次我在教学中卡了壳，我真不知道他们到底知道些什么。
>
> C 实习教师：你们还好，我是彻底让学生征服了。我用探究教学的方式上的课，结果他们根本不懂探究，折腾了一节课连第一个知识点都没有探究出来，看来我把学生的思维水平看得太高了，还是我没有引导好学生的思维呢？[1]
>
> 你认为三名实习教师为什么会出现这样的问题呢？
> 如果是你，你会怎么做呢？

生物学实习教师初次进入真实的课堂，接触各种鲜活的学生，在教学中会有很多困惑，尤其是对学生的分析不够充分，导致真实课堂教学和自己预想的并不一样。那么在课堂教

---

[1] 姚宝骏，陆建身.生物案例教学论[M].合肥：安徽教育出版社，2013：69-70.

学之前,我们又该如何对学生进行了解和全面的分析呢?相信通过以下 3 个活动,你会顺利地完成这个任务。

活动1　了解学习者的一般特征

学习者一般特征指对学习者从事学习产生影响的心理、生理和社会的特点,包括学生的年龄、性别、年级水平、认知成熟度、智能等因素。它们与具体学科内容虽无直接联系,但却影响着教师对学习内容的选择和组织,影响教学方法、教学媒体和教学组织形式的选择和运用。

一般而言,相同年龄段的学生会有大致相同的认知方式、思维方式以及情感体验、需求等,了解学生的年龄特征,可以了解学生群体大致的身心发展水平,为教师在进行教学设计时组织学习内容和学习材料、设计教学方法、选择学生的学习方式和教学的组织形式、选择和应用教学媒体等多方面环节提供科学的依据。

资料阅读

皮亚杰的认知发展阶段理论

皮亚杰把认知发展视为认知结构的发展过程,以认知结构为依据区分心理发展阶段。他把认知发展分为四个阶段。皮亚杰认为,这四个阶段是个体认知发展的必经阶段。认知结构的发展是一个连续建构的过程,每一阶段都有独特的结构,前一阶段是后一阶段的基础。每个阶段都大致地对应一定的年龄范围,处于同一年龄阶段的个体会有大致相同的认知方式和思维方式,但也有些个体在某些他们擅长的领域存在超前思维。虽然不同的个体会以不同的发展速度经历这几个阶段,但是都不可能跳越某一个发展阶段。在阶段的转折时期,同一个体可能同时进行不同阶段的活动。如表3-1所示。

表3-1　不同年龄阶段的认知发展特征

阶　　段	年　　龄	特　　征
感知运动阶段	0—2岁	开始出现模仿、记忆和思想。 开始意识到当物体被藏起来时物体并不是不存在了(客体永恒性)。 语言使用能力和符号思维能力逐渐得到发展。
前运算阶段	2—7岁	能沿一个方向进行逻辑运算(思维不可逆)。 难以了解其他人的观点(自我中心)。 能有逻辑地解决具体问题。
具体运算阶段	7—11、12岁	理解了对话的规则,能分类和排序(去自我中心,去集中化)。 理解了可逆性(守恒观念)。 能符合逻辑地解决抽象问题。
形式运算阶段	11、12岁—成人	思维更具科学性。 对社会问题、身份的关注增加。

小试牛刀

思考并回答以下问题：

1. 初中和高中阶段的学生主要处于_____阶段，_____（具体/抽象）思维处于优势地位，但初中和高中阶段的学生认知发展水平有所差异。
2. 初中学生的_____思维还没有完全成熟，所以在学习概念的时候，需要有很多具体的事实以及根据原有的经验来支撑概念的形成。在碰到一些复杂的问题时，尽管学生可以通过下定义来获取有关的概念，但是在概念形成中，还是需要具体的事实、情境、活动，通过学生自己的体验参与来形成概念。
3. 高中生大部分处于_____阶段，学生的_____思维能力比较强，在问题解决的过程中，可以运用分析、综合等方法获取概念，掌握规则、原理，甚至可以用数学的方法建立模型等。

除了认知发展的年龄特征之外，学生的情感和个性发展也存在一定的年龄特征。初中学生自我意识逐渐明确，情感丰富而外露，但其两极性特征极为明显，易偏激，容易冲动，不太稳定，他们开始重视社会道德规范，但对人和事的评价往往由于认知结构的不完善而导致简单化和片面性，在他们的自我调控中，意志行为逐渐增加，抗诱惑力不断增强，但高层调控仍不够稳定。高中阶段，学生的独立性、自主性日益增强，其情感体验要比初中生更为丰富、深刻，社会情感如集体感、友谊感、责任感、义务感都有了显著的发展。从初中到高中，学生的学习动机逐步由外在的兴趣型转向内在的信念型。

学生的一般特征是教师进行教学设计的依据，是教师制定教学目标、采用策略和方法时要考虑的因素，更是"面向全体学生"理念的体现。因此，教师要结合生物学学科的具体内容，综合考虑班级学生的年龄特征，有针对性地进行教学设计。以初一阶段的学生为例，根据皮亚杰的认知发展阶段理论，这些学生正处于从具体运算阶段向形式运算阶段过渡。据此，教学应以学生原有的经验为基础，教学内容和方法应从具体形象入手，创设必要的情境，采用比较、分析、综合的方法，逐步引导学生学习抽象概念，培养学生的逻辑思维能力。

活动 2　分析学习者的学习风格

课堂上，细心的教师会注意到这样的情况：有的学生在老师提高音量的时候会更关注老师所讲的内容，有的学生对老师的板书或挂图更感兴趣，有的学生喜欢记笔记，还有的学生喜欢动手实验或小组讨论……

学生在学习过程中表现出的差异其实是学习风格差异的体现，因此分析了解学生的学习风格，有利于教师有的放矢地选择教学方法，尽可能满足多数学生的喜好，开展适合发展学生能力的教学活动。

那么，什么是学习风格呢？

> **资料阅读**
>
> 学习风格即学习者特有的认知、情感和生理行为，是反映学习者如何感知信息、如何与学习环境相互作用并对它做出反应的相对稳定的学习方式。
>
> ——凯夫（Keefe）
>
> 学习风格是指学习者个体在接受信息和信息加工过程中所采用的自然习惯的偏爱方式，这些偏爱方式具有一定的持久性。每个人都有其独特的学习风格，就像各自的签名一样与众不同，它既反映出个体独特的生理特征又反映出个体受环境影响的痕迹。
>
> ——肯塞拉（Kinsella）
>
> 学习风格是指人们在学习时所具有或偏爱的方式，换句话说，就是学习者在研究和解决其学习任务时，所表现出来的具有个人特色的方式。
>
> ——《当代教育心理学》（第2版）

以上关于"学习风格"的定义尽管在描述上有所差异，但不难发现其核心本质是相同的，即**学习风格**是指学习者喜欢或经常使用的学习方式以及表现出来的相应的学习特征。学习风格是在学习者个体神经组织结构及其机能基础上，受特定的家庭、教育和社会文化的影响，通过个体自身长期的学习活动而形成的，有着鲜明的个性特征，即具有**独特性**；此外，学习风格是个体在长期的学习过程中逐渐形成的，一经形成，很少随学习内容、学习环境的变化而变化，即具有**持久稳定性**。但是学习风格的稳定性并不表明它是不可以改变的，它仍然具有一定的可塑性。

学习风格主要包括学习者在信息接收加工方面的不同方式；对学习环境和条件的不同需求；在认知方式上的差异，如场独立型和场依存型、以及冲动型和沉思型等；某些个性意识倾向性因素，如控制点等。

▲ 认知风格

所谓认知风格，也称认知方式，是指个体偏爱的信息加工方式，表现在个体对外界信息的感知、注意、思维、记忆和解决问题的方式上，是学习风格中较为重要的因素之一。目前研究较多的是场独立型和场依存型认知方式，以及冲动型和沉思型认知方式。

1. 场独立型和场依存型

有些人的知觉较多地依赖于自身所处的周围环境，从环境的刺激中去定义知识、信息，这属于场依存型；而另外一些人的知觉则较多地依赖于他们身体内部的线索，很少受环境因素的影响，这属于场独立型。场依存型与场独立型这两种认知风格，与学习有着密切的关系，两种认知风格所体现的学习特点如表3-2所示。

表 3-2　场依存型和场独立型所体现的学习特点

	场依存型学习者	场独立型学习者
学科兴趣	社会科学	自然科学
学习策略	学习欠主动，外在动机较强	独立学习，内在动机较强
教学偏好	结构严密的教学	结构不严密的教学

2. 冲动型和沉思型

在学习过程中，有的学生反应非常快，但往往不够准确，这种反应方式称为冲动型；而有的学生反应虽然很慢，却很仔细、准确，这种反应方式称为沉思型。冲动型学生反应虽快，但往往出现很多错误，这主要因为他们在解决问题中没有审查全部问题和可能的答案就匆匆解答。最典型的例子就是有的同学在教师提问时非常急切地举着手，一旦站起来却往往回答不上或答错。沉思型的学生则相反，他们喜欢深思熟虑，在学习过程中常表现出比冲动型学生更为成熟的学习策略，答案也相对准确。但是他们有一个致命的缺点，费时太长，特别是在解决高难度问题或速度竞赛时，效率非常低。

针对认知风格在反应速度上的差异，冲动型的学生要提醒自己注意深思熟虑，先想后说，先思后行，克服信口开河、乱发议论的毛病，养成严谨、认真、一丝不苟的学习态度和学习习惯；沉思型的学生则应要求自己在提高学习速度和效率上下功夫，可进行一些必要的反应速度训练，来提高自己灵活快速解决问题的能力，做到又快又准。

▲ 内外控制点

在教育心理学中，以控制点（locus of control）作为影响学习者学业成就的一种人格因素日益受到重视。所谓控制点，是指人们对影响自己生活与命运的那些因素的看法，一般分为内部控制与外部控制。

具有内部控制特征的人相信，自己所从事的活动及其结果是由自身具有的内部因素决定的，自己的能力和所做的努力能控制事态的发展；具有外部控制点的人认为，自己受命运、运气、机遇和他人的控制，这些外部复杂且难以预料的力量主宰着自己的行为。

> **资料阅读**
>
> **学习风格测定的方法**
>
> 在教学设计的实践中，测定学习风格的方法通常有三种。
>
> 1. 观察法：即通过教师对学生的日常观察来确定。这种方法较为适合年龄较小的学生，因为他们对自己的学习风格不太了解，所以在回答问卷的时候会感到困难。但这种方法的缺点也十分明显——教师很难观察到每一个学生的学习风格。

> 2. 征答法：即让学生自己来描述自己的学习风格，这种方式的优点在于不受具体问题的限制，从而能使学生更全面地体现自己的特点，但缺点在于如果不能把学习风格的概念准确地向学生进行解释，则学生的陈述就有可能不在学习风格的范畴之内。
>
> 3. 问卷法：即按照学习风格的具体内容设计一个调查量表，让学生根据自身实际情况进行回答。其优点在于可以给平时尚未关注自己某些学习风格的学生提供一些线索，启发他们进行判断，但缺点是问卷中的题目往往难以涉及全体学生所包括的学习风格。
>
> 目前，很多学者已经开发出了各种各样的量表，如北卡罗来纳州立大学的所罗门所开发设计的"所罗门学习风格自测问卷表"、特里·小约翰开发的控制点类型测试表等，运用这些量表，可以较为迅速而准确地测定学生的学习风格。

活动3　分析学习者的学习起点

就像开始一场旅行前，我们需要知道出发点在何处一样，教学前也需要对学生的学习起点有一个全面的了解，只有准确把握学生的学习起点，在此基础上确定学习目标、组织教学内容、设计教学过程，才能实现中学生物学课堂教学中教师与学生之间的有效沟通。

所谓学习起点，又被称为"起点技能"或"下位技能"，它们是学生应当在课前就已具备的知识或能力，是实现教学终点目标所必需的必要性条件或技能性条件。[①] 一般来说，学习起点的分析包括三方面的基本内容——预备技能的分析、目标技能的分析以及学习态度的分析。

▲ 预备技能的分析

预备技能是指学生在开始新的学习内容之前已经掌握的知识和能力，为了了解学习者是否具备了从事新的学习所必需的预备技能，可在学习内容分析图上设计一个教学起点，将该起点以下的知识技能视作预备技能，并以此为依据编写试题，通过检测以了解学习者对于这些预备性知识与能力的掌握情况。

如高中生物学"减数分裂与受精作用"部分的教学中，在学习"减数分裂过程中染色体的行为变化"部分内容时，预计学习者已经掌握了染色体的结构特点和有丝分裂过程中染色体的行为，则可据此设计教学起点线，此线以下的内容就是编写试题的依据，以了解、考查学生是否具备了学习减数分裂的预备技能。也可以通过对学生作业的批改及分析，了解学生对相关内容的预备技能的掌握情况（图3-3）。

---

① R.M.加涅，等.教学设计原理[M].皮连生，庞维国，等译.上海：华东师范大学出版社，1999：11.

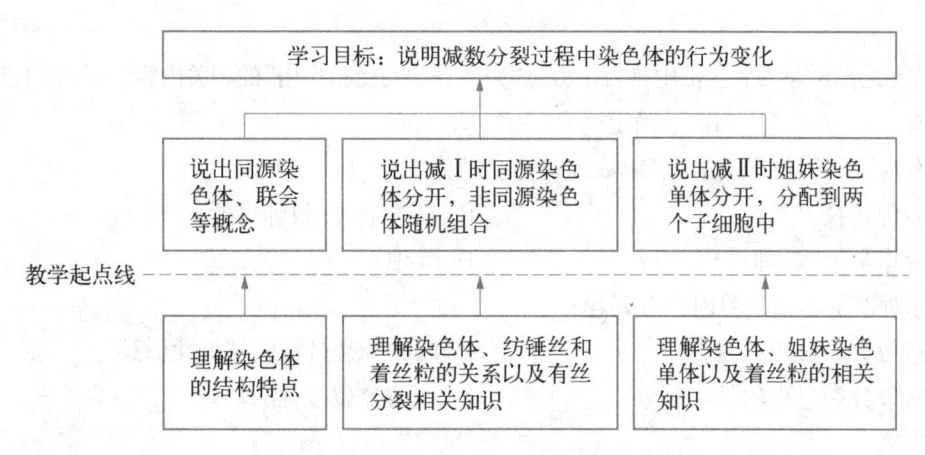

```
                    ┌─────────────────────────────────────┐
                    │ 学习目标：说明减数分裂过程中染色体的行为变化 │
                    └─────────────────────────────────────┘
                          ↑           ↑            ↑
              ┌──────────┐  ┌──────────────┐  ┌──────────────┐
              │说出同源染 │  │说出减Ⅰ时同源染│  │说出减Ⅱ时姐妹染│
              │色体、联会 │  │色体分开，非同源│  │色单体分开，分配│
              │等概念    │  │染色体随机组合 │  │到两个子细胞中 │
              └──────────┘  └──────────────┘  └──────────────┘
教学起点线  ─ ─ ─ ─ ↑ ─ ─ ─ ─ ─ ─ ─ ↑ ─ ─ ─ ─ ─ ─ ─ ↑ ─ ─
              ┌──────────┐  ┌──────────────┐  ┌──────────────┐
              │理解染色体 │  │理解染色体、纺锤│  │理解染色体、姐│
              │的结构特点 │  │丝和着丝粒的关系│  │妹染色单体以及│
              │          │  │以及有丝分裂相关│  │着丝粒的相关知│
              │          │  │知识          │  │识           │
              └──────────┘  └──────────────┘  └──────────────┘
```

图3-3 "减数分裂与受精作用"的教学起点设计

▲ **目标技能的分析**

目标技能是指在教学目标中所规定的学生必须要掌握的知识和能力。对目标技能进行分析的目的在于了解学习者是否已经掌握或部分掌握了教学目标中要求的知识和能力。如果学习者已经掌握了部分目标与能力，则说明这部分内容的教学没有必要进行，这有助于教师在进行教学设计时确定教学重难点，做到详略得当。

如"减数分裂与受精作用"的学习目标之一是学生需要理解受精作用的过程和意义，而通过课堂提问等手段发现学生在日常的学习过程中，已经对"受精作用"这一概念有了较为正确的认识和理解，那么在教学过程中就可以对这一部分的内容进行简化处理，而将更多的精力投入到"减数分裂"这一重难点的教学中去，可以提高课堂教学的有效性。

▲ **学习态度的分析**

学习态度主要是指学习者对教学内容是否存在疑虑、偏爱以及学习动机如何等。了解学习者对所学内容的态度对于选择教学内容、确定教学方法等都有重要影响。尽管学习态度一般是内隐且难以精确衡量的，但是可以采用问卷、访谈、观察等途径在一定程度上了解学生基本的学习态度。

如进行"减数分裂与受精作用"的教学前，可以通过以下小问卷了解学生对该部分内容的基本学习态度，基于对调查结果的统计和分析，选择教学内容和教学方法，以提高课堂的教学效果。

📖 **案例鉴赏**

"减数分裂与受精作用"的学习态度调查

1. 通过之前课程的学习，你现在对生物学课程的喜爱程度如何？（　　）
   A. 非常喜欢　　　B. 比较喜欢　　　C. 不太喜欢　　　D. 很不喜欢
2. 你对"减数分裂与受精作用"的学习兴趣程度如何？（　　）
   A. 非常有兴趣　　B. 比较有兴趣　　C. 不太有兴趣　　D. 完全没有兴趣

3. 你在之前的学习和生活中是否接触过"减数分裂与受精作用"的相关内容?（　　）
A. 有　　　　　　　　B. 不确定　　　　　C. 没有
4. 你希望以哪种方式学习"减数分裂与受精作用"?（　　）
A. 教师讲授　　　　　　　　　　　B. 自主学习+教师讲授
C. 合作学习+教师讲授　　　　　　 D. 其他：_____
5. 你对以下哪些学习内容有兴趣?（　　）
A. 减数分裂过程的视频　　　　　　B. 减数分裂过程的拟人化讲述
C. 减数分裂过程的教具　　　　　　D. 减数分裂过程的动画

小试牛刀

请结合学习内容，分析并总结自己作为"中学生物学教学设计"这门课程学习者的特征（其中学习风格的分析可以借助所罗门学习风格量表）。

"中学生物学教学设计"的学习者分析

——以自我为例

1. 一般特征分析	
2. 学习风格分析	
3. 学习起点分析	

案例鉴赏

"细胞大小与物质运输的关系"学习者分析

高中生物学关于"细胞大小与物质运输的关系"的实验，旨在让学生通过实验明白细胞是不能无限增大的，进而领悟细胞分裂的必要性，在此基础上进行细胞分裂知识的学习，体现了教材的逻辑性和系统性。该部分内容的学习者为高一年级的学生，以下将从一般特征、学习风格以及学习起点三方面对其进行分析。

1. 一般特征分析

根据皮亚杰的认知发展阶段理论，高一阶段的学生正处于形式运算阶段，具备较强的逻辑思维能力，能通过观察、比较、分析等方法解决问题；动手能力较强，能完成基本的实验操作步骤。

2. 学习风格分析

高中阶段的学生普遍对动手操作类的活动很感兴趣，对实验充满好奇心，但也容易出现小失误,在学习过程中需要加强对实验安全和实验过程的指导。此外,大部分学生仍缺乏探究的精神,普遍习惯于对事物的直观描述,容易忽视实验细节,且学习习惯于教师的讲授而不愿意深入思考,在教学中要注意激发学生的探究兴趣和欲望,有意识地转换教学方式。

3. 学习起点分析

在知识方面,学生在初中已经学习过"细胞通过分裂产生新细胞""受精卵通过细胞分裂和分化形成组织和器官"等内容,也在化学课程中,学习了氢氧化钠与酚酞的显色原理,具备了完成本实验学习的基本知识基础。在能力方面,学生在本模块之前的学习中,已经进行过其他的探究活动,对探究实验的基本过程和方法有一定程度的认识与了解,已具备基本的操作技能。

"人体内废物的排出"学习者分析

有关初中生物学"人体内废物的排出"内容,学生在之前的学习中已经了解了消化系统、呼吸系统和循环系统,知道营养物质经消化吸收后通过循环系统进入到组织细胞,在组织细胞的线粒体中与通过呼吸运动获得的氧气相结合,从而释放能量为人体利用。在此之后安排了人体废物排出相关知识,起到一个延伸和完善的作用。该部分内容的学习者为七年级的学生,以下将从一般特征、学习风格以及学习起点三方面对其进行分析。

1. 一般特征分析

从认知水平的角度来看,七年级下学期的学生处于由具体运算阶段向形式运算阶段过渡的时期,具备一定的逻辑思维能力,但形象思维优于抽象思维,感性认识优于理性认识,构建知识网络的能力比较弱。

2. 学习风格分析

七年级的学生思维活跃,对于"尿的形成与排出"这一与自身有着紧密联系的话题有着强烈的好奇心和求知欲,容易激发其学习兴趣,但他们的自控能力较差,需要教师在课堂上加强引导。

3. 学习起点分析

从学生的知识结构上看,学生已基本掌握了血液循环的基础知识,为学习这章"人体内废物的排出"做好了铺垫,在日常生活中,学生也积累了一些有关尿液的生活常识,但较为肤浅,如肾的结构和功能、尿的形成对于他们来说较为抽象,在学习时可以借助图片和教师引导来帮助学生理解。同时,七年级的学生通过之前课程的学习,已具备了一定的观察与思考、分析与探究的能力,在教学中应注重发挥学生的主体地位。

任务小结

在本任务的学习之后,你一定知道情境导入中三位实习教师的问题所在了:其中 A 实习教师对学生的兴趣分析不够,不能激发课堂的活力,教学自然不能有效;B 实习教师对学生的知识基础分析不够,不能前后建构,教学也很难有效;C 实习教师采用了探究教学的形式,但是对学生的思维基础分析不够,不能激活学生的思维,教学也不易成功。因此教学中对学生的分析非常重要。学生是教学的主体,可以通过对学生年龄特征、学习风格以及学习起点等方面的分析了解学习者的基本情况,在此基础上进行教学目标的制定、学习内容的组织、教学方法与策略的选择才更具针对性。

任务 2：诊断并转变学生的前科学概念

情境导入

一次课前小调查

在初中"人体的呼吸"教学之前,一位教师通过一系列判断题对学生进行调查,以诊断学情,摸清学生存在的前科学概念。题目如下:

1. 肺与外界的气体交换就是人们常说的呼吸,人体呼吸时吸入的气体是氧气,呼出的气体是二氧化碳。（　　）

2. 人体呼出的气体中,二氧化碳比氧气含量高。（　　）

3. 人体呼出的气体中,二氧化碳的含量比空气高,氧气的含量比空气低。（　　）

4. 呼吸时,用手按在胸部两侧,感觉到胸廓有规律地扩大或缩小,称作呼吸运动,因此人体先有呼吸,然后才有呼吸运动。（　　）

5. 我们讲卫生,不随地吐痰。痰就是口水。（　　）

6. 人体的呼吸就是呼吸作用。（　　）

通过课前小调查发现,6 道题目的错误率分别高达 93.18%、56.82%、81.82%、68.18%、40%、52.27%。调查结果表明,学生存在的前科学概念主要体现在对气体成分的变化认识不清,对呼吸与呼吸运动的关系、口水与痰的概念、呼吸与呼吸作用等概念模糊不清等。调查结果让这位教师有点惊讶,呼吸应该是学生再熟悉不过的概念,但学生却存在不少的前科学概念,所以教师在思考如何转变学生的前科学概念。

学生为什么会存在前科学概念?
如果你是这位教师,你打算采取哪些方法转变学生的前科学概念?

每个学生在其日常的生活和学习过程中都会对某些问题形成自己的看法和观念,并带着这些观念进入到中学生物学课堂中,如初中学生在"人体内废物的排出"的学习之前,在日常生活中已经形成了自己对这一内容的理解。在一次对北京和河南省沁阳市两地学生的抽样问卷调查中,有以下两道关于该部分内容的试题。

- 粪便是排泄物。　　　　　　A. 对　　　　B. 不对　　　　C. 不知道
- 排汗、呼出二氧化碳属于排泄。　A. 对　　　　B. 不对　　　　C. 不知道

统计结果表明,在接受调查的七年级学生中,有 99% 的人认为"粪便是排泄物",有 12.4% 的人认为"排汗、呼出二氧化碳不属于排泄",可见学生头脑中原有的认识并不是完全科学

的,这些与科学知识相悖或不尽一致的观念或规则被称为前科学概念。[1]

活动1　科学概念与前科学概念的辨析

▲ 什么是科学概念

概念是反映事物及其特有属性的思维形态,而科学概念是反映自然界中各种物质、现象及其本质属性的思维形式,包括数学概念、物理学概念、化学概念和生物学概念等。而要想真正理解和掌握一个科学概念,就必须要从概念的语词、内涵、外延和例证等方面入手。

1. 概念的语词

生物学概念是经过长期的认识和实践积累下来的,必须借助文字和语言的形式来进行保存,即概念的语词。生物学概念的语词大多数是以"义"取"名"的,如"有氧呼吸"这一概念的语词中"有氧"即反映了"呼吸过程中需要氧气参与"这一特性。

但需要注意的是,有时候同一个概念可以用不同的语词来表达,如生物多样性保护的方式之一"异地保护",也可以称之为"迁地保护";又如"过敏反应""超敏反应"和"变态反应"三者对应的是免疫学中的同一概念。而有时候同一语词也可以表达不同的概念,即一词多义,需要结合具体情境加以理解,如"杜鹃"既可以指一种鸟,也可以是指一种花。

2. 概念的内涵

概念的内涵就是指概念所反映的事物的特有属性,它表明概念所反映的对象"是什么"。在生物学教学中,概念常常是通过对"事物的本质特征"或其内涵的"确切而简要的说明"来界定的,也就是概念的定义,常用的定义方法主要有两种。[2]

(1) 属加种差定义。

属加种差的定义,就是定义项是由属与种差组成的定义,如"基因""表型""多肽"等概念就是典型的属加种差的定义。

　　基因(被定义项)= DNA 片段(属)+有遗传效应的(种差)

　　表型(被定义项)= 性状(属)+生物个体表现出来的(种差)

　　多肽(被定义项)= 化合物(属)+三个及以上的氨基酸分子脱水缩合而成(种差)

(2) 语词定义。

语词定义是指规定或说明语词意义的定义。有的生物学概念是进行说明的语词定义,如"出生率是指在单位时间内新产生的个体数目占该种群个体总数的比例";而有的生物学概念是进行规定的语词定义,之所以要进行规定是因为某些词或词组太长,需要以简短的词组去代替它以方便使用,如"孟德尔把 F_1 中显现出来的性状称为显性性状",以及"种群经一定时间的增长后,数量趋于稳定的增长曲线,称为 S 型曲线"等。

---

[1] 李高峰.初中生物学前科学概念研究[M].北京:北京师范大学出版社,2011:57-64.
[2] 金岳霖.形式逻辑[M].北京:人民出版社,1979.

3. 概念的外延

概念的外延是指"具有概念所反映的特有属性的事物",即具有概念所反映的本质属性的全部对象。外延是概念的量的规定性,它表明了概念所反映的对象"有哪些"。

例如,"生态系统"是指由生物与它的无机环境相互作用而形成的统一整体,则该概念的外延就是具有该特有属性的所有对象,包括自然生态系统和人工生态系统。

4. 概念的例证

生物学概念的内涵反映了概念的本质,但在相关概念的教学中,仅通过对概念内涵的学习常常难以形成科学的认知,往往需要概念的例证来进行支持,而概念的例证包括正例、反例和特例。

概念的正例指的是包含概念所反映的本质属性的具体事物,在概念教学中,列举概念的正例有利于学生进行分析和归纳、概括。以"生态系统"这一概念为例,一个池塘、一片草原、一块农田等都可以视作该概念的正例。

反例指的是不具有某种属性的具体事物,在概念教学中,反例的列举是很有必要的,可以通过正例和反例的比较区别某种事物的本质属性和非本质属性,从而进一步理解概念的内涵。如"鲸"是鱼类的反例、"蝙蝠"是鸟类的反例。

特例是指特殊的例子,它属于概念所代表事物的这一集合,但不具有或不完全具有概念所反映的本质属性。忽略特例,往往会导致概念的内涵混淆,所以在概念教学中应举出典型的特例。如真核生物的细胞一般都有一个细胞核,但高等哺乳动物的成熟红细胞、成熟高等植物的筛管细胞没有细胞核,一些肌肉细胞中可能具有多个细胞核;又如微生物一般体型微小,但蘑菇、木耳等体型并不微小的生物也属于微生物。

▲ **什么是前科学概念**

生物学前科学概念指的是学生所拥有的概念的内涵、外延、例证等与科学概念不尽一致的认识,包括学生对生物学概念内涵的不准确理解、外延的扩大或缩小、对生物学概念拥有不恰当的例证等。具体而言,生物学前科学概念包括下列七种情况:属性缺失、属性增加、属性置换、外延缩小、外延扩大、错误例证和特例忽略。

小试牛刀

请根据下表中前科学概念的实例,分析它们分别属于哪种前科学概念。(提示:前科学概念形成的原因包括——外延扩大、特例忽略、属性增加、错误例证、外延缩小、属性替换、属性缺失等。)

前科学概念的形成原因	前科学概念举例
内涵不一致	认为"会飞"是"鸟"的特征,增加了"会飞"属性。
	认为"细菌对人有害无益"(缺失了细菌对人体有益的属性)。
	认为电镜是指"具有电光源的显微镜",而不是"利用高速运动的电子束代替光线来观察物体的细微结构的显微镜"。

前科学概念的形成原因	前科学概念举例
外延变动	将"所有动物"都纳入"消费者"范畴。
	认为"蘑菇、木耳、银耳等大型真菌不是微生物",将其排除在"微生物"的外延之外。
例证失当	认为"真核生物的细胞都有细胞核",忽略了"高等哺乳动物成熟的红细胞没有细胞核,如人的红细胞"。
	如"鲸是鱼类"就是一个错误例证。

活动 2　小组合作探究"了解学生的前科学概念的一般方法"

学生普遍都存在着前科学概念,只是有些学生前科学概念比较少,而有些学生前科学概念比较多。前科学概念作为形成科学概念的基础,在学生中普遍存在,这要求我们要重视学生的前科学概念。在教学中经常可以通过口头提问、问卷调查等途径了解学生的前科学概念。在本活动中,我们可以通过小组合作学习的方式从不同角度分析"了解学生前科学概念方法"的优势,讨论其可能存在的不足。

▲ 口头提问

口头提问是一种较为常见且操作简便的了解学生前科学概念的方法,按照时间可以分为课堂提问和课下访谈两种形式,往往能够较为迅速地知道学生的概念掌握情况。课下访谈的方法是指教师在课下通过面对面地与学生交谈,深层次地了解学生对某些知识点的认知情况,能够照顾到学生的个体差异。课堂提问的方法用得比较普遍,目的性强,反馈及时。

本任务情境导入的教学案例中,教师就是以引出学生的前科学概念为目的,层层递进提问,将学生已有的知识储备和生活经验引导出来,并且课后能及时做好记录,是值得我们借鉴学习的。提问作为教学过程中常见的方式,需要避免"是不是?""对不对?"之类的针对性不强的问题,要明确提问的目的,并注意以下几个方面。

(1) 根据教学内容,围绕本节课的重点、难点、核心概念进行提问。
(2) 利用学习者已有知识和生活经历,设计提问。
(3) 符合学习者的认知水平,从具体到抽象,从感性到理性,从易到难,循序渐进。
(4) 问题要有一定的开放性,充分暴露学生的前概念,了解学生的思维起点。
(5) 对学生答题过程中出现的错误概念,不要急于纠正,要多问学生几个为什么。让学生把错误的原因讲出来,教师听清楚后再帮助纠正,课下及时记录。

▲ 问卷调查

相比于口头提问,问卷作为书面提问的调查法是获取大量信息的最经济、最常用的调查方法,能够在短时间内搜集到范围广泛的材料,是揭示学生前科学概念的常用方法之一。

完整的问卷主要由四个部分组成,包括问卷的标题、前言、被调查者情况、问卷题等,在大型的调查研究中对问卷的结构要求较高,但是日常教学中的小型问卷调查往往会进行简化。其中,问卷题通常包括判断、选择、填空等题型。

(1) 判断题:要求学生判断正误、分辨是非,测试学生对科学概念的掌握情况,暴露学生的前科学概念。如为了解学生对绿色植物和病毒的理解程度,可在问卷中设计以下判断题,要求学生判断以下的表述正确与否。

例:绿色植物包括裸子植物和被子植物两大类。(　　)

病毒是有细胞结构的。(　　)

(2) 填空题:要求学生用词准确,可以考查学生的前科学概念是由于科学概念的术语出现了问题,还是概念内涵、外延、例证出现了问题。如以下填空题中,许多同学未掌握"生态系统"这一概念的例证,误认为是海洋。

例:_____是最大的生态系统。

(3) 选择题:这是问卷中最常见的题型,"题干"常常创设解题情境,发出解题指令,"选项"列出被选答案。学生在对"题干"或"选项"的审度中,会暴露出由于存在前科学概念而出现的错误。如下列选择题中,许多同学可能由于对消化系统中小肠和大肠的属性缺失或置换,导致错误地选择 D。

例:消化食物和吸收营养物的主要器官是_____。

A. 口腔　　　　B. 胃　　　　C. 小肠　　　　D. 大肠

选择题能较为简便地检测学生对知识的掌握情况,但往往不能更深层次地了解学生回答正确或错误的原因,而在此基础上开发的二段式多项选择题能较好地、更为全面地反映学生的认知情况。

二段式多项选择题的第一段与传统的选择题类似,由题干和备选项组成;而第二段是针对学生做出第一段选择原因的备选项,一般有三个或四个,其中只有一个答案是正确的,而最后一项通常为空格,以供学生进行自由回答。

例:光合作用对绿色植物的最大益处是:(　　)

(1) 除去空气中的二氧化碳。

(2) 光能向化学能的转变。

(3) 能量的产生。

我的回答的原因是:(　　)

A. 光合作用为植物的生长提供了能量。

B. 光合作用期间,来自太阳的能量被转化,贮藏在葡萄糖分子中。

C. 光合作用期间,二氧化碳通过气孔被叶吸收。

D. 其他原因:_____

二段式多项选择题可以有效地测评出学生的概念究竟错在哪里,第二段选项的设置,降低了学生猜题的可能。选项中错误的选项往往来自试点研究中学生给出的错误回答,即生物学错误概念,需要教师平日对学生进行观察、查阅相关资料并与学生交谈,在此基础上编制出选项。如果学生对原因备选项有不同的意见,则可以在后面的空白处写出自己这样选择的原因。二段式多项选择题弥补了传统客观题不利于发表个人想法的缺点。

如果你对如何了解学生的前科学概念感兴趣,可以进一步阅读李明玉、李红菊、刘恩山老师撰写的《前科学概念诊断技术研究概述》[①]一文,了解更多生物学前科学概念的诊断技术。

小试牛刀

请选择高中生物学教材必修1《分子与细胞》模块中的核心内容,编制一份问卷以了解学生对该部分内容的前科学概念。

要求问卷的格式结构完整,包含填空题、选择题、判断题、二项式选择题等题型。

活动 3　学习转变学生前科学概念的一般方法

在揭示学生的前科学概念之后,面对学生众多的前科学概念,你是否存在这样的困惑:我该如何在中学生物学教学中转变学生的前科学概念?

波斯纳(G. J. Posner)等人提出的概念转变模式认为,实现概念转变需要满足四个条件:对现有概念的不满(dissatisfaction)、新概念的可理解性(intelligibility)、新概念的合理性(plausibility)以及新概念的有效性(fruitfulness)。只有认识到现有的概念已无法解释所面临的问题,产生认知上的冲突,意识到科学概念的合理性、可理解性、有效性,学生才有可能放弃原有的观念。事实上,学生概念转变不单单只需满足概念转变模式中的四个条件,还有更多因素影响学生接受新概念的意愿。波斯纳等人把影响概念发展的个体经验背景称为"概念生态"(conceptual ecology),在不同的情境下,面对不同的学生、不同的概念,采取的概念转变的具体方式是有差异的,下面我们选择几个比较典型的策略进行介绍。

1. 利用概念图促进前科学概念的转变

概念混淆和错位是概念学习中常见的错误,如何使学生清晰地把握概念之间的关系? 绘制概念图可有效解决这一问题。

那什么是概念图呢? 概念图是用来组织和表征知识的工具,它包括众多的概念,以及概念与命题之间的关系,是一种以科学命题的形式显示概念之间的意义联系,并用具体事例加以说明,从而把所有的基本概念有机地联系起来的空间网络结构图。

概念图可以有效地促进学生的概念转变。首先,通过绘制概念图可以深入每个学生的认知结构,并把它客观化,使学生和教师都能弄清楚这个学生已经知道了什么,进而看出学生的前科学概念,从而纠正概念间的错误链接。其次,学生通过概念图可以清楚地看到自己学习中存在的问题和错误,从而有针对性地进行知识的补充和修正,积极建构概念意义,形成综合的概念系统。有关概念图的更多内容,我们将在第五章第一节进行详细学习。

2. 通过演示促进前科学概念的转变

演示观察法以其形象直观、无可辩驳的特点,让学生对某一现象产生认知上的冲突,意

[①] 李明玉,李红菊,刘恩山.前科学概念诊断技术研究概述[J].生物学教学,2019,44(10):18-20.

识到科学概念的合理性、有效性,而放弃原有概念,是前科学概念转变的一种有效方法。尤其是对于一些抽象、难以理解的内容,在课堂教学中有效地运用演示观察法是非常必要的。

教师可以通过多媒体直观教学,呈现生动的画面,模拟生命现象,也可以通过展示实物、模型等手段,化抽象为形象,不仅可以激发学生的学习兴趣,而且使学生记忆深刻,激发他们的认知冲突,从而实现前科学概念的转变。除了多媒体之外,实验也能有效地促进学生前科学概念的转变。通过教师(或师生共同)演示实验,做好实验和观察,学生搜集到揭示事物本质的感性材料是转变前科学概念、构建科学概念的关键。

如某生物学教师通过揭示学生对植物"有氧呼吸"的前科学概念,发现大多数学生根据直观经验,误认为绿色植物白天只进行光合作用,晚上才能进行呼吸作用。为了转变学生的前科学概念,该教师组织学生进行植物(白天)呼吸作用释放二氧化碳的实验:将新鲜绿叶放入锥形瓶内,瓶内注水并用弯管与盛有溴麝香草酚蓝试剂(BTB)的试管相连接。瓶内产生的二氧化碳气体进入 BTB 试管内,试剂逐渐由蓝色变红黄色。通过让学生观察实验现象的变化,从而认识到绿色植物白天也能进行呼吸作用,实现概念转变。

其实,转变学生前科学概念的教学策略很多,在实际教学过程中,教学策略的选择往往并不是单一的,而是根据教学内容、学生前科学概念的特点、成因等,对多种策略进行优化组合。

案例鉴赏

概念转变教学模式在生物学教学中的应用[①]
——以染色体组概念为例

1. 暴露和了解学生的前科学概念

在学习染色体数目成倍地增加或减少这一类型的染色体变异之前,需要先掌握染色体组这一概念。下面的活动是让学生暴露对"染色体组"的前概念。依次呈现图3-4,提问:"你认为该类细胞中有几种形态的染色体?就你对'染色体组'这个词的理解,说出该类细胞有几个染色体组。"这一环节的实施,是通过典型图例的方法,使学生很快暴露出染色体组的前科学概念,有的学生认为染色体组的数目和染色体形态种类的数目相等。

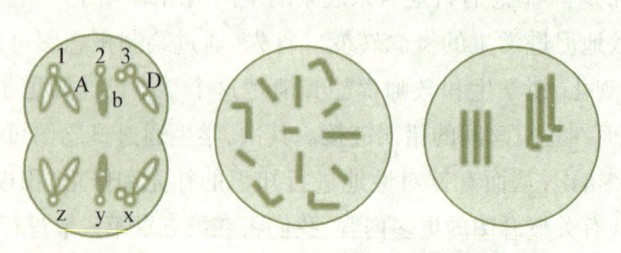

图3-4 细胞染色体图

[①] 王引连,张春雷.概念转变教学模式在生物学教学中的应用——以染色体组概念为例[J].生物学教学,2010,35(04):21-23.

2. 针对学生的前概念设计差异性事件进而引发认知冲突

学生观察图3-5并回答下列问题（进行基础回顾）：

• 果蝇体细胞中有几条染色体？有几对同源染色体？几对常染色体和性染色体？

• 雄果蝇产生精子通过什么生命活动？一个精原细胞产生的精子有几种？每种精子里有几条染色体？分别为哪几条？请谈谈你是如何判断的。

• 对于果蝇的精子而言，其中的染色体形态大小相同吗？为什么？

教师：如果我们把控制一种生物生长发育、遗传和变异的全部信息，作为一个染色体组的话，请讨论回答以下问题（稍加引导提示）：果蝇体细胞中有几个这样的染色体组？那么图3-6中又有几个染色体组呢？

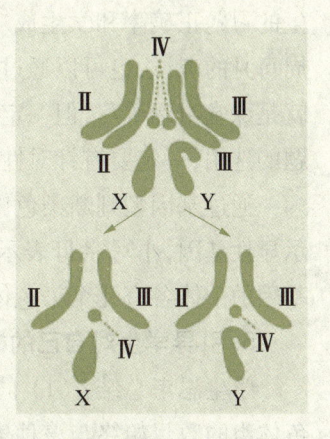

图3-5 果蝇染色体图

回答图中有4个染色体组的学生是根据染色体的形态结构来确定染色体组的数目的。（进一步引导，使学生认识到自己的想法与科学概念的差别。）教师提问：
(1) 形态结构一般相同的染色体应该是什么染色体？
(2) 一组同源染色体会含有本物种的全部遗传信息吗？
(3) 有本物种的全部遗传信息的一组染色体作为一个染色体组，那么在一个染色体组中应该是一组什么样的染色体呢？会有同源染色体的出现吗？

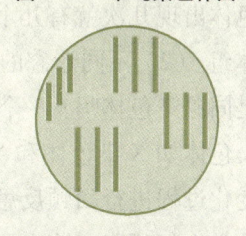

图3-6 细胞染色体组图

引发学生对概念的认知冲突是概念转变教学的关键。本节"染色体组"的教学中是通过教师多个角度的设问和学生讨论的方法使学生真正认识到自己对染色体组原先认识的错误所在，这样比教师直接指出学生认识的错误印象要深刻得多。

3. 基于学生的前科学概念对学生的概念重建进行引导

教师提问，学生讨论总结：(1) 人的体细胞中有几个染色体组？每个染色体组中有几条染色体？可以是21条吗？每个染色体组中都有些什么染色体？(2) 你认为一个染色体组应该具备哪些特点？或者说确定一个染色体组应该考虑哪几个要求？

这一环节必须让学生真正参与到概念的冲突调整当中，真正意识到自己对核心概念理解的偏差，真正理解正确的科学概念，再结合对科学概念的应用环节进一步对科学概念进行巩固，才能达到前概念的有效转变。需要引导学生群体讨论和思维是这一环节的难点，需要教师在课前就做好充分的准备，可以准备相关核心概念的有关典型例题、事实等，还要考虑到科学概念的理解方法、关键点等，这是学生进一步加深印象的关键。

4. 通过学生应用科学概念的情况检测学生的学习情况

设计什么样的问题检测学生的概念转变？教师依据学生什么样的表现来决定下一步的行动？这是这个环节需要在课前考虑的问题。在课堂上有效的检测方法就是进行习题练习,这也是教师在课前就精心准备的。教师要决定下一步行动只能依据学生的习题正确率和学生成功喜悦的表情。但在课后,概念转变效果的检测可以通过每周每月的考试,也可以通过师生、生生间的交流提问。有关这一环节的教学,虽然一般就是课堂习题练习,但一定要注意给学生充分的思考时间,教师在课前一定要注意习题的选用,一定要有针对性。以下练习题是为染色体组概念而设计的。

通过基因型判断染色体组的数目:每个基因分别位于不同染色体上,大写字母表示显性基因,小写字母表示隐性基因,具有 AaaBBbCccDDd、AaBb、AaaBBb、AabbCcdd 基因的个体各有几个染色体组?

5. 引导学生对自己的概念学习过程进行反思

学生思考总结:(1)同源染色体、染色体的形态、染色体组的数目有什么联系?染色体组的数目始终与该种生物体细胞中同源染色体的数目相等。也就是相同形态的染色体出现几次就有几个染色体组;相同字母(不区分大小写)出现几次就有几个染色体组。(2)不同形态的一组染色体一定是一个染色体组吗?不同形态的染色体一定不是同源染色体吗?一个染色体组必须含有本生物全部的非同源染色体。不同形态的染色体如 X 染色体和 Y 染色体,也是同源染色体。要求学生对自己在学习中的思维变化过程进行回顾反思,这一环节其实就是概念教学的课堂小结过程,具体方法可以让学生间相互交流也可以教师进行引导对话,这样达到进一步巩固的目的,进而实现目标概念的意义重建。此外,还有利于培养学生元认知的能力,为以后不断改善学习策略和方法打下坚实的基础。

小试牛刀

请选择学习资料中的任何一个前科学概念,谈谈你将如何在教学中转变学生的前科学概念。

任务小结

学生的原有认识中普遍存在前科学概念,这是广大教师需要接受并面对的事实,教师进行教学设计必须对学生前科学概念有充分的理解,进而在教学中促进前科学概念不断地向科学概念转变。作为未来的中学生物学教师,需要掌握揭示前科学概念的基本方法,并能进行针对性的教学设计,以促进学生科学概念的发展。

扩展阅读

什么是生物学学科能力[①]

学科能力是学科教育与学生智力发展的结晶,因学科不同而有所差异,但学科能力又不

---

① 王健.深度学习:走向核心素养(学科教学指南·初中生物)[M].北京:教育科学出版社,2019.

等同于学科知识,它是学习者在对学科知识进行加工的过程中所形成的稳定的心理特征。生物学学科能力则是指学生在学习生物学课程的过程中所形成的稳定的心理特征,包括科学思维方式和解决生物学问题的基本能力,可以划分为三个水平,即学习理解、直接应用和迁移创新。生物学学科能力体系可以用图3-7所示的模型来表示。

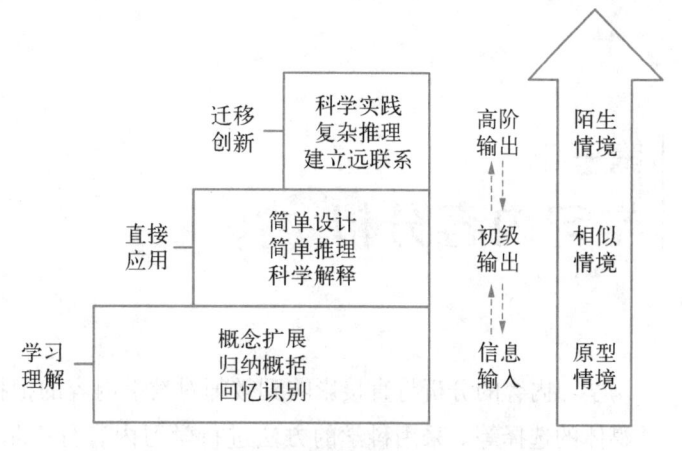

图3-7 中学生物学学科能力体系结构模型

学习理解能力是一项最基本的科学学科能力,能力水平最低,要求学生能够提取认知结构中短期或长期的记忆节点(生物学概念、原理或学说等),这是学习过程中信息输入后所引起的认知结构变化。学习理解能力通常涉及原型情境,例如,学生在教科书中学习过的情境、课堂教学中学习或体验过的情境,或者其生活中接触过的情境等。

直接应用能力是指向信息初级输出的能力,比学习理解能力的认知要求高。要求学生能够在熟悉的科学情境中应用事实性知识、概念性知识和程序性知识,如生物学知识及其之间的相互关联、科学过程、科学概念和科学方法等。其主要特点是直接应用和情境的熟悉性。

迁移创新能力是生物学学科能力中认知水平最高的能力,属于高阶信息输出范畴。与简单应用相比,迁移创新要求学习者能够灵活运用核心知识,通过系统性思维等高阶思维方式,基于多个认识角度分析、预测陌生情境中的问题。其突出特点表现在问题情境是陌生和复杂的。

从信息的输入和输出角度来看,从学习理解到直接应用,再到迁移创新,能力水平依次升高,从基本的信息输入,再到信息的初级输出和高阶输出。信息的输入和输出过程并不是简单的线性关系,而是既有输入也有输出,在信息的输出过程中,通过反馈系统,又可以转化成信息输入,从而改变认知结构。因此,学科能力的表现过程是"输入—输出—反馈—输入……"的循环系统。

从情境角度来看,情境性学习(situated learning)理论指出知识容纳于情境之中,具有情境性;学习是参与的过程,知识应该是通过群体之间的合作与互动而获得。因此,学生的学科能力表现也应该与特定的学科相匹配,而且具有情境性。随着学科能力的不断提升,对应的情境也逐渐变得复杂,即从原型情境到相似的熟悉情境,再到陌生情境。情境因素既是学科能力水平的一种体现,也是学科能力表现的重要影响因素。

在具体的教学实践过程中,中学生物学学科能力体系既是教学活动和学习活动设计的主线,也是评价活动的设计主线,同时,它还是促进学生生物学学科核心素养发展的重要支撑和有力保障。这一能力体系不仅符合学生的认知发展规律,也符合国际上科学教育发展的趋势。

第三节 学习内容分析

学习内容的分析将直接影响到教师对教学内容的把握、教学目标的确定、教学方法及教学媒体的选择等。采用科学的方法进行学习内容分析是教学设计的重要环节,只有在准确分析学习内容的基础上,才能获得教学设计效果的最优化。

任务 1:"学习内容"概念的逐层解析

情境导入

生物学课堂上到底要讲什么内容呢?该讲多深呢?

一位生物学实习教师说,在讲血糖平衡的调节这一内容时,教材中有这样的表述:1型糖尿病是由于胰岛素分泌不足,而2型糖尿病是因为缺乏细胞受体而导致的。所以试题中就出现了2型糖尿病不能通过注射胰岛素来治疗的答案。但是一位学生说他的爷爷也是2型糖尿病,也通过注射胰岛素治疗,这是为什么呢?学生的问题引起了实习教师的思考,后来他经过查询文献发现2型糖尿病当中也有胰岛素分泌不足的情况,所以这位实习教师认为,教材的表述并不完美,且教材很多知识并没有讲透,他觉得应该在教学当中尽量多地给学生做知识的拓展,一定要把知识讲深、讲透。

作为一个教师,要想给学生一杯水,必须拥有一桶水。实习生作为一名老师的态度本身是非常端正和认真的,但是,教材的篇幅和教学课时有限,而学生的认知也是有差异的,是不是我们可以在教学中进行随意的拓展呢?我们在生物学教学中到底要讲哪些内容呢?

学习内容一般是指为了达成教学目标,要求学习者系统学习及掌握的内容的总和,在课程标准、教科书等中得到了具体的体现。但教师是不是可以把课程标准中的课程内容或教科书中的教材内容直接作为教学时学生的学习内容呢?课程内容、教材内容与学习内容三者之间又有怎样的联系和区别呢?下面就让我们进入本任务的学习吧。

活动1 深入理解"课程内容"

课程内容一般指特定形态课程中学生需要学习的事实、概念、原理、技能、策略、方法、态度及价值观念等。课程内容的选择有三种基本取向：学科知识、当代社会生活经验、学习者的经验。因此，课程内容的选择是"根据特定的教育价值观及相应的课程目标，从学科知识、当代社会生活经验或学习者的经验中选择课程要素的过程"。①

中学生物学课程内容的确定，是由高校生物学学科专家、生物学教育专家、一线的中学生物学特（高）级教师、各级教研员和课程教材研究所的教材编审人员等组成的研制队伍，在系统全面的调研基础上精心选出的，既达到中学生整体培养目标对生物学课程的要求，也符合中学生年龄阶段的学习心理规律，满足中学生自身的发展需要。作为未来的生物学教师，要深刻理解生物学课程标准制定者对生物学课程内容的选取依据与意图，以便在教学工作中正确把握课程内容的深度、广度与方向，全面体现课程理念，达到中学课程的整体培养目标。

资料阅读

初、高中生物学课程内容的设计思路及互补递进

根据义务教育阶段的培养目标，综合考虑学生发展的需要、社会需求和生物学发展三个方面，以学科知识内在逻辑为主线，从微观到宏观、个体到群体、多样性到统一性视角，系统构建了课程结构。《义务教育生物学课程标准（2022年版）》的课程内容选取了7个学习主题：生物体的结构层次、生物的多样性、生物与环境、植物的生活、人体生理与健康、遗传与进化、生物学与社会·跨学科实践。

学生对生命世界认知的一般规律是从生物个体开始，逐渐过渡到生物群体、生物与环境乃至整个生态系统。因此初中课程内容的第一个主题是"生物体的结构层次"，而第二个主题设计了"生物的多样性"，让学生对生命世界的认识自然过渡到群体层面，认识到生物界存在多种多样的生物个体，它们可以被分为不同的类群。接着课程内容设计了"生物与环境"的主题，帮助学生从系统的角度来认识生态系统中各成分之间的关系，并建立环境保护的意识。当然，生物体要想实现其在生态系统中的角色功能必然离不开自身的生命或生理活动，所以为了帮助学生理解相关生命现象的本质，课程内容设计了"植物的生活""人体生理与健康"两个主题。"植物的生活"主题主要帮助学生理解植物生命活动的本质，进而理解其在生态系统中的重要地位。"人体生理与健康"主题主要帮助学生形成生命安全意识与健康的生活态度、行为和习惯。课程内容的第六个主题是"遗传与进化"，因为生命世界的统一性和多样性是生物长期进化的结果，这一主题帮助学生理解生物与环境的相互作用对生命延续和生物进化的影响。

"生物学与社会·跨学科实践"主题的设计希望使学生能够体验真实情境中较为复杂的生物学问题的解决过程，因为现实生活中与生物学有关的现象或问题通常都是较为复杂的，研究生物学现象或解决生物学问题往往需要综合运用多个学科的知识和方法。

---

① 张华.课程与教学论[M].上海：上海教育出版社，2000.

从内容结构来看,"生物学与社会·跨学科实践"主题与其他6个学习主题构成了完整的课程内容体系,它们之间是相互融合的关系。在教学过程中,"生物学与社会·跨学科实践"不能孤立于其他学习主题,需要将其中的内容整合到不同学习主题的相应内容中,从而实现二者的有机整合。在课时安排方面,这7个学习主题的总课时数应与课程方案相一致,前6个学习主题约占总课时数的90%,"生物学与社会·跨学科实践"主题约占总课时数的10%。

高中生物学课程的核心任务是在义务教育的基础上**进一步促进学生核心素养的形成与发展**。《普通高中生物学课程标准(实验)》的**必修内容**包括"分子与细胞""遗传与进化"和"稳态与环境"三个模块。这三个模块既是生物科学的核心内容,也是现代生物科学发展最迅速、成果应用最广泛、与社会及个人生活关系最为密切的领域。有利于学生从微观和宏观两个方面认识生命系统的物质和结构基础、发展和变化规律以及生命系统中各组分间的相互作用,理解生命科学的本质、过程和方法,了解并关注生物科学技术在社会生活、生产和发展中的应用。在必修内容中保留三个模块内容可能是较为理想的选择。但《普通高中生物学课程标准(2017年版2020年修订)》在强调共同基础的同时,强化学生的选择性,为主动学习留出了更多的课时,保障课程内容的少而精。所以课标选择**保留前两个模块**,保持原有模块内容的相对完整。反复比较"遗传与进化"与"稳态与环境",修订者最终选定将"遗传与进化"作为必修模块,主要出于以下思考:一是从生命科学体系中的地位看,遗传与进化内容更能揭示生命的本质,反映生命发展的规律。二是生物与环境相互依赖和相互影响、生物多样性及其在生态环境中的作用、生态系统等重要生态学相关概念的学习,在初中生物学课程中已经占有较大比例。另外,学生在日常生活中获得的生物与环境的知识也更多些。

选择性必修是为满足部分学生的需求而设计的课程,目的是在必修课程的基础上,进一步完善生物学基础,提升生物学学科核心素养的水平。这表现在以下三个方面:一是深化学生的物质与能量观、稳态与平衡观等生命观念。因必修课程课时的局限,一些重要而又未纳入必修的基础内容,如生物个体的稳态与调节、生态系统的稳态与平衡等,需在选择性必修中完善。二是提高学生对生物科学、技术和工程间相互促进等关系的认识,如发酵工程、细胞工程等。同时,结合具体内容,适当增加学生动手实践活动,旨在提高学生运用生物科学、技术和工程等手段,认识和解决实际问题的能力,提升科学思维和科学探究等核心素养。三是关注生命科学的新进展,关注社会热点问题,如基因工程、生态工程、生物技术安全与伦理等,旨在加强学生对科学、技术和社会关系的认识,了解相关应用,增强学生的社会责任感。据此,选择性必修部分包括"稳态与调节""生物与环境"和"生物技术与工程"三个模块。

选修课程是学生自主选择修习的课程,为便于各地区、各学校依据各自的教学条件和学生需求自主开设,便于学生依据自身兴趣和需要自主选择修习,课标未在课程内容和学业要求等方面提出具体、硬性要求,仅在课程的选题及实施上提供了一些建议,考虑如下:普通高中教育的普及,不仅要满足升学需求,还应为学生适应社会生活和职业发展做准备,为学生的终身发展奠定基础。据此,选修课程设置了现实生活应用、职业规划前瞻和学业发展基础三个方向的课程。

纵观初高中生物学课程内容的设计,生物多样性、生理与健康等主题侧重在初中阶段完成,而像细胞、物质与能量、遗传与进化、生物与环境等较为抽象且对学生认知能力要求高的主题,则安排在初、高中两个学段完成。这样,生物学的核心主题在两个学段的分布既各有侧重,又在整体上实现互补;既能实现初中阶段的内容相对完整,又能使高中阶段的内容相对集中,以保证核心内容的教学能较为深入。

中学生物学课程内容属于课程层面的概念,它在课程标准中得到明确规定和表述,具有法定的地位,不能轻易改变。从教师教的角度,它回答的是"教什么"的问题;从学生学的角度,它是对"学什么"的规定。但需要注意的是,在生物学课程标准中的内容要求主要是对学生在经过某一段时间之后的学习结果的行为描述,而不是对教学内容的具体规定。

> **课标链接**
>
> 《义务教育生物学课程标准(2022年版)》主题1"生物体的结构层次"的课程内容
>
> 【内容要求】
>
> 概念1 生物体具有一定的结构层次,能够完成各项生命活动
>
> 1.1 细胞是生物体结构和功能的基本单位
>
> 1.1.1 一些生物由单细胞构成,一些生物由多细胞组成
>
> 1.1.2 动物细胞、植物细胞都具有细胞膜、细胞质、细胞核等结构
>
> 1.1.3 植物细胞具有不同于动物细胞的结构,如叶绿体和细胞壁
>
> 1.1.4 细胞不同结构的功能各不相同,共同完成细胞的各项生命活动
>
> 1.1.5 细胞核是遗传信息库
>
> 1.2 生物体的各部分在结构上相互联系,在功能上相互配合,共同完成各项生命活动
>
> 1.2.1 细胞能通过分裂和分化形成不同的组织
>
> 1.2.2 绿色开花植物体的结构层次包括细胞、组织、器官和个体,高等动物体的结构层次包括细胞、组织、器官、系统和个体
>
> 1.2.3 生物体在结构和功能上是一个统一的整体
>
> 【学业要求】
>
> (1)正确、规范地制作临时装片,使用显微镜进行观察,能够针对观察结果中可能出现的成像不佳等情况,从材料制备、仪器设备、操作程序等方面初步分析原因。

(2) 识别动植物细胞的结构并说出其异同点,说明细胞是生物体结构和功能的基本单位。

(3) 运用示意图或模型等方式,展示和说明细胞各结构的功能及其相互关系。

(4) 运用控制变量的方法,设计简单的实验,探究单细胞生物的运动或趋性。

(5) 描述细胞分裂和分化的基本过程;识别人体和植物体的主要组织;说明细胞通过分裂和分化形成各种组织,组织构成不同的器官。

(6) 识别给定生物材料所属的结构层次,并阐明生物体在结构和功能上是一个有机整体。

【教学提示】

1. 教学策略建议

(1) 为学生提供多种生物材料,指导学生制作临时装片,利用显微镜进行观察,使学生初步学会使用显微镜观察的方法,形成对细胞结构的感性认识。

(2) 指导学生在感性认识的基础上,通过比较、归纳等方法,找出不同类型细胞的共同特征,并运用模式图或模型等方式展现细胞的结构。

(3) 引导学生通过观察某种器官不同组织的特点,基于事实进行科学推理,深入理解细胞分化的概念,建立对细胞和组织这两个结构层次关系的抽象认识。

(4) 运用实物、图片、影像资料等教学资源,直观展现多细胞生物体的结构层次,引导学生形成生物体是一个统一整体的认识。

2. 情境素材建议

与细胞结构和功能有关的生活现象,如糖拌西红柿渗出汁液、煮苋菜时汤汁变红等;细胞学说的科学史材料;植物细胞分裂典型时期的图片或影像资料;与细胞研究有关的科学研究成果,如克隆羊"多莉"、克隆猴"中中""华华"等。

3. 学习活动建议

实验探究活动:练习使用光学显微镜;用显微镜观察池塘水中的微小生物;制作植物细胞、动物细胞的临时装片,用显微镜观察细胞结构;尝试制作植物细胞或动物细胞的结构模型;观察根尖细胞分裂的切片;观察人体和植物体的基本组织;观察某种原生动物(如草履虫),并探究其取食、运动或趋性。

调查与交流活动:收集有关显微镜技术发展的资料,讨论科学、技术、社会的相互关系;通过专业书籍阅读、网络查询、专家访谈等,收集有关细胞研究进展方面的资料并进行交流和分享。

研读以上初中课标我们会发现,每个学习主题都包括内容要求、学业要求和教学提示高中课标亦是如此。其中,内容要求部分以大概念、重要概念和次位概念的形式呈现相应的概念体系,有利于教师的教和学生的学;学业要求部分对学生学完相应主题的内容后在核心素养方面的表现提出具体要求;教学提示部分包括教学策略建议、情境素材建议和学习活动建议,这些内容对教师的教学具有指导性,在教学设计时我们还可以根据实际情况进行必要的拓展和补充。

"内容聚焦大概念"是生物学课程设计的基本理念,在大概念的基础上再概括、提炼出生物学独特的核心素养——生命观念,同时在学生主动学习的过程中发展科学思维、科学探究(探究实践)和社会责任(态度责任)等学科核心素养。因此,教学设计时要着重考虑生物学大概念的建构。以高中生物学课程标准为例,课程内容必修及选择性必修模块共呈现了 10 个大概念、31 个重要概念和 120 个次位概念。这些生物学概念间并不是相互独立的,它们之间存在一定的关联性,这种关联性可表现为一定的整合性和延伸性。整合性是指重要概念由其次位概念或科学事实逐级上升,最终形成指向核心素养水平的大概念或生命观念(图 3-8)。延伸性是指站在不同层次和不同角度去理解某一重要概念时,该概念又可外延出其他观点或认识。以高中必修 1"分子与细胞"模块中"1.2 细胞各部分既分工又合作,共同执行细胞的各项生命活动"这一重要概念为例,从整合性上来说,这一重要概念的建构是以"细胞膜控制细胞与周围环境的联系""细胞质是多项生命活动的场所""细胞核是细胞生命活动的控制中心""细胞在结构和功能上是一个统一整体"等次位概念为基础的,而这一重要概念又支撑大概念"细胞是生物体结构与生命活动的基本单位"的形成;从延伸性上来说,这一重要概念的学习基础是"1.1 细胞由多种多样的分子组成",而该重要概念又是本模块重要概念 2.1、2.2 的学习基础(图 3-9)。

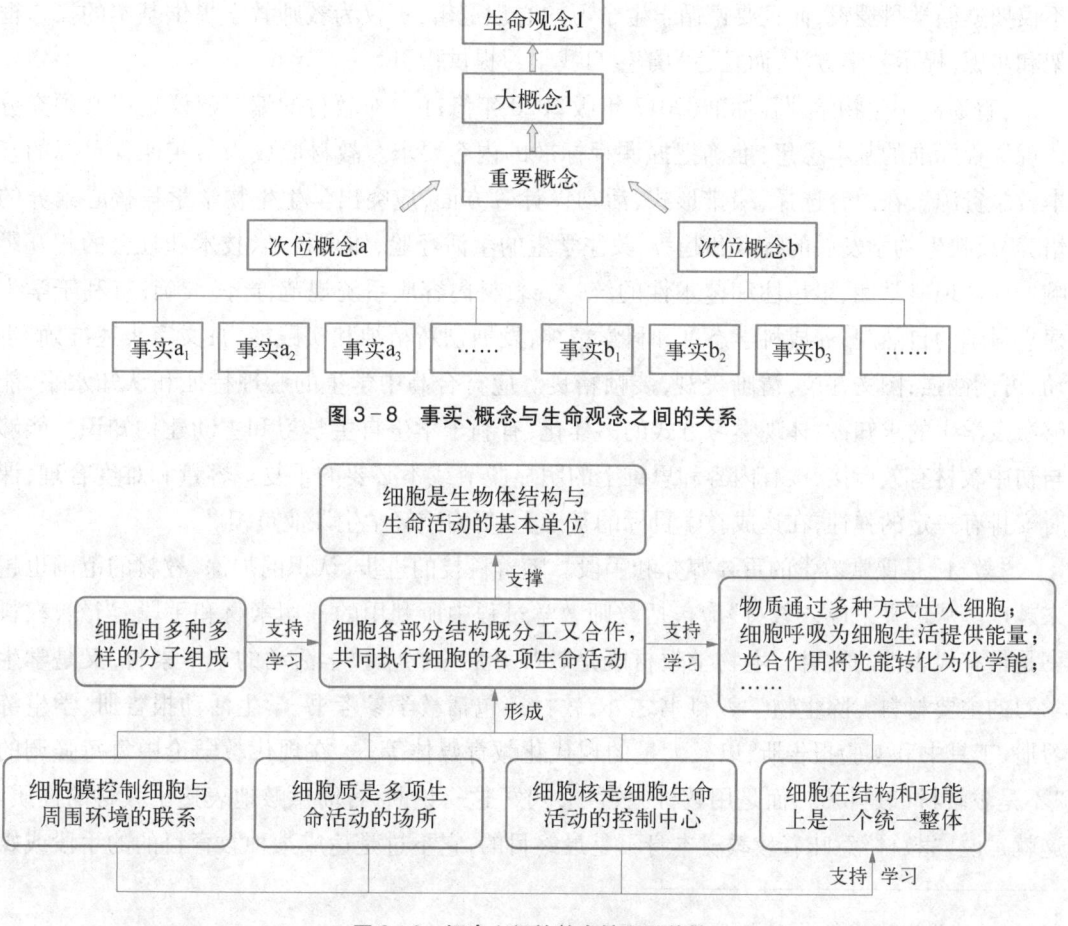

图 3-8 事实、概念与生命观念之间的关系

图 3-9 概念之间的整合性和延伸性

小试牛刀

1. 以下有关课程内容分析的说法，正确的是（　　）
   A. 课程内容就是教师的教学内容　　B. 课程内容就是学生的学习内容
   C. 课程内容呈现在课程方案当中　　D. 对课程内容分析有助于教师设计教学活动

2. 《普通高中生物学课程标准（2017年版2020年修订）》基于大概念组织课程内容，在每部分内容要求之后都有学业要求和教学提示，请与同伴尝试讨论这种安排是如何引导教师从知识教学中看到核心素养培养的？

活动2　准确把握"教材内容"

课程标准解决了"教什么"的问题，而"如何教"的问题则留待教材层面和教学层面解决了。"如何教"不仅包含"用什么教"，也包括"用什么方法教"。尽管课程标准十分重要，但它不能直接作用于教师和学生，成为学生学习的直接对象。课程内容只有"教材化"，即通过具体的事实、现象、素材表现出来，才是现实而生动的。教材的设计就是以课程内容为依据，不仅要遵循学科逻辑，而且要遵循学生学习的心理逻辑，不仅为教师教学提供基本的操作框架和步骤，提示教学方法，而且还为学生自我学习提供指引。

《普通高中生物学课程标准（2017年版2020年修订）》对教材的编写建议是："必须充分体现课程标准的基本思想，准确把握课程标准的内容要求。教材应成为落实课程目标的基本教学资源。在内容选择、编排形式、活动设计等方面，应突出学生生物学学科核心素养的培养，反映生物学发展的特点和趋势，关注学生的生活经验，体现科学、技术和社会的相互影响。应体现科学性、思想性和艺术性的统一。教材内容应系统规范，严谨准确；有利于学生建立科学的自然观，养成科学态度和科学精神，发展创新精神和实践能力；文字表述准确、生动，可读性强；图文并茂，清晰美观，装帧精良。应符合高中学生的心理特征和认知水平，能够激发学生的求知欲，体现学习方式的多样化，有利于学生自主学习和主动建构知识。能够与初中教材有效衔接，没有内容和思维上的明显脱节或不必要的重复。容量和难度合理，课时安排有一定的弹性，在达成教学目标的基础上，努力减轻学生课业负担。"

"教材"是课堂教学的重要媒介和手段。随着科技的进步、认识的加深，教材的范围也越来越广。从广义来说，"教材"应包括教师教学过程中所利用的一切素材和手段，当然，教科书是最有代表性的教材。生物学教材既是教师开展生物学教学活动的基本素材，又是学生学习的主要材料。除生物学教科书之外，教材还包括教学参考书、学生活动报告册、学生练习册、工具书和实验报告册，以及大量的现代化教育媒体等。[①] 在现代教学论中每每强调的"不是教教材（教科书），而是用教材（教科书）教"这一论断，言简意赅地表达了教材的性质。这就是说，"教材"意味着教教材本身不是最终目的，它不过是达成某种教育目的的手段或媒

[①] 郑晓蕙.生物课程与教学论[M].杭州：浙江教育出版社，2003：30-31.

体。教材作为一定学科内容的载体具有两种基本特质,其一是"典型性"——学生是通过教材习得学科内容的,教材必须是学科内容的全面、准确的载体;其二是"具体性"——教材是学生旨在习得一定学科内容而直接分析、操作、综合的对象,教材必须确凿、具体,便于引导学生展开智力活动。

现行的生物学教材从学生的生活与学习经验、认知发展水平出发,注重情境创设和学生兴趣的激发,更适合引导学生自主、合作和探究学习,努力促进学生生物学核心素养的培养。为了实现这些目标,不同版本教材都设置了很多不同的栏目,以人教版高中生物学教材为例,包含问题探讨、知识链接等多样化的栏目设计。

案例鉴赏

人教版高中生物学教材(2019年版)对核心素养培养的具体落实

(一)注重生命观念的形成与有机融合

人教版高中生物学教材(2019年版)在落实生命观念教育方面,不同模块各有侧重,每个模块都是以生物学思想观念为内容组织线索,发挥生命观念对生物学概念的统摄作用。例如,必修1《分子与细胞》以系统观(细胞是基本的生命系统)为主线构建知识体系,同时,物质与能量观、结构与功能观体现在许多章节内容中;必修2《遗传与进化》以人类对遗传信息的探索为主线构建知识体系,突出了生命的信息观——基因的本质是遗传信息(图3-10);进化与适应观重点落在必修2有关进化的内容中,在其他模块教材中也时有渗透;选择性必修1《稳态与调节》显然主要反映了稳态与平衡观,稳态的调节自然离不开信息,因此,信息观蕴含其中;生态观是选择性必修2《生物与环境》的核心观念,对于学生认同和确立生态文明思想有着重要意义。

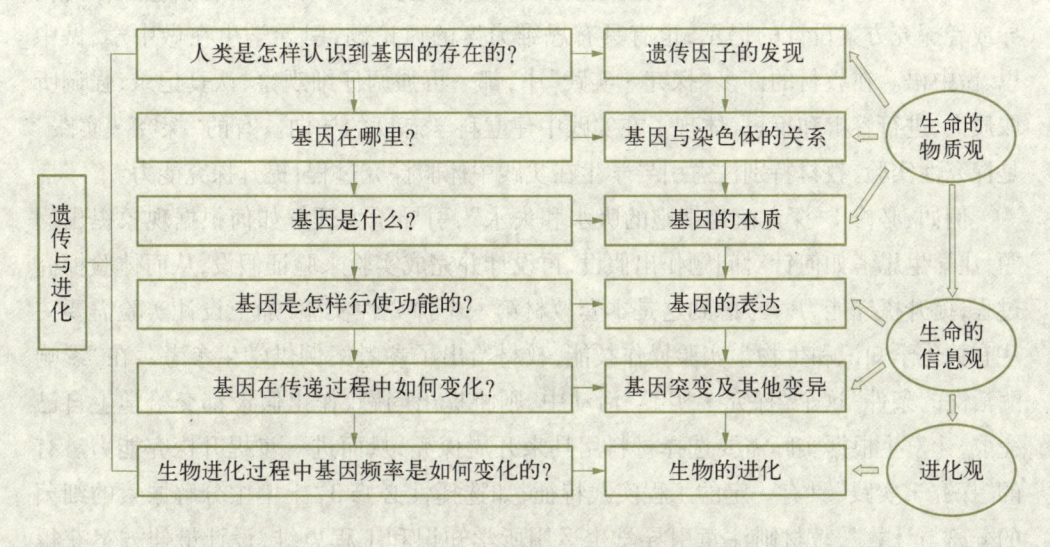

图3-10 必修二教材的内容组织线索

教材非常关注各条生命观念的融合,避免割裂地、片面地理解生命观念。例如,必修1教材既以系统观为主线,在具体内容中则较多体现结构与功能,同时渗透进化与适应观:必修1在分析细胞学说的建立过程时,就通过讨论题引导学生思考并通过正文总结细胞学说与进化论的内在一致性;第2章介绍细胞中的无机物(水)时以生命起源于海洋开篇,在第3章第1节介绍细胞膜的时候从生命起源的视角展开,在第3章第2节课后练习"拓展应用"中引导学生关注细胞器与生物进化的关系,都在引导学生将系统观、进化与适应观关联起来。这样,学生可以将生命观念有机融合。

(二)系统渗透科学方法教育,加强科学思维训练

在继承原教材重视科学方法、注重科学思维训练等优点的基础上,2019年版教材系统设计了"科学方法"栏目内容,增补、完善了重要的科学方法,充实了"思维训练"的内容,增加的科学方法有"归纳法""加法原理与减法原理"等,增加的思维训练有"运用证据与逻辑评价论点""综合概括""区别假设与预期""质疑与理由""验证假说,预测结果""分析循环因果关系""溯因推理""辨别偷换概念""评估论断的可信程度""评估获取证据的难度"等,经过充实,全套教材中的科学方法、思维训练,包括证据的获取、数据的处理与解释、辨别假设、展开推理、评估论断等多个方面更加系统、全面。

除了思维训练栏目,教材在文字叙述、学生活动设计等方面,也都注意训练学生的思维,从而使得教材中科学思维的训练显隐结合,将潜移默化与总结提升相结合。这样,教材有助于学生更好地全面达成课程标准中关于科学思维这一学科核心素养的要求。

(三)重视真实情境下的探究实践,落实实践育人

发展学生核心素养的关键在"做",因此,教材专门安排了若干"探究·实践"活动,提高了探究实践活动的可行性。

教材中的"探究·实践",无论是验证性实验还是探究活动,都既有实验操作的指导或者探究方案设计的提示,也有具有思维力度的讨论题,引导学生在做中学、做中思、做中悟。在教材的许多"探究·实践"中,都一再强调仔细观察、认真记录,强调听取质询、进行答辩和反思,体现了在实践中建立科学态度的导向。有的"探究·实践"是探究性实验,教材特别注意引导学生在实践中体验探究过程,提升探究能力。

例如,必修1"探究植物细胞的吸水和失水",引导学生理解如何根据现象提出问题,让学生思考如何针对问题作出假设,再设计并完成实验来验证假设,从而体验探究过程,提升探究能力。考虑到这是本套教材第一个探究性实验,加上设计实验需要一些有关化学知识和生物学实验操作技能,教材给出了参考案例供学生参考。在"影响酶活性的条件"这个"探究·实践"活动中,则将提出问题、作出假设都交给学生自己完成,让学生根据实际需要选择材料用具来开展探究,从而进一步提升探究能力。有的"探究·实践"具有一定的工程实践特征,如选择性必修3"土壤中分解尿素的细菌的分离与计数",教材则注意引导学生运用所学知识和工程思维,设计最佳方案获得产品,在实践中感悟和体验。

（四）注重提升学生的社会担当意识和能力

教材的正文、栏目、活动、课后练习等，都努力引导学生关注社会上与生物学有关的议题，关注生物科学技术在生产生活中的应用。教材正文中设有"与社会的联系"栏目，引导学生结合具体的知识内容，探讨社会上与生物学有关的议题，在社会生活中，运用所学生物学知识和已经掌握的科学思维方法，将生命观念用于指导实践。教材课后阅读安排有"科学·技术·社会""与生物学有关的职业"等，引导学生关注生物科学技术在社会中的应用，并为他们的职业规划提供参考。

除了特定栏目，教材还通过多种方式，立体地、全方位地引导学生提升社会责任担当能力和意识。例如，在必修2第6章第3节，安排了"抗生素对细菌的选择作用"，让学生通过探究体会抗生素滥用可能造成的危害，课后习题中引导学生关注超级细菌与抗生素滥用的关系，由此引导学生认识国家的医药政策，提升社会责任意识。必修2最后一节的习题，从隔离、进化、生物多样性保护的角度，引导学生分析在修高速公路或铁路时，如何权衡在地面铺设还是架设高架桥的方案。这也是为了引导学生将所学知识运用于社会生活中的有关议题、决策，提升其责任担当。[1]

小试牛刀

1. 结合人教版高中生物学教材必修1，尝试将以下主要栏目与其对应的功能进行连线。

   问题探讨　　　提示本节的学习重点
   本节聚焦　　　基于资料进行分析和思考的活动
   探究·实践　　　体现与其他学科的交叉渗透，利于知识综合，形成知识网络
   学科交叉　　　概念的检测和拓展应用
   练习与应用　　　创设真实情境，引导学生思考；也可用于学习效果的检验
   思考·讨论　　　观察、实验、制作等需要动手操作的活动

2. 教材不仅注重学生生物学学科核心素养的培养，也注重落实学生的家国情怀、传统文化、创新精神、实践能力和跨学科素养等其他方面能力和素养的培养。选择阅读初、高中生物学教材的部分章节，尝试对教材在培养学生全面发展方面进行归类分析，并找出相应的案例。

活动3　尝试将"教材内容"转化为"学习内容"

生物学教材不仅要方便教师教，还要方便学生学。但是，我们必须承认，教材内容无论

---

[1] 赵占良,谭永平.聚焦学科核心素养,彰显教材育人价值——普通高中生物学教材修订的总体思路[J].课程·教材·教法,2020,40(01)：82-89.

多么"教学化",它都不能自动地成为学习内容。教材内容是静态的,它是对学习内容的某种预设,而具体教学情境是复杂多变的、是动态的。这便引出了教材内容"教学化"的另一层含义,即教师在教学过程中根据具体的教学目标和教学情境对教材内容进行方法化处理,形成具体而有效的教学设计。教材内容进入教师的教学过程,经由教师的加工处理和"教学化"过程转变成为学习内容。

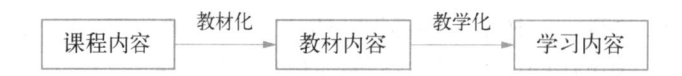

```
课程内容 ──教材化→ 教材内容 ──教学化→ 学习内容
```

那么,如何解决"只有教材内容,没有学习内容"的问题呢？不少学者提出了自己的观点和建议。早在二十多年前,华东师范大学钟启泉教授就提出了"用教材教,而非教教材"的观点,他提出,"用教材教"是指教师依据课程标准,根据自身的实践与研究,自主地领会课程与教材,将教材视为一种重要的中介加以利用的教学行为。用教材教意味着教师的作用不仅在于分析教材内容,还包括对教材的再加工、再创造,教师要以教材为起点向外拓展和延伸。而"教教材"则是以教材为中心,以教材内容作为教学内容,认为教师只要将教材中的内容讲通、讲透便是完成了教学任务,这比"用教材教"的理念狭隘许多。[1] 华东师范大学崔允漷教授则提出通过"三化"以实现"三有"：① 通过把所学的知识条件化,即补充背景知识,让学生知道这一知识"从何而来",让教材内容变得有温度、有情感,以实现教学内容的"有趣"。② 通过把所学的知识情境化,即介入真实情境,让学生知道、体会教材中学的知识"到哪里去",能解决真实世界中的问题,以实现教学内容的"有用"。③ 通过把所学的知识结构化,以帮助学生理解、记忆和迁移,实现教学内容的"有意义"。学校课程不是碎片化的一条一条的微信,而是有组织、有结构的。用美国著名的教育心理学家、学科结构课程专家布鲁纳的话来说,"越有结构的知识,越接近学科本质;结构化的知识有助于记忆,有助于迁移"。

人民教育出版社生物室主任谭永平从高中生物学教材编者的角度提出,教材有关内容可以重新组合,既用足又用活,既有点又有面;既要利用教材,也要考虑学生的经验和素养的整体性。[2] 无锡第一中学的顾军老师从一线教师的角度提出,精心组织学生与文本的"对话",对教材加以适当的"转化",启发学生主动参与、让思维"活化",注意教学知识的延伸与拓展,回归"生活化"。[3]

结合以上观点及相关文献的研究,教师在教学设计时可以通过多种途径实现从教材内容到学习内容的转化。

首先,可以调整、补充和开发教材和学习资源。在教学实践中,可以利用演示文稿、视频、动画、模型等手段,将教材中抽象的学习内容转化为立体、丰富的呈现方式。此外,教师还应当积极开发与利用多样化的学习资源,发挥互联网、图书馆、实验室、校园环境等各类设

---

[1] 钟启泉,崔允漷.新课程的理念与创新——师范生读本[M].北京:高等教育出版社,2003:90.
[2] 谭永平.再论"用教材教"——发展高中生科学思维的视角[J].生物学教学,2020,45(09):6-8.
[3] 顾军.再谈从"教教材"走向"用教材教"[J].中学生物学,2017,33(03):66-67.

施的作用,广泛地利用各类丰富的自然、历史和社会资源,积极开发信息化学习资源等。例如,在有关"光合作用"的教材内容中,光合作用的过程以文字以及图解的形式呈现,逻辑性、系统性较强,但对学生来说在理解上有一定难度,在教学中可利用动画、视频等形式呈现,使得学习内容形象化、生动化。

其次,教师可以基于教材创设情境。教师应寻找学生认知规律以及学习内容之间的契合点,并以此为基点探寻学习内容的新意义。如透过文字和图片等显性知识挖掘更为深层次的隐性知识,或积极引导学生针对感兴趣且能够进行探究的学习内容开展探究性学习,使学生对学习内容有更为深刻的理解,同时提高学生的核心素养。仍以"光合作用"为例,教材内容中以"资料分析"的形式呈现了恩格尔曼的水绵实验以证明叶绿体的功能,教师可基于这一学习材料,进一步挖掘其对学生的探究价值,让学生在原实验条件的基础上设计实验方案证明叶绿体的吸收光谱,并预测实验结果。

最后,教师应充分利用学生的生活经验,将抽象的知识还原为具体化的生活经验感知。生物学课程标准提出教学应注重与学生生活实际的联系,在中学生物学教学过程中,对于一些抽象的、难度较大的概念,应适当联系生活经验,以此为学习材料帮助学生加深理解,或者利用学生熟悉的生活经验创设情境,激发学生学习兴趣的同时,使得学生能更深刻地理解学习内容。如"光合作用"的教学中,蔬菜大棚的颜色、秋季枫叶的颜色、如何提高农田生产量等生活中与光合作用有关的问题,不仅是创设问题情境的素材,更是培养学生问题解决能力的良好契机。

小试牛刀

请结合本节所学内容,思考以下做法是否合适?如果你是生物学教师,你会怎么做?

(1) 一位新教师发现某部分知识内容在教材中仅以很小的篇幅呈现,虽然课程标准中对这部分知识有要求,但这位教师认为既然教材没有重点呈现,说明这部分内容不重要,故在教学中可以不用进行讲授。

(2) 一位即将退休的老教师在大学阶段是学习植物学出身,他比较擅长讲授植物学内容,故在教学中遇到有关植物学的内容就重点讲授,遇到其他内容就简要讲解。

(3) 一位工作了十几年的教师发现高考对教学的重要指导作用,她主张考试考什么就重点讲什么,故经常利用高考题进行常规课堂教学。在这样的教学方式下,学生的平时成绩还不错。

任务小结

在进行学习内容分析之前,教师必须深入理解课程内容、教材内容、学习内容的含义,能够阐述三者的关系:其中课程内容是课程层面的概念,课程内容教材化才能转变为教材内容,而教材内容教学化才能转变为学习内容。学习内容既要符合课程内容的要求,又要符合教材内容的要求。

任务 2：阅读与讨论学习内容分析的一般方法

> **情境导入**
>
> **"孟德尔的豌豆杂交实验(二)"的学习内容分析**
>
> 1. 本节内容的地位和作用
>
> "孟德尔的豌豆杂交实验(二)"是学生在学习"孟德尔豌豆杂交实验(一)"的基础上，再一次沿着科学家的探究历程，由现象到本质、由简单到复杂，层层深入地讨论生物遗传基本规律的过程；也是又一次领略科学探究方法——假说演绎法的过程，本节内容的学习对学生自主探究能力的提高及理性思维品质的培养有重要作用。
>
> 从整个"遗传与进化"模块看，本节内容为"减数分裂与受精作用"的学习埋下伏笔，为杂交育种提供了理论依据。同时，基因的自由组合导致的基因重组是生物变异的最重要来源和生物进化的内在动力之一。因此，本节课在整个模块的学习中占有重要地位。
>
> 教材对本节内容的呈现，强调了科学史和科学方法的教育，让学生亲历科学家的探究过程，包括一明一暗两条主线：
>
> 一条明线——孟德尔是如何发现并验证自由组合定律的；
>
> 一条暗线——假说演绎法的探究过程，科学方法的训练。
>
> 2. 教学重点与难点
>
> （1）教学重点
>
> 《普通高中生物学课程标准(2017年版2020年修订)》中针对该部分学习内容的具体内容涉及次位概念3.2.3："阐明有性生殖中基因的分离和自由组合使得子代的基因型和表型有多种可能"，教材中具体阐述了孟德尔实验的基本过程及对实验现象的解释，该部分内容的学习也是学生学习"遗传与进化"模块的重要基础。基于以上分析，将本节课的教学重点确定如下：
>
> - 两对相对性状的杂交实验过程
> - 对自由组合现象的解释
> - 基因自由组合定律的实质
>
> （2）教学难点
>
> 自由组合定律是在学生学习分离定律的基础上难度的进一步提高，而且自由组合定律的解释涉及减数分裂过程的相关内容，但学生在学习本课时尚无减数分裂的相关知识基础，所以，本节课的教学难点包括：
>
> - 对自由组合现象的解释
> - 基因自由组合定律的实质
>
> **我们可以从哪些维度、运用哪些方法进行学习内容分析？教学的重点和难点到底该如何把握？情境案例给了我们哪些启发？**

活动1　了解学习内容分析的维度

对于中学生物学学习内容分析的维度，不同的研究者有不同的角度和观点。其中，崔鸿[1]提出可以从三维教学目标出发，基于知识、能力、情感态度价值观的角度进行学习内容分析；陈侠[2]提出可以基于课程标准要求视角、整体结构框架视角、学生发展需求视角进行学习内容分析；亓英丽[3]提出可以从科学史、科学哲学、社会学的角度对学习内容进行分析。当然，我们也可以基于生物学核心素养的四个维度进行学习内容的分析。经过对文献的分析和比较，本书认为基于知识、能力和情感态度价值观三个维度进行学习内容的分析，更加便于学习者的理解和掌握。

▲ 知识分析

知识分析是在研读生物学课程标准和教材的基础上，从不同维度、不同层次对学习内容的知识部分进行分析。基于对教材知识内容的分析可以了解教材编排的理念和意图，明确教材中知识内容的编排和选择是如何体现课程标准的要求的，掌握学习内容的知识结构和特点，确定学习内容的重点和难点，厘清学习内容与前后章节的关系。

除此之外，在对学习内容进行知识分析时还需要对学习内容进行拓展和补充，联系前后学习内容并找到这些知识之间的内在联系，形成知识网络，加深对学习内容的理解和把握，以便更全面、灵活地开展教学。

此外，在知识分析的过程中，需要关注和挖掘学习内容中对学生的能力及情感、态度与价值观方面进行培养的相关内容。

资料阅读

在知识分析时需要注意的几个问题

1. 分析知识形成的背景和过程

任何一门学科，其现有的概念、原理、体系都是靠历史上一代代的科学家长期的科学研究探索形成的。相比于科学知识，科学史能够帮助学生获得自然科学的整体形象、人性的形象。科学知识在其特有的形成背景和过程中具有探究价值、情意价值，但由于受教材编写理念的影响或篇幅的限制，科学教材往往以逻辑结构的形式向学生传播科学知识，把一个个定义、定律学术化，几乎剔除了科学知识产生、发展的所有历史成分。因此，在对教材内容的解读中，教师一定要具备从科学史的角度去分析科学知识的多重价值的意识与能力，能够不仅知其然，还要知道科学知识的来龙去脉。这就需要教师能够通过查阅资料等方式加强自身的科学史素养。教师还应通过

---

[1] 崔鸿.中学生物学教学设计[M].北京：高等教育出版社，2016.
[2] 陈侠.核心素养视角下的中学生物教材内容分析[J].中小学教师培训，2019(05)：72-75.
[3] 亓英丽，毕华林.基于知识价值开发的理科教材内容分析[J].课程·教材·教法，2013，33(06)：68-71.

思考下列问题来完善和充实对教材内容的理解,即:每一项科学知识是源于什么样的社会历史情景引发了科学家的研究兴趣,又是经历了怎样的发展历程才得以形成当前的认识,在科学探究的过程中科学家是利用了什么样的研究方法,借助了哪些研究工具,经历了如何的曲折过程,等等。

2. 分析知识的生命观念本质

如果说生物学知识是有形的信息与结论,那么生命观念则是隐藏在人们头脑中的无形的思想和认识。学生记忆、积累具体的知识是没有价值的,真正对学生产生影响作用的是知识升华后留存在其思想意识层面的东西。通过对具体科学知识的学习所形成的科学观念、意识才是最有利于学生发展的生长点。例如,高中"细胞增殖"的学习内容不是帮助学生理解和辨认有丝分裂的过程阶段及特点等事实性知识,而是要从知识层面揭示老细胞产生新细胞的方式及发生机制,帮助学生深化对细胞学说的认识;从观点层面促进结构与功能观的形成,深化学生对系统整体性以及系统发生发展过程的认识。因此,教师在透过教材内容分析知识的价值时,要善于分析知识所固有的认识本质。而要做到这一点,教师不能孤立、静止地对待学习内容,而要对学习内容进行整体理解。在当今核心素养培养的要求下,教师往往需要对教材内容进行整合和重建,形成有利于学生生命观念形成的学习单元,并据此进行单元学习内容的分析和教学设计。

3. 分析知识的实际应用

脱离了社会背景的科学知识,不仅会导致科学学习变得枯燥无味,使学生丧失学习科学的兴趣,同时也难以使学生形成对科学的正确理解和全面认识。因此教师在分析学习内容的时候,就要紧密联系社会生活实际,关注学生每时每刻所接触的与生物学学科有关的社会问题,使"僵硬的知识""死的知识"变成"有生命的知识""活的知识",只有这样才能激发学生的学习兴趣,使学生通过相关科学知识的学习,更好地面对未来科技社会的挑战,参与社会、政治和个人的决策。

▲ 能力分析

能力维度的学习内容主要包括学习内容中所涉及的生物科学研究的一般方法,既包括获取经验性材料的方法,如观察法、实验法、调查法等;又包含着理性思维的方法,如逻辑思维、形象思维、数学方法、模型方法等,这对所有学生的能力和核心素养的发展都具有非常重要的价值。

除此之外,中学生物学能力维度的学习内容还包括学生掌握不同类型的生物学学习方法,如利用概念图学习生物学概念,通过归纳和演绎掌握生物学规律和原理,开展实验时注意实验程序和操作规范等。

现行的生物学教材中,生物科学发展史以及生物学家进行科学探究时的科学方法为我们提供了范例,教材中的某些教材栏目也为学生能力发展创设机会,在教学设计中需要充分挖掘学习内容,这将对学生能力的培养产生积极的影响。

▲ **情感态度价值观分析**

挖掘中学生物学学习内容中所蕴含的情感、态度与价值观等教育因素是生物学课程所提倡的教育理念,分析学习内容中的这些因素并在教学设计过程中渗透对学生情感态度与价值观的教育是极具意义的。

生物学的基本观点,如生物体的结构与功能相适应的观点、生物进化的观点、系统论观点等,与物理、化学等自然科学的基本领域相融合,共同构成了辩证唯物主义自然观。进行学习内容分析时,教师要借助科学史实及生物学原理、规律等内容,帮助学生正确地理解和认识科学,树立实事求是的科学态度。

同时,生物学教师要善于发现那些能激发学生的好奇心、求知欲、探究欲的内容,让学生拥有观察和探究的情感体验;借助生物学学习内容,帮助学生逐步养成热爱学习的态度、实事求是的科学态度、健康生活的态度。此外,中学生物学教学中还涉及审美情感的内容,如欣赏自然美、和谐美以及科学美等,要注重能够让学生拥有爱国、人与自然和谐发展等态度的内容。

通过以上分析我们发现,学习内容分析不仅仅是传统的对知识本身的理解以及知识间联系的分析,同时要关注学习内容对学生成长和发展的作用和价值。

小试牛刀

以高中生物学某一知识内容为例,尝试从生命观念、科学思维、科学探究和社会责任四个维度,进行内容分析。

活动 2　探讨学习内容的分析方法

学习内容分析的过程就是在教学目标的指引下,借助于各类分析方法,分析学习者达成教学目标需要掌握哪些知识、能力以及形成什么态度,明确教师应该"教什么"以及学生应该"学什么"。此外,对学习内容的分析可以明确学习内容的范围和深度,揭示学习内容各部分之间的联系,为以后教学顺序的安排奠定基础,以保证教学最优化的内容效度。

在教学设计的实践中,许多教育领域的学者根据不同的理论提出了不同的学习内容分析方法,这些方法各具特点,我们可以根据实际需要进行选择和运用。下面我们就通过合作学习的方式对几种常用的学习内容分析方法进行探讨。

▲ **归类分析法**

归类分析法主要是研究对有关信息进行分类的方法,旨在鉴别为实现教学目标而需学习的知识点。归类分析法的过程是:用图示、提纲等方式把实现教学目标需要学习的知识归纳成若干方面,从而确定学习内容的范围。如可将细胞器按照不同依据进行归类分析(表3-3)。

表 3-3 "细胞器"知识内容的归类分析

按分布进行归类	动、植物细胞都有	高尔基体、线粒体、核糖体、内质网
	植物细胞特有	质体(叶绿体、白色体)、大液泡
	动物和低等植物细胞特有	中心体
按层数进行归类	双层膜结构	线粒体、叶绿体
	单层膜结构	内质网、高尔基体、液泡、溶酶体
	无膜结构	中心体、核糖体

▲ **图解分析法**

图解分析法是用直观的形式揭示学习内容的各要素及其相互联系,其分析的结果是简明扼要、提纲挈领地从内容和逻辑上高度概括学习内容的一套图表或符号。它将有利于教师思考学习内容的分析是否已涵盖了学习内容的所有要点、学习内容要点的安排是否有利于学习者的学习。这种方法也易于教师觉察学习内容是否有残缺或多余的部分,以便进行及时修改和完善。图解分析的基本步骤如下。

① 列出与教学目标相关的生物学事实、概念和原理等;
② 图示各要素之间的关系;
③ 全面核查内容的完整性、要素之间的逻辑性,如有必要,进行补充或修改;
④ 补充案例,提出教学建议。

图 3-11 为应用图解分析法进行学习内容分析的实例。

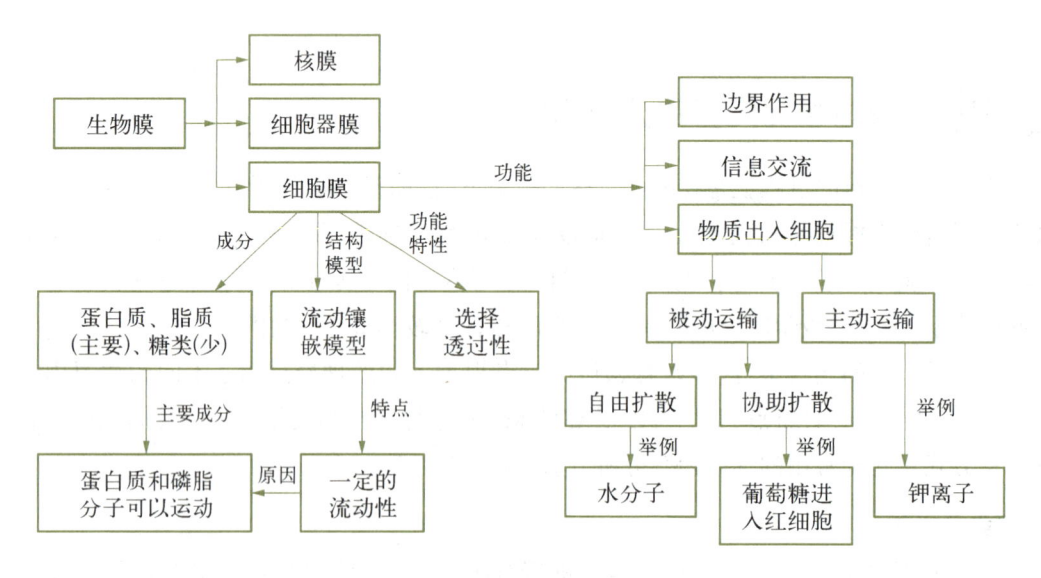

图 3-11 "生物膜"知识内容的图解分析

▲ **层级分析法**

层级分析法是主要用于解释教学目标所需要掌握的从属技能的一种分析方法,这是一种逆向分析的过程,就是从已经确定的教学目标开始考虑:要求学习者获得教学目标所规定的重点能力,学习者必须具有哪些次一级的从属技能?并依次类推,一直分析到学习者的起点能力。我们可以看出,各层次具有不同的难度等级,越是在底层的难度越低,而在之前所提到的归类分析法中则没有这样的差别。层级分析法的基本步骤如下。

① 确定学习者必须获得的终点能力;
② 确定次一级的从属能力;
③ 确定再次一级的从属能力;
④ ……
⑤ 如此剖析,一直到学习者的起点能力为止。

下面是应用层级分析法对分离定律学习内容进行分析的实例(图3-12),从图中可以看出,终点能力的学习是以从属技能的学习为先决条件的。如能将达成教学目标的从属能力分别区分出来,构成一个课程图的话,那么选择恰当的教学方法便有了科学依据。这种分析方法的步骤和原则看似简单,但具体操作起来却并不是一件易事,需要教学设计者熟悉学科内容,了解教学对象的原有能力,并具备较为丰富的心理学知识。

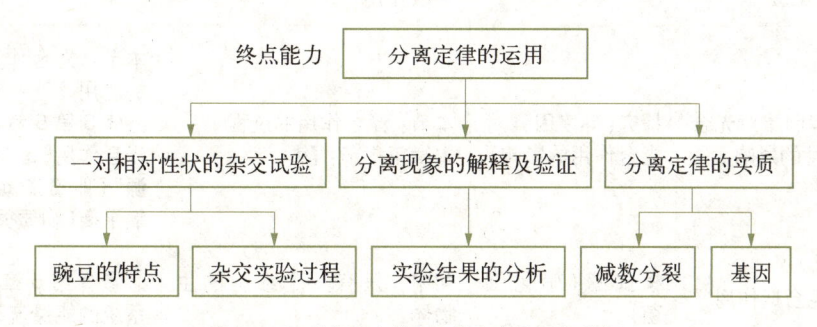

图 3-12 "分离定律"相关内容的层级分析

除了以上所介绍的三种教学内容分析的方法之外,解释结构模型(ISM)法、信息加工分析法、索引卡法等也是学习内容分析的常用方法,教师在教学设计的过程中应根据实际的教学需要选择合适的学习内容分析方法,在实践中融会贯通。

案例鉴赏

"能量之源——光与光合作用"一节的学习内容分析

"能量之源——光与光合作用"是人教版高中生物学教材(2007年版)必修1第5章第4节的学习内容。该部分的学习内容主要包括"捕获光能的色素和结构"以及"光合作用的原理和应用"两部分,其教学内容与前后知识的联系以及教学内容呈现方式的分析可如表3-4所示。

表 3-4 "光合作用"与前后知识的联系以及教学内容呈现方式

学习内容	呈现方式	与已学联系	为未学做铺垫
一、捕获光能的色素和结构 （一）色素 （二）叶绿体的结构和功能	实验（绿叶中色素的提取和分离）；模式图（叶绿体立体结构）；资料分析（恩格尔曼实验）	第3章 细胞器——叶绿体	本节：光合作用的过程
二、光合作用的探究历程	科学史 资料卡（同位素标记法）	初中七年级上册第四章：绿色植物是生物圈中有机物的制造者 初中七年级上册第五章：绿色植物与生物圈中的碳氧平衡	本节：光合作用的过程
三、光合作用的过程 （一）光反应 （二）暗反应	模式图（光合作用过程图解）	本节：光合作用的研究历程 本章：生物体内的酶、ATP、呼吸作用	本节：光合作用的应用
四、环境因素对光合作用强度的影响	探究（环境因素对光合作用的影响）	本节：光合作用的过程 本章第1节：酶	本节：光合作用原理的应用 必修3第5章："光和光合作用"是"能量之源"（能量流动）和碳氧平衡（物质循环）
五、化能合成作用	模式图（硝化细菌）	初中：只有一个细胞的生物体	必修3第5章：生态系统的能量流动

综上所示,本节学习内容的分析可以表述如下。

"能量之源——光与光合作用"是人教版高中生物学教材必修1《分子与细胞》第5章第4节的内容,本节是在初中生物学光合作用的学习基础上,分别从生物科学史、物质和能量转变、结构和功能相适应这三个角度进一步学习光合作用,包括捕获光能的色素和结构、光合作用的发现历程、光合作用的原理和应用、环境因素对光合作用强度的影响,期望学生不仅能从光合作用的发现过程中深化对光合作用概念的理解,而且可以从光合作用经典实验中学习到科学家设计实验的智慧,培养实验设计能力,还能感受到科学研究方法的重要和实验设计的巧妙。

本节与其他章节有密切的联系,具有承上启下的重要作用,尤其是在绿色植物新陈代谢以及整个生态系统的物质循环和能量流动中具有重要意义,是必修1的重点内容之一。本节内容不仅和初中教材中有关光合作用的基础知识密切相关,而且在高中教材中也起着承上启下的作用：一方面通过本节内容的学习,可以进一步理解在第3

章中为什么把叶绿体比作"养料制造车间"和"能量转换站",另一方面本节内容也为必修3中生态系统的物质循环和能量流动、选修3中生态工程等内容的学习打下基础。

运用概念图进行"植物的激素调节"的学习内容分析(部分)

"植物的激素调节"是一节知识结构复杂、陌生名词和概念繁多、内容重要并且学习困难较大的章节,无论是对新教师还是有经验的教师,要高质量地组织这一内容的教学确实具有一定的挑战。为了能够对本节较为复杂的学习内容有一个整体性的把握和清晰的教学思路,笔者利用概念图对其学习内容进行了分析和梳理。

1. 建立总概念图

首先梳理出本节涉及的生物学概念,其中主干性的概念有:向光性生长、向重力性生长、向性运动、生长素、吲哚乙酸、植物激素、顶端优势、赤霉素、细胞分裂素、脱落酸和乙烯;枝节性的概念有:金丝雀藨草、单子叶植物、琼脂、叶原基、分生组织、形成层、形态学上端、形态学下端、棉铃和生长素类似物。以这些新概念术语为主,结合学生的已有概念,将本节的内容用下面的概念图(图3-13)进行概括。

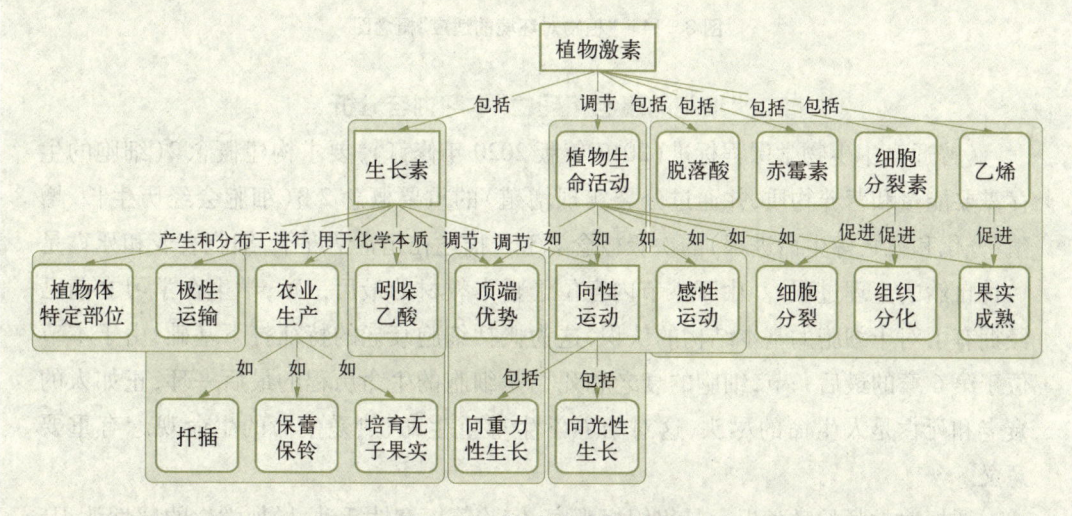

图3-13 "植物激素"概念图

从图3-13中可以看出,所有概念的抽象程度是不同的,而且彼此之间存在着复杂的联系。根据每个概念的连接线数目以及对学生的陌生程度的不同,确定本节的核心内容为:向性运动、生长素、植物激素、顶端优势,其中涉及的原理有:向光性生长原理、向地性生长原理、顶端优势原理。

2. 建立子概念图

为了激发学生的学习兴趣以及考虑到课时的划分,对教材内容进行了一定的重新组织,分为6个部分进行教学。这6个部分分别是:① 植物对环境的适应;② 生长素的发现;③ 生长素的产生、分布和运输;④ 生长素的作用机理;⑤ 生长素在农业生产中的应用;⑥ 其他的植物激素。

以"植物对环境的适应"这一部分的学习内容为例,在对这一部分进行内容分析、构想教学思路的同时,起草并完成"植物对环境的适应"概念图(图3-14)。这一概念图完成后,教学的思路、目标和过程更加清晰和明确。

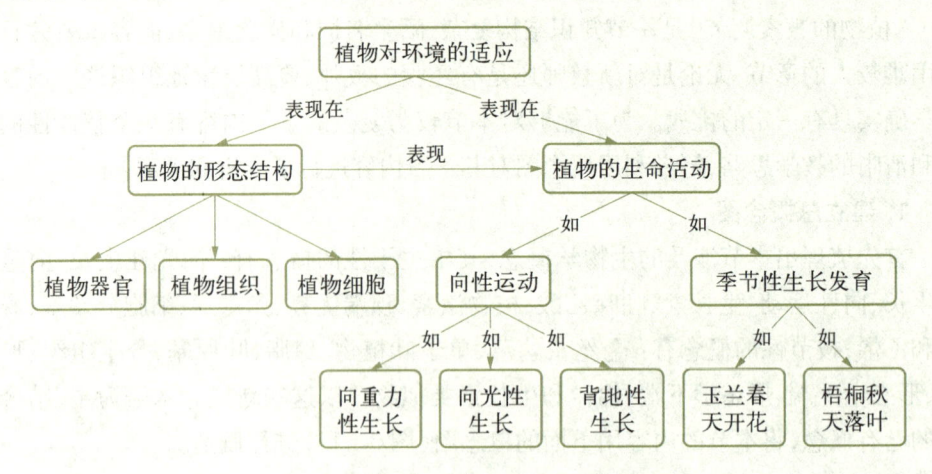

图3-14 "植物对环境的适应"概念图

"细胞的衰老和死亡"学习内容分析

《普通高中生物学课程标准(2017年版2020年修订)》要求构建概念2(细胞的生存需要能量和营养物质,并通过分裂实现增殖)的重要概念2.3(细胞会经历生长、增殖、分化和死亡等生命进程)的次级概念2.3.3(描述在正常情况下,细胞衰老和死亡是一种自然的生理过程)。由于本节内容位于整本教材的最后一章,学生在学习之前已经拥有了对于细胞的基本结构的认识,这为概括细胞衰老的特征打下基础;由于本节位于第6章的最后一节,细胞的衰老和死亡是细胞的生命历程的最后一环,正如人的衰老和死亡是人生命的尽头,这对培养学生尊重生命、热爱生命的生命观念有重要意义。

课标对教师的教学提示是组织好观察、实验等探究性活动,增加学生的感性认识,克服对微观结构认识的困难,领悟科学研究的方法,鼓励学生搜集有关细胞研究和应用方面的信息及研究进展,进行交流,以丰富相关知识,加深对科学、技术、社会的认识。对于学生的学业要求是举例说明细胞的衰老死亡等生命现象(生命观念、科学探究、社会责任)。

在本节的教材中,教材的组织方式是细胞衰老的特征—细胞衰老的原因—细胞衰老与个体衰老的关系—细胞的死亡,其中有问题探讨、思考讨论、思维训练、阅读拓展等栏目内容的穿插,有利于增强学生的结构与功能观。

本节内容中的科学史,包括自由基学说、端粒学说,这有利于陶冶学生的科学思维,认识科学的发展并不是一蹴而就的。本节内容还有两个实验,这有利于培养学生的科学探究能力。

本节教学内容的讲解承上启下,遵循教材内容的编排顺序,不仅在阅读资料和探究活动的过程中锻炼学生的科学思维和科学探究能力,还联系社会,关注当下的老龄化社会、银发经济,引导学生给老人投注更多的关注与关爱。

"基因工程的基本操作程序"学习内容分析

《普通高中生物学课程标准(2017年版)》提出了大概念:"基因工程赋予生物新的遗传特性"。本节课主要聚焦于该大概念其下的重要概念:"基因工程是一种重组DNA技术",引导学生建构次位概念:"阐明基因工程的基本操作程序主要包括目的基因的获取、基因表达载体的构建、目的基因导入受体细胞和目的基因及其表达产物的检测鉴定等步骤"。该内容的学习有助于学生进一步树立遗传与进化观。

"基因工程的基本操作程序"是选择性必修3"生物技术与功能"第3章基因工程的第2节内容,也是基因工程的核心内容,上承第1节"重组DNA技术的基本工具",下接"基因工程的运用"。本节内容以培育转基因抗虫棉为情境,以基因工程的四个步骤为核心主线,通过对四个步骤的相继探究,让学生学会基因工程的基本操作程序。四个基本步骤为:目的基因的获取、基因表达载体的构建、目的基因导入受体细胞和目的基因及其表达产物的检测鉴定。其中第二步基因表达载体的构建与第三步目的基因导入受体细胞已经在上一节"重组DNA技术的基本工具"进行了简要的介绍,在这一节的学习中需要进一步学习巩固并厘清逻辑关系,让学生明白上述步骤的意义。而对于第一步目的基因的获取中的"利用PCR获取和扩增目的基因"内容,虽然学生已经在必修2中学习了DNA的复制,但由于相隔时间较长,并且体外复制和体内复制存在部分差异,所以相对较难,需要重点学习。对于第四步表达产物的检测鉴定,需要让学生理解其检测和鉴定需要在分子水平与个体生物学水平分别进行检测和鉴定,并要让学生明白检测和鉴定在基因工程中的意义与重要性。本节最后不仅提到了转基因抗虫棉,还提到了以动物细胞、微生物细胞作为受体细胞进行基因工程,以及利用基因文库来获取目的基因,这也拓展了学生对基因工程的认识,让学生对基因工程的基本操作程序有了更加深入的理解,为下一节"基因工程的运用"打下了基础,让学生在之后可以更容易想到基因工程在不同行业领域的运用。

同时通过本节的学习,学生可以了解基因工程技术,学会针对人类生产或生活的某一需求,选取适当的基因工程方法,来设计实验方案获得转基因产品并就其中的某些问题展开探究。并且学生能认同基因工程给我们的生产生活带来的正面影响,理性看待基因工程技术,理性看待转基因产品,辨别伪科学。

小试牛刀

以小组合作的方式,尝试分析与评价以上教学内容分析的案例。

活动3　准确把握学习内容的重点与难点

确定教学重点与难点是分析学习内容时需要着重考虑的问题,因为这将对教学设计中教学方法的选择、教学时间的安排等方面都产生重要影响。

▲ 如何确定教学重点

所谓"教学重点",是指某一范围(如一册书、一个单元、一节课)内容中举足轻重的、最重要的内容,或最基本、最精华的部分。[①] 从系统论的角度来看,任何科学事实或现象都不是孤立存在的,而是和周围的事物处于一定的相互联系、相互制约和相互作用之中。教学重点就与前后学习内容存在紧密的联系,并具有重要地位与作用。因此,就中学生物学教学而言,教材中所承载的学习内容就像是一张网,抓住教学重点就是抓住了网上"牵一发而动全身"的节点。而从学生学习的角度来看,抓住这个"节点",就能把分散零碎的知识、过程与方法等内容串联起来,对于巩固旧知和学习新知都起着重要作用。教学重点还具有思想品德和文化教育功能,是对学生有深远教育意义和功能的内容,主要指学生终身受益的学科思想、精神和方法。因此,教学重点已经不仅仅局限于知识或过程与方法方面的内容,也可以是情感、态度与价值观养成方面的。一节课的教学重点可能侧重其中的某一个方面,也可能包含了这三个方面,这与教材中学习内容的地位与作用是一脉相承的。

> **资料阅读**
>
> **如何确定教学重点:以"光合作用的原理和应用"为例**
>
> 教学重点的确定要合理、得当,做到宏观与微观相结合。从宏观上来看,光合作用是现代生物科学发展迅速、成果应用广泛、与社会和个人生活关系密切的领域之一,掌握光合作用在物质的变化、能量的转换上的特点具有不可磨灭的重要性;其次,了解光合作用的物质和结构基础,有助于学生在微观层面上更深入地理解生命的本质,了解细胞结构与功能的统一、生物体部分和整体的统一。对教材内容有了整体的把握之后,教师可主要依据生物学课程标准、教材知识结构、学生状况,具体分析教学重点。
>
> 首先,从高中生物学课程标准来看,针对"光合作用",课标提出的"内容要求"是:说明植物细胞的叶绿体从太阳光中捕获能量,这些能量在二氧化碳和水转变为糖与氧气的过程中,转换并储存为糖类分子中的化学能。教学提示中建议开展"提取和分离叶绿体色素"和"探究不同环境因素对光合作用的影响"两个教学活动。基于内容要求和教学提示,本模块的学业要求提出"从物质和能量视角,探索光合作用,阐明细

[①] 燕艳,徐宜兰,陈继贞.中学生物学教材分析[M].北京:科学出版社,2009:127.

胞生命活动过程中贯穿着物质与能量的变化(生命观念、科学思维、科学探究)"。通过以上分析发现,课标中的行为动词都属于"理解"水平(详见本书第三章中"目标分类理论"的内容);一般地,目标动词在"理解"以上的为重点。但值得注意的是,属于"了解"水平的并非不重要,如果忽略,失去了作为进一步提高的基础,不仅这部分非难点的内容有可能转化为难点,而且会为后继重点知识的学习带来障碍。另外,"教学提示"是围绕具体"内容要求"设计的,是达到"学业要求"的重要途径,因此它也是教师进行教学设计、开展教学活动的重要参考。

其次,教材在呈现方式上往往很好地体现了学习内容的层次和枝干的关系。学习的重点内容一般在教材中的篇幅较多,非重点内容较少;重要概念、原理、规律的表达,往往以黑体字排印,以突出关键内容。

"光合作用的原理和应用"的教材内容(以人教版为例)中,先以化学方程式的形式着重突出原料、产物、条件等,接着通过"探究·实践"栏目中"绿叶中色素的提取和分离"探究实验来分析其反应过程,再以黑体字深化光反应和暗反应的概念与联系,并以图解的形式呈现出来。这种插图的呈现方式是符合学生认知的,能够促进学生集中注意力,对核心知识引起足够的重视。随后,教材"思考·讨论"栏目中的问题抓住光合作用的核心,引导学生进一步巩固与掌握本节重点。关于光合作用原理的应用,教材是从整个生物圈的角度,开展"环境因素影响光合作用强度"的探究活动,从而将绿色植物光合作用的学习融于日常生活、生产中,让学生科学认识光合作用在绿色植物新陈代谢中的作用,和在整个生态系统的物质循环和能量流动中的价值。课程标准并没有要求讲述细胞的化能合成作用,因此教材简述化能合成作用,可见化能合成作用并非本节教学的重点内容。

最后,从学生学习的角度来看,如果学习内容是体系中最基本的主干或核心,是进一步学习其他内容的关键,并且能够让学生建构严谨的知识结构、掌握过程与方法、培养学生情感态度与价值观,那么该内容就应当是教学重点。

由"光合作用的原理和应用"在教材以及整个生物学学科中的地位与作用可知,光合作用的过程与原理能够帮助学生构建完整的知识结构,形成物质与能量观;实验与探究活动能培养学生的科学思维和科学探究能力,尤其是教材中科学史的材料,是课堂教学中进行探究式学习和培养学生社会责任的极好契机,意义是重大的。

依据以上针对课程标准、教材以及学生三个维度的分析,可将这部分内容的教学重点确定如下。

① 光合作用的光反应、暗反应过程及相互关系。
② 影响光合作用强度的环境因素。

此外,在确定教学重点时还应参考学校、班级、学生及社会的实际情况,深入挖掘教材内涵,而不宜直接将教参上的重点作为教学重点来处理。

▲ 如何把握教学难点

教学难点是指学生难以理解、掌握或容易引起混淆、错误的内容。显然，教学难点是针对学生主体而言的，因学生的年龄、认知水平及生活经验不同而不同。一般来说，抽象、过程复杂、远离实际生活的知识、技能与方法，教师较难讲清楚，学生又难以理解和掌握，往往成为教学过程中的难点。

有些生物学知识是学生学习和生活经验中很少注意或未接触过的问题，在学生缺乏相应的感性认识的情况下，抽象的生物学名词或概念、复杂的生物学原理或生命现象、生物学知识体系的构建、复杂的实验操作、综合问题的分析与判断，位于学生的认知水平和理解能力之上，这就会成为学生学习的障碍。如高中"基因工程"这部分内容，由于学生对生物技术了解不充分，很容易混淆"基因工程"和"蛋白质工程"这两个不同概念。

此外，在实际教学中不同学科在进度上不协调的现象，也会给学生的认知带来困难。例如，"分子与细胞"模块中"生命活动的主要承担者——蛋白质"一节，如果要求一个课时完成氨基酸的结构与功能、蛋白质的结构与功能及其多样性，而高一学生尚未学习相关的有机化学知识，学生对一些学科名词"结构式""结构简式""羧基""氨基"等不能理解，就会造成学习障碍，成为教学难点。

"能量之源——光与光合作用"中，学生需要从微观的角度学习光反应和暗反应过程的物质变化和能量转化，该学习内容远离学生生活经验，比较抽象。"环境因素对光合作用强度影响"的探究活动对于学生来说是生疏的，有一定的难度，尽管教材为此提供了相关的提示和参考案例，但主要是通过图表的形式来呈现，因此对图表题的分析也对学生的能力提出了较高的要求。综上分析，光合作用的光反应、暗反应过程及环境因素对光合作用强度的影响是本节的教学难点。

▲ 教学重点与教学难点之间有何区别和联系

在"能量之源——光合作用"这一案例的分析中，我们发现光合作用的过程、影响光合作用强度的环境因素这两部分学习内容既是教学重点，又是教学难点。那么，它们之间具有什么区别和联系呢？

教学重点一般具有客观性、确定性和稳定性，它在一定的教学阶段都贯穿始终，这是由于教学重点在知识体系中和育人功能上具有重要地位和作用。但我们也不能忽略其相对性。每个课时都有其教学目的与教学重点，即使是非重点课时，仍有其相对的教学重点，但同一学习内容在另一课时或者在全章、全书中就不一定是重点。重点可能不止一个，但也不能太多。都是重点，则无重点。

教学难点具有暂时性和相对性。暂时性是因为该学习内容被学生理解与掌握之后，便不成为难点。而难点的相对性，简单地说，是学习内容会伴随标准的改变而改变。比如同一知识与方法对一些学生可能是难点，而对另一些学生就可能不是难点；如果观念落后、教法陈旧，知识更新和教育技术跟不上教改步伐，也会增加教师教学的难度。同时，原来的非教学难点有可能成为教学难点。如过去人们认为"生物与环境"通俗易懂，多读即可，而现在则从提升生物学素养的高度,要求学生将知识运用于环境等实际。因此,怎样进行教学设计,才能使学生灵活解决问题,其教学难度比过去明显提高。

我们也要注意到教学重点与难点之间的联系。如孟德尔遗传定律,它比较抽象,在许多灵活的计算分析中经常出现,对于学生而言难度较大;同时课程标准对该部分学习内容的要求比较高,在整个生物学课程中又起到承上启下的作用,所以又是重点。但难点与重点不一定画等号,有些内容是难点不是重点,或者是重点而不是难点。这需要教师对不同学习内容进行具体分析,虚心学习,善于总结经验。

小试牛刀

以"种群的数量变化"为例进行学习内容分析

请结合本任务的学习内容,针对高中教材中"种群的数量变化"教学内容,进行学习内容分析,并将学习成果与同伴交流讨论、分享经验。

要点提示:

1. 明确课标内容。
2. 研究教材内容:从生物学核心素养的视角研读教材,分析本章节内容的教育价值;确定并分析重难点;领会教材设计者的栏目设计意图。
3. 确定并分析学习内容。

任务小结

在本任务的学习中,我们知道了学习内容的分析维度、学习内容的分析方法及学习内容分析的表述方式;学习了如何确定教学的重点和难点,知道了重点和难点之间的关系。这部分内容的学习是教学设计的重要基础。其实,任何一个学习内容都不是仅仅依赖于所包含的知识点而存在的,而是具有多方面的价值,或是学科观点的证据,或是思维方法的载体,或是科学探究的历程,或是科学态度、科学精神的经典记录,或是价值取向的判断分析等。在有限的学习时间内,不可能顾及所有层面的教育价值,教师要针对具体的教材内容,结合学生的年龄特点和发展阶段,分析判断其凸显的价值,作为教学的逻辑主线,促进学生的成长和发展。

课外活动:教学设计的前端分析

一、活动内容

选择中学生物学某一具体教学内容,进行完整、系统的教学内容分析,并围绕部分内容设计方案(如调查问卷)以了解学生对该部分内容的前科学概念、学习起点等方面的基本情况。

二、活动目标

(1)学会完整、系统的教学内容分析并确定重难点。
(2)了解学生的前科学概念、学习起点等方面的方法。

（3）锻炼资料搜集、制作演示文稿的基本技能；提高讲述、讲解等教师基本技能。

三、活动形式

作业+课堂交流

四、活动过程

1. 教学内容分析

选择中学生物学课程某一单元或某一节内容，在熟悉课程标准和教科书的基础上，根据本章所学的方法进行学习内容分析。

2. 学习者分析

针对该部分学习内容的学习者进行一般特征、学习风格、学习起点等方面的分析。在此基础上围绕某一核心内容（如学生对某生物学知识的前科学概念、对生物学课程的学习态度等）设计调查方案并尝试进行实施，以进一步了解中学生物学课程学习者的真实情况。

3. 课堂展示

（1）展示学习者分析和学习内容分析的结果与结论。

（2）介绍你开展调查的背景、预期结果、实施情况。

（3）分析预期结果与实际调查结果之间存在的差异。

（4）谈一谈你对本次前端分析的心得与体会。

此外，为了更全面地反映你的学习成果，让其他学习伙伴更深入了解你的工作，你可以制作相应的演示文稿；同时，活动中请积极听取同伴对学习成果所提出的建议，加强学习者群体内的沟通与交流。最后，请你针对互评意见和建议，对学习活动成果进行针对性的改进和完善，并提交最终的学习活动成果。

五、活动评价

本次活动的成果将从内容、演示文稿制作、语言表达、形象风度等四个基本方面进行综合评价。

第四章
中学生物学教学目标设计

要点提示

　　教学目标作为教学活动实施的方向以及预期达成的结果,在教学设计中有着极为关键的作用。本章将以教学目标的理论为基础,结合中学生物学教学设计案例,帮助学习者理解教学目标的内涵、作用以及表达方式,从而制定合理的教学目标。

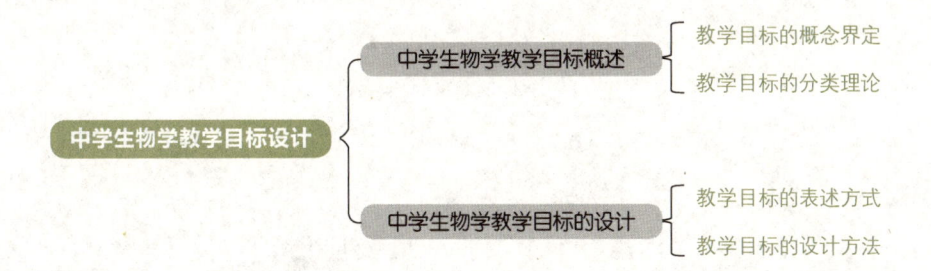

```
                                          ┌─ 教学目标的概念界定
                   ┌─ 中学生物学教学目标概述 ─┤
                   │                      └─ 教学目标的分类理论
中学生物学教学目标设计 ┤
                   │                      ┌─ 教学目标的表述方式
                   └─ 中学生物学教学目标的设计 ┤
                                          └─ 教学目标的设计方法
```

学习目标

　　1. 通过有关教学目标的相关概念建构,概述教学目标的含义,说明教学目标与课程目标、教育目标与课程目标等相关概念之间的区别与联系;厘清课程目标、单元教学目标及课时教学目标的关系;认同教学目标在中学生物学教学设计过程中的重要意义。

　　2. 通过对布鲁姆、辛普森、加涅等的教育目标分类理论的阅读和学习,分析其对我国教学目标分类的影响,为合理制定教学目标奠定基础。

　　3. 学习教学目标的基本表述方法,并尝试依据生物学课程标准及教学实际情况合理制定并规范表述教学目标。

第一节
中学生物学教学目标概述

教学目标对教学设计的影响不言而喻。那么，什么是教学目标呢？它与我们常说的教育目的、培养目标和课程目标又有怎样的区别和联系呢？教育学家对教学目标的水平要求有怎样的分类方法呢？下面就让我们进入本节的学习。

任务 1："教学目标"的概念建构

情境导入

公开课为何失去了方向？

最近经常有机会听老师的课，总的感受就是学生学习方式确实变了，课堂气氛非常活跃，小组讨论随处可见，教师自制教具的现象也比较普遍，教师的"基本功（三字一话）"没有多大问题，但是有一件事情令我困惑：有些教师在介绍新课程的教学经验时说，我们"宁活不死，越活越好"，"活就是体现新课程的精神，死就是旧课程的套路"，于是一堂课出现了30多次的提问，或者40分钟内安排了8次小组讨论，而每次讨论只给学生2~3分钟；还有一堂课设计了10分钟的录像、6分钟的弹琴、8分钟的师生自制教具表演……这些课堂不仅"活"了，而且有些已经"活"得让人看不懂。这种现象具有一定的普遍性，特别是在公开课上。它说明了什么问题呢？课在追求浮华中迷失了方向。

这一现象的原因之一就在于：教师缺乏目标意识，不知道课为什么要"活"。只有当过程的"活"是为了更好地实现目标时，这种"活"才有意义，否则只是一种"课堂秀"，而不是课堂教学，结果"课堂热热闹闹，学生头脑空空"。

——节选自崔允漷《教学目标——不该被遗忘的教学起点》

美国哲学家爱默生曾说，"有了目标，对自己心目中喜欢的世界便有一幅清晰的图画，这样你才能集中精力和资源于你所选定的方向与目标上"。教学目标正如这幅图画一般，能帮助教师和学生认清努力的方向以及达到目的地的有效途径。

活动 1　初识"教学目标"

在现代课程理论的重要奠基者、美国著名教育学家拉尔夫·泰勒(Ralph Tyler)看来,"形形色色的行为方式的变化,就是教学目标";华东师范大学皮连生教授曾指出教学目标就是"预期的学生的学习结果"[①];在百度百科中,教学目标被描述为"教学活动实施的方向和预期达成的结果";在《教育大辞典》中,教学目标被定义为"教学中学生预期达到的学习结果和标准"。尽管以上对于"教学目标"这一概念的表述有所差别,但其共同点在于都认为"教学目标"是对学生学习结果的预期。

具体到中学生物学教学设计领域,其强调的"教学目标"这一概念,是指学生在生物学教学活动中所要达到的预期学习结果,它规定了学生在教学活动结束后应能表现出什么样的行为、达到怎样的表现程度,被视为一切教学活动的出发点和最终归宿。例如,通过生物学课堂教学活动,学习者能够在哪种程度上掌握多少生物学概念、原理以及生物实验操作技能等,这些预先确定的结果即是教学目标。我们可以从以下几个方面去理解"教学目标"这一概念:其一,教学目标实质上是学习目标,是要求学习者在学习后所应达到的;其二,教学目标是由培养目标、课程目标、课程理念等向现实的生物学教学实践过程及结果转换进程中的一个重要的环节;其三,教学目标基于培养目标、课程目标等,但同时往往又在其基础上进行具体化、补充和拓展。

1949年以来,基础教育课程目标发生了三次变革,分别是"双基目标""三维目标"和"核心素养"。随着"三维目标"走向"核心素养",构建生物学核心素养的教学目标是生物学教师进行生物学教育教学的核心。要构建生物学学科核心素养的教学目标首先必须明确生物学学科核心素养的内涵和教学目标的上下位目标(教育目的、教育目标、课程目标)之间的关系。因此,学习生物学学科核心素养的相关内容,构建发展学生生物学学科核心素养的教学目标层次理论与体系是生物学教师在课堂教学中落实核心素养培养的关键和理论基础。

小试牛刀

《普通高中生物学课程标准(2017年版2020年修订)》对细胞的分化这部分的内容要求是:"说明在个体发育过程中,细胞在形态、结构和功能方面发生特异性的分化,形成了复杂的多细胞生物体。"

在实际教学中,你认为是否可以把这一目标直接作为"细胞分化"这部分内容的教学目标? 为什么?

活动 2　概念辨析——教育目的、教育目标、课程目标与教学目标

要厘清以上概念的区别,首先我们需要清楚"目的"和"目标"之间的关系。目的和目标都是指某种行为活动的指向和结果体现。一般说来,目的比较抽象,是某种行为活动的普遍

---

① 吴红耘,皮连生. 试论语文教学设计中的目标分类及其教学含义[J]. 教育研究与实验,2011(03):14-18.

性的、统一性的、终极性的宗旨或方针;而目标则比较具体,是某种行为活动的特殊的、个别化的、阶段性的追求或成果。总的来看,某一行为活动目的的最终实现有赖于其隶属的具体行为活动目标的实现。

▲ 教育目的

具体到教育学领域,教育目的是指教育的总体方向,它所体现的是普遍的、总体的、终极的教育价值,是最宏观的价值,它可以具体体现在教育哲学中,体现在教育方针之中。教育目的一般是由教育家、哲学家以及关心教育的人士协商并提出的,且是由国家领袖与政府机关颁布的。如《中华人民共和国宪法》中规定教育目的是:国家培养青年、少年、儿童在品德、智力、体质等方面全面发展,成为有社会主义觉悟的有文化的劳动者。在《中华人民共和国教育法》中所表述的我国教育目的为"培养德、智、体等方面全面发展的社会主义事业的建设者和接班人"。党的十八大以来,国家进一步明确提出,"要全面贯彻党的教育方针,落实立德树人根本任务。发展素质教育,推进教育公平,培养德智体美劳全面发展的社会主义建设者和接班人"。各级各类学校都需要努力使所有学生符合国家提出的总要求。因此,教育目的对所有的学校教育都具有指导意义。

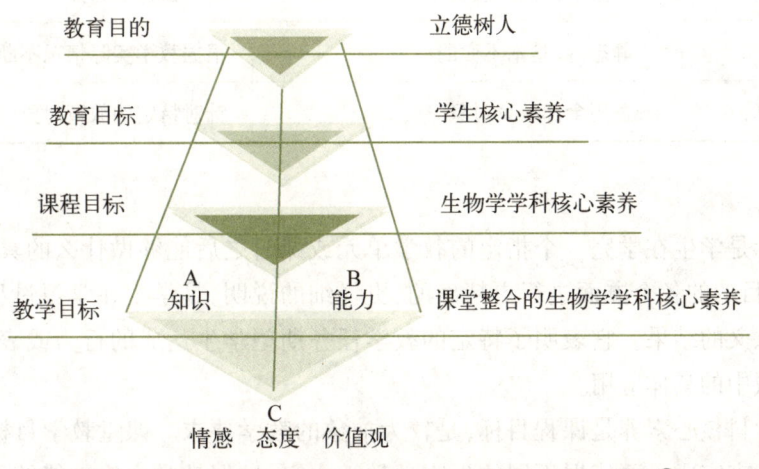

图 4-1　发展学生生物学学科核心素养的教学目标层次体系[①]

▲ 教育目标

教育目标是"教育目的"的下位概念,它所体现的是不同性质的教育和不同阶段的教育价值,如基础教育、高等教育、职业教育就分别具有不同的教育目标。它是根据人与社会发展的需要,对教育活动所规定的目的、方向和要求,是教育活动结果所应达到的标准、规格和状态,具体表现为对学生知识、能力、品德以及其他非智力因素等的发展和变化所做出的规定和要求,所以教育目标又可称为培养目标。当前,根据2016年中国教育学会发布的《中国学生发展核心素养》,我国基础教育的主要教育目标就是"为了学生核心素养的发展,为了培养全面发展的人"。

---

① 张海珠,梁瑞琴,刘玲.发展学生生物学学科核心素养的教学体系构建[J].生物学教学,2018,43(11):14-16..

▲ 课程目标

而作为"教育目标"的下位概念,课程目标是一定教育价值观在课程领域的具体化,体现了在课程开发与教学设计中的教育价值。学校教育要实现培养目标,进而实现教育目的,要在达到各门学科课程目标的基础上才得以实现,因此,课程目标可以理解为教育目标在某一课程上的具体化。如中学生物学课程的课程目标,就可看作教育总目标在中学生物学课程具体化的产物。而课程目标又有两种表现形式:课程一般目标和课程具体目标。

课程一般目标是较为抽象的要求,而课程具体目标在课程标准中通常体现在内容要求、学业要求和学业质量标准中。教学目标与课程具体目标紧密相关,但它们又有以下显著的区别(表4-1)。

表4-1 课程具体目标与教学目标的关系

比较项目	课程具体目标	教学目标
目标编制者	课程、教材专家	教师
目标编制依据	课程一般目标、学科知识体系以及学生群体的一般特征	教学具体内容、学习情境特征、特定学生群体的特点
目标形态	静态的、基本不变的	根据教学实际情况不断进行调整
适用范围	适用全部教育对象	针对特定的教育对象

▲ 教学目标

教学目标是学生在学完一个指定的教学单元或课时之后能够做什么的具体、明确的表述,是对既定目的的各个方面进行更精确的、更详细的说明,是学生在学习过程结束后要达到的有实际意义的结果。它表明了特定的教学任务期望学生达成的行为或表现,是行为科学在教育领域中的具体应用。

生物学学科核心素养是课程目标,是较为抽象的教学要求。课堂教学目标需要通过每节课每个活动来完成。要依据不同的生物学教学内容,挖掘教学内容中能够发展学生生物学学科核心素养的知识要点、能力要点和情感态度价值观要点,达到知识、能力、情感态度价值观的综合提升,形成正确的生命观念,养成科学的思维方式和探究习惯,乐于用生物学知识从实践的层面探讨和解决现实生活问题,为继续学习和走向社会积累生物学知识、能力和情感态度价值观。

如初中生物学学习主题1"生物体的结构层次"中有关"细胞是生物体结构和功能的基本单位"这部分内容的教学目标之一,我们可以结合以上对于教学目标概念的理解,这样进行表示:"学生能说出细胞不同结构的不同功能;运用模型展示和说明细胞各结构的功能及其相互关系。"又如在中学生物学实验教学中强调提高学生的实验能力,可在高中生物学必修1分子与细胞模块的"检测生物知识中的糖类、脂肪和蛋白质"实验中设计如下的实验教学目标:"学生能利用特定的化学试剂检测待检生物材料中的还原糖、脂肪和蛋白质,能对所观察到实验现象进行描述,并比较其差异。"在以上两个案例所呈现的教学目标中就明确表示了学生在这部分内容的学习后所需要达到的学习结果和标准。

> **资料阅读**
>
> 核心素养背景下从"教学目标"向"学习目标"的转向
>
> 　　新课程改革以来,人们已经明确提出表述教学目标的主语应该是"学生",即教学目标的主体鲜明地定位为学生,目标最终体现为学生的变化,而不再以过去许多教师习惯采用的"使学生……""提高学生……"和"培养学生……"等方式叙写目标。虽然目标叙写方式改变了,但是所写的目标实质上还是"教师心中的目标"。这些目标要进一步成为"学生心中的目标",即学习目标。①
>
> 　　**教学目标**是针对教师教学活动而制定的目标。教学目标描述的是教师经过教学活动所要达成的教学结果,由教师制定,学生是被动的接受者。
>
> 　　**学习目标**是专门针对学生学习活动而制定的目标。学习目标描述的是学生经过努力能够达到的结果,也是评价学生学习的参考依据和标准。学习目标是教师与学生共同制定的,学生不仅是学习目标的制定者,也是学习目标的执行者和操作者,还是学习目标的受益者。② 可以说,学习目标的制定并非是教师的"独角戏",而是师生的"大合唱",要求师生之间共同设计、协商拟出目标,要求学生自己"主动发声"。师生需要共同探索与分析学情、洞察学生的特殊学习需要,教师要倾听学生的声音,成为学生的良师益友并鼓励学生反思性地实践。学生要能主动、明确地表达自己的学习诉求并认真听取教师的建议。这就改变了教师"独揽"目标制定的话语权、单方控制学生学习的局面,凸显了学生学习的主体性与个性化,旨在引导学生能够自我了解与自我澄清学习目标,激发自身的内在学习动机。简言之,学习目标是"教师携带的教学目标"与"学生对自己学习现状和需要的判断"交互调适而生成的。①
>
> 　　帮助学生完成学习任务,为学生制定合理的学习目标,有助于教师转换教学观念,使学生成为学习的主体,这不仅是核心素养落实的有效途径,也是现代教师的教学使命和教学责任。
>
> 　　如何将教学目标转化为学习目标,我们将在本章第二节的学习活动中进行进一步的介绍。

小试牛刀

　　请结合以上对"教学目标""课程目标""教育目的"的概念阐述,完成以下表格。

---

① 曾文婕.从"教学目标"到"学习目标"——论学习为本课程的目标转化原理[J].全球教育展望,2018,47(04):11-19.
② 李丹,师远贤.指向核心素养的学习目标:制定与分享[J].教育参考,2019(02):28-33.

概念	制定者	特　点	举　例
		抽象,较为关注"应该如何"	在德育、智育、体育、美育及劳育方面得到全面发展
		从"抽象"逐步过渡到"具体"	能用科学探究的过程和方法开展学习与探索活动等
		具体,更为关注实际的状态	七年级生物学"科学探究的基本方法"的教学目标:熟记显微镜的结构名称,初步学会使用显微镜等

活动3　厘清课程目标、单元教学目标及课时教学目标的关系

国家规定的基础教育阶段的培养目标是基础教育最高层次的目标,这些目标被分解到不同的学科课程中去实现,并由学科课程专家制定出学科课程目标及不同学段(如初、高中)的课程目标。课程目标既体现国家培养目标的要求,又结合学生的实际情况、社会的需求和学科发展的现状,体现课程开发的有关价值取向。因此课程目标是教师制定教学目标的依据。

教学目标可看作课程目标的下位概念,它涉及的范围可以大到关于生物学教学的一个单元、一个学期,甚至是一个学年,也可以小到是对于一课时(40分钟)的要求。在生物学教学设计中,往往是在对课程整体性把握的前提下再具体到单元、课时的教学,因此,教学目标设计的常见思路是:在确定课程目标的基础上确定单元教学目标,并进一步具体到课时教学目标的设计。

值得注意的是,单元教学中的"单元"不一定就是教材中的一个章节,也可能是围绕一定的主题和目标,将若干节具有内在联系的课组成一个教学单位,或是围绕一个生物学重要概念或主题、跨章节甚至跨模块的组合。相对于微观的课时教学,单元教学有利于学生理解知识间的逻辑关系、促进知识体系的形成,能比较完整地体现单元知识所蕴藏的学科思想和方法;同时单元教学能有效促进教师以重要概念为线索整体筹划学科教学,克服课时设计容易把教学内容碎片化为"知识点"来处置的弊端。

> **资料阅读**
>
> 通常情况下,单元教学目标的形成主要有分解和层级分化等方式。
>
> 1. 分解
>
> 当全部或部分课程教学目标具有较高的概括程度时,可以将这些目标在单元层次上进一步实行具体化的分解,即原先的一个目标在单元层次上分解为两个或两个以上的单元目标。
>
> 例如,某教师根据生物学课程标准以及本校学生的实际情况,确定了学生在完成高中生物学必修模块教学后掌握并理解150个核心概念的教学目标,那么根据教材

编排(以人教版教材的单元编排为例)以及实际情况,可将这150个核心概念的掌握分配到全部的19个教学单元中,各个单元都分别要达成掌握一定数量核心概念的教学目标,这就是通过分解的方式,进而形成了各个单元的概念学习目标。

2. 层级分化

一门课程的全部或部分教学目标是累积性的,即逐渐提高的,那么就可以将这些目标分化为若干个层级,分别作为相应的若干单元的分层或分布的教学目标。

例如,在中学生物学教学中,科学探究能力是重要的教学目标之一,但这一目标是逐步提高,而不是一蹴而就的。为此,需要将探究能力的逐步提高以层级分化的方式分布在各个教学单元之中。虽然在课程标准及教材中已做出了精心的设计与安排,但在教学中有时还需根据实际的情况,进行更加针对性、具体化、特色化的设计。

而生物学课程目标、单元目标的达成最终要把它们落实到每一节课的教学之中,每一节课教学目标的设计与达成对于单元教学目标乃至生物学课程目标而言都尤为重要。[1] 因此,中学生物学教师必须要学会教学目标的表达方式以及设计方法。

在以上的辨析中,我们可以明确教学目标是目标系统中最具体、最具操作性的单位,它对于中学生物学教学主要有以下几方面的意义。

▲ **有利于教师开展有效教学**

教学目标是教学活动的预期结果,它在一定意义上制约着教学设计的方向,对教学过程起着指引作用,使教学中的师生活动有明确的共同指向,避免教学的盲目性。教师应在教学目标的指引下选择合适的教学方法、策略以及媒体,进而有效组织与开展教学。

▲ **引导学生进行有意义学习**

1970年,达蒂斯(G. T. Datis)曾以"健康教育"为主要内容,以十年级学生为研究对象,比较了精确的教学目标、含糊的教学目标、没有教学目标这三种条件下对学生学习成绩的影响。实验结果表明,精确陈述的教学目标同另两种目标相比,对促进学生成绩的提高具有显著效果。

这一研究结果表明,在教学过程中,明确告知学生教学目标,能引起学生的注意,激发学生对学习新内容的期待以及达成教学目标的欲望,进而调动学生的积极性和主动性,激励学生努力学习,引导学生开展有意义学习。

▲ **便于进行教学测量与评价**

教学目标不仅是教学活动的出发点,亦是教学活动的归宿。由于教学目标是对学生对于具体学习内容、学习程度的预期,因而为教学过程中和教学结束时对教学结果进行的测量与评价提供了科学依据。

---

[1] 刘孝华. 新课程背景下生物课堂教学目标的设计[J]. 课程·教材·教法,2004 (10): 59-62.

小试牛刀

1. 请尝试用概念图的方式,表示课程目标、单元教学目标、课时教学目标之间的关系。
2. 判断以下表述是否正确,为什么?
   (1) 课程的具体目标就是教学目标。(   )
   (2) 教师是教学目标的制定者,也是达成教学目标的主体。(   )
   (3) 教学目标是由教师制定,并且长期不变的。(   )
   (4) 教育目的和培养目标应该是类似的概念。(   )
   (5) 教学目标实质上是学习目标,是要求学习者在学习后所应达到的学习结果。(   )

任务小结

生物学教学是一项有目的、有计划的活动,教学设计意味着针对一定的实际的教学目标制定教学活动计划和准备。因此,生物学教学目标制约着生物学课堂教学设计的方向,不仅如此,教学目标还是教师处理生物学教学内容、优化教学方法和选择教学媒体的主要依据,也是评价生物学课堂教学效果的重要尺度。所以,对于生物学教师,首先要理解教学目标的内涵,知道教育目的、教育目标、课程目标及教学目标之间的关系。

任务 2:"目标分类理论"的学习

情境导入

"光合作用"一节的教学目标设计

"光合作用"是中学生物学的核心概念之一,在人教版高中生物学教材必修1《分子与细胞》的第5章第4节"能量之源——光与光合作用"中包含"捕获光能的色素和结构"以及"光合作用的原理和应用"两部分内容。以下为中学生物学教师针对"光合作用的原理和应用"的主要内容所制定的教学目标。

(1) 说出光合作用光反应和暗反应的条件、反应物及产物。

(2) 概述光合作用中光反应和暗反应的过程并阐明这2个过程中的物质变化和能量变化。

(3) 通过分析光反应实验资料尤其是卡尔文循环的实验,提高实验分析能力、推理能力及表达能力。

(4) 体验应用已有知识运用逻辑推理来探究问题的过程。

(5) 体验技术手段的进步对科学研究的巨大推动作用。

(6) 体验科学工作的过程、方法,学习科学家不畏艰难的探索精神。

请找一找教学目标中使用的动词分别是什么。

根据教学目标中使用的动词,结合前面学过的生物学学科核心素养(生命观念、科学探究、科学思维、社会责任)的四个方面,尝试给以上教学目标进行分类。

所谓教学目标分类,就是运用分类学的理论将各项教学目标由最高的类,依次分为较低的类,进而形成一个渐次具体的多层次系统,以实现教学目标的系列化、细目化以及可操作化。

多位著名教育学家都曾对教学目标提出了各种不同的分类设想,但其中影响最大的还应数布鲁姆、克拉斯沃尔、辛普森等人共同建立的布鲁姆教学目标分类理论。此外,美国教育心理学家加涅的学习结果分类理论、马扎诺的教育目标新分类理论、日本教育学家梶田叡一对教学目标的分类思想及比格斯的SOLO教育目标分类理论对我国教学目标的分类也颇具有影响力。

活动1 布鲁姆教育目标分类学的学习

对教学目标分类体系的设想,最初是1948年由一些教育专家在波士顿召开的美国心理学年会上提出的,其主要代表人物有布鲁姆、克拉斯沃尔等人。布鲁姆等人把教育目标分为三大领域——认知领域、情感领域和动作技能领域,他们的教育目标分类强调指导教学过程和对结果进行评价。

1. 认知领域的教育目标分类

1956年,布鲁姆所著的《教育目标分类学(第一分册):认知领域》成为第一本将分类学理论运用于教学领域的著作,其教育目标分类理论的灵感之源是生物学领域中的动植物分类法,生物学家将动、植物按界、门、纲、目、科、属、种等进行分类,不仅结构清晰,且便于表述动植物的不同结构类型和相互关系。[1]

同时,布鲁姆意识到,在日常的教学过程中,经常出现这样一些混乱的情况,即一些教师要求学生要"真正明白所学知识",另一些教师则希望学生能够"内化所学知识",还有些教师期待学生能够"掌握知识的精华"。但何为"明白""内化"以及"掌握"?其衡量的标准是什么?于是,为了寻找较为科学且一致的评判标准,布鲁姆提出了自己的教育目标分类理论。

布鲁姆等人受到行为主义和认知心理学的影响,以学习心理学为依据,将人的认知过程划分为知识、领会、应用、分析、综合和评价六个不同学习水平,依据学生在这六个水平不同的认知特点,确定不同的学习目标(图4-2)。

总的来说,布鲁姆的目标分类学具有两个特点:第一,要用学生的外显行为来陈述目标;第二,目标是有层次结构的,由简单到复杂按顺序排列,后一层学习任务的开展以前一层教学目标的实现为前提,符合由浅入深、逐步发展的认知规律(表4-2)。[2]

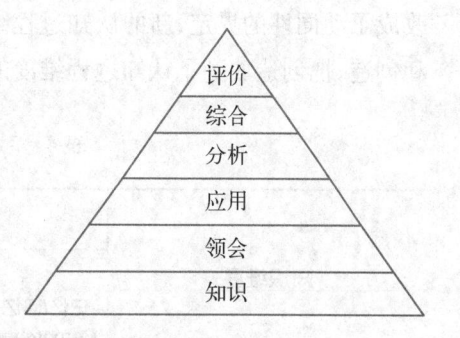

图4-2 布鲁姆认知领域分类
注:改编自布鲁姆《教育目标分类学》

---

[1] 王汉松.布鲁姆认知领域教育目标分类理论评析[J].南京师大学报(社会科学版),2000(03):65-71.
[2] 袁振国.当代教育学[M].北京:教育科学出版社,2004:172-173.

表4-2　布鲁姆的认知层次水平、定义、行为动词及教学目标举例

水平	定义解释	行为动词	教学目标样例
知识	记忆所学知识内容	描述、说出、指出、阐明等	说出主要的生物大分子物质的名称 在简图中指出细胞的主要结构
领会	对知识进行转换、解释或推断	解释、举例、说明、归纳等	说明真核细胞与原核细胞结构上的异同 概述生物进化的主要过程
应用	将习得知识应用于具体的情境中	使用、解决、证明等	运用遗传和变异原理设计特定品种的育种方案
分析	将特定的内容分解成若干部分	分析、判断、分辨等	分析观察有丝分裂实验中各步骤的操作意图
综合	将各部分组合形成一个新的整体	组织、建构、重组、创造等	建构种群数量增长方式的数学模型
评价	对材料做价值判断	评价、支持、批判、评论等	基于证据评判转基因技术对于社会的意义

布鲁姆《教育目标分类学》面世之后，逐渐得到世界范围内的公认，已经被翻译成二十多种文字，在全世界产生了重大的影响。

在1956年版《教育目标分类学》面世四十年之际，伴随着现代心理学、现代认知心理学的发展，研究团队进行了反思，对原版的认知领域的目标分类作了修订和发展。

2001年《教育目标分类学·修订版》中的分类体系由一个称之为分类表的二维表格来表示（表4-3）。分类表的行和列分别由认知过程维度和知识维度构成。

知识维度分为四大类别：事实性知识、概念性知识、程序性知识和元认知知识。

认知过程维度有了革命性的变化，1956年版的认知过程维度分成知识、领会、应用、分析、综合、评价六个维度，2001年版的认知过程维度做了一个修改，把原来名词性的界定全部改成了动词性的界定，新的认知过程维度从低级到高级，分别为记忆、理解、应用、分析、评价和创造，把创造放到了认知过程维度的最高层次。

表4-3　教育目标分类体系的二维化

知识维度	1.记忆/回忆 Remember	2.理解 Understand	3 应用 Apply	4.分析 Analyze	5.评价 Evaluate	6.创造 Create
A. 事实性知识 Factual Knowledge						
B. 概念性知识 Conceptual Knowledge						

续 表

知识维度	认知过程维度					
	1. 记忆/回忆 Remember	2. 理解 Understand	3. 应用 Apply	4. 分析 Analyze	5. 评价 Evaluate	6. 创造 Create
C. 程序性知识 Procedural Knowledge						
D. 元认知知识 Metacognitive Knowledge						

2. 情感领域的教育目标分类

以克拉斯沃尔(D. R. Krathwohl)为首制定的情感领域的目标分类于 1964 年公布,依据价值内化的程度将其分为五级,分别为接受、反应、价值判断、价值观的组织、价值与价值体系的性格化(表 4-4)。[①]

表 4-4 情感领域的教育目标分类

水　平	一 般 目 标	行 为 动 词
接受	觉察;乐意接受;有选择地接受	选择、指出、描述
反应	积极的反应;按指令反应	表现、示范
价值判断	对价值的确信;显示在价值上的偏好	解释、判断、申辩
价值观的组织	建立价值观念;组织价值体系	申辩;评价
价值与价值体系的性格化	一般品格的建立;品格的形成	实践;表现

情感领域目标分类学的影响力虽远比不上认知领域的目标分类,但亦为我们确定和陈述情感领域教学目标的层次提供了一定的借鉴。它启示我们情感或态度的教学是一个连续的过程。对学生而言,某种外来的价值要变成学生所信奉的内在价值,需要经历一系列的内化。当然,我们也应看到,克拉斯沃尔的情感领域目标分类只为确定情感教学目标提供了较为宏观的轮廓,教师应依据教材内容和学生的年龄特点陈述具体的各级水平目标。

3. 动作技能领域的教育目标分类

相较于情感领域的目标分类,动作技能领域的教育目标分类提出的时间更晚,且在这个领域出现了好几种分类法,目前尚无公认的最好的分类。这里介绍的是辛普森(E. J. Simpson)等于 1972 年提出的分类方式。该分类将动作技能领域的目标,分为知觉、准备、有指导的反应、机械动作、复杂的外显反应、适应、创作七级(表 4-5)。在中学生物学教学中经

[①] D.R.克拉斯沃尔,B.S.布鲁姆,等.教育目标分类学(第二分册):情感领域[M].施良方,张云高,译.上海:华东师范大学出版社,1989:198-208.

常涉及实验的操作、设计或改良，其实就是动作技能领域不同层次目标的反映，而这一分类系统如何在生物学教学中具体运用，仍有待于心理学家及一线生物学教师的合作研究。

表 4-5　动作技能领域的教育目标分类

水　平	一　般　目　标	行　为　动　词
知觉	注意到明显的线索，知道线索和行动的关系	检查、指出、区别
准备	显示行动前的心理、身体及情绪准备	开始、表现、执行
有指导的反应	模仿反应、练习反应	表现、模仿操控
机械动作	由熟练而养成的习惯性反应	表现、自主操控、
复杂的外显反应	能够表现复杂的动作和行为	表现、操控、示范
适应	根据新的问题情境改变动作活动	改变、修改
创作	创造新的动作行为或操作材料的方式	创造、建立、修改

小试牛刀

通过查阅资料，分析并讨论布鲁姆的生平及主要贡献，和你的同伴交流并分享学习体会。

活动 2　小组合作学习其他教育目标分类理论（拓展活动）

除了布鲁姆的教育目标分类理论，加涅、梶田叡一、马扎诺等人的教育目标分类理论也对教学目标的制定产生了重要影响，各学习小组可在课下阅读并了解这些理论，以丰富自己的视野。

▲ 加涅的学习结果分类

加涅在 1965 年出版的《学习的条件》中提出了八类学习，即信号学习、刺激—反应学习、连锁学习、言语联想、辨别学习、概念学习、规则学习、问题解决学习。在《学习的条件》1985 年的修订版中，他将八类学习中的前四类作为学习的基础形式，总称联想学习，从而形成了五类学习。在五类学习的基础上出现五种学习结果，即言语信息（verbal information）、智慧技能（intellectual skills）、认知策略（cognitive strategies）、动作技能（motor skills）、态度（attitudes）。五种学习结果也称五种习得的性能，我们这里把它看成五类教学目标（表 4-6）。

表 4-6　加涅提出的五类学习结果（教学目标）

类　型	行　为　表　现	教学目标举例
言语信息	名称、符号、时间、定义等具体事实的表述	说出哺乳动物的定义
智慧技能	使用符号与环境相互作用	比较哺乳动物与鸟类的异同
认知策略	记忆、思维和学习的管理	用概念图记忆哺乳动物的特点

续 表

类 型	行 为 表 现	教学目标举例
动作技能	动作程序的表述或精确和连贯的实际肌肉运动	利用显微镜观察细胞结构
态度	个体行为选择的内部状态	保护环境,拒绝食用鱼翅

在加涅的分类系统中蕴含着一个重要观点,即学习具有层次性。这种层次性最明显地体现在智慧技能的学习中。智慧技能由简单到复杂、由低级到高级,可分为辨别、概念、规则、高级规则四个亚类。辨别是根据事物的特征,学会区分不同的事物;概念是根据某些共同的属性将事物和观点进行分类;规则指以言语命题或句子来表达,解释两个或多个概念之间的关系,可以是一条定律、一条原理或一条已经确认的程序;高级规则是一些相对简单的规则所组成的复杂规则,这是学习者在解决问题过程中进行思维的产物。

在加涅看来,高一级学习是以低一级学习为先决条件的,教学就是依据预期的不同学习结果创设或安排适当的内部和外部条件,帮助学生有效地学习,使预期的学习结果得以实现。教师想要将学习原理应用于教学之中,就必须首先用明确的语言,力求陈述可以观察和可以测量的教学目标。[①]

▲ 梶田叡一的分类体系

日本大阪大学梶田叡一认为各国文化背景、教育传统不同,不能照搬布鲁姆等人提出的欧美式教育目标分类理论。因此,他在借鉴布鲁姆的分类理论的基础上,提出了颇具东方色彩的教育目标分类理论。他认为学校教育至少需要包含三种层次的教育目标——基础性目标、提高性目标以及体验性目标。

基础性目标:要求学生掌握规定的、具体的内容。

提高性目标:期待学生向一定目标提高与发展,或是期待学生在某一方面有所提高,如逻辑思维能力、鉴赏力、社会性、价值观等综合性高级目标。

体验性目标:不以学生表现出的某种行为变化为直接目的,而是期待学生自身产生某种特定内容的体验。

以上三类目标都包含认知、情感、动作技能领域的一系列目标,并有具体达到的要求(表4-7)。

表 4-7 梶田叡一的教育目标分类体系

目标类型	基础性目标	提高性目标	体验性目标
认知领域	知识、理解等	逻辑思维能力、创造性等	发现等
情意领域	兴趣、爱好等	态度、价值观等	感触、感动等
动作技能领域	技能、技术等	熟练等	技术成就等

[①] R.M.加涅,等.教学设计原理[M].皮连生,庞维国,等译.上海:华东师范大学出版社,1999:50-56.

▲ 教学目标新分类学——马扎诺分类体系

马扎诺的体系既不是对布鲁姆的简单修正，也不完全是基于某种理论的发生。作为一种后来的、新近的体系，它综合了心理学的最新研究成果并提出自己的假设，有着明显的特点。根据心理学研究的最新成果，马扎诺提出，人的学习过程包括了三个主要的系统：自我系统、元认知系统和认知系统，外加知识这一因素。学生面对一个新的学习任务的时候，首先是由自我系统来判断任务的意义并决定投入的程度，也就是学习的动机问题。在解决了动机问题并决定投入学习之后，学习者会依据已建立起来的元认知系统决定学习行为的目标、方式和策略。然后运用认知系统中存储的具体认知技能去经历认知过程并完成学习任务。所有这三方面都基于学生已有的知识，包括信息、智力程序、心理意向三类不同的知识。在整个学习过程中，这三个系统与学生已有知识不断地相互作用，获得相应的学习结果，包括获取新知识、提高学习动机、更新元认知体系、发展认知技能等。

马扎诺新分类法在目标的陈述方面，也采取了与安德森等人类似的惯例。具体来说，使用"学生能够……"作为主干，加上一个动词短语和它的宾语。动词短语陈述在该目标中运用的心智过程（例如，信息提取、理解、分析、知识运用、元认知、自我系统思维），宾语陈述心智过程所指向的知识类型（例如，信息、心智程序、心理动作程序）的重点。例如，下面的句子被认定为教育目标——"学生能够确定减数分裂和有丝分裂过程的异同"。目标指向的是知识信息——减数分裂和有丝分裂，及在水平3（分析：匹配）的心智过程的运用。[1]

> **资料阅读**
>
> **课程标准中列出的教学目标领域及各学习水平**
>
> 教育学理论中的教育目标分类研究直接推动了我国学科课程标准在教学目标陈述上的变革，2001年颁布的《义务教育生物课程标准（实验稿）》和2003年颁布的《普通高中生物课程标准（实验）》，不仅系统地提出了三大领域的学习目标，而且列出了相应目标层次的行为动词。这些行为动词对教师准确地制定教学目标很有帮助。
>
> 人民教育出版社吴成军老师在《生物学学科核心素养的教学与评价》一书中认为，考虑到生物学学科核心素养目标达成的复杂性和可检测性，仍可采用上述实验版课标中的行为动词，以此来表达教学所要达到的目标程度（表4-8）。
>
> **表4-8 教学目标中使用的行为动词**
>
> | | 各水平的要求 | 内容标准中使用的行为动词 |
> |---|---|---|
> | 知识性目标动词 | 了解水平：再认或回忆知识；识别、辨认事实或证据；举出例子；描述对象的基本特征等 | 描述、识别、列出、列举、说出、举例说出 |

---

[1] 马扎诺,肯德尔.教育目标的新分类学(第2版)[M].高凌飚,吴有昌,苏峻,译.北京：教育科学出版社,2012.

续 表

	各水平的要求	内容标准中使用的行为动词
知识性目标动词	**理解水平**：把握内在逻辑联系；与已有知识建立联系；进行解释、推断、区分、扩展；提供证据；收集、整理信息等	说明、举例说明、概述、区别、解释、选出、收集、处理、阐明、比较
	应用水平：在新的情境中使用抽象的概念、原理；进行总结、推广；建立不同情境下的合理联系等	分析、得出、设计、拟定、应用、评价、撰写
技能性目标动词	**模仿水平**：在具体示范和指导下完成操作	尝试、模仿
	独立操作水平：独立完成操作；进行调整与改进；与已有技能建立联系等	运用、使用
情感性目标动词	**经历（感受）水平**：从事相关活动，建立感性认识	体验、参加、参与、交流
	反应（认同）水平：在经历基础上表达感受、态度和价值判断；做出相应反应等	关注、认同、拒绝
	领悟（内化）水平：具有稳定的态度、一致的行为和个性化的价值观念等	确立、形成、养成

表4-8中的行为动词分为三个层面：知识性目标、技能性目标和情感性目标，基本囊括了生物学核心素养的四个方面。行为动词的最大优点是能够确定素养所达成目标的准确度，如知识性目标中理解水平的行为动词有说明、举例说明、概述、区别、解释、选出、收集、处理、阐明、比较。这些动词能让教师明确教学目标的达成度。

从上述分类理论可以看出，教学目标不仅有学习领域上的分类，也存在着不同的学习水平。以认知领域为例，按照思维程度的深浅，通常可以将其分为了解、理解和应用三个水平，为达成不同学习水平，教师在教学中所采用的方式也是有所差异的。如了解水平的教学，其目的是引导学生识别或记忆事实材料，使之再认或再现，教学中以教师得出的结论为主，强调记忆和模仿；而对于应用水平的教学，教师应变换各种角度对学习内容进行讲授和解释，有目的地引起新问题情境的认知冲突，设计各种变式，从而使学生领会知识并能在一定的新情境中加以应用。

小试牛刀

请结合以上教学目标分类理论相关内容，分析情境导入阶段"光合作用"教学案例中对5条教学目标的分类是否合理，并讨论在中学生物学教学设计中所制定的教学目标应包含哪些目标领域，其理论基础是什么。

任务小结

通过本任务的学习，我们知道了布鲁姆、克拉斯沃尔、辛普森、加涅、马扎诺、梶田叡一等教育目标分类理论对我国教学目标分类的影响。正是这些教育目标分类理论的提出,实现了教学目标的系列化、细目化以及可操作化,为后续学习设计和陈述教学目标奠定了理论基础。

> **拓展阅读**

SOLO 分类体系

布鲁姆之后,许多人提出了各种各样的目标分类框架。这些分类框架有一维的,也有二维或多维的。在一维的分类框架中,值得注意的是加涅、比格斯和科利斯、威廉斯以及斯塔尔。他们的修订主要针对布鲁姆分类体系中理论基础不牢的问题,以某个理论为基石,从上而下地建立起分类的体系。在这些体系中,影响较大且在实践中发挥了一定作用的是 SOLO 分类体系。

SOLO 的英文原文是"the structure of organized learning outcome"。SOLO 分类体系即"可观察的学习成果的分类体系"。SOLO 分类体系有几个基本假设:第一,比格斯认为,作为考试评价,重要的不是学习行为而是学习结果,是学生解答问题时表现出来的可以观察到的认知反应水平。找出学生表现出来的可以观察到的认知反应水平的结构,就可以据以对学生的表现进行分类。第二,比格斯认为决定学生的认知反应水平的因素是功能反应方式以及在某种功能方式下的反应结构的复杂性。反应的功能方式由学生在反应过程中所利用元素(如语句、符号等)的性质、水平与操作的类型所确定。第三,比格斯在大量的事实调查基础上假设:不论是儿童还是成年人,当他们在学习新的知识时,认知的发展是有阶段的;不同的认知发展阶段之间,存在着认知水平上质的跃迁,不可能以简单的量的积累来实现不同阶段之间的跃迁。通过对认知发展的功能方式的分析,比格斯提出,可以从能力、思维操作、一致性与收敛、应答结构四个方面区分学生的回答水平,具体地归纳出学生思维水平的五个层次(图 4-3)。

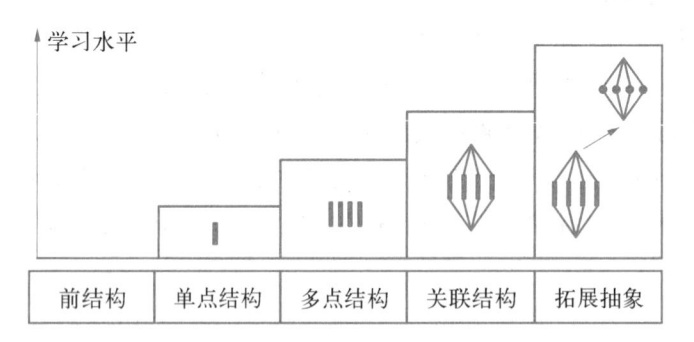

图 4-3 SOLO 分类理论的五个水平

(1) 前结构层次(restructure):指基本没有理解问题和解决问题,答题时逻辑混乱,只简单地做出肯定或否定回答,答案没有论据支撑。

(2) 单点结构层次(unstructured):找到了一个解决问题的思路,但缺少对问题的论证,答题时,只凭一个线索、一点论据就跳到结论。

(3) 多点结构层次(multistructural):找到多个解决问题的思路,能联系多个孤立事件,并组织材料简单论证,但未能把这些思路有机地整合,形成相关问题的知识网络。

(4) 关联结构层次(relational):能联想联系多个事件,找到多个解决问题的思路,并能把这些思路结合起来思考,解决较复杂的具体问题。

(5) 拓展抽象层次(extended abstract):能对问题抽象概括,从理论的高度分析问题、深化问题,使问题本身的意义得到拓展,结论具有开放性,表现出较强的研究能力和创新精神。

SOLO 分类体系的进步在于,它虽然没有照搬皮亚杰的理论,但其依据的还是皮亚杰的"认知水平发展具有阶段性"的思想,将它迁移到具体的学习任务中,比较合理地解释了功能方式、学习周期和阶段等概念。从这个意义上说,SOLO 分类体现了现代心理学研究的结果,具有严格的理论形态。SOLO 分类体系将评价的目标从学习者的行为转移到学习行为的结果,进而从学习结果在结构上的复杂程度出发来评价学生的学习质量。再具体地从能力、思维操作、一致性与收敛、应答结构四个方面将学生的行为结果(回答)分成五个不同的水平。评价目标界定清楚、目标明确,无须进行分解,从而提高评价的效度和信度。SOLO 分类体系不再采用简单的线性发展模型,而是把个体认知发展的功能方式划分为五种方式:感觉运动方式、形象方式、具体符号方式、形式方式以及后形式方式。每一种功能方式下的学习结果都可分为五个水平,构成了螺旋式上升的水平层次。这种螺旋式上升的层级结构更符合人类的认知规律,更好地解释人在学习不同任务时的不同表现。正因如此,SOLO 分类体系正在发挥越来越大的影响。目前在澳大利亚和许多英联邦国家,都采用 SOLO 分类作为厘定教学目标和进行考试评价的框架,国际上一些有重大影响的测评(如 PISA),也利用 SOLO 作为建立评价框架的参考依据之一。当然,SOLO 分类体系仍然是基于知识认知建立评价的标准,而不是全面评量学生的发展。对于情感态度领域的评价仍然没有突破。更主要的是由于 SOLO 分类体系是基于某种理论假设从上而下地演绎出来的,在与实际相结合的过程中遇到的问题比较多,这些问题的解决还有待于进一步的深入研究。①

---

① 马扎诺,肯德尔.教育目标的新分类学(第 2 版)[M].高凌飚,吴有昌,苏峻,译.北京:教育科学出版社,2012.

第二节
中学生物学教学目标的设计

教学目标是对学生在教学活动完成后能做什么的一种明确、具体的表述,正确、清晰和通俗易懂地进行教学目标的表述,能为教学活动的有效开展以及教学目标的达成奠定坚实基础。反之,若教学目标表述不当,不仅会浪费各种资源,还可能对课程和教学活动产生误导。

任务 1:学习教学目标的表述方式

情境导入

初次尝试撰写教学目标

以下是几位师范生初次尝试进行相关教学内容教学目标设计的部分表述:
[表述1] 减数分裂的概念与过程,以及减数分裂与受精作用的意义。
[表述2] 理解细胞分化对于生物体生长发育的意义。
[表述3] 知识目标:进行光合作用相关图表及数据的分析。
[表述4] 提高学生科学探究能力。

老师组织师范生讨论,大家你一言我一语,最后进行了如下归纳。

表述1仅仅是教学内容的罗列,却并没有说明学生应如何处理这些学习内容,也没有说明学生在学习活动之后的相关行为,因此,它并非生物学教学所要实现的目标。在教学设计中用教学内容或知识点来表述目标的误区会使得教学测量和评价不易开展,其本质原因是教师对于教学目标的理解错位。

表述2中的行为动词"理解"所描述的是学生的内部心理状态,缺乏量化的标准,可测性很差,不利于学生明确学习内容所应该达成的行为结果,亦不利于教师把握教学的"度",而诸如"了解""掌握"等动词都不宜用于教学目标的表述。

表述3中"进行光合作用图表及数据的分析"应属于能力领域教学目标,而不是知识目标。

表述4的问题主要有两个方面:其一,该表述中的行为主体是教师,将教学目标集中在教师的活动上,缺少经过教学后学生应该达到什么样的学习结果的表述。判断教学是否有效的直接依据应是学生有没有获得具体的进步,而不是教师有没有完成教学

> 活动和任务。其二,科学探究能力的提高是一个循序渐进的发展过程,不是一堂课能解决的,教学目标的表述应该更具体、更可观察和评价。
>
> 你是否同意同学们的分析？你能尝试对上述教学目标的表述进行修改吗？

在教学目标的表述方式中,ABCD法等表述方式在当前教学目标的设计中较为常见,下文将结合实例对其进行具体介绍。

活动1　学习基于行为主义观点的教学目标陈述法——ABCD法

以研究行为目标而著称的马杰(Robert Mager)根据行为主义心理学提出的行为目标的理论与技术,在其1962年出版的《程序目标编写》一书中提出,一个完整的教学目标应该包括三个基本要素:一是说明教学活动完成后,学生能做什么;二是规定学生的行为产生的条件;三是规定符合要求的标准,即以具体明确的方式说明学生通过学习以后能做什么。

该方法强调学习之后的行为变化和变化的条件,其一般模式是行为主义心理学的刺激-反应模式,即她要求陈述提供什么条件(刺激)和学生能做什么(行为)。只要将刺激和反应都做具体规定,则陈述的目标也就具体了。

如某中学生物学教师在"细胞增殖"的教学设计中制定了如下的教学目标——"掌握有丝分裂的过程"等,可依照行为主义的观点,将这一教学目标改述成为"结合教材图示,准确表述植物细胞有丝分裂过程中各时期的主要特点,并能用图示的方式表示各个时期的变化特点"等,将"掌握"这一原本较为含糊抽象的表述转换为"准确表述""图示"等具体化的行为动词,能给课堂教学以及评价提供更为具体化、可操作化的指导。

而在教学实践中,有教育研究者认为依据教学目标的描述应突出学生作为行为主体的地位,有必要在马杰的教学目标三要素的理论基础上进行完善,认为一个规范的教学目标需要包括行为主体(audience)、行为内容(behavior)、行为条件(condition)以及表现程度(degree)四个要素,简称为教学目标表述的ABCD法,以下将对各要素进行具体的说明。

A——行为主体(audience)

教学目标是评价学生的学习结果是否达到预期的依据,因此教学目标的表述必须从学生的角度出发陈述行为结果,行为主体必须是学生,而不能是以教师为目标的行为主体,如"使学生……""提高学生……""培养学生……"等方式都是不符合陈述要求的。尽管有时在教学目标的陈述中行为主体"学生"两字没有出现,但也必须是隐含着的。

B——行为内容(behavior)

为了便于教学后的评价,行为动词应避免运用一些笼统、模糊的动词,如"了解""理解""掌握"等行为动词缺乏质和量的具体规定性,不利于教学评价的开展,因此目标所采用的行为动词应是具体的、明确的,在课程标准中对各学习领域的各层次提供了可供参考的行为动词(表4-9)。

表4-9 不同学习领域、不同层次的行为动词及教学目标举例

学习领域	水平层次	行为动词(举例)	教学目标举例
认知领域	了解	描述、简述、指出	说出光合作用的条件、反应物及产物 简述生物进化的主要环节
	理解	说明、概述、区别	概述DNA复制的主要过程 说明光合作用光反应与暗反应的区别与联系
	应用	总结、设计、得出	研究影响光合作用速率的环境因素 设计培育某特定小麦品种的育种方案
技能领域	模仿	尝试、模仿	尝试构建特异性免疫过程图解模型
	独立操作	运用、使用、制作	制作临时装片并观察植物细胞有丝分裂 建构种群数量变化的S型数学模型,并运用该模型解释实际生活中种群数量变化的问题
情感领域	经历(感受)	体验、参与、交流	体验科学家科学探究的过程与方法 参与合作学习,与同伴交流生态保护的观点
	反应(认同)	关注、认同、拒绝	关注艾滋病,认同健康的生活方式 拒绝食用鱼翅等破坏生态平衡的行为
	领悟(内化)	确立、养成、形成	形成关爱生命、珍惜生命的情感 形成生物体结构与形态相适应的观点

C——行为条件(condition)

行为条件是指影响学生产生学习结果的特定的限制或范围,若没有明确的行为条件,学生最终的学习结果往往就难以评价,因此在描述教学目标时,通常需要说明在什么样的条件下达到何等程度的结果。

对行为条件的表述有四种类型:一是关于教材、媒体及其他辅助手段的使用,如"通过阅读教科书、观看视频、分析图片和模型,能……";二是提供信息或提示,如"在细胞结构图中,能……";三是时间的限制,如"在3分钟内,能……";四是完成行为的情境,如"在小组活动中时,能……"。

D——行为程度(degree)

教学目标所指向的表现程度通常是指学生通过一段时间的学习后所产生的行为变化的最低表现水准或学习水平,用以评价学生的学习表现或学习结果所达到的程度。除了行为动词上体现程度的差异外,还可以用其他的方式表明所有学生的共同程度,"至少能说出真核细胞与原核细胞最主要的三点区别""学生能以90%的准确度从书上的图中辨认出昆虫"。

按照上述要求,我们可以运用ABCD方法这样来表述生物学课堂教学目标,如:

例1:<u>结合对加拉帕戈斯群岛地雀形成过程的分析</u>, <u>学生</u> <u>能基本准确地</u> <u>说出</u>
　　　　　行为条件　　　　　　　　　　　　　　行为主体　行为程度　　行为内容
<u>物种形成的主要环节</u>。

例2： 学生　在学习碱基互补配对原则后,能正确地　从DNA双链中腺嘌呤的比例推
　　　行为主体　　　　　行为条件　　　　　　行为程度　　　　　　　　行为内容

算鸟嘌呤的比例。

例3：通过课前探究培养液中酵母菌的数量变化，　学生　能基本准确地　绘制酵母菌种
　　　　　　　　行为条件　　　　　　　　　　　行为主体　　行为程度　　　　行为内容

群密度生长曲线。

例4：通过举例说出昆虫在人类生活、生产中的作用，　学生　　能初步　认同生物在
　　　　　　　　　行为条件　　　　　　　　　　　　　行为主体　　行为程度　　行为内容

社会发展中的作用。

ABCD法避免了用传统方法表述目标的含糊性,使目标编写清晰、具体和明确,便于观察和测量。但其实在实际操作中,采用ABCD法表述教学目标,并不意味着四个要素必须要一应俱全。其中只有行为内容不能省略,而其他三个要素都可以根据具体情况适当省略,如以上四个以标准ABCD法表述的教学目标案例可以简略地表述为：

例1：说出物种形成的主要环节。

例2：能从DNA双链中腺嘌呤的比例推算鸟嘌呤的比例。

例3：绘制酵母菌种群密度生长曲线。

例4：认同生物在社会发展中的作用。

但通过以上案例的比较我们不难发现,利用ABCD法表述的教学目标更为清晰地指明了教学过程中采用的方法和手段、学生学习结果的达成程度,对于教学实践具有更明确的指向性,因此对于初任教师而言,较为提倡这种教学目标的表述方式。

小试牛刀

请结合教材内容,尝试用ABCD法分析并修改本任务情境中师范生的教学目标表述。

活动2　学习内部心理过程与外显行为相结合的教学目标陈述法

根据行为主义观点陈述教学目标的基本方法,虽然克服了目标表述的模糊性,但是,该方法在强调行为结果的同时,却忽视了心理过程。因为有许多心理过程无法行为化,所以,可能导致教师只注重学生的外在行为变化,而忽视其内在的能力和情感的变化。

坚持学习的认知观的心理学家认为,学习的实质是内在的心理变化。因此教学的真正目标不仅是具体行为的变化,也应是内在的能力或情感的变化。教师在陈述教学目标时应首先明确表述如记忆、知觉、理解、创造、欣赏、接受等内在心理的变化。但这些内在变化不能直接进行客观观察和测量,于是在这种背景下,内部心理过程与外显行为相结合的教学目标陈述法应运而生。

这种方法最典型的是格朗伦在《课堂教学目标的陈述》一书中提出的,即先用描述内部心理过程的术语陈述一般教学目标,然后用可观察的学生行为使之具体化。

例如,"理解食物链、营养级的概念"以及"掌握有丝分裂过程中染色体的变化规律"的教学目标,可用格朗伦的表述方法陈述如下:

例1:理解食物链、营养级的概念(内部心理描述)
- 能列举2—3条食物链的实例(具体行为样例1);
- 能指出给定食物链中各营养级生物的名称(具体行为样例2)。

例2:掌握有丝分裂过程中染色体的变化规律(内部心理描述)
- 能够鉴别有丝分裂各期细胞图,并能说明各个时期染色体的行为特点(具体行为样例1);
- 能以图表的形式正确表述细胞有丝分裂各时期染色体、染色单体以及DNA的数目变化规律(具体行为样例2)。

以上两个实例中的"理解"和"掌握"都是表示内部心理过程的动词,比较难以观察和测量,而通过列举的行为实例,可使目标得以具体化。这种方法既避免了用内部心理特征表述目标的抽象性、模糊性,又防止了行为目标的机械性与局限性。

又如,在教学目标设计中经常会有"学生增强了学习生物学知识的兴趣""学生提高了环境保护的意识"等表述,但学习兴趣和环保意识本身都是无法观察的。通过列举一些学生的具体行为变化则可以反映出他们的学习兴趣、环保意识是否提高,其结果也就能够比较容易地被观察到,那么前述教学目标可以这样来描述:

例3:学生增强了学习生物学知识的兴趣(内部心理描述)
- 生物课上没有学生进行与生物学教学无关的活动(具体行为样例1);
- 上生物课时学生迟到的人次累计一学期不超过10人次(具体行为样例2)。

例4:学生提高了环保意识(内部心理描述)
- 学生能积极参与垃圾回收和分类的活动(具体行为样例1);
- 学生在日常生活中能做到随手关灯、节约用水用电(具体行为样例2);
- 学生能减少一次性筷子、一次性塑料袋等物品的使用(具体行为样例3)。

小试牛刀

请你尝试将下述内部心理描述转化为具体的行为样例。

理解光合作用的过程与本质(内部心理描述)

具体行为样例1:_____

具体行为样例2:_____

活动3 教学目标设计的案例讨论

教学目标的制定关系到教学方法、策略、媒体等的选择以及对学生学习效果的有效评价,因此制定明确的、可检测的教学目标是提高中学生物学课堂教学效率、落实课程理念、实现课程目标的重要前提。

在教学设计中制定教学目标的方法、步骤并不是完全固定不变的,以下基于生物学课程标准、布鲁姆的教学目标分类理论,结合具体的高中生物学教学内容,列举一线教师对教学目标设计基本方法与过程的理解,供大家学习与讨论。

案例1 基于课程标准的内容要求进行教学目标设计
——以"蛋白质"内容为例①

▲ **步骤1:深刻领会课标要求,分析研究教材内容**

确定教学目标的首要依据,无疑是课程标准对相关课程内容的要求。例如,关于蛋白质的教学内容,课标的要求是"阐明蛋白质通常由20种氨基酸分子组成,它的功能取决于氨基酸序列及其形成的空间结构,细胞的功能主要由蛋白质完成"。这个要求中的行为动词是"阐明",行为对象包括"氨基酸及其特点、氨基酸形成蛋白质的方式、蛋白质结构多样性的原因、蛋白质结构多样性与功能多样性的关系",对知识内容的界定十分清楚,也能看出对"生命观念"中"结构与功能观"的要求,但学生在学习这个内容的过程中,还能发展"科学思维、科学探究、社会责任"等核心素养中的哪些能力和品格,就需要教师去进行分解和挖掘。

▲ **步骤2:从学习内容的教育价值设计教学目标**

(1) 核心素养目标的细化

在进行教学设计时,需要结合具体内容将"生命观念、科学思维、科学探究、社会责任"等核心素养中的具体目标进行细化,力图使其具体可操作。例如,根据课标对蛋白质的内容要求,教师可以确定这样几个具体化的核心素养目标:一是通过蛋白质的结构与功能的关系理解结构与功能观,通过蛋白质在生命活动中的作用体会生命的物质观,这就为生命观念找到了事实和概念的"锚定点";二是在学习氨基酸的结构特点、氨基酸形成蛋白质的过程中,通过概念的形成或概念的同化去训练学生学会归纳或演绎、批判性思维、模型与建模等科学思维能力;三是在学习蛋白质的鉴定时,训练学生观察提问、按照方案实施实验等科学探究能力;四是分析不同食物中蛋白质成分的差异,引导学生利用生物学知识和方法参与社会议题的讨论及解释,培养学生的社会责任意识。

(2) 学生活动方式的设计

核心素养目标进行合理分解后,要将其真正落到实处,就必须设计真实有效的学生活动,让学生在思考、探究、实践等具体活动中发展相应的核心素养。例如,在蛋白质一课的教学中,根据前述分解的核心素养目标,就可以设计对应的学生活动,如"观察比较不同氨基酸的化学结构,归纳总结出氨基酸的共同特点""利用纸板模型模拟氨基酸形成蛋白质的过程""分析相关资料,描述蛋白质结构多样性与功能多样的关系""小组合作讨论,分析不同食物中蛋白质营养成分的差异"等。学生参与这些不同的学习活动,就可以发展不同维度的学科核心素养。

▲ **步骤3:学会准确表达每节课/单元的教学目标**

在设计教学目标时,还必须考虑一个重要因素,就是学生在有限的学习时间内能否达到

---

① 郑达钊.基于学科核心素养发展的教学目标叙写[J].生物学教学,2020,45(11):24-26.

预期的目标,达到目标后能否进行比较有效的检测,这就要求教学目标不要过于宏观和空泛,而是要具体可实施、明确可检测。如学生学完"蛋白质"一课后,"能否判断给出的化学结构式是否为氨基酸""能否用纸板模型正确模拟氨基酸形成蛋白质一、二、三、四级结构的过程""能否根据蛋白质中氨基酸的种类对食物营养价值做出合理判断"等,这些检测教学目标达成度的手段和措施在进行教学目标设计时就应该予以考虑。

按照上述确定教学目标的依据,"生命活动的主要承担者——蛋白质"这一节的教学目标就可以表述为:① 通过比较不同氨基酸的异同并总结氨基酸的结构特点,训练归纳概括能力;② 利用模型模拟氨基酸形成蛋白质的脱水缩合过程以及蛋白质多样性的原因,提升演绎推理能力;③ 通过蛋白质结构与功能多样性的讨论,初步理解生命活动与重要化学物质的关系以及结构与功能相统一的观念;④ 通过讨论辨析不同食物中蛋白质成分的营养价值,引导学生利用所学的知识解释生活中的现象。

案例2 基于课程标准的学业质量进行教学目标设计
——以"DNA的结构"内容为例[①]

▲ **步骤1:在确定单元教学目标的基础上确定课时教学目标**

学科核心素养的发展是一个长期连续的过程,需要有中长期的统筹,课程标准在教学建议部分明确提出"通过大概念的学习,帮助学生形成生命观念;建议围绕大概念和重要概念展开教学活动"。相对于单一课时或单一章节,以重要概念为单位进行单元教学设计,更有利于在课堂教学中落实发展学生核心素养的要求。单元教学的"单元"是指依据知识的内在逻辑关系,将相关教学内容组成一个教学单位,单元教学内容可包含教材的若干章节,通常课程标准中的一个重要概念就是一个单元教学的单位,与微观的课时教学比较,单元教学有利于学生理解知识的内在结构、构建知识体系,同时单元整体教学能完整体现学科思想和方法、促进学生学科素养的提升,因此教师在制定课时目标时,首先要整体考虑单元教学设计和教学目标的制定,在大概念和重要概念的统领下,统筹次位概念的教学目标和教学内容,使相关次位概念的教学形成相互支撑、层层递进的发展关系。

▲ **步骤2:结合ABCD法,进行教学目标的准确表述**

与我们在本节任务1中学习的ABCD教学目标表述法非常相似,基于学业质量标准的教学目标各要素及结构可以用图4-4表示。我们会发现图中的教学情境和ABCD法中的行为条件非常相似,图中的质量水平和ABCD法中的行为程度非常相似。这样有助于我们进行联想记忆。

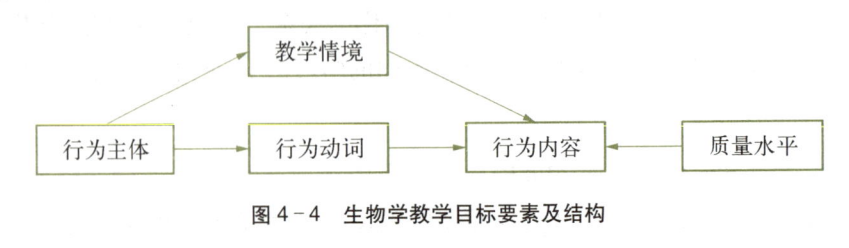

图4-4 生物学教学目标要素及结构

[①] 林修愚.学业质量标准导向下高中生物学教学目标的制订与表述[J].生物学教学,2022,47(08):23-25.

图4-4中"行为主体"是学生。"行为动词"用于描述学生具体的学习活动和学习结果的输出,建议依据学业质量水平划分,准确选择使用恰当行为动词,以保证教学目标的具体性、可测量性,课时教学目标中不宜出现诸如"培养学生的探究能力、科学精神"等以教师为主体、难以测量、过于宏大的表述。"行为内容"是指学生在具体学习活动中所经历的学习内容,是教师依据课程标准和学情,将教材的静态知识内容转化为动态的教与学活动。"教学情境"指为达成教学目标创设的环境、氛围的统称,常常利用生产生活、科学研究的实际问题构造教学情境,不同复杂程度的情境反映不同的学业质量水平,也映射特定的教学策略和路径,行为主体是在一定的情境中完成行为内容的。"质量水平"指依据学业质量设定的4个水平标准,描述学生经历学习活动后在学科核心素养方面的达成状况,"质量水平"决定行为内容的深度和广度,在具体教学目标表述中,行为动词和行为内容是主要部分。

以"DNA 的结构"这一节教学内容为例,依据上述方式,将其置于"亲代传递给子代的信息主要编码在 DNA 分子"这一重要概念(单元)下考虑,依据学业质量水平划分,分别制定满足学业水平合格考试(1—2级)和等级性考试(3—4级)的教学目标(表4-10)。

表4-10 依据学业质量水平制定的教学目标举例

质量水平	教 学 目 标
学业质量水平 1—2 级（合格考试）	(1) 观察 DNA 分子的模型或模式图(教学情境),概述(行为动词)DNA 分子是由四种脱氧核苷酸构成,通常由两条碱基互补配对的反向平行长链形成双螺旋结构(行为内容)。 (2) 以含有 10 个脱氧核苷酸的 DNA 片段为例(教学情境),说明(行为动词)碱基排列顺序的多样性(行为内容),说明(行为动词)DNA 分子的碱基序列编码遗传信息(行为内容)。
学业质量水平 3—4 级（等级性考试）	(1) 尝试构建含有 10 个碱基对的 DNA 分子双螺旋结构模型(教学情境),阐明(行为动词)DNA 双螺旋结构模型的生物学意义(行为内容),阐述(行为动词)DNA 双螺旋结构模型的提出对分子生物学发展的意义(行为内容)。 (2) 运用结构与功能观,说明(行为动词)DNA 双螺旋结构一经提出就获得广泛认同的原因,能从遗传物质角度说明(行为动词)生物的多样性和统一性(行为内容)。 (3) 能在科研、生活的相关问题情境中(教学情境),推测和解释(行为动词)亲子鉴定、新冠病毒核酸检测等问题的原理和方法(行为内容)。

教学目标要准确提出单元教学内容和水平要求,反映素养目标在单元教学中落实的具体内容和程度,依据课程标准和学生能力,确定达成的水平等级。上例中"以含有 10 个脱氧核苷酸的 DNA 片段为例,说明碱基排列顺序的多样性,说明 DNA 分子的碱基序列编码遗传信息"是适应合格考试要求的科学思维 2 级水平,在此基础上提出"尝试构建含有 10 个碱基对的 DNA 分子双螺旋结构模型,阐明 DNA 双螺旋模型的生物学意义,阐述 DNA 分子双螺旋结构模型的提出对分子生物学发展的意义"是适应选择性考试要求的科学思维 3—4 级水平,两者在学习内容、方法、深度、广度上都有明显差异。

小试牛刀

1. 结合任务1和任务2的学习,思考教学目标制定的主要依据有哪些。
2. 与你的同伴分析与讨论以下"精准化教学目标表述案例"对你进行目标设计的启示。

基于课程标准的教学目标的精准化表达——以"细胞的增殖"为例

1. 课标(2017年版,第15页)学业要求:

   <u>观察</u>处于细胞周期不同阶段的<u>细胞</u>,结合有丝分裂模型,<u>描述</u><u>细胞增殖</u>的<u>主要特征</u>。

2. 关键名词细化(针对第一课时):

   细胞(主题内容)——高等植物细胞;

   细胞周期不同阶段——有丝分裂分裂间期与分裂期;

   细胞增殖(主题内容)——高等植物细胞的有丝分裂;

   主要特点——染色体、DNA、核膜、核仁、纺锤体等的主要变化;

   结合有丝分裂模型——通过分析构建的模型。

3. 确定行为条件和行为程度:

   通过分析教材图文,尝试(构建)……;

   通过将模型比对教材模式图和显微照片,详细(检验)……;

   通过分析构建的模型,准确(说出)……。

教学目标表述:

(1) 通过分析教材图文,尝试构建高等植物细胞有丝分裂过程的模型。(科学思维、科学探究)

(2) 通过将模型比对教材模式图和显微照片,详细检验构建模型的准确性。(科学探究)

(3) 通过分析构建的模型,准确说出高等植物细胞有丝分裂分裂间期与分裂期染色体、DNA、核膜、核仁、纺锤体等的主要变化。(科学思维)

(4) 体验合作学习的乐趣,逐渐养成求实、勇于实践与探究的科学精神和科学态度。(科学探究、社会责任)

案例鉴赏

高中"生态系统的稳定性"一节的教学目标[①]

【教学目标】

1. 通过对案例的分析讨论,能用物质和能量的输入和输出平衡观点,认识具体生态系统的稳定性。

2. 通过对生态系统各种成分功能和营养结构关系的讨论,以及运用反馈调节原理,能初步判断不同生态系统维持其稳定性的相对能力。

[①] 中华人民共和国教育部.普通高中生物学课程标准(2017年版)[M].北京:人民教育出版社,2018.

3. 能够根据生态系统各种成分结构以及数量关系,构建稳定性生态系统模型,并制作简易生态瓶。

4. 能够为常见生态系统的合理利用和维持可持续发展提出有价值的建议。

【评析】

案例中的教学目标是依据内容要求、学业要求和学业质量标准,围绕培养学生核心素养的要求制定的。目标1着重体现了生命观念的要素,目标2着重反映了科学思维的要素,目标3和4分别着重指向科学探究和社会责任。这四个目标之间相互也有交叉,每个目标中可能还含有对其他素养的要求。核心素养几个要素的协调发展是学生品格和认识问题、解决问题能力的具体表现,是制定教学目标的出发点和课堂教学活动实施的落脚点。

任务小结

综上所述,在陈述生物学课堂教学目标时,既需要考虑目标的可测量、可观察性,运用行为动词来描述,又要兼顾某些高层次的不易测量的智能、情感态度与价值观等因素。在描述上采取较灵活的处理方式,使生物学课堂教学目标的陈述更加科学、合理。同时,我们更要综合依据课程标准的内容要求、学业要求和学业质量,围绕培养学生核心素养的要求来设计教学目标或学习目标,最终的目的应指向促进"人"的发展。

拓展阅读

基于核心素养的学习目标设计应关注的问题[①]

在学习活动中,教师首先要让学生明确自己学习什么,要达到什么样的目标,其中最为关键的就是将教学目标向学习目标进行转化。这里的转化是指教师将教学目标用学生理解的方式与表达形式"转述"给学生。转化就如文言文翻译为白话文,即在真实的教学环境中,将目标中的专业词汇翻译或解读成为学生可以理解的意义。教师要确保学习目标关注的是学生的理解而不是简单的结果,学习目标所描述的是学生的学习,因此,要特别注意目标的表述方式。

1. 运用学生易于接受的语言进行转述

教师切忌将教学目标的表述直接转述,学习目标表述的是学生要达到的预期结果,而不是老师要做的行为,尽量运用第一人称来表述,如"我们将学会……"或"我们的目的是……"等看起来亲切的语言,强化师生共同制定学习目标的重要性,提高学生制定学习目标的参与度。表述目标应该用肯定句,要避免表述模棱两可的语句,要使用科学的、通俗易懂的语言和容易接受的话语表述目标,比如可以采用"学会……"或"能够、理解、明白、知道……"等类似的句式。

---

① 曾文婕.从"教学目标"到"学习目标"——论学习为本课程的目标转化原理[J].全球教育展望,2018,47(04):11-19.

2. 提供适当的范例

在制定学习目标之前，教师向学生提供优秀的学习成果范例，让学生知道经过不懈努力，最终的学习成果会达到怎样的水平，引导学生自我评估，清楚地认识自己与目标的达成还有多大差距。为了更好地完成目标的"转化"，教师还可以恰当地使用反例，通过对比，有助于学生对学习目标的深入思考，引导学生正确追求优秀的学习结果。

3. 使用"象征物"表述目标

教师通过学生容易记住与自己生活有关的"事物"来引导学生关注学习目标，将较为抽象的、理解难度大的目标演化为"象征物"，或用象征物来表示，帮助学生理解目标。比如，要让学生理解"意义建构"这一目标中的术语，可以启发学生将其与"飞鹰"联系起来。因为飞鹰翱翔在高空，能看清事物之间的组合，能从很高的地方看到更完整的图景，从而更好地理解世界。意义建构正是要求学生注重学习的前后连贯性，努力寻找正在学习的内容和已经掌握的内容之间的联系，同时试图去理解所学内容对自身发展的重要性。

4. 学习目标的路径化表达

学习目标应包涵学生现在在哪里（学习起点）、需要去哪里（预期结果）以及如何最好地到那里（能够创造什么条件到那里）这三个子项（图4-5）。在教师的帮助下，学生需要将自己的学习目标进行"路径化"的表达。

图4-5 学习目标的路径化表达

这样，学习目标就不仅是"结果"，更意味着、开启着和指示着"路径"或"方法"。所有学生特别是学习困难的学生，清楚地认识这些"路径"或"方法"，是保证他们能够主动学习、成功学习并自我监控和调节自己学习活动的一个关键。在学习活动前有效地对目标进行路径化表达，可以让学生意识到自己正在获得成功，从而更好地调动自身的学习积极性。这也能使学生在学习困难面前更加有毅力，而且帮助学生自觉认识和掌控自己的学习活动。这样，学生就告别了以往单纯"为别人而学"或"为奖励而学"的状况，体悟到"为自己而学习"进而确立"自己为自己的学习负责"的坚定信念。

课外活动：教学目标的设计

一、活动内容

选取初中或高中某一章节内容制定课堂教学目标，提交作业至课程活动平台，参与互动交流，对学习同伴的学习成果进行合理评价。

二、活动目标

1. 能用合理的方式进行中学生物学教学目标的准确表述。
2. 概述教学目标设计的基本过程与方法。

三、活动形式

作业+网络互动交流。

四、活动过程

1. 根据教师要求选取初中或高中某一章节内容，结合本章学习过程中教学目标表述和设计方法的相关内容，制定课堂教学目标。要求：

- 所制定的教学目标应全面、完整，并要求符合新课程理念；
- 目标的表述清晰、明确、具体，可操作性强；
- 目标的难度适宜，符合学生实际，并具有一定的层次性。

2. 根据互评意见，针对性地进行作业修改，并提交最终成果。

五、活动评价

本次活动将从提交教学目标设计作业的质量、活动参与度等方面进行评价。

第五章
中学生物学教学策略与过程设计

要点提示

教学策略与以及教学过程的设计是教学设计中实现教学目标的重要环节。本章将通过讨论教学策略的选择,引导学习者解决"如何教""如何学"才能低耗高效地实现教学目标的问题;通过教学过程一般理论的指引并结合中学生物学不同课堂教学实例的分析,使学习者连接、整合前端分析以及目标、策略的设计,并用不同的表述方式表达完整的教学流程。

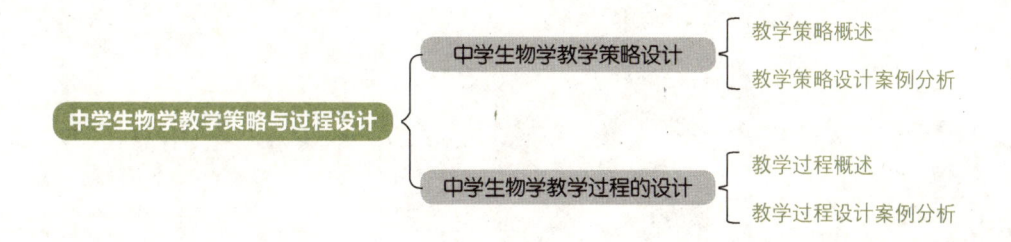

中学生物学教学策略与过程设计
- 中学生物学教学策略设计
  - 教学策略概述
  - 教学策略设计案例分析
- 中学生物学教学过程的设计
  - 教学过程概述
  - 教学过程设计案例分析

学习目标

1. 建构教学策略的相关概念,学会选择和设计教学策略。
2. 概述单元教学设计的一般步骤,初步学会单元教学设计的基本方法。
3. 举例说明探究活动的不同层次,尝试利用5E学习环模式设计探究活动。
4. 知道科学论证的一般教学步骤,设计有效的论证式教学过程。
5. 概述HPS、SSI的含义,学会挖掘教材中的HPS、SSI的教育因素,在教学中尝试创设大情境。
6. 概述教学过程的一般理论,并能灵活运用教学过程的三种表述方式。

第一节
中学生物学教学策略设计

教学是一项有明确目标的实践活动,为了更便捷、更好地实现教学目标,必须采取某种手段和方式。因此,教学策略的设计是教学设计的重要环节。教学策略的设计需要从系统的角度出发,教师不仅要考虑个人的教学经验,还要综合地考虑教学过程中各要素的关系,并巧妙、恰当地对各要素做出合理的安排。

任务 1:教学策略的概念建构及选择

情境导入

关于引起学生注意的教学策略的研究

罗斯科夫(E. Z. Rothkopf)以中学生为被试,研究了问题位置的效果。实验分为三组。甲组:问题在材料之前;乙组:问题在材料之后;丙组:没有问题的控制组。

学生阅读后进行两种测试:

① 测验测量提问过的材料,得到有意学习的结果;

② 测验测量未提问的材料,得到偶然学习的结果。

测试结果如图 5-1 所示。

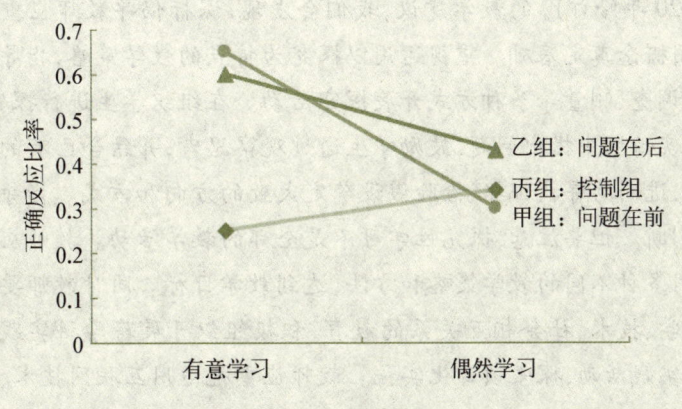

图 5-1 测试结果

根据这个研究结果,在给学生安排材料阅读时,你会采用哪种策略?为什么?

教学策略的设计能有效地解决"如何教""如何学"的问题。采用不同的教学策略,达到的效果可能不同,只有采取了相应的教学策略,才能达到预期的教学目标,从而提高教学效率,获得良好的教学效果。

活动1　教学策略的概念建构

"策略"一词最早用于军事领域,一般地说,策略是为达到某种目标所使用的手段和方法。运用某种策略是为了更迅速、更便利、更好地达到某种目标。教学是一项有明确目标的实践活动,为了更便捷、更好地实现教学目标,也必须采取某种手段和方法。"教学策略"这个概念起源于加涅《学习的条件》(1970)一书中描述的教学事件,认为教学策略是促进学习内部过程的外部事件。

在20世纪末,"教学策略"一词在我国教育心理学、教育学与教育辞书中广泛出现。《教育大辞典》(上海教育出版社,1998)中认为"教学策略是指建立在一定理论基础之上,为实现某种教学目标而制订的教学实施总体方案,包括合理选择和组织各种方法、材料,确定师生行为程序等内容"。可以从三个方面来理解这个概念:一是教学策略应用和体现教学理论,是教学理论的具体化;二是教学策略是为实现教学目标而制订的总体方案,而不是针对某个具体问题而提出的方案;三是对各种教学方法、教学材料、教学顺序和教学组织能进行合理选择、科学组织、恰当安排,而不是简单罗列。

> **资料阅读**
>
> **初高中生物学课程标准中对教学策略的建议**
>
> 结合《义务教育生物学课程标准(2022年版)》及《普通高中生物学课程标准(2017年版2020年修订)》的教学建议,我们会发现,课标倡导教师应重视概念的主动建构,为运用概念奠定基础。重视运用以探究为特点的教学策略,指导学生采用实验、资料分析、调查、测量等多种方式开展探究活动。在组织学生进行探究活动时,应引导学生从真实情境中提出问题,鼓励学生通过观察思考,并结合已有的知识经验提出可能性解释,进而为寻找证据、检验假设确定大致的方向和方式。指导学生主动获取证据,作出判断。但要注意,探究性学习不是全部的教学活动。教师应结合具体的教学内容,采用多种不同的教学策略和方法,达到教学目标。同时教师要重视在教学过程中渗透科学、技术、社会相互关系的教育,积极组织开展跨学科实践活动。应整体规划跨学科实践活动,探索项目化实施。教师应重视运用互联网技术、移动通信技术和人工智能等现代信息技术手段,探索线上线下相结合的教学方式。注重生物科学史和科学本质的学习。

小试牛刀

下面有关教学策略说法正确的是(　　)。

A. 对于中学生物学所有内容的教学,我们都应采用以探究为特点的教学策略。
B. 教学策略是为实现课程目标而制订的教学实施总体方案。
C. 教师只要教学观念正确即可,不用太注重采用什么教学策略。
D. 教学策略对各种教学方法、教学材料、教学顺序和教学组织能进行合理选择、科学组织和恰当安排。

活动 2　教学策略的选择

在进行课堂教学设计时,我们要根据教学目标、教学内容、教学对象、教师特点和教学环境来选择适当的教学策略。

▲ 依据教学目标选择教学策略

"光合作用"是高中生物学课程的核心概念之一,是高中生物学课程的重点和难点。同时,"光合作用"这一节内容丰富,以下案例呈现了教师在教学设计过程中,采用的不同的教学策略。

"光合作用"案例1：讲述法+多媒体

目标定位：理解光反应、暗反应的过程,理解光合作用中的物质变化和能量转换。

策略设计：多媒体软件呈现光合作用的步骤,用直观的媒体展示抽象的微观反应,辅助学生学习。

"光合作用"案例2：自主学习+合作学习,教师辅助教学

目标定位：培养学生科学素养,激发学生学习生物学的热情。

策略设计：学生自主学习、合作学习,教师辅助讲授的教学策略。教师发动学生主动组成学习小组,收集各科学家的研究资料,并探讨研究的背景、目的、过程和意义；小组代表精心备课并在课上用自己喜欢的方式和媒介为其他小组同学讲解该研究。教师可以使用多媒体课件,提出思考问题、设置学习情境,激发学生的探究兴趣；还要及时对学生讲解过程中的不足和错误之处加以补充和指正,控制教学有效性和学生主体性的协调与平衡。

"光合作用"案例3：科学史

目标定位：学生主动构建光合作用过程,培养学生信息获取与处理能力,并感悟科学思维和方法、体会科学家的合作精神。

策略设计：以科学史为主线,教师精心组织科学史资料,结合历史上共有8次诺贝尔奖被授予从事光合作用研究的科学家的事迹,讲述历史上经典的光合作用研究,并将其整合到相应的教学内容中。通过引导学生分析资料探究出光反应和暗反应的条件、反应物及产物,利用丰富的图片和动画以及实物模型讲授光合作用中光反应和暗反应的过程。并用问题和讨论激活学生的思维,用直观的方法激发学生的兴趣,充分发挥学生学习的主动性和积极性。

"光合作用"案例4：实验探究

目标定位：培养学生的科学探究、对比实验设计以及逻辑思维的能力,激发主动学习的热情,体会科学探究的快乐。

策略设计：以探究性教学为主,引导学生设计实验。通过引导学生设计实验验证光合作用的产物——淀粉和氧气,设计实验验证光合作用的条件——光、光合作用场所——叶绿体、光合作用原料——二氧化碳,通过实验的设计和探究,总结出光合作用的反应式。教学过程没有直接呈现科学家在发现光合作用时的几个发现实验,而是不断引导学生自己设计实验,自己进行科学探究,然后再呈现科学家的实验方法与之相对比。充分发挥学生探究的主动性和教师的引导作用,强烈地激发了学生对生物学课程的兴趣和对生物学实验的探究热情。

从上述四个案例我们可以发现,有经验的教师在设计教学策略的时候往往和他们的目标定位相契合。

案例1中教师的目标主要定位在知识的掌握以及深化理解上,因此主要采用了语言传递和直观感知的方法,能够让学生迅速把握这一节的重点和难点,并且多媒体的使用将复杂、抽象的知识生动、具体化,能够有效地达到接受新知识的目标。

案例2中教师的目标主要定位在培养学生科学素养,激发学生学习生物学热情上,因此,合作学习和自主学习就能很好地体现学生的主体性,激发学生的兴趣,同时,教师的辅助讲解能够把握整体的方向,为良好的学习效果提供了保证。

案例3中教师的目标则定位在培养学生信息获取与处理能力,并感悟科学思维和方法上,那么,跟随科学史的探究历程,在科学家探究的过程中锻炼思维能力,学习科学探究的方法则是一个不错的选择。

案例4中教师的目标则定位在培养学生科学探究和实验设计的能力,并激发主动学习生物学的热情上。那么采用由教师引导,学生自主设计探究实验的方式,既可以让学生掌握实验设计的能力,体验到探究的乐趣,同时,教师的引导也为课堂把握了整体的方向。

因此,我们在选择教学策略时的关键在于：定位目标,直击重点。

任何一种教学策略最核心的作用,都是为实现教学目标和完成教学任务服务。因此,对教学策略选择的主导性因素是具体的教学目标。这些教学目标既应包含知识的内容目标,也应包括认知技能和认知策略方面的目标,还应包含培养和发展学生情感态度方面的目标。

教师需要依据这些具体的可操作性目标来选择和确定具体的教学策略。而"教学目标"的确定在本书第四章做了详细的阐述。

除了具体的教学目标,在选择教学策略时,还应考虑其他的重要因素。

▲ **依据学科性质和教材具体内容选择教学策略**

教学策略为教学目标服务,必须借助于一定的内容体系。由于教学内容具有不同的内在逻辑和特征,因此,具体的教学内容也是选择教学策略的重要依据。同时,根据生物学学科实验性的特点,实验法和演示法是常用的教学方法。因此,本书第三章中"学习内容分析"的部分就为教学策略的选择做了铺垫。

例如,讲解质壁分离、有丝分裂等细胞微观的变化时,由于学生缺乏生活经验,很难理解和想象这些抽象的内容,可以采用 Flash 动画、幻灯片演示等直观的教学策略,帮助学生理解;在讲解减数分裂和有丝分裂之后,学生可能会对这两个过程有些混淆,此时,若采用列表的方式,将两个过程中的关键性要素进行比较,学生则可以很清楚地总结出两个过程的异同点。

▲ **依据学生实际情况选择教学策略**

在教学活动中,学生是学习发展的主体,是教学活动取得最后效果的决定因素,因此,了解学生的特点和接受水平是选用教学策略妥当与否的关键。学生的实际情况,主要是指学生现有的知识水平、智力发展水平、能力水平、学习动机状态、年龄发展阶段的心理特征、认知方式、学习习惯、个性、兴趣等因素,这些因素都要求教师科学而准确地研究分析学生的特点,有针对性地选择相应的教学方法。而本书第三章中"学习者分析"的部分也为教学策略的选择做了铺垫。

初中阶段,是学生形象思维向抽象思维发展的阶段,因此,教师应该更多地采用直观方法,帮助学生掌握知识内容,例如,在讲授"生物对环境的适应"时,教师提供多种典型环境条件下生物适应性的案例,让学生在直观的感受中分析资料,既有助于学生理解,也促进了学生形象思维能力的发展;相比较而言,高中阶段,学生的抽象思维发展成熟,是训练学生各种思维能力的好时机,在教学过程中,教师可以采用归纳、演绎、比较等抽象的思维方法,帮助学生自主构建知识体系和网络,使学生的思维能力不断地提升,例如,在讲授"种群基因频率的平衡和变化"时,就可以通过数学计算的方法让学生来感知基因频率的变化,充分运用了学生的抽象思维能力、推理能力以及数学思维能力。

▲ **依据教师本身素质选择教学策略**

教师素质在教学活动中主要表现为语言表达能力、思维品质、教学技能、个性与特长、教学艺术与教学风格、教学组织与调控能力等。任何一种教学策略,只有适应了教师的素养条件,并能为教师充分理解和把握,才有可能在实际教学活动中有效地发挥其功能和作用。

例如,多媒体技术是现在的教师必须掌握的能力,多媒体的直观演示可以在很大程度上帮助学生认识和了解生命世界;而有些教师的特长是板书和板画,在多媒体技术盛行的当今课堂,优秀的板画演示尤其会激发学生的兴趣。

不论选择何种教学策略,教师在选择的时候,都应该量力而行,扬长避短,选择与自己最相适应的教学方法。同时,教师还应不断提高自身素质和水平,丰富和改造现有的教学策略,逐步形成具有个性特征的教学风格。

▲ **依据教学环境条件选择教学策略**

教学环境条件,主要是指学校教学设备条件(信息技术条件、仪器设备条件、图书资料条件等)、教学空间(教室、场地、实验室)和教学时间条件。教学环境条件对教学策略的选择具有一定的制约,比如选择合作学习、探究发现法需要较多的时间,在实际的教学课时中需要充分地考虑这个因素;而现代信息技术手段的运用,也会更加拓宽教学策略的功能。我们既要考虑客观条件的制约因素,也要在时间、条件允许的情况下,最大程度地运用教学环境条件,使其发挥应有的作用。

小试牛刀

1. 根据"光合作用"的具体内容,我可以选择＿＿＿＿＿＿＿＿＿＿＿＿＿＿＿＿的教学策略,理由是＿＿＿＿＿＿＿＿＿＿＿＿＿＿＿＿＿＿＿＿＿＿＿＿＿＿。
2. 根据高中生的学习特点,"光合作用"一节我可以选择＿＿＿＿＿＿＿＿＿＿＿＿＿＿的教学策略,理由是＿＿＿＿＿＿＿＿＿＿＿＿＿＿＿＿＿＿＿＿＿＿＿＿＿＿。
3. 我的特长是＿＿＿＿＿＿＿＿＿＿＿＿＿＿＿＿＿。因此"光合作用"一节我可以选择＿＿＿＿＿＿＿＿＿＿＿＿＿＿＿＿＿＿＿的教学策略。
4. 你应聘一所学校的生物学教师,在试课面试环节,你的试课题目是"光合作用",面对的是普通中学的学生。但是试课教室没有使用电脑和投影仪的条件,同时你备课的时间也非常有限。此时,我可以采用的教学策略是＿＿＿＿＿＿＿＿＿＿＿＿＿＿＿＿＿＿＿＿＿＿。

任务小结

"教有教法,教无定法,贵在得法",教学是有规律可循的,任何教学策略都有合理的一面,又有局限的一面。因此,作为教师不能满足于对已有的教学策略的认同。要善于接受更多的新的教育理论,要勇于尝试更多的教学策略,将其转化为自身的素质,更要遵循课堂教学规律,根据教学内容、教学目标、教学对象特点、教学环境因素,精心选择、合理搭配、优化组合、灵活运用各种教学策略,最大限度地发挥教学策略的优势和互补效应,体现教育的价值。

任务 2:中学生物学教学策略的设计

情境导入

能够发展学生生物学核心素养的教学策略调查

(小调查)您认为下列课堂教学策略中能够发展学生生物学核心素养的是(　　)(选择1—3项)

A. 以学生活动为主的教学策略　　　　B. 以学生思维为主的教学策略

C. 以单元学习为主的教学策略　　D. 以学生自学为主的教学策略
E. 以学历案为主的教学策略　　F. 以问题串为主的教学策略

在对 S 市 907 名中学生物学教师关于"能够发展学生核心素养的教学策略"的调查中发现,以学生思维为主(85%)、以学生活动为主(84%)和以问题串为主(42%)的教学策略最受 S 市教师青睐,是教师认为能够有效发展学生核心素养的 3 种教学策略。

你认为哪种或哪些教学策略能够发展学生的生物学学科核心素养呢?
你是否了解中学生物学教学中常见的教学策略呢?

关于中学生物学教学中常用的教学策略,学科课程专家都有与其相关的论述。例如,北师大刘恩山教授在《中学生物学教学论》中提出,生物学教学中常用的教学策略包括概念图策略、合作学习的教学策略、探究学习的教学策略、科学·技术·社会教学策略等。华中师大崔鸿教授在《中学生物学教学设计》中介绍了概念图策略、探究性学习策略、合作学习策略、STSE 策略、科学史策略、PBL 策略、情境创设策略等 7 种教学策略。福建师大余文森教授在《核心素养导向的课堂教学》一书中介绍了整体化、情境化、深度化、活动化、自主化、意义化等教学策略。仅从以上的论述来看,不同的研究者站在不同的视角,基于不同的教育发展阶段,其对教学策略的分类和命名也各有差异。

结合中学生物学课程的特点,我们将在本任务中分别介绍 7 种较常用的教学策略,包括情境化教学策略、论证式教学策略、5E 学习环教学策略、HPS 教学策略、SSI 教学策略、PBL 教学策略及整体化教学策略。在教学设计与实施时,每一堂课的教学策略都有所侧重,任何一种教学策略都不是孤立的,我们也常常以一种教学策略为主,并综合运用若干教学策略。

活动 1　情境化教学策略的设计

▲ "情境化"的概念建构

教学情境,广义而言,是指作用于学习主体,产生一定的情感反应的客观环境。就狭义而言,则指在课堂教学环境中,作用于学生而引起积极学习情感反应的教学过程。可以说,情境是"汤",知识是"盐",盐只有溶于汤才好入口,知识只有融入情境才好理解和消化。知识的情境化是知识活化并转化为素养的必经途径,而知识的过度符号化和抽象化必然导致知识的惰性化和僵化,从而丧失知识的活力和价值。

▲ 创设情境的基本原则

以核心素养培育为宗旨的新课标提倡情境教学,通过创设与生产、生活、科研密切相关的真实情境,让学生在情境分析中开展探究活动,展开科学思维,领悟生命观点,激发社会责任。情境教学能引起学生积极的情绪体验,把学生的认识活动和情感活动更好地融合,提高学生的思维品质,促进核心素养的形成。

在创设情境时,需要遵循几个重要的原则才能达到理想的教学效果。

1. 体现学科特点

情境创设要体现学科特色,紧扣教学内容,凸显学习重点。当然,教学情境应能体现学科知识的发现过程、应用条件以及学科知识在生活中的意义与价值,只有这样,它才能有效地阐明学科知识在实际生活中的价值,帮助学生准确地理解学科知识的内涵,激发他们学习的动力和热情。可以说,学科性是教学情境的本质属性。

例如,生物学是一门以实验为基础的自然学科,所以教学过程中,教师可以通过实验、实物、标本、模型,甚至带领学生直接走进大自然来创设情境,让学生在学习知识的同时,理解学科特点和科学的本质,提升核心素养。

2. 源于生活

在本书第三章的学习中,我们已经知道,在教学设计之前,教师要对学生已有的经验进行分析,这里就包括学生的认知经验和生活经验,通过挖掘和利用学生已有的经验,努力为学生提供熟悉而典型的生活素材作为情境,这样既容易让学生产生共鸣,又能够让学生切实弄明白知识的价值。知识来源于生活,中学生物学的很多知识都来源于我们的自然、生活。因此,在生物学课堂教学中,可以针对学生已有的知识经验和生活实际来安排教学内容,把学生已知"是什么"、却不知道"为什么"的事或物呈现出来,学生虽然非常熟悉这些事实,却不知道如何解释,这样学生的探知欲和好奇心就会驱动学生主动去寻求答案,教学就会收到意想不到的效果。

例如,为什么绿豆放在黑暗条件下培养会长成"黄"豆芽?为什么盐拌黄瓜时盘子里会出现很多水,这些水是从哪里来的?为什么枫叶到了深秋会变成红色?其实,生物学这门学科,本来就非常贴近生活,在生物学教学过程中,要利用好我们身边的素材,让学生感受到"处处留心皆学问"。

3. 形象直观

教师创设的教学情境,首先应该是感性的、可见的、摸得着的,它能有效地丰富学生的感性认识,并促进感性认识向理性认识的转化和升华;其次应该是形象的、具体的,它能有效地刺激和激发学生的想象和联想,使学生能够超越个人狭隘的经验范围和时空限制,获得更多的知识,并促进形象思维与抽象思维的互动发展。

例如,高中减数分裂这部分知识,概念多,内容抽象难懂,是教学的难点。一位教师设置了一个游戏情境:让两个男生与两个女生分别走向教室两侧(代表细胞两极),即减数第一次分裂后期同源染色体分开(离)。到达教室两侧之后,两个男生(代表两条染色单体)相互分开,两个女生(代表两条染色单体)相互分开,即减数第二次分裂后期着丝粒分裂,染色体单体分开形成染色体。这样在有趣的活动中完成减数分裂染色体变化的模拟,较好地突破了教学难点。

4. 启发诱导性

有价值的教学情境一定内含具有启发性、诱导性、探索性的疑难问题,才能有效诱发学生思维探索的主动性与积极性。适当质疑、设置悬念,会使学生产生迫切探究的认知心理,激发求知欲。问题的设置要根据一定的教学目标提出,目标是设问的方向、依据,也是问题的价值所在。同时问题的难易程度要适应全班学生的实际水平,保证大多学生在课堂上都处于思考状态。当然在问题情境的设置中,也可以尝试培养学生自主提出问题,训练学生的思维。

5. 具有发展性的"大情境"

情境设计往往在教学活动展开之前进行。所以有人就误认为,设计教学情境就是在新课教学之前利用有关的实验、故事、问题来激起学生的学习兴趣,调动学生的学习积极性引入新课。实际上,教学情境设计的功能不是传统意义上的导入新课,它应该在整个学习过程中激发、推动、维持、强化和调整学生的学习状态,在教学的全程中发挥作用。有研究者将这种情境称为"大情境""主线式情境"或者"一境到底",指在一节课或一个单元中,以一则典型材料为主线设计情境,这一情境贯穿课堂始终,学生在这一情境中不断深入讨论、分析、体验、感悟,从而构建概念、发展能力、培养情趣。这里的大情境可以是一则材料,也可以是一个人、一件事、一个话题等。另外,"一境到底"不是说就一个情境,而是以一个情境为主或者为主线,其他情境为辅。

> **案例鉴赏**
>
> 基于主线化情境的高中生物学"蛋白质是
生命活动的主要承担者"教学[①]
>
> **1. 创设情境,引发思考**
>
> 情境教学的倡导者布朗(Brown)提出,学习知识最好的办法就是在情境中进行。因此,应通过再现真实情境,激发学生的学习动机,主动追寻真理。
>
> 在"蛋白质是生命活动的主要承担者"教学之初,用幻灯片展示真实情境:六个月大的婴儿彤彤食用普通奶粉,出现过敏反应,脸部、手臂起红疹,医生检测了其过敏原,确诊为牛奶蛋白过敏。提问:彤彤对普通奶粉过敏,应改用什么种类的奶粉?创设真实情境,提出驱动性问题,为自主探究做准备。
>
> **2. 分解情境,层层深入**
>
> 将导入情境分解为多个以任务为中心的小情境,逐点融通主线化情境与每个知识点的内在联系,以"情境—任务—活动"的探究学习路线,引导学生在任务驱动中有目的地活动,有助于改善分析、综合、建模等思维品质,发展学科核心素养。
>
> 在"蛋白质是生命活动的主要承担者"教学中,结合教学内容,将情境"彤彤对普通奶粉过敏,应改用什么种类的奶粉"分解成4个小情境,通过"情境—任务—活动"的探究学习路线,构建本节课的学习网络架构(图5-2)。

[①] 潘章丽,张莉培,林国栋.基于主线化情境的"蛋白质是生命活动的主要承担者"教学[J].生物学教学,2022,47(05):17-19.

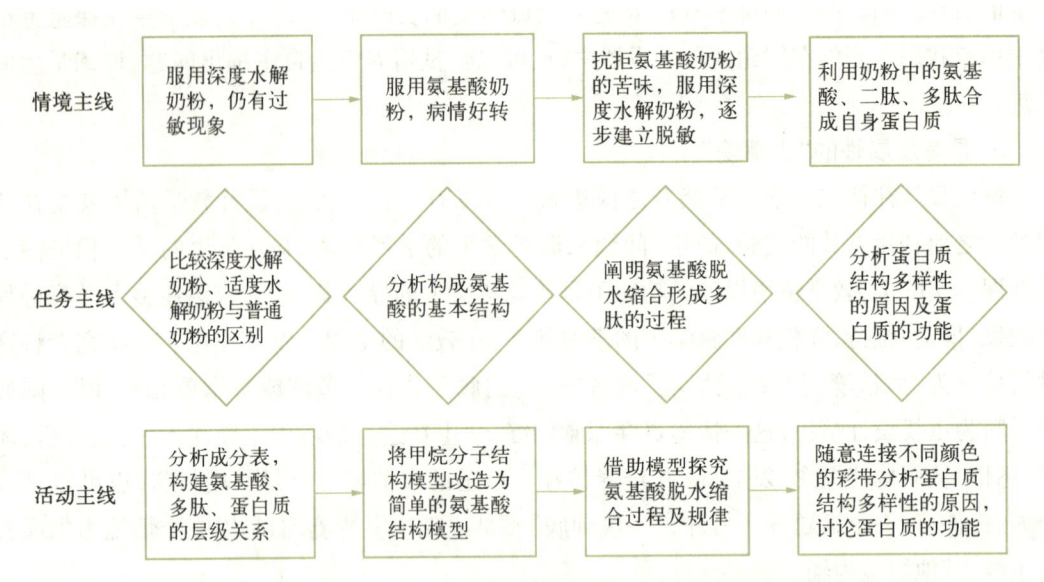

情境主线	服用深度水解奶粉，仍有过敏现象	服用氨基酸奶粉，病情好转	抗拒氨基酸奶粉的苦味，服用深度水解奶粉，逐步建立脱敏	利用奶粉中的氨基酸、二肽、多肽合成自身蛋白质
任务主线	比较深度水解奶粉、适度水解奶粉与普通奶粉的区别	分析构成氨基酸的基本结构	阐明氨基酸脱水缩合形成多肽的过程	分析蛋白质结构多样性的原因及蛋白质的功能
活动主线	分析成分表，构建氨基酸、多肽、蛋白质的层级关系	将甲烷分子结构模型改造为简单的氨基酸结构模型	借助模型探究氨基酸脱水缩合过程及规律	随意连接不同颜色的彩带分析蛋白质结构多样性的原因，讨论蛋白质的功能

图 5-2 "蛋白质是生命活动的主要承担者"整体学习网络架构

情境1：医生建议让牛奶蛋白过敏的彤彤食用深度水解奶粉。表5-1展示了水解奶粉与普通奶粉的成分。提问：这几种奶粉的成分有何区别？引导学生根据奶粉中蛋白质的水解程度，构建氨基酸、多肽（或二肽）及蛋白质之间的关系。

表 5-1 水解奶粉与普通奶粉的成分

类型	深度水解奶粉	适度水解奶粉	普通奶粉
成分	二肽、三肽和少量游离氨基酸的终产物	小分子乳蛋白、多肽和氨基酸	酪蛋白、牛乳清蛋白
	碳水化合物（乳糖、麦芽糊精等）		
	脂质（植物油、脂肪等）		
	维生素		

情境2：彤彤在服用深度水解奶粉后仍然出现过敏现象，医生推荐食用氨基酸奶粉，食用氨基酸奶粉后没有出现过敏反应。提问：为什么服用氨基酸奶粉后，彤彤没有出现过敏反应？展示某氨基酸奶粉中必需氨基酸（甘氨酸、缬氨酸等）的分子结构式，引导学生归纳概括氨基酸的结构通式，提供甲烷分子结构模型，小组合作改造甲烷模型，建构、展示氨基酸的结构模型，师生对模型进行评价、修改，促进小组完善模型。

情境3：尽管服用氨基酸奶粉没有出现不适，但彤彤十分抗拒苦涩的氨基酸奶粉，医生再次建议服用深度水解奶粉，逐步建立脱敏。提问：深度水解奶粉含有部分多肽，氨基酸是如何形成多肽的？此过程产生了什么物质？播放氨基酸形成多肽的动态图，引导学生借助氨基酸结构模型探究氨基酸脱水缩合对应的氨基酸残基数、肽键数、肽链条数、生成的水分子数等存在的规律。

情境4：彤彤服用深度水解奶粉期间，机体将奶粉中的氨基酸、二肽、多肽合成蛋白质，体重稳步增加。提问：多肽如何形成蛋白质？机体合成的蛋白质用于哪些生命活动？展示多肽进一步折叠形成蛋白质的过程动画，提供代表不同氨基酸的多种颜色的彩带，让学生随意相连，归纳出蛋白质结构的多样性取决于氨基酸的种类与数目、排列顺序、肽链的折叠方式。

提示学生，结构与功能相适应，蛋白质结构的多样性与蛋白质功能的多样性相适应。引导学生讨论蛋白质在一系列生命活动中发挥作用的实例，归纳概括出蛋白质具有调节、免疫、运输等重要作用。

3. 串联情境，建构知识

主线化情境的核心内涵在于它是结构化知识构建的重要途径，教学全程指引思维不断深入，实现素养的养成落到实处。探究完成后，将分解的小情境串联起来，引导学生建构概念模型，搭建本节内容的知识体系，对提升归纳、概括、建模等思维水平具有重要意义。

带领学生梳理"彤彤对普通奶粉中的牛奶蛋白过敏，应改用什么种类的奶粉"情境下的4个小情境，依次对应知识点：构建氨基酸、多肽、蛋白质的层级关系，氨基酸的结构通式，氨基酸脱水缩合的过程及规律，蛋白质的功能结构多样性的原因。小组建构"蛋白质是生命活动的主要承担者"概念模型，师生进行评价修改，最终呈现科学模型（图5-3）。

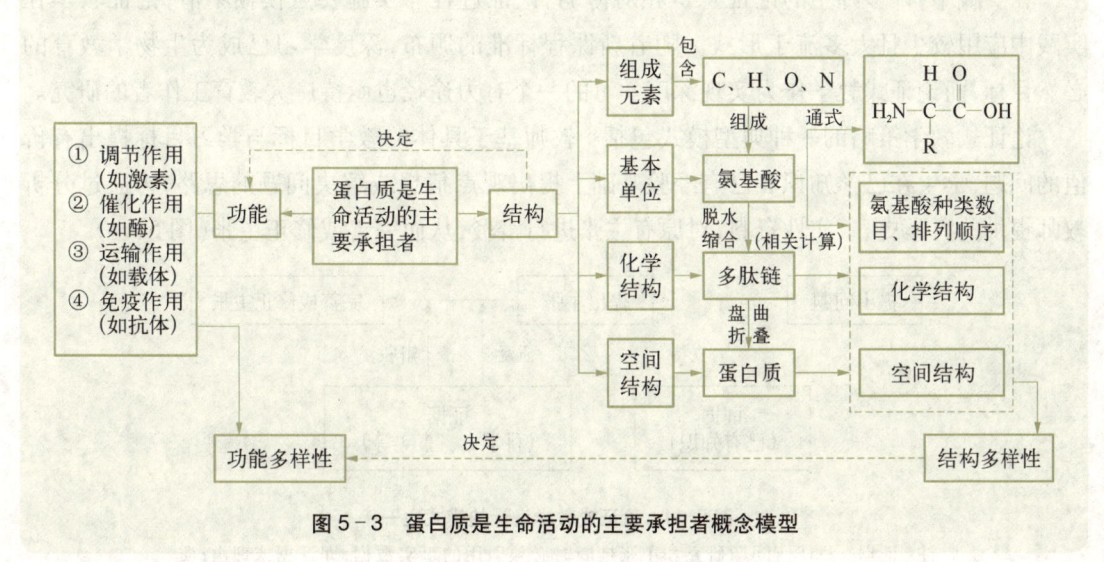

图5-3 蛋白质是生命活动的主要承担者概念模型

小试牛刀

1. 在生物学教学中，常用到的情境化教学策略包括创设问题情境、创设实验情境、创设生活情境、创设科学史情境、创设实物模型图片情境、创设科学性社会议题情境、创设多媒体情境、创设游戏情境、创设故事情境、创设文学艺术情境等。该案例属于哪种情境创设的类型？你如何评价这位教师的情境化教学策略？
2. 选择初中或高中的一个教学内容，尝试基于情境化教学策略设计一个教学片段。

活动 2　论证式教学策略的设计

▲ 论证式教学策略的概念建构

在《普通高中生物学课程标准（2017年版2020年修订）解读》[①]中提出，培养科学思维的一个重要策略就是论证或科学论证。那么什么是论证式教学呢？

论证是共同体围绕某一论题利用科学的方法收集证据，运用一定的论证方式解释、评价自己及他人证据与观点之间的相关性，促进思维的共享与交锋，最终达成可接受结论的活动。

论证式教学实质上是将科学领域的论证引入课堂，让学生经历类似科学家做研究的评价资料、提出主张、为主张进行辩驳等过程，从而培养学生科学的思维方式。

论证式教学能够有效促进学生的深度学习：一方面，论证式教学的目标指向深度学习，开展论证教学就是为了通过学生的深度参与以及批判反思，实现对生物学知识的深度学习；另一方面，论证式教学的立论、求证以及辩驳的教学过程又是实现深度学习的有力途径，学生通过探求证据发展高阶思维，通过质疑辩护实现批判创新。[②]

▲ 论证式教学策略的一般模式

在实践中，许多师生的论证意识相对薄弱，论证过程与实施要点模糊不清，论证教学在实践中应用较少且大多流于形式。随着新课程标准的颁布，深度学习已成为生物学教育的必然目标，而论证式教学作为实现深度学习的一个有力途径也亟待广大教育工作者的研究。

论证式教学策略的一种典型模式包括：教师基于具体的教学目标与学习目标提出有价值的问题，学生在已学知识和已有经验基础上提出观点猜想或解决问题的思路，再通过分析教师提供的科学史、事实性资料，对原有主张进行辩驳，从而完善或修正主张（图5-4）。

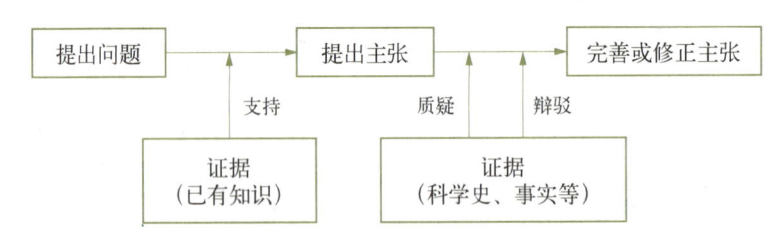

图 5-4　论证式教学设计的模式之一

注：证据——任何问题研究和主张推断时必须引用的事实数据，即证据或理由；质疑——对主张的怀疑，削弱论证效果的证据或理由，即反驳；辩驳——主张遭到质疑时，提出更多的证据为主张进行辩护，试图说服质疑方，若质疑方提供确凿的证据证明原始主张不完美，则需增加限定条件来完善或修正主张。

[①] 刘恩山，曹保义. 普通高中生物学课程标准（2017年版2020年修订）解读[M]. 北京：高等教育出版社，2020.
[②] 安云彦，刘梦琦，李秋石. 指向深度学习的生物学论证教学[J]. 生物学教学，2019，44(01)：4-5.

> 📖 **案例鉴赏**

"细胞的能量通货——ATP"的论证式教学设计①

1. ATP 的功能

播放锌铜弓刺激蛙坐骨神经—腓肠肌标本实验视频。实验初期,腓肠肌在锌铜弓刺激下收缩,几次之后收缩幅度变小,最终停止收缩。提出问题:离体的神经肌肉细胞在体外能存活几个小时?用锌铜弓刺激神经但肌肉不再收缩最可能的原因是什么?教师引导学生回答:最可能是因为肌肉中的能源物质消耗完毕。

教师提问:为肌肉收缩直接供能的物质最可能是什么?学生通过回忆细胞中的能源物质,提出主张:葡萄糖为肌肉收缩直接供能。

教师继续播放视频:在停止收缩的肌肉上滴加葡萄糖溶液,锌铜弓刺激后肌肉无反应;在停止收缩的肌肉上滴加 ATP 溶液,锌铜弓刺激后肌肉收缩。

教师引导学生完善主张:ATP 为肌肉收缩直接供能。

探究细胞内的直接供能物质的过程可归纳为图 5-5。

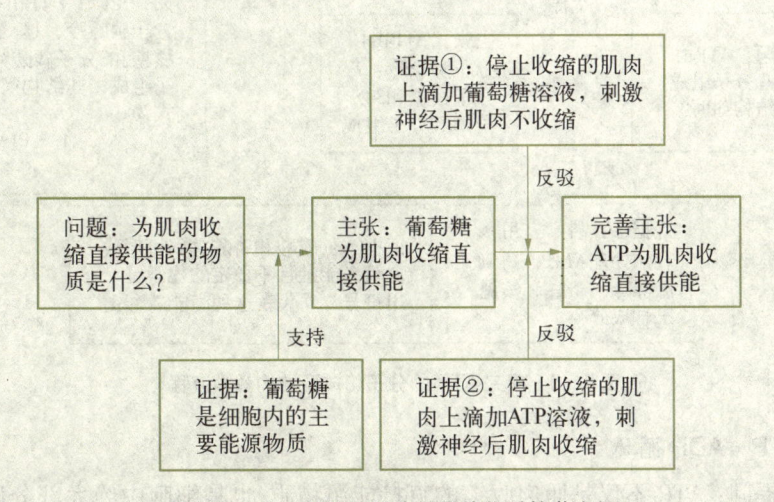

```
                     ┌─────────────────────┐
                     │ 证据①:停止收缩的肌肉  │
                     │ 上滴加葡萄糖溶液,刺激 │
                     │ 神经后肌肉不收缩       │
                     └─────────┬───────────┘
                               │反驳
┌──────────┐     ┌──────────┐ ▼ ┌──────────┐
│问题:为肌肉│     │主张:葡萄糖│   │完善主张: │
│缩直接供能的├────▶│为肌肉收缩直├──▶│ATP为肌肉收│
│物质是什么?│     │接供能      │   │缩直接供能 │
└──────────┘     └─────┬────┘   └──────────┘
                    支持│          ▲反驳
                       │          │
                 ┌─────▼────┐ ┌──┴────────┐
                 │证据:葡萄糖│ │证据②:停止收缩的肌│
                 │是细胞内的主│ │肉上滴加ATP溶液,刺│
                 │要能源物质 │ │激神经后肌肉收缩   │
                 └──────────┘ └──────────────┘
```

图 5-5 探究细胞内的直接供能物质教学流程

2. ATP 的结构

教师提出问题:既然 ATP 是肌肉收缩的直接能源物质,它由哪些成分构成?

教师提供资料:① 1934 年,罗曼发现某化合物可促进磷酸肌酸水解成肌酸,同时自身被分解成腺苷单磷酸(AMP)和 2 分子磷酸。1935 年,罗曼进一步确定这种化合物即腺苷三磷酸(ATP)。② 科学家用核苷酸酶处理 AMP,AMP 被分解为磷酸和腺苷,后者可进一步被酶水解为腺嘌呤和核糖。

学生分析资料,得出主张:ATP 由 1 分子腺嘌呤、1 分子核糖和 3 分子磷酸分子组成。

---

① 何源. 发展学生科学思维的论证式教学——以"细胞的能量通货——ATP"为例[J]. 生物学教学,2020,45(03):10-12.

教师提出问题：这三种成分又是如何组成 ATP 的？

教师提供资料：① 核糖 1 号、2 号、3 号和 5 号位上的碳原子有性质活泼的羟基基团，其中 1 号碳上的羟基可以和腺嘌呤反应缩合形成腺苷，5 号碳上的羟基可被磷酸酯化，形成腺苷单磷酸。② 研究发现，磷酸和磷酸之间可形成含较多能量且不稳定的化学键。1941 年，李普曼总结了 20 世纪 30 年代科学家对 ATP 的研究，并对磷酸键在能量转换中的功能做了进一步概括，建议用符号"～"代表这种不稳定、可供能的磷酸键，即高能磷酸键。

学生分析新的资料，完善主张，并画出示意图。

探究 ATP 的分子组成及结构过程可概括为图 5-6。

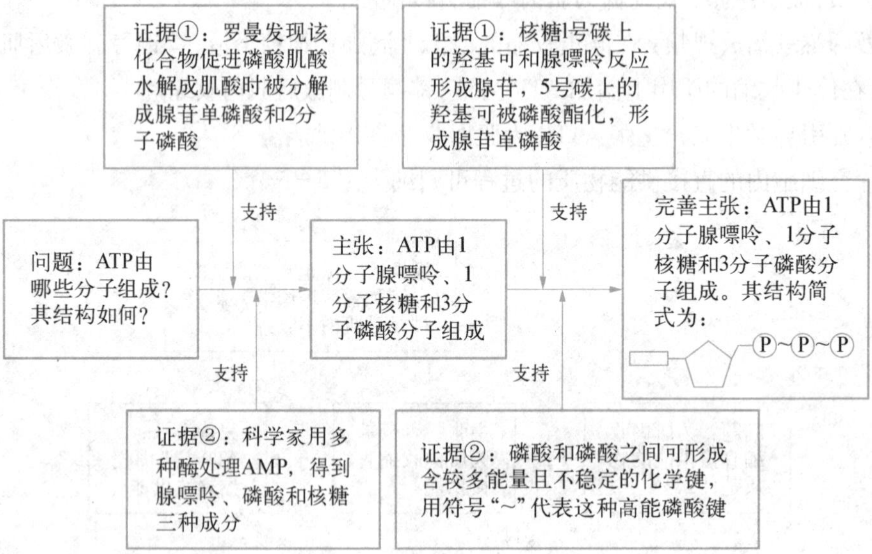

图 5-6　探究 ATP 的分子组成及结构教学流程

3. ATP - ADP 循环

教师提问：ATP 不仅是肌肉收缩的直接能源物质，也是细胞中绝大部分反应的直接能源物质。它是如何为这些反应提供能量的？又是在哪里合成的？

学生根据罗曼、李普曼等的实验结果提出主张：ATP 的两个高能磷酸键均断裂并释放能量，形成 1 个 AMP 和 2 个磷酸分子。

教师提供资料：① 用 ^{32}P 标记的磷酸注入活细胞，迅速分离细胞内的 ATP，发现 ATP 末端磷酸基团被 ^{32}P 标记，其余磷酸基团在较长时间后才被标记。② 20 世纪中叶，赫尔曼等科学家发现，在细胞呼吸和光合作用期间，线粒体或叶绿体中的 ATP 含量明显上升。

学生根据资料，完善主张：ATP 远离腺苷的高能磷酸键易断裂，产生 1 个 ADP 和 1 个磷酸分子，并为生命活动供能。ADP 再从细胞呼吸或光合作用中吸收能量和磷酸分子，合成 ATP。学生在教师引导下画出示意图。

教师提问：ATP－ADP 循环有何特点？ATP 在体内含量高吗？

教师提供资料：运动员在进行马拉松赛跑时，2 个小时会消耗 60 kg 的 ATP，相当于一个成年人的体重。

学生分析资料，在教师引导下完善主张：ATP－ADP 循环速度很快，以化解人体对 ATP 需求大、但含量少的矛盾。

探究 ATP－ADP 循环过程及特点可概括为图 5－7。

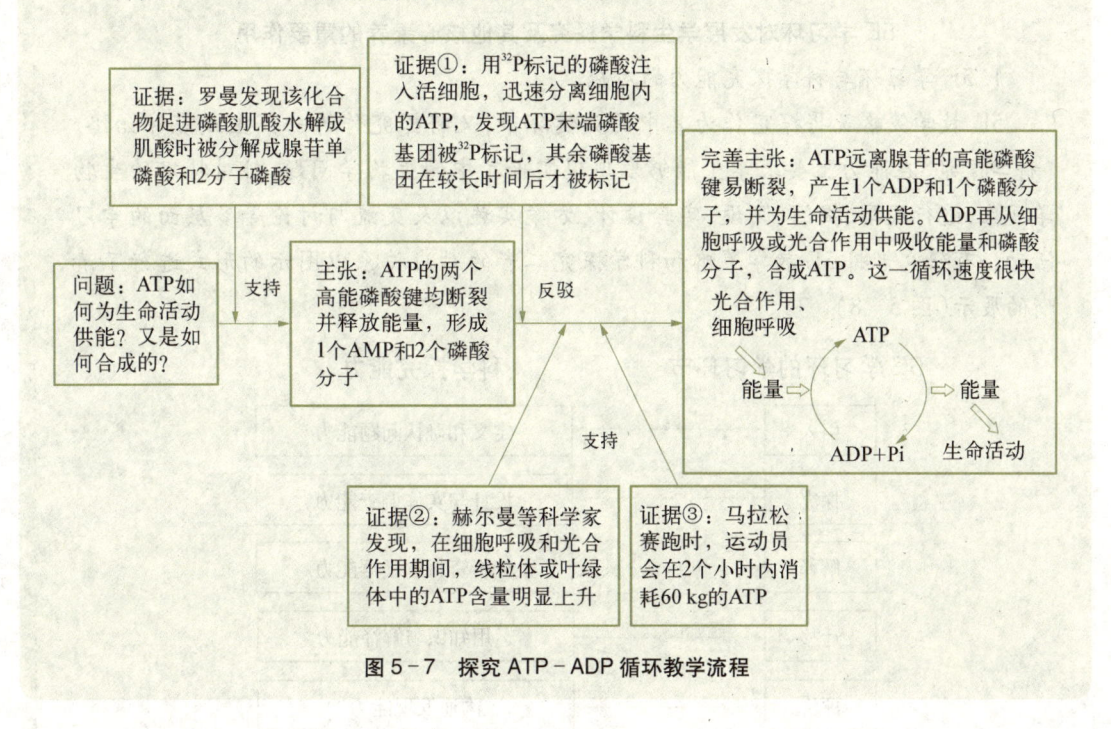

证据：罗曼发现该化合物促进磷酸肌酸水解成肌酸时被分解成腺苷单磷酸和2分子磷酸

证据①：用 ^{32}P 标记的磷酸注入活细胞，迅速分离细胞内的ATP，发现ATP末端磷酸基团被 ^{32}P 标记，其余磷酸基团在较长时间后才被标记

问题：ATP如何为生命活动供能？又是如何合成的？

主张：ATP的两个高能磷酸键均断裂并释放能量，形成1个AMP和2个磷酸分子

完善主张：ATP远离腺苷的高能磷酸键易断裂，产生1个ADP和1个磷酸分子，并为生命活动供能。ADP再从细胞呼吸或光合作用中吸收能量和磷酸分子，合成ATP。这一循环速度很快

光合作用、细胞呼吸 → ATP → 能量 → 生命活动 → ADP+Pi → 能量

证据②：赫尔曼等科学家发现，在细胞呼吸和光合作用期间，线粒体或叶绿体中的ATP含量明显上升

证据③：马拉松赛跑时，运动员会在2小时内消耗60 kg的ATP

图 5－7 探究 ATP－ADP 循环教学流程

🔲 小试牛刀

1. 结合以上案例，思考这个教学案例有助于培养学生哪方面的科学思维。你如何评价这位教师的论证式教学策略？
2. 请以高中生物学内容为例，设计论证式教学片段。

活动 3　5E 学习环教学策略的设计

▲ 5E 学习环教学策略的概念建构

"学习环"是由美国的阿特金与卡普拉斯（Atkin & Kaiplus），基于皮亚杰（Piaget）的研究工作于 1962 年提出的。他们将其应用于当时正在进行的一项科学课程改进研究（SCIS）中。之后，在他们对科学教材的发展、修订和研究的过程中，学习环的教学模式逐渐成形。1967年，卡普拉斯等人初步提出了学习环的阶段，并且在 SCIS 项目的教师指导语中首次使用了

"学习环"这个术语。

在卡普拉斯等人提出"学习环"教学模式之后,"学习环"的不同模式相继被开发出来,例如"5E学习环"模式,它是由美国生物学课程研究(BSCS)的主要研究者之一毕比(Bybee R.W)开发出来的。[①]

> **资料阅读**
>
> **5E学习环对发展学生科学探究及其他核心素养的重要作用**
>
> 1. 5E学习环与科学探究能力的对应
>
> 5E教学策略既将探究作为其中的关键环节,又将探究作为一条主线贯穿始终。"科学探究"在能力上要求学生能够发现现实世界中的生物学问题,针对特定的生物学现象,进行观察、提问、假设、实验设计、方案实施以及交流与讨论等多层面的学习活动。有研究者将5E教学策略和科学探究二者的对应关系以图示的形式进行了清晰的展示(图5-8)。
>
> | 5E学习环的学习环节 | 科学探究能力 |
> |---|---|
> | 引入 | 定义和确认问题能力 |
> | 探究 | 设计与实施调查能力 |
> | 解释 | 分析资料和证据能力 |
> | 迁移 | 运用知识与解释能力 |
> | 评价 | 沟通发现能力 |
>
> 图5-8 5E教学策略与科学探究之间的关系
>
> 2. 5E学习环与生物学核心素养的对应关系
>
> 5E教学策略除了能培养学生的科学探究能力,对生物学核心素养的其他各要素的发展也有重要的作用。
>
> 5E策略能够有效地转变学生的前概念,且已经在课堂教学实践中广泛用于发现错误概念和概念转变。教学中,教师可以充分利用5E教学策略对科学概念构建的有效作用,达成学生理解生物学重要概念的教学目标,并"顺水推舟",进而点拨学生,促进"生命观念"的形成。
>
> 从5E教学策略本身来看,其"探究""解释"和"迁移"的环节都充分展示了学习过程中对学生科学思维培养的"功效"。在"探究"的环节,不仅需要学生参与观察、假

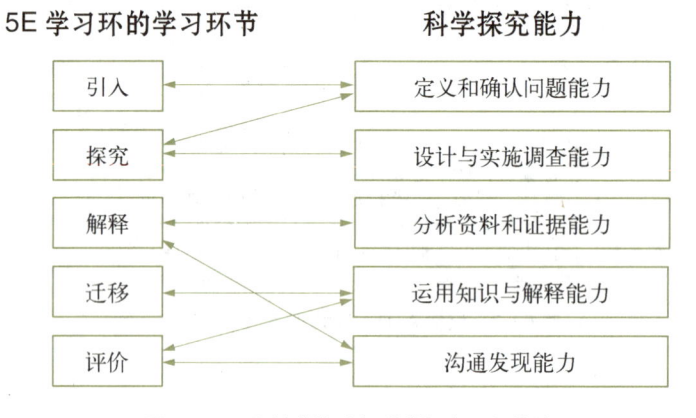

[①] 谭帮换,胡绪. 试论探究教学的"学习环"模式[J]. 教育与教学研究,2011,25(07):38-40.

设、批判、预测、交流等学习活动,而且需要学生使用建模、归纳、概括、演绎、推理等方法形成并修正解释,最终得出结论。在"迁移"的环节,则强调让学生运用他们"得到的结论"去尝试解决问题,验证并强化相关的学习结果。

关于5E教学策略在帮助学生形成社会责任方面的作用目前只是看到了其间接的贡献,即当学生形成了科学的生命观念,具有科学思维和科学探究的能力时,在面对个人事务和社会议题时,他们应当可以做出科学合理的决策,承担起自身肩负的责任。从5E教学策略的内在属性来看,其"引入"和"迁移"环节可以直接融入社会责任的要素。教师可以利用生物学相关的"社会性议题"作为学习内容引入展开和探究的背景,可以将社会责任的教育伴随着整个单元的学习而开展。①

▲ 5E 学习环教学策略的一般模式

主要程序包括引入(engagement)、探究(exploration)、解释(explanation)、迁移(elaboration)、评价(evaluation)五个阶段(表 5-2)。引入是为了吸引学生的注意力,发现学生已有的知识基础;评价则有利于教师对学生的学习过程和结果进行评价和指导,同时也有利于学生对自我学习过程和结果进行反思,培养学生的元认知能力。②

表 5-2　5E 学环教学策略的主要程序

环节	目的	教学要求
引入	创设问题情境,激发(认知冲突)学生探究欲望	教师提出关于周围事物的一些问题,将学生引入学习状态,同时,了解学生的已有背景知识和相关概念
探究	搭建思维"支架",引导学生主动探究	学生制定计划进行探究,收集证据回答问题
解释	分析实验结果,鼓励学生质疑释义	在学生探究的基础上,教师明确概念、原理;在教师的指导下,学生使用新知识解释最初提出的问题
迁移	解释类似情境,提升学生探究技能	学生运用新知识、新概念解决新的问题
评价	交流实验报告,促进学生反思探究	用正式或非正式的方法评价学生对于新知识、新概念的理解情况,包括新技能的学习情况

---

① 刘欣颜,麦纪青,刘恩山.运用5E教学模式发展学生的核心素养——聚焦生物学核心素养的教学取向[J].教育导刊,2017(06):48-53.
② 谭帮换,胡绪.试论探究教学的"学习环"模式[J].教育与教学研究,2011,25(07):38-40.

案例鉴赏

基于 5E 教学模式的"表观遗传现象"的教学设计[①]

1. 教学内容分析

表观遗传现象是《普通高中生物学课程标准(2017 年版)》的新增内容,课标的具体要求是"3.1.5 概述某些基因中碱基序列不变但表型改变的表观遗传现象"。表观遗传是目前生命科学研究的热点领域,对表观遗传现象的研究使得人们对基因与性状的关系、生物的进化机制和很多疾病的病因有了新的认识。学习表观遗传现象不仅能够完善学生的遗传学概念体系,也有助于学生感悟科学的发展性和生物学研究的社会价值。

但表观遗传概念相对微观、抽象而且复杂,利用表观遗传修饰的机制对特定现象做出解释是教学的重难点。笔者尝试精选典型实例,引导学生进行基于资料分析的探究,利用 5E 教学模式进行本节课的教学,目的是在帮助学生建构概念的同时,促进学生科学思维的发展。

2. 教学目标

基于课程标准的内容要求、学业要求和学业质量标准,并围绕培养学生核心素养的要求,制订了如下教学目标:

(1) 通过对多个实例的比较和归纳,说出某些基因中碱基序列不变但表型改变的表观遗传现象。

(2) 通过对表观遗传现象相关研究的资料分析,提升归纳概括和演绎推理等科学思维能力。

(3) 通过对表观遗传现象与相关疾病的讨论,提升对表观遗传现象与人类健康生活之间关系的关注度和解决生活中相关问题的能力。

3. 教学过程

(1) 吸引环节——创设认知冲突,引入新课学习

教师呈现实例 1:"蚕豆病是一种单基因遗传病,相关基因编码葡萄糖-6-磷酸脱氢酶(G6PD),位于 X 染色体上。患者因红细胞中缺乏正常的 G6PD 而导致进食新鲜蚕豆后发生急性溶血。某对夫妇生有一儿一女,父母和儿子均不患病,女儿患有蚕豆病,但这一患病女儿所生男孩性状正常。"请学生对该现象进行遗传分析。

学生对上述实例进行遗传分析后发现,由于女儿携带的致病基因来自母亲,因此该家庭中母亲和女儿都应是携带致病基因的杂合子,但无法解释为什么两人性状不同。

设计意图:温故知新,利用生活中的实例带领学生回顾基因与性状的关系。创设问题情境,看似常规的遗传分析中出现了"意外",激发学生探索新知的兴趣。

[①] 刘欣."表观遗传现象"的教学设计[J]. 生物学教学,2019,44(11): 39-41.

(2) 探究环节——分析典型事实，归纳表观遗传现象的概念

教师提供实例2："生长因子 IGF-2 与小鼠的生长发育相关，研究人员利用小鼠 IGF-2 基因缺陷家族进行杂交实验，结果如图5-9所示。"

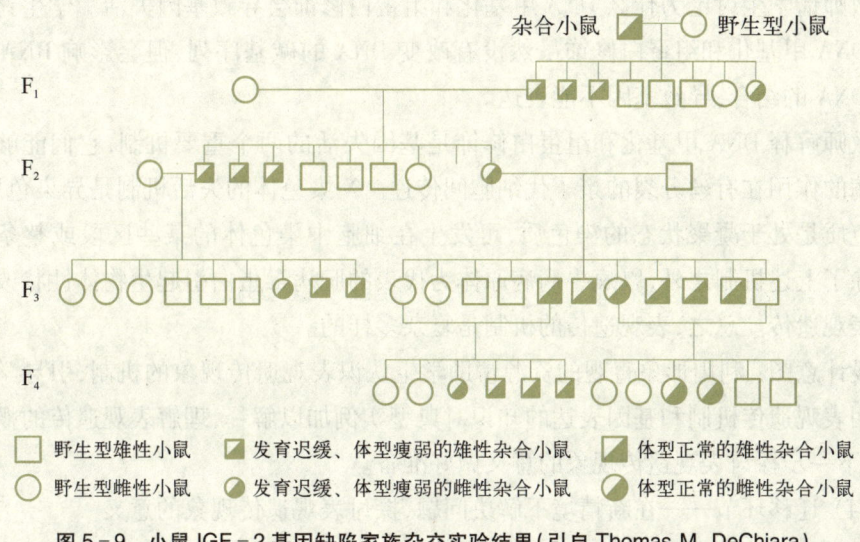

图5-9 小鼠 IGF-2 基因缺陷家族杂交实验结果（引自 Thomas M. DeChiara）

教师提出问题：实例1和实例2的共同点是什么？基因型相同的个体表型不同，是否因为基因中碱基序列改变了？如果不是，能否从基因表达的角度对它们进行解释？

学生对两个实例进行比较，指出它们都有基因型相同的杂合子表型不同的现象。基因中碱基序列没有改变，证据是实例1中杂合子女患者的儿子性状正常，说明正常 G6PD 基因的碱基序列没有改变，实例2中表型正常的杂合子生出发育迟缓的后代，说明缺陷型 IGF-2 基因的碱基序列没有改变。最可能的解释是成对基因中有一个失活，不能表达，而且不同杂合子个体失活的基因是不同的。

教师总结：这是一种由特定基因失活导致的基因中碱基序列不变但表型改变的现象，称为表观遗传现象。

设计意图：引导学生对典型实例进行分析、比较和归纳，抽象概括出它们在基因表达层面的共同点，初步构建表观遗传现象的概念。

(3) 解释环节——观察图片资料，学习表观遗传现象的机制

教师提供巴氏小体的图片，介绍哺乳动物雌性个体胚胎发育早期细胞中 X 染色体随机失活一条的现象。请学生据此解释杂合子女性患蚕豆病的原因。学生说出杂合子女性发育过程中，如果胚胎细胞中正常 G6PD 基因随 X 染色体失活而失活，该细胞的子代细胞都会缺乏正常 G6PD。缺乏正常 G6PD 的红细胞在全体红细胞中所占比例越高，溶血现象就会越严重。

教师展示 DNA 甲基化的图片，说明实例2中的失活基因发生了 DNA 甲基化。

教师展示组蛋白修饰的图片,提供实例 3:"冬小麦的 FLC 基因表达产物抑制小麦开花。一段时间的低温处理能诱导相关基因表达,使得 FLC 基因所在部位的组蛋白被修饰,基因失活,解除对开花的抑制。"

教师请学生讨论为什么 DNA 甲基化和组蛋白修饰会导致基因失活。学生讨论后说出 DNA 甲基化和组蛋白修饰虽然没有改变 DNA 的碱基序列,但会影响 RNA 聚合酶与 DNA 的结合,导致基因不能表达。

教师解释 DNA 甲基化和组蛋白修饰是基因失活的两个重要机制,它们能够通过特定酶的作用在有丝分裂的亲子代细胞间传递。X 染色体的失活机制是异染色质化。异染色质是处于凝聚状态的染色质,可发生在细胞中染色体的某些区段或整条染色体。除了上述机制之外,以疯牛病病原体为代表的朊病毒蛋白引起生物体性状改变也属于表观遗传。总之,表观遗传的机制是复杂多样的。

设计意图:利用形象直观的资源帮助学生认识表观遗传现象的机制,引导学生综合运用表观遗传机制和基因表达的知识对典型实例加以解释,理解表观遗传的概念内涵,为下一步探讨表观遗传现象的意义做好准备。

(4) 迁移环节——在新情境下解决问题,探讨表观遗传现象的意义

教师请学生继续分析实例 2 中的杂交实验结果,回答下列问题:"杂合子的成对 IGF-2 基因中,哪一个是随机失活的?""IGF-2 基因的甲基化发生在什么时期?""有性生殖过程中亲代 IGF-2 基因的甲基化是否会遗传给子代?"学生进行小组讨论后,认识到亲代 IGF-2 基因的 DNA 甲基化不会遗传给子代,子代在胚胎发育过程中生成自身的 DNA 甲基化。在这一实验中,子代成对的 IGF-2 基因中总是来自母方的一个失活。

教师展示科学家用荧光染色法研究小鼠 DNA 甲基化发生时期的实验照片,学生观察后发现精子和卵细胞融合后,原有的 DNA 甲基化大部分被清除,随后逐渐建立起自身新的 DNA 甲基化,这与 IGF-2 基因缺陷型小鼠家族的杂交实验结果是一致的。教师对学生的发现予以肯定:"大多数 DNA 甲基化是个体发育过程中新形成的。影响 DNA 甲基化的因素是多样的,如基因的来源、个体发育中所处的环境等。成对的 IGF-2 基因中,总是来自母方的一个失活。类似地,人类基因组中还有其他一些基因会被 DNA 甲基化或其他方式标记其来源,这些基因称为印记基因。有些印记基因只有父源基因表达,有些则只有母源基因表达,这种现象统称为基因组印记。"

教师提供实例 4:"大鼠育幼过程中,如果母鼠频繁遭受打扰,母性行为低,会导致子鼠的某些脑区中糖皮质激素受体基因甲基化程度升高,糖皮质激素受体的表达量降低。这种效应可以延续到成年,最终使得这些子鼠的糖皮质激素分泌量高于对照鼠。而糖皮质激素是与应对压力有关的激素。"请学生思考:实例 4 中糖皮质激素受体基因和实例 3 中 FLC 基因的表观遗传修饰对生物的生存和繁衍有什么意义?学生说出实例 4 中大鼠母性行为低意味着环境较为危险,子鼠糖皮质激素分泌量高有利于

在这样的环境中生存；实例3中FLC基因表达可以避免小麦在秋天开花，FLC基因失活使得小麦能在冬天过后顺利开花。

教师提供实例5："小鼠的Agouti基因（简称A基因）表达产物能够调节毛囊黑素细胞的色素生成，使其由生产黑色素转变为生产黄色素。A基因在毛发生长周期的第4—6天集中表达，导致每根毛的末梢附近有一段棕黄色的环带，毛皮整体呈现胡椒面色。A基因的显性等位基因A^{vy}基因编码产物与A基因相同，但它在整个毛发生长周期持续表达，导致小鼠毛皮通体黄色。研究人员发现，基因型为$A^{vy}A$的小鼠本应表现为黄色，但有的个体却表现为胡椒面色，这是因为其A^{vy}基因发生DNA甲基化，基因失活。胡椒面色$A^{vy}A$型雌性小鼠与AA型雄鼠杂交，子代几乎均为胡椒面色，怎样解释这一现象？"学生说出母本A^{vy}基因的甲基化状态可以通过配子传递给子代。

教师进行补充和总结：科研工作者已经在哺乳动物、果蝇、拟南芥等多种动植物细胞中发现了表观遗传修饰。表观遗传修饰是实现基因选择性表达的重要途径之一，对于生物体的生存和繁衍非常重要。某些表观遗传修饰能够通过有性生殖遗传，有的甚至能够遗传多代，这一现象引起了科学界的关注，正在积极探索其机理和意义。

设计意图：引导学生从生物与环境相适应的观点出发，运用表观遗传机制对新情境下的问题进行解释，在解决问题的过程中思考表观遗传现象的意义，完成概念构建。

（5）评价环节——小结与拓展思考

教师提出两个问题，"研究表明，多种癌症的发生与基因的表观遗传修饰异常有关。研究人员尝试研究相关疗法，某些能够抑制DNA甲基化的药物已经在临床上投入使用。什么样的表观遗传修饰异常可能导致细胞癌变呢？""表观遗传现象是否支持拉马克的获得性遗传学说，它给达尔文自然选择学说带来了挑战？"请学生畅所欲言，发表对这两个问题的看法。

设计意图：本环节既是总结环节，也是评价环节。根据学生的问题回答水平可以了解本节课的教学目标达成情况。所选问题也可以促使学生关注表观遗传现象与健康生活的关系，理解学习生物学的价值，探讨进化理论的发展，形成进化与适应的观念。

4. 教学反思

本节课的课堂教学围绕蚕豆病、小鼠IGF-2基因失活和冬小麦春化作用中FLC基因失活等典型实例展开，学生在问题串引导下进行资料分析，逐步实现了对表观遗传现象从现象到本质的理解。学生在评价环节进行了热烈的讨论，提出了为什么红绿色盲不会因为表观遗传而导致杂合女性患病等新问题，有的学生还在课下进一步搜集研读了有关DNA甲基化与癌症关系的资料，可见选择符合学生认知水平的典型实例，创设基于问题研究的有效教学情境，有利于学生核心素养的发展。

> **小试牛刀**

1. 请基于以上的案例,尝试评价这位教师的教学设计。
2. 基于具体的中学生物学教学内容,设计一个基于 5E 教学策略的教学片段。

活动 4　HPS 教学策略的设计

▲ 科学史、科学哲学和科学社会学(HPS)教学策略的概念建构

　　HPS 是科学史、科学哲学和科学社会学(History, Philosophy & Sociology of Science)的简称。它是基于科学本质,将科学史、科学哲学和科学社会学融入科学课程实施的基本教育理念。其中科学史是指人类认识科学、发展科学的历史,是对人类科学探究过程的记录与整理,为面向未来提供了必要的史学记录与人文情怀;科学哲学是指以科学作为研究对象的哲学,是对人类科学发现的归纳与梳理,为真理的发现提供了方法论的支撑;科学社会学是指用社会学观点研究科学与社会的相互关系及其影响的学科,是对人类科学应用的转化与迁移,为科学之推广应用提供了实践途径与落地力量。HPS 教育即通过三者在科学教育中的相辅相成、相互交融,强化学生对科学本质的理解。

　　自 20 世纪 90 年代形成完整概念并融入科学教育以来,该教育理念的模式创新已经成为国际科学教育中一项重点推进的研究课题。正因其在科学教育中的意义深远、效果甚佳,所以成为了国际科学教育界中的热门课题。

　　科学史是客观规律、事实等发现的历史。生物科学史即生物科学发展的历史,包括生命现象的探究过程,也包括生物学相关科学技术、方法的发展历程,还包括科学家研究生命现象时所持有的观点和态度的更替等。生物科学史中蕴含着丰富的科学思想、科学方法、科学世界观、科学精神和科学态度等内容,具有很高的教育价值。21 世纪以来我国相继颁布的初高中课程标准在教学建议中都提出,要注重生物科学史和科学本质的学习。学习生物科学史能使学生沿着科学家探索生物世界的道路,理解科学的本质和科学研究的思路和方法,学习科学家献身科学的精神,这对提高学生的生物学学科核心素养是很有意义的。

　　而 HPS 教学策略是科学史融入生物学课堂的主要策略之一。[①] 它既有利于引发学生对生物学学习的兴趣和求知欲,又能养成学生的辩证唯物主义的世界观;既能培养学生的科学态度和科学精神,又能培养学生的人文精神;既有助于学生的知识建构,又可以促使学生理解科学的本质;通过引导学生分析科学事件的发生发展,了解科学家的科学态度与情感变化,从而帮助学生逐步养成科学的思维方式和科学的世界观、人生观和价值观。

---
① 袁维新. 科学史融入科学课程的原则、方式和策略[J]. 课程·教材·教法, 2006(10): 68-72.

> **资料阅读**

运用基于科学史的教学策略应注意的原则

1. 做好"人文阐释"

对生命科学史的教学，首先要做好"人文阐释"。从阐释的内容上看，其核心就是要关注科学史中的"人性"因素，发掘其中"人性"的内涵，而不是仅仅关注生物科学技术本身。例如，解释生物科学的发现和理论的发展需要哪些事实和证据，需要运用哪些条件和方法；要把那些生物学家作为"有血有肉"的人进行介绍，并且尽可能真实地讲出他们在研究过程中的求知态度、思维方法和科学精神。

2. 关注生物科学史的传递方式

对生命科学史的传递有三种方式，即言说、显示和体现。

"言说"是用清晰的语言和逻辑传递明确的知识，这也是日常教学中常用的方式。但是对生命科学史的介绍，不能仅仅是"说明的生物学史"，而是要在简要叙述史实的基础上，侧重深刻的分析和解释。

"体现"是指通过实践来表征或证明，即福柯所谓的"通过身体操作灵魂"。例如，可以让学生重复科学史上一些经典的实验，让学生在推演结论的过程中，亲身体验科学思维方法。

而"显示"并不是要将讲授的知识内容直接讲述出来，而是要通过合适的载体呈现出来，然后依靠对载体的解释来引导学生发现和探究，领会其包含的真正内容。这种载体可以是教学环境中的生物学史图片，也可以是视频、动画等模拟呈现，还可以是学生在分组讨论中的"头脑风暴"和交流展示中的角色扮演。

例如，在"DNA的结构"这一内容的教学中，教师就可以安排学生依照经过改编的"剧本"，带着道具、模型登台模拟展现DNA双螺旋结构的探究过程。通过环境营造，再现科学史研究的场景，学生置于"真实"的研究情境，去亲身感悟科学家的思路、方法和形成结论的过程。如"双螺旋结构"思路是怎么想出来的？为什么不是单链和三链结构？磷酸与脱氧核糖为什么在外侧而非内部？碱基同配和碱基互补配对模型有什么区别，哪个更合理？……在此过程中多位不同领域科学家的共同参与、协同配合，从不同学科、不同角度为双螺旋结构的提出做出了重大的贡献，学生们从中能够体会到科学家们的合作与奉献精神，体悟科学思维在模型建构中的重要作用。

3. 分清主次

教师应注意将科学史情境与生物学知识的学习有机融合，而不是单纯地讲授科学故事或追溯科学史，冲淡课堂教学的主要内容。在引导学生通过科学史得出科学结论过程中应加强对科学思维的关注，避免将知识直接抛给学生，把科学家的探究过程转变为引导学生解决问题、形成科学概念的过程。同时，在生物课堂教学中需要对科学史内容有深刻认识，教师自身也需要加强在科学史和科学哲学方面的知识和素养。

▲ HPS 教学策略的一般模式

主要介绍国外的孟克与奥斯本的融入教学模式、琳达和杰姆斯的互动式科学小故事教学模式、马修斯的适度教学模式及我国重庆师范大学王林玲教授团队提出的"四史线"教学模式。[①]

1. 孟克与奥斯本的融入模式

该模式由英国科学教育学者孟克和奥斯本于 1997 年提出。运用这种教学模式的前提是所学的课题必须是科学史上某一科学家曾经研究过的自然现象,如植物的向光性、食物的消化等。该模式强调科学知识的历史背景和哲学意义,主要包括 6 个环节(图 5 - 10)。

演示现象 → 引出观点 → 学习历史 → 设计实验 → 呈现科学观念和实践检验 → 总结评价

图 5 - 10 孟克与奥斯本的融入模式的基本程序

第 1 个环节:提出问题。教师在上课开始,可以给学生演示某一个自然现象,学生通过观察这个现象会提出一个需要解决的问题,如植物的茎为什么具有向光性。这个环节可以引起学生的好奇心,又能促使学生利用科学史的资源进一步进行探究。第 2 个环节:引出观点。教师启发学生,就这一自然现象给出自己的观点或解释,也鼓励学生提出不同的见解。第 3 个环节:学习历史。在这一环节教师可以介绍早期科学家是如何解释这一现象的。罗列科学家们不同的观点,引导学生讨论和探索这些观点产生的背景条件,帮助学生认识到科学研究的历史制约性,这样做既可以激发学生的想象力,还可以引导学生设身处地地体验以往科学家的探究和思考。第 4 个环节:设计实验。教师将学生分组,要求学生从多种观点当中只选择其中某一个观点,设计实验进行检验。第 5 个环节:呈现科学观念和实验检验。这一环节教师将正确的科学观念和实验结果呈现出来,供学生比较和反思,促使学生从原有的观念向科学观念的转变。第 6 个环节:总结和评价。通过总结和评价,可以帮助学生更加深刻地理解科学的探究本质、历史上科学家的探究过程和科学的观念。

2. 琳达和杰姆斯的互动式科学小故事模式

该模式是 1990 年由美国学者琳达和杰姆斯提出的。互动式科学小故事是指一些精心设计的、合乎史实的、大约 10—15 分钟的小故事,内容主要是科学家从事科学研究的重要事件或事件片段。学生扮演琳达和杰姆斯等角色,通过角色扮演来探索科学问题和概念。

要使用互动式科学小故事的模式,需要满足两个条件:① 故事的内容必须富有哲理、发人深省,并且与现行的教学内容可以紧密地结合在一起;② 故事要以人性化、通俗易懂的方式来呈现,帮助学生去体会、感受、领悟隐藏在故事里面的深意。

3. 马修斯的适度模式

该模式是 1994 年澳大利亚学者马修斯在其专著和论文当中提出的。他提出理科教师和师范生可以多了解一些和课堂教学内容相关的科学史、科学哲学和科学社会学内容,而我们

[①] 黎潇阳,任小文,王林玲."四史线"教学法:指向生物学学科核心素养的 HPS 教育变式[J].生物学教学,2018,43(09): 6 - 8.

的教材里面其实都会涉及科学家的名字和专用名词,教师要能够给学生讲一讲科学家生活和工作的故事,提出问题并给予学生合理的时间去积极探索这样科学史、科学哲学和科学社会学不仅可以融入高中理科的教学当中,其实对于不同学段的学习都可以有所渗透。这样做有利于学生对哲学思考产生兴趣,提高思维水平。

4. "四史线"模式

在"四史线"模式中,首先用科学历史来溯源科学的本质,以探求知识从何而来;然后通过科学哲学的探究梳理知识发现的一般规律,以通晓知识如何获取;再通过科学方法的探究体会知识是不断更新和变革的,从而得到知识创新之法;最后通过科学社会学的探究让学生领会到科学与社会是如何紧密发展的,以明晰知识应用之意义。最后通过这四个层次的逐级递进来达成融合目标——发现知识、创造科技、熔铸文明以使人与自然和谐共生。其操作步骤和理论意涵具体如图 5-11 所示。

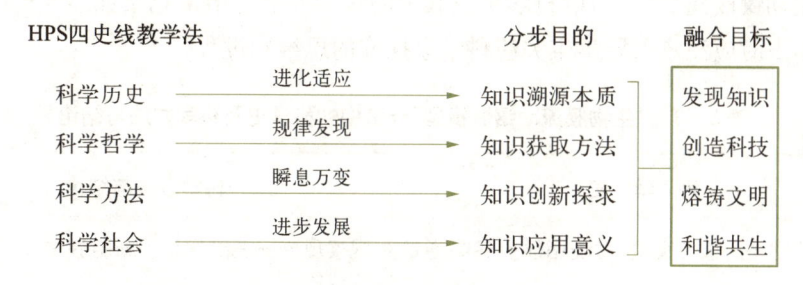

图 5-11 HPS 四史线教学法概念图

案例鉴赏

基于 HPS 的"生物膜的流动镶嵌模型"的教学[①]

1. 演示现象,创设情境,引发学生的学习兴趣

"创设情境"是有效开展教学活动的基础。在运用 HPS 教学策略时,教师可以通过呈现科学史、科学故事,演示科学现象等方式来创设情境,导入新课,把学生引入情境后提出问题,引发学生的学习兴趣。在"生物膜的流动镶嵌模型"一节,教师可以通过视频演示植物细胞质壁分离及复原现象,并创设如下情境:如果让你制作一个真核细胞模型,制作材料有塑料袋、普通布和弹力布,根据细胞膜具有选择透过性和流动性的特点,用哪种材料做细胞膜更适于体现细胞膜的上述特点?为什么?以上问题的提出让学生置于真实的活动情境之中,把学生的思维引向思考细胞膜的结构特点。

2. 引出观点,启发学习,激起学生的探究欲望

提出问题之后,教师可结合科学探究过程中的经典事件或争论焦点给学生适当的

[①] 董玲玲,陈秋瑾,崔鸿. 浅谈 HPS 教学模式在高中生物学教学中的应用[J]. 生物学教学,2011,36(09):36-37.

引导和提示，启发学生针对需要解决的问题提出自己的观点和解释。在"生物膜的流动镶嵌模型"一节中，教师可引导学生思考以下问题：① 细胞膜具有怎样的结构，才能使它具有流动性和选择透过性？② 要研究细胞膜的结构，先要弄清其化学成分。那么，用什么方法探究细胞膜的化学成分呢？③ 细胞膜中的化学成分是如何排布从而体现其功能的？通过以上层层深入的问题引导学生展开讨论，提出自己的假设或解释，引起学生的探究欲望。

3. 学习历史，演绎科学探究，感受科学研究的过程

学习科学史，演绎科学探究过程是 HPS 教学策略的关键环节。在生物学课堂中，教师可以通过多媒体呈现科学家的探究过程，引导学生一步步分析科学实验和结论，感受科学研究的过程与方法，体会科学研究的继承性、合作性、修正性与发展性。"生物膜的流动镶嵌模型"一节的科学史及其中的科学方法与结论总结如表 5-3，教师在呈现科学史时应注意引导学生关注科学家探究的思维和过程。

表 5-3 "生物膜流动镶嵌模型"一节中的科学史及科学方法与结论

科 学 史	科学方法与结论
欧文顿的物质通透性实验，发现脂质更容易通过细胞膜	观察现象—提出假说：细胞膜主要是由脂质构成的
荷兰科学家戈特(Gorter)和格伦德尔(Grendel)的红细胞膜实验，发现细胞膜中的脂质铺成单层分子的面积约为细胞膜表面积的 2 倍	分析现象—提出假说：细胞膜可能是双层磷脂分子
朗姆瓦的实验，发现磷脂分子亲水端浸入水中，疏水端浮于水面	推理想象—构建模型：构建细胞膜中磷脂双层排布的模型
罗伯特森的电镜实验，观察到细胞膜由"蛋白质—脂质—蛋白质"的三层结构构成	观察现象—构建模型：构建由"蛋白质—磷脂—蛋白质"的三层结构构成的"单位膜"模型
拉里·弗莱(Larry Frye)的人鼠细胞膜融合实验，具有不同的荧光抗体标记的两种细胞融合后，抗体均匀分布	提出假说—实验验证：细胞膜具有流动性
桑格和尼克森利用免疫荧光技术、冰冻蚀刻技术的研究结果证明蛋白质在细胞膜中的镶嵌分布	分析现象—完善模型：细胞膜的流动镶嵌模型

4. 小组合作，设计实验，学习科学研究的方法

教师组织学生小组合作设计实验或构建模型，验证自己提出的假设。通过自己设计实验或构建模型，体验科学探究的方法。在讲授生物膜的流动镶嵌模型时，教师可结合科学史资料，引导学生自己构建细胞膜的结构模型，并画出细胞膜中磷脂、蛋白质的排布方式（课后可利用废品制作模型），学习模型方法在科学研究中的运用。

5. 呈现科学观念,实践检验,构建科学的概念

通过对生物科学史的演绎和学生自己设计实验体验科学研究这一过程,水到渠成地引出科学的观念以及对科学观念进行实践检验的案例,引导学生转变原有的观念,为其构建正确的科学概念提供思想基础。例如,教师可通过动画展示细胞的生长、白细胞吞噬细菌、变形虫的变形运动等现象证明细胞膜的流动性,并呈现细胞膜的流动镶嵌模型,促使学生在头脑中形成对这一模型的直观认识。

6. 总结评价,巩固深化,理解科学探究的本质

通过对科学探究过程的梳理和总结,促使学生理解科学探究的本质,体会科学探究的方法和过程,巩固深化科学知识。在"生物膜的流动镶嵌模型"一节,教师可梳理细胞膜流动镶嵌模型的提出过程,引导学生理解科学探究的本质,认识科学探究过程是不断变化、不断完善的。在评价学习效果时,可启发学生阐述流动镶嵌模型的内容或构建有关生物膜的概念图,并谈谈学习科学史的感悟,评价其学习效果,建构整体化、系统化的知识。在课程结束时可提出问题:生物膜的流动镶嵌模型是否完美无缺?给课堂留白,引发学生勇于对科学知识产生质疑和思考,培养学生的批判思维能力。

小试牛刀

1. 在本活动中,我们介绍了 HPS 教学策略的四种操作模式,请尝试说一说上面的案例采用了 HPS 教学策略中的哪种模式。
2. 请选取高中生物学中的某一内容,设计基于 HPS 教学策略的教学片段。

活动 5　SSI 教学策略的设计

▲ 社会性科学议题(SSI)教学策略的概念建构

社会性科学议题(socio-scientific issue,SSI)是有关科学和社会的开放性、结构不良、无统一答案的问题。它往往具有时代性、争议性、全面性和特殊性等特点。

提到 SSI 教学策略,就不得不提 STS 教育。SSI 教学策略正是基于 STS 教育发展起来的。STS 是科学(science)、技术(technology)、社会(society)三个英文单字首字母的缩写。起源于英美国家,在 20 世纪六七十年代就有人试图把这一问题引入学校课程,借以培养学生的科学素养。但 STS 真正作为一个专有名词得到各国科学教育工作者的认同是在 20 世纪 80 年代初。在英国,约翰·齐曼(John Ziman)在其著作《科学与社会的教学》(*Teaching and Learning about Science and Society*)中首次使用这一名词;在美国,STS 则始于里斯·哈尔姆(Norris Harm)等人的"项目综合"研究。此后,STS 运动作为理科课程改革的一个重要动因在世界科学教育界蓬勃兴起。

STS 教育指的是在现实的技术和社会环境下进行的科学教育活动,其基本思想是把学生对于自然界的理解(科学)与人造世界(技术)和日常生产、生活经验(社会)结合起来。其基本精神强调把科学教育和当前的社会发展、社会生产、社会生活等紧密结合,使学生智能得到开发,劳动素质得到提高,未来意识和参与意识得到增强,即培养出具有良好科学素质的人才。

然而,在发展科技、生产的同时,保护人类赖以生存的环境已成为当今社会发展的重大课题,环境教育也成为公民科学素养教育的一个重要组成部分。美国在 1996 年颁布的《国家科学教育标准》中将环境教育纳入科学、技术和社会教育当中,将之进一步发展为 STSE 教育,并渗透到理科教学内容和方法中去,促进学生对社会的了解和参与,增强对科学、技术、社会、环境相互关系的认识。

我国自 20 世纪 80 年代中后期引入 STS 教育理念。随着教育的发展和课程改革的不断深入,STS 教育理念正在向生物学课程、教材和教学三个层面渗透,STS 教育已从个别课题逐渐向普及性课程方向发展,STS 教育理论已成为指导我国中学生物学课程改革的理论之一。21 世纪以来,我国相继颁布的初高中生物学课程标准都提出了"要让学生认识生物科学和技术的本质,能正确理解科学、技术、社会之间的关系","注重使学生在现实生活的背景中学习生物学,倡导学生在解决实际问题的过程中深入理解生物学的核心概念,并能运用生物学的原理和方法参与公众事务的讨论或做出相关的个人决策"等要求。

而 2018 年颁布的《普通高中生物学课程标准(2017 年版)》更是将社会责任教育作为生物学课程目标的重要组成部分,社会责任教育正是 STS 教育的一部分。在过去的 20 多年间,虽然我国中学生物学课程中并未明确提出社会责任教育的要求,但基于 STS 教育的相关内容的教学已经有了些许积淀。[①] 刘恩山教授在《普通高中生物学课程标准(2017 年版)解读》中就提出,对社会性科学议题进行分析或讨论是渗透社会责任教育的重要策略之一。有教育研究者认为,SSI 教育不但可以体现 STS 教育所具有的教育功能,而且实现了对 STS 教育的超越。[②]

> **资料阅读**
>
> **社会性科学议题的教育价值**
>
> 课堂上引入社会性科学议题,不仅能够发展学生的社会责任,还能促进学生非形式推理能力的提高、对科学本质的理解、对科学知识的构建以及伦理道德的认知。与生物学相关的社会性科学议题分类见图 5-12。
>
> 1. SSI 教学促进学生对科学知识的理解
>
> 科学教育的主要目标是促进学生概念化地理解科学知识。珀金斯和萨洛蒙曾在

[①] 魏志琴,刘晟,刘恩山.在生物学课堂上加强社会责任的教育[J].生物学通报,2017,52(10):15-18.
[②] 蔡铁权.科学教育中的 SSI 教学[J].全球教育展望,2009,38(10):82-85.

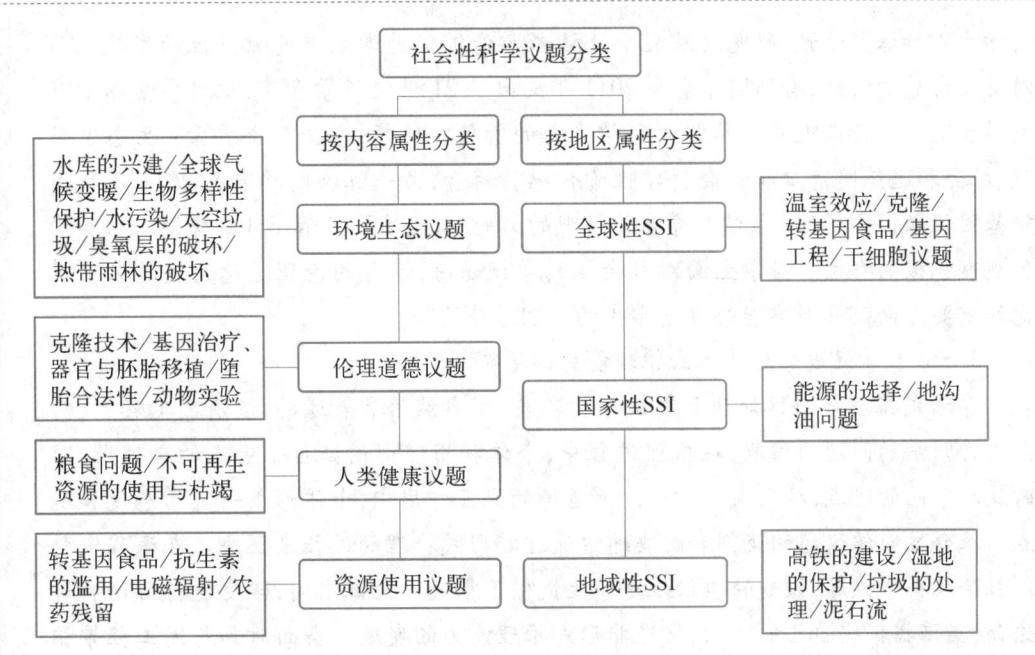

图 5-12　社会性科学议题分类

1989年回顾认知科学30年的研究后得出结论：要做出决策，需要对相关概念有一个基本的理解。把社会性科学议题引入课堂为科学概念的教学提供了一种策略，提供一个学习概念的环境，能促进学生科学概念的形成。萨德勒和蔡德勒的研究表明，知识基础较好的学生能够利用相关议题的科学知识作为证据来支持自己的论点。学生为了对议题作出决策，会主动搜集相关知识支持自己的观点，在真实的问题情境中构建起对科学知识的理解。多兰等人把社会性科学议题引入小学五年级的课堂，把学生带入社会性科学议题，使学生的知识与现实生活相联系，让学生解决与生活相关的问题，研究结果表明，学生对SSI教学中的科学知识有很大的兴趣。社会性科学议题是一种社会问题的情境，在情境中更有利于概念的学习，激发学生的学习兴趣，让学生主动搜集和理解更多相关议题的科学知识。总之，SSI教学能够促进学生对科学知识的理解。

2. SSI教学促进学生的伦理道德认知

SSI教学之所以是STS教育理念的超越，是因为SSI教学明确考虑学生的伦理道德和人格发展。科学教育者明确表示，有关社会科学问题的决策必须考虑伦理道德，忽略道德和伦理的社会性科学议题结论的有效性会被束缚。相关教学研究表明，当学生面对社会性科学议题时，更多的是把社会性科学议题作为道德问题来考虑。学生面对议题时表达出了道德敏感性以及对他人幸福的关注。萨德勒和蔡德勒探索了社会性科学议题的道德性对学生决策的影响，结果表明，大学生对于基因工程的社会性科学议题的决策大部分会基于道德考虑，萨德勒通过教学实践的研究支持把社会性科学议题引入课堂用来鼓励学生考虑社会、科学和道德之间的复杂性。福勒和蔡德勒对学生进行课程干预,研究结果显示,SSI 教学能够促进学生道德敏感性的发展。面对迅速发展的时代,有韩国学者在 2011 年提出了 21 世纪科学素养,把科学素养中有关学生道德和价值观的培养归于科学素养的价值观维度,包括三个要素:生态世界观、社会和道德同情心和社会科学性责任感。随后,另一位韩国学者在 2013 年利用转基因议题探索了 SSI 教学对学生价值观的影响,研究结果显示,SSI 教学对人格和价值观有积极的影响。当学生面对社会性科学议题时,议题的伦理道德角度是必须考虑的重要方面,SSI 教学能够促进学生的伦理道德认知。

3. SSI 教学促进学生非形式推理能力的培养

非形式推理是个体处理和解决结构不良、用自然语言表述的、没有固定答案、需要进行归纳的问题的推理,在推理过程中,个体利用理由论证自己观点的合理性,同时反驳不同的观点,从而在认知与情感道德的交互作用中,个体形成一定的态度和观点。社会性科学议题的谈判和解决通常通过非形式推理的过程来解决。在课程中引入社会性科学议题,议题的争议性给学生提供了很大的论证空间,学生进行辩论和讨论,搜集证据证明自己的观点,促进非形式推理能力的发展。当面对如基因工程等相关议题时,学生的非形式推理模式主要有理性非形式推理模式、情感非形式推理模式和直觉非形式推理模式,他们建议科学教育者应在社会性科学议题教学中关注学生的情感和直觉,鼓励和引导学生非形式推理能力的发展。

4. SSI 教学促进学生对科学本质的理解

SSI 教学被认为是促进学生理解科学本质与运用科学知识的有效手段。社会性科学议题一般呈现科学本质的暂定性、证据性和主观性等特点。社会性科学议题是多领域性的,学生能够认识到科学和技术并不能解决所有问题,具有局限性;由于不同的人具有不同的观点,这也让学生认识到科学具有主观性。以 SSI 为背景的学习有利于激发学生的学习兴趣,暴露学生的科学本质观点,反映科学本质的属性,即 SSI 背景能够有效地促进学生对科学本质的理解。同样,学生的科学本质知识有利于做出科学的社会性科学议题决策。[①]

▲ SSI 教学策略的一般模式

在中学生物学课堂中,有诸多内容和教学环节适合融入社会性科学议题情境。开展这一教育,通常不必增加额外的课时,关键是教师要有目的地切入和引领。国外学者对 SSI 教学进行了大量而广泛的研究,提出了多种教学模式。如沃克斯(Waks)提出的 5 层面教学模式(图 5-13)、基菲尔(Keefer)的道德思维教学模式、拉特克里夫(M. Ratcliffe)的抉择性决策教学模式、美国社会科学教育学会(NCSS)提出的议题中心教学法等。其中议题中心教学法比较受关注和重视,我国研究者朱玉成总结归纳了议题中心教学法中常用的 3 种模式(表 5-4)。

---

① 刘辰艳,张颖之. 从 STS 到 SSI:社会性科学议题的内涵、教育价值与展望[J].教育理论与实践,2018,38(29):7-9.

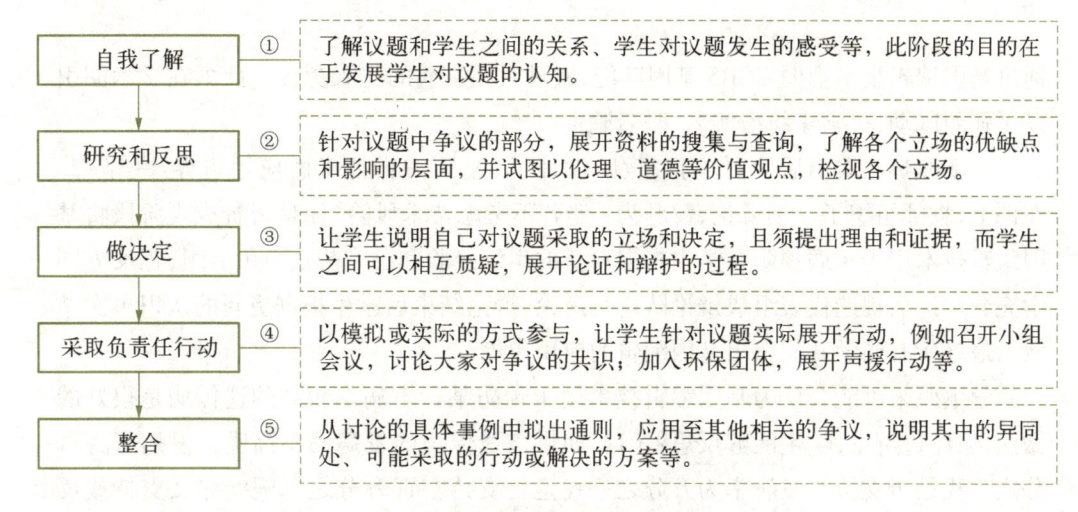

```
┌─────────┐ ①  了解议题和学生之间的关系、学生对议题发生的感受等,此阶段的目的在
│ 自我了解 │───  于发展学生对议题的认知。
└────┬────┘
     ↓
┌─────────┐ ②  针对议题中争议的部分,展开资料的搜集与查询,了解各个立场的优缺点
│研究和反思│───  和影响的层面,并试图以伦理、道德等价值观点,检视各个立场。
└────┬────┘
     ↓
┌─────────┐ ③  让学生说明自己对议题采取的立场和决定,且须提出理由和证据,而学生
│ 做决定  │───  之间可以相互质疑,展开论证和辩护的过程。
└────┬────┘
     ↓
┌─────────┐ ④  以模拟或实际的方式参与,让学生针对议题实际展开行动,例如召开小组
│采取负责任行动│  会议,讨论大家对争议的共识;加入环保团体,展开声援行动等。
└────┬────┘
     ↓
┌─────────┐ ⑤  从讨论的具体事例中拟出通则,应用至其他相关的争议,说明其中的异同
│ 整合  │───  处、可能采取的行动或解决的方案等。
└─────────┘
```

图 5-13　沃克斯的 5 层面教学模式

表 5-4　议题中心教学法的常用模式

方法	概　述	案 例 导 引
结构性争论法	一是经互换立场的过程,让学生同时思考同一议题的正反面观点;二是通过小组诘问与协商的过程,达到对议题的共识。 比较适合冲突性较高的议题。	生物学在诸多的焦点上涉及了当今的社会问题,如基因编辑、克隆、干细胞、转基因技术、试管婴儿、滥用抗生素等。这些问题除了生物学科技的因素之外,还常涉及社会道德和伦理问题,有的甚至要考虑公共安全的因素。
决策模拟法	现实生活中遇到的实际问题常常是整合着各类信息而综合呈现的。我们可以将其引入课堂,让学生在接近实际情境的模拟实践中,解决生物问题。师生针对某议题实施后可能导致的结果,寻找解决方案,评估各种方案并最终师生共同产生价值导向。 适合需要达成共识的议题。	如外来物种入侵、野生动物作为宠物被贩卖、垃圾的合理管理、艾滋病防控,都是可进入生物学课堂的话题。教师针对这些实际问题展开讨论,引导学生利用生物学知识和方法,提出更好建议、决策或宣传方案。
反思探究法	现实生活中处处是生物学问题,师生针对探究问题发展出一个或数个假设,找出问题的解决方法,并不断总结评估阶段性的成果(但不一定要求要达成共识) 适合冲突性较弱的议题。	学习"激素调节"时,可以将学生生活中看到的一些侏儒症、呆小症等事件引出作为课题。

案例鉴赏

"基因编辑技术的应用边界"的教学案例

2018 年 11 月 26 日,一对经历了 CCR5 基因编辑的婴儿在深圳出生。他们是首例经过基因编辑的人类。CCR5 基因是 HIV 感染宿主细胞必需的分子路标,研究者希望

通过基因编辑技术削弱 CCR5 基因功能,实现对艾滋病的先天免疫。此事在学术圈引发了强烈震动,科学家纷纷实名、联名谴责。

该新闻热点爆出后,一位高中教师设计了"基因编辑技术的应用边界"一节课。在课上,教师组织了一场辩论,辩题为:倘若不考虑技术风险,你是否赞成现阶段将基因编辑技术用于疾病预防?学生根据自身的生活经验和已有想法自由分组,正反方同学充分讨论后挑选代表组成辩论队进行辩论,辩论结束后学生根据更新的认识再次站队。最终所有同学共同得出基因编辑的应用边界。

学生原来可能会认为基因编辑技术用于预防某种发病率较高的遗传病是很好的做法,但经过辩论,学生能够反思:(1)如果该遗传病的发病率不高呢?发病率为百分之一我是否支持?发病率为万分之一我是否支持?百万分之一呢?那么支持或反对的界限在哪里呢?(2)如果预防可以,那么改善是否可以?能否利用基因编辑技术进行基因改造,让某些孩子可以长得更高,更强壮,更聪明呢?如果我们按照今天的大众审美,创造了一批具有高个子、白皮肤、高智商、语言能力强等性状的孩子。这样的孩子,到底是满足社会要求和家庭期待的工具,还是独立的智慧生命呢?(3)基因编辑的广泛应用,在去除那些对于当下生活环境有害的等位基因的同时,使人类的基因库变小,这对于全人类的未来会带来怎样的影响?经过辩论,学生自然而然构建出基因编辑技术的应用边界(不得对生殖细胞进行基因编辑;不得进行非必要的基因编辑),并最终认识到科学决策必需多方权衡,符合大多数人的价值观和利益。

小试牛刀

1. 对于案例中这节课,有的人认为它巧妙地利用社会热点事件,能帮助学生形成正确的伦理观,提升学生的生物学核心素养。但也有的人认为这节课让学生站在不合伦理的立场上进行辩论,可能会误导学生。你认为这节课设计得如何呢?谈谈你的观点。这个案例用到了我们前面学习的 SSI 教学策略中的哪种模式?
2. 以新型冠状病毒为情境,以中学相关内容为基础,基于 SSI 策略进行教学设计。

活动 6　项目学习(PBL)教学策略的设计

▲ 项目学习教学策略的概念建构

《普通高中生物学课程标准(2017 年版 2020 年修订)》强调教师教学方式的转变,倡导教师多样化的教学实践,如探究式学习、小组合作学习、项目学习等。其中,"项目学习"既是教学理论研究的热点,又是教学实践探索的亮点。

项目学习(project-based learning, PBL)与基于问题的学习(problem-based learning, PBL)英文缩写相同,但却是两个完全不同的概念(高中课标将两者统称 PBLs)。项目(project)这个概念源于管理学,是指在特定时间内,为了实现与现实相关联的特定目标,把需要解决的问题分解为一系列相互联系的任务,以便群体间可以相互合作,并有效组织和利用相关资源,从而创造出特定产品或提供服务。

随着项目这个概念逐渐被引用到教育学中,产生了基于项目的学习或曰项目学习。项目学习被定义为一种"教"与"学"的模式,关注的是学科的核心概念和原理,要求学生从事的是问题解决、基于现实世界的探究活动以及其他的一些有意义的工作,要求学生主动学习并通过制作最终作品的形式来自主完成知识意义的建构,以现实的、学生生成的知识和培养起来的能力为目标。① 项目学习教与学的核心是探究式的学习方式。

> **资料阅读**
>
> 项目学习的特征
>
> (1) 有一个驱动或引发性的问题,这个问题即"项目"。它是指实际生活中的问题,而不是指学业问题(认知性的问题),是用来组织和激发学习活动的。
>
> (2) 有一个或一系列最终作品。作品的形式可以是多种多样的,如研究报告、实物模型、图片、录音、录像、幻灯片、网页、戏剧表演等。
>
> (3) 关注的是多学科知识的综合运用。因为"项目"是实际生活中的问题,所以认识和解决这样的问题往往需要综合运用多学科的知识。
>
> (4) 强调学习过程中的合作。完成一个项目往往需要教师和学生密切合作。
>
> (5) 学习具有一定的社会价值。项目学习的问题来源于实际生活,其产品具有社会应用价值。在项目学习的过程中,学生要与社区或某种实际生活情境接触。
>
> (6) 学习过程强调在现实生活过程中进行探究。项目学习具有探究性特征,学生通过探究完成项目。
>
> (7) 学习过程中要运用多种认知工具和信息资源,如多媒体和互联网等。

▲ 项目学习教学策略的一般模式

项目学习的教学流程可以包含提出问题、设计项目、创设环境、探究学习以及展示评价五个步骤(图 5-14)。每个步骤都包含教师的"教"与学生的"学"的共同合作。在问题提出过程中,学生在教师的引导下,依照自己的兴趣提出问题。在设计项目阶段,教师布置项目,学生接受任务。在创设环境的环节中,教师为学生创设解决问题所需要的情境,学生主动充分地利用资源。接下来是项目式学习的核心阶段——探究学习。在探究学习中,学生是积极的主体,通过自主探究和协作交流,整合分析知识来解决问题,最终自主形成知识体系的建构。当学生遇到困难或者急需帮助的时候,教师会起到协助和辅导的作用。最后是展示与评价,学生以多样的方式展示作品,教师进行过程性评价。②

---

① 刘景福,钟志贤.基于项目的学习(PBL)模式研究[J].外国教育研究,2002(11):18-22.
② 胡佳怡.对项目式学习的再认识[J].中小学教材教学,2019(02):48-51.

当然以上这种项目学习的教学流程只是其中一种,不同人设计的教学流程会有所差异。

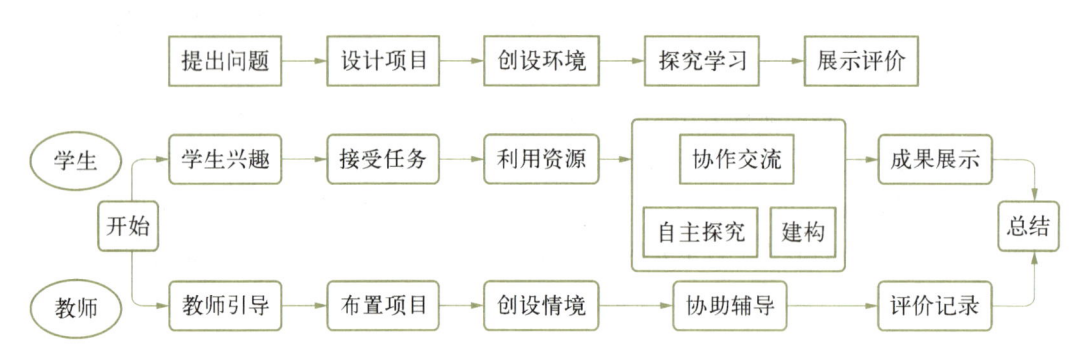

图 5-14 项目学习的教学流程

案例鉴赏

基于项目学习的"口罩"STEAM 课程设计框架

一、总议题

如何使所有人都能在疫情突发时得到应有的防护?

二、总目标

以口罩为线索,从人类发明创造和使用口罩的历程及自身的生活经验中,领悟人与自然的关系、人与人的关系,以及国与国的联系。

对自然怀有敬畏之心,自觉养成良好的卫生习惯,增强公共意识。能运用所学的知识,从国家、社会和个人等多种角度思考解决口罩供求等矛盾的良策,增强公共参与能力,力所能及地履行公民权利和义务。

三、总任务

与同学合作创造一本以"口罩"为主题的纸质作品或一部多媒体作品,或创作排演一部情景剧。

四、分议题和子议题

1. 口罩的作用

为什么疫情发生时人人都要戴口罩?

口罩是怎么预防病毒传染的?

口罩有哪些类型?适合哪些人在什么样情况下使用?

买不到口罩怎么办?可以自制口罩吗?

如何规劝不戴口罩的人?

2. 口罩的前生今世

口罩是怎么发明和广泛流传的?

古人也戴口罩吗?今天的口罩是什么时候发明的?

口罩的样子发生了什么变化？为什么有这样的变化？人们是怎么改进口罩的？中国人是什么时候开始用口罩的？口罩在全世界以及在中国推广遇到过什么问题吗？

哪些人、哪些组织推动了口罩的使用？

3. 口罩的生产

口罩的产量能满足需求吗？

中国和全世界的口罩产量是多少？生产企业分布在何处？哪些国家和地区口罩产量最高？

各国人均口罩消费量为什么不同？什么决定了口罩的产量和消费量？

我国的口罩产能可以满足突发疫情的需要吗？

中国每年从国外进口多少口罩？出口多少口罩？

疫情突发时，政府为增产口罩，采取了哪些措施？

企业如何提高口罩生产的效率和产品质量？

4. 口罩的供求

口罩成为紧缺物资时，如何缓解其供求矛盾？

造成口罩供不应求的因素有哪些？

口罩供不应求时，商家是否可以抬高价格？

政府出手遏制口罩价格上涨是否违反市场规律，是否具有法律依据？

疫情突发时，口罩供应如何保障公平性？

发生公共安全事件时，如何防止囤积居奇的行为？

新冠疫情暴发后，中国游客和代购在国外商店抢购当地紧缺的口罩寄回或带回国内，你赞同这种行为吗？

5. 戴口罩的文化

如何避免围绕戴口罩产生的冲突？

发生疫情时，周围人不戴口罩怎么办？

戴口罩被人误解怎么办？

为什么常见日本人戴口罩？

劝父母戴口罩挨骂怎么办？

戴口罩有什么讲究和禁忌？

6. 口罩的未来

为更好地保障人类的生命健康，口罩的设计、制作、供应与处理还可以作哪些改进？

未来还有什么样的情况需要戴口罩？

口罩怎样才能增加防护效果，同时更加舒适、美观？

如何处理使用过的口罩以避免对环境和人的伤害？

小试牛刀

1. 上述案例缺少项目学习中的"探究学习"和"展示评价"环节,你是否可以选择一个分议题进行教学设计?
2. 请结合前面学过的项目学习(project-based learning, PBL)和基于问题的学习(problem-based learning, PBL)的相关内容,并查阅资料,谈谈两者的区别和联系。

活动 7　整体化教学策略的设计

▲ "整体化教学策略"的概念建构

知识的整体化是针对知识的碎片化而言的,整体化有三个方面的意思:① 从知识本身的角度而言,整体意味着联系,联系强调的是关联而不是孤立;② 从学生学习的角度而言,整体意味着组织,组织强调的是建构而不是复制;③ 从课程的角度而言,整体意味着统整(以知识联系为纲的统整、以主题为纲的统整、以核心素养为纲的统整),统整强调的是化学反应而不是物理反应。强调知识的结构化、整合化,防止知识的孤立化、片面化是将知识转化为核心素养的基本要求。[1]

中学生物学教学中,整体化教学策略主要是通过设计单元教学来实现的。即教师在对课程标准、教材等教学指导性资源进行深入解读和剖析后,根据对教学内容的理解以及学生的情况和特点,对教学内容进行分析、整合、重组,形成相对完整的教学结构单元,并围绕该结构单元展开教学活动。[2] 通过单元教学,有助于教师突破"只见树木不见森林"的课时思维,转变教师只注重零散知识点落实的传统课堂教学理念,帮助教师从"长时段"整体筹划学科教学,注重学科整体组织化、结构化知识的建构。同时有利于培育学生的学科核心素养。钟启泉教授就认为,"单元教学设计是撬动课堂转型的一个支点","核心素养—课程标准(学科素养/跨学科素养)—单元设计—课时计划"是一线教师应该掌握的教育活动的基本环节。[3]

▲ "整体化"教学策略的重要工具——概念图

余文森教授在《核心素养导向的课堂教学》一书中提出整体化工具包括知识树、概念图和思维导图,结合中学生物学课程的特点,我们这里重点介绍"概念图"工具。

概念图是用来组织和阐述知识的工具,最早在 20 世纪 60 年代由美国康奈尔大学诺瓦克(Josoph D. Novak)教授等人基于奥苏伯尔(David P. Ausubel)的理论提出。它包括概念与概念或命题之间的关系,这种概念或命题之间的关系用连线来表明,连线上的字词将两者间的关系予以明确。

---

[1] 余文森.核心素养导向的课堂教学[M].上海:上海教育出版社,2017:179-182.
[2] 上海市教育委员会教学研究室.中学生命科学单元教学设计指南[M].北京:人民教育出版社,2018:6.
[3] 钟启泉.单元设计:撬动课堂转型的一个支点[J].教育发展研究,2015,35(24):1-5.

1. 概念图的基本特征

概念图的结构包括节点、连线和连接词三部分。概念图由概念节点和带有标签的连线组成。节点用来表示某一命题或知识领域，节点之间的连线则表示概念之间的内在逻辑关系。连线可以是有方向的，可以是单向也可以是双向的箭头，箭头的指向也就是概念或命题之间逻辑关系的方向，连线上的标签表示概念之间是如何或者是通过什么方式来建立联系的。

2. 概念图的评价

一个理想的概念图应该具备以下三个条件：① 概念间具有明确包容关系的层次结构。② 概念间的内在逻辑关系可以用适当的词或词组标注出来。③ 不同层级概念间的纵横联系清楚、明确，并形成一些交叉点。纵向联系说明概念间的包容与被包容的关系；横向联系可以说明处于概念图中同一层级水平的概念间的有意义联系；而交叉关系则说明处于不同层级概念间的联系。

概念图绘制规范：

（1）概念图中每个概念只出现一次。

（2）连接两个概念间的联系词应尽可能选用意义表达明确的词。

（3）连接概念的直线可以交错，但向上或向侧联系时需加箭头。

（4）概念名词要用方框和圆圈圈起来，而联系词则不用。

3. 概念图的应用时机

在生物学教学中，概念图可以使用在以下一些场景中：① 教师在进行单元教学设计时，可运用概念图对教学内容进行归纳和整理，将教学的主要概念和原理以可视化的关联方式展现出来，把握知识之间的逻辑关系，对所教内容有一个整体性认识；② 在新授课的教学中，可以用概念图厘清和建构新内容，实现教学内容可视化，同时能训练学生思维；③ 在复习课中，更是经常运用概念图复习已有知识，将一个大概念下的零碎知识结构化，促进学生自主建构完整的知识体系；④ 概念图还可以作为课后作业，成为教师对学生学习状况的评价依据，概念图的完整性、广泛性、系统性、层级性等特征可以反映学生的认知结构及其对知识的理解与掌握、迁移应用以及知识创新等方面情况，教师根据概念图反馈的情况给出相应的评价和建议。

▲ 单元教学设计的一般模式

单元教学设计的一般模式我们主要借鉴了周初霞[1]老师提出的方法——选择单元学习主题，研究指向学科核心素养的单元学习目标，设计"情境—问题—活动"为主线的单元教学蓝图和落实学科素养达成为导向的单元教学评价。单元教学设计模式如图 5-15 所示。

▲ 确定单元学习主题和指向学科核心素养的单元学习目标

要深入研读生物学课程标准。课程标准在呈现方式上有了阶梯式的跃升，在课程目标、内容要求、教学建议和学业质量等方面都有了更为详尽的要求，对教师把握教学要点有直接

---

[1] 周初霞. 聚焦生物学重要概念的单元整体教学设计实践研究[J]. 生物学教学, 2019, 44(04): 7-10.

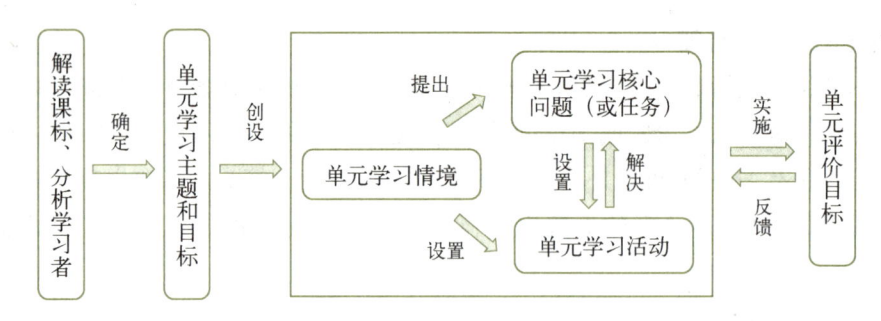

图 5-15　单元教学设计模式

的帮助。首先从课程层面理解生物学学科观点、大概念,并分析大概念间的关系,大概念与生命观念之间的关联性;其次从模块(或主题)层面分析课程知识结构,列出模块体现的学科观点与大概念;再次以重要概念为单位从单元层面来区分事实和概念,厘清单元重要概念的建构需要基于哪些次位概念的学习,单元重要概念与其他重要概念之间有何内在逻辑关系,单元重要概念对大概念形成有什么支撑作用等,并建构概念图。同时,结合分析学习者的已有知识背景和学习能力等教学实情,划分单元,确立单元学习主题和学习目标。单元学习目标的确定要指向学科核心素养的达成,目标的表述应是明确的、具体的、可以观察和测量的。

▲ 设计"情境—问题—活动"为主线的单元教学蓝图

无论学科核心素养是什么,都"不是直接由教师教出来的,而是在问题情境中借助问题解决的实践培育起来的"。所以,单元教学设计要以"情境—问题—活动"为主线来开展教学活动,帮助学生在深度学习过程中逐步发展学科核心素养。首先,创设能够支撑整个单元的整合性的真实生物学情境。学科知识本来就产生于某种特定的情境中,而脱离了特定的情境,学科知识就会僵化,缺乏生命力。通过创设真实的生物学情境,将学科要解决的问题信息蕴含在特定的情境中,让学生通过对情境中的相关信息进行积极的感知和理解来学习学科知识。这样可帮助学生经历生物学知识产生的过程,让学生明白为什么提出这一生物学概念,从而在习得生物学知识的同时形成生物学学科的核心素养。然后,基于情境提出核心问题(或任务),呈现系统化、多样化的学习材料;进一步设计系统、有层次的子问题(或子任务)。最后,根据学习材料和子问题开展有目的、有方向的自主、合作、探究等主动学习活动,并呈现探究等学习成果,初步回答上课初始所提出的核心问题。学习活动旨在发展学生的特定素养和认识方式,因而学习活动的设计应以达成学习目标为宗旨。同时,学习活动的设计应该具有连续性、进阶性和内部逻辑性。

▲ 落实"教—学—评"一致的单元评价目标

教学设计以有目的的学习而不是"偶然"学习为目的。这意味着最终的目标与预期的学习结果指导着学习活动的设计与选择。教学评价是单元教学设计的灵魂,是教师了解教学过程、调控教和学的行为、提高教学质量的重要手段。单元教学评价要指向学科素养的达成,特别要深入研究课标中的学业要求、学业质量水平的不同等级及要求。评价以学生发展为本,以生物学课程内容、学业质量标准为依据,聚焦学科核心素养,促进教师的教和学生的学。教学评价要多元化,不仅要注重学生的结果性评价,更要注重学生学习的形成性评价。

形成性评价旨在了解学生在学习过程中的学习状况,以提供持续的反馈信息用于帮助教师提高自己的教学,对于学生来说是要促进学生的学习,便于学生看到自己的长处和弱点,以及需要更加努力的部分。教学评价要具体、明确,有检测性;教学评价目标与学习目标之间要具有高度相关性,以体现"教—学—评"一致。教学评价是教学过程中各个主体发现问题、解决问题并最终使教学活动朝着预期方向发展的重要方式与手段,评价的核心理念或价值观应该是促进学生的学习与发展,并以此反思教师自身的教学及其专业发展,即通过及时反馈来调动学生学习的主动性和积极性,而且能有效反转教学过程以促进和完善教师的教。

案例鉴赏

"细胞会经历生长、增殖、分化、衰老和死亡等生命进程"单元教学设计

浙江省 2018 年高中生物学教学评比活动中,开展了以重要概念"细胞会经历生长、增殖、分化、衰老和死亡等生命进程"(以下简称重要概念 a)为主题的单元教学设计评比,本案例在温州中学柯建星老师等获奖选手的案例基础上修改而成。

1. 分析单元学习内容,确定单元学习目标

细胞在代谢的基础上,完成增殖、分化、衰老、凋亡等生命过程,进而实现个体的生长、发育和繁殖。在"细胞通过分裂增殖""细胞通过分化产生不同类型的细胞""细胞凋亡是编程性死亡"等多个次位概念的基础上形成重要概念 a;重要概念 a 是"细胞的生存需要能量和营养物质,并通过分裂实现增殖"这一大概念的重要支撑;重要概念 a 又是学习"减数分裂产生染色体数量减半的精细胞或卵细胞""遗传信息控制生物性状"等概念的基础。这些概念之间的关系如图 5-16 所示。

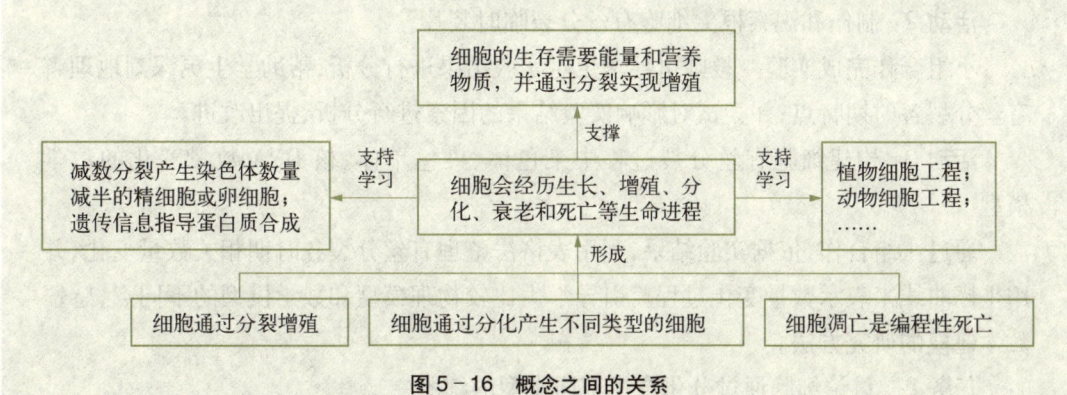

图 5-16 概念之间的关系

基于上述分析确定本单元学习目标:① 通过"模拟有丝分裂过程中染色体行为"活动,学习模型与建模的研究方法,并能运用结构与功能观来解释有丝分裂过程中遗传信息在亲、子代细胞间的一致性。② 通过"制作和观察根尖细胞有丝分裂临时装片"活动,学会正确使用实验器材,如实记录实验结果,并依据实验结果构建染色体、染色单体、核 DNA 数量变化的数学模型;尝试分析影响实验结果的原因。③ 通过对细胞分裂、分化、衰老、凋亡相互关系的分析和讨论,能够运用稳态与平衡观、局部与整

体观,解释癌症等疾病的发生原因,深入探讨并提出治疗癌症的设想,认同健康文明的生活方式。④ 通过搜集有关细胞研究和应用方面的信息并进行交流,学会运用生物学原理解释人口老龄化、癌症、干细胞研究等社会议题,加深对科学、技术、社会相互关系的认识。

2. 情境、任务与活动

播放视频,讲解人的一生从受精卵经过胚胎发育、个体发育和生长等阶段,直至老年,并定格受精卵、婴儿、青少年、老年等阶段的画面。

提出核心问题:"人的一生从生理上来分析发生了哪些变化?这些变化在细胞水平上分析是如何实现的?"引导学生从细胞水平来认识细胞的分裂、分化、衰老和凋亡等生命进程。

任务1 探究细胞通过分裂增殖

情境 从受精卵到个体的发育过程中,如何实现细胞数目的不断增加?细胞分裂时如何保证染色体的精确均分?

活动1:尝试构建细胞分裂各时期染色体行为的模型。

展示人、果蝇等不同生物的染色体组成图,引导学生分析不同生物染色体的数目和形态不同;体细胞内的染色体成对存在,不同对染色体之间大小、形态有差异。

学生小组合作利用毛根建构一个细胞中含有2对染色体的模型;建构分裂一次后子细胞中的染色体组成模型;建构在细胞分裂过程中可能会出现的3个染色体行为变化最具特点的静态模型。然后让学生观看细胞进行有丝分裂的真实视频,并对自己建构的模型进行对照,修正模型。

活动2:制作和观察根尖细胞有丝分裂临时装片。

小组合作完成实验。教师引导学生对实验结果进行分析,帮助学生更深刻地理解有丝分裂各时期特点;并尝试对影响实验结果的因素进行分析、提出改进。

活动3:构建细胞有丝分裂过程中染色体、染色单体、核DNA数量变化的数学模型。

通过小组合作,依据实验结果,利用表格法整理有丝分裂各时期相关数量变化,并用坐标曲线来表示数量变化过程。引导学生比较物理模型和数学模型的不同点,感悟数学建模的研究方法。

任务2 讨论细胞通过分化产生不同类型的细胞

情境 播放人从受精卵到胎儿形成过程的视频,说明人体内有200多种类型的细胞;展示人造血干细胞分化过程的图片。

活动1:根据视频和图片,小组合作讨论细胞分裂与分化的相关问题,尝试建构细胞分化的概念,明确细胞分化与个体发育的关系。讨论细胞分化异常(如细胞癌变)的成因、预防和治疗等相关问题,并提出自己的健康生活方式。

活动2:阅读胡萝卜组培实验(美国科学家斯图尔德)、蝌蚪肠细胞核移植实验和培育"多莉"羊等资料,总结影响细胞全能性表达的可能因素。小组合作提出利用细胞全能性寻求人类移植器官来源的可能途径。

活动3:课后查阅人类利用骨髓移植、干细胞技术等治疗白血病的资料,课堂进行交流。

任务3 认同细胞衰老与凋亡是自然的生理过程

情境 展示老年人的图片,观察老年人的体貌特征,如皱纹和老年斑等。提出问题:老年人有哪些生理变化?人体为什么会衰老?

活动1:估一估:一个人的一生大约有多少天?3千、3万还是30万天?画一画:你的同桌80岁时的模样。小组合作从细胞的成分、结构、功能等对细胞衰老的特征进行分析,归纳出衰老细胞的特征。

活动2:阅读细胞凋亡研究的科学史相关资料。分析人体如何清除衰老细胞,理解细胞凋亡的意义,比较细胞凋亡与细胞坏死的区别。

活动3:播放关爱患老年痴呆症老人的一则公益广告;展示我国老龄化人口的数据。通过角色扮演(如老年人、成年人、青少年;父母、子女等),讨论人口老龄化带来的问题以及我们的应对策略。

3. 单元评价目标

本单元的评价目标包括:① 在"制作和观察根尖细胞有丝分裂临时装片"活动时,能依据实验量规熟练完成显微镜操作、临时装片制作等实验步骤,如实记录实验结果和分析实验结果,并能自行调整、设计实验改进方案。需要具备科学探究的四级水平。② 在学习"细胞的生命进程"时,能用模型、概念图来解释生命进程中发生的规律性变化,并对自己遇到的现实生活问题做出决策。需要具备科学思维的四级水平。③ 在学完"细胞的生命进程"后,能初步运用结构与功能观、物质与能量观解释有关生命现象,比较不同生命现象特征之间的差异。需要具备生命观念的四级水平。④ 在学完"细胞的生命进程"后,能通过文献调查、访谈等方法,针对本地的癌症、人口老龄化、生物技术产品应用等社会热点问题进行讨论,提出自己的见解并加以评论,辨别伪科学,制定并践行健康生活计划。需要具备社会责任的四级水平。

小试牛刀

1. 请结合以上案例,思考单元教学设计中的"单元"是否指的是教材中的自然单元呢?与同伴讨论可以基于哪些角度对中学生物学内容进行整合。
2. 请选择初中或高中的一个教学内容,以概念图形式设计一个以"情境—问题—活动"为主线的单元教学蓝图。

任务小结

在本任务中,我们学习了中学生物学教学中常用的教学策略,包括情境化教学策略、论证式教学策略、5E 学习环教学策略、HPS 教学策略、SSI 教学策略、PBL 教学策略及整体化教学策略。这些教学策略的灵活运用有助于学生对知识学习的批判理解、对学习过程的建构反思,培养学生在学习过程中的知识迁移、高阶思维和问题解决能力,促进核心素养的培养。当然,在中学生物学教学中使用的教学策略并不仅仅限于我们学习的这几种,还有更多的教学策略和模式等待我们去探索。

拓展阅读

请阅读有关文献,并书写读书心得与体会。

[1] 刘月霞,郭华.深度学习:走向核心素养(理论普及读本)[M].北京:教育科学出版社,2018.

[2] 王健.深度学习:走向核心素养(学科教学指南.初中生物)[M].北京:教育科学出版社,2019.

[3] 崔允漷.深度教学的逻辑:超越二元之争,走向整合取径[J].中小学管理,2021(05):22-26.

[4] 李增娇.指向深度学习的生物学教学研究[M].上海:上海科学普及出版社,2020.

[5] 上海市教育委员会教学研究室.中学生命科学单元教学设计指南[M].北京:人民教育出版社,2018.

[6] 卢明,崔允漷.学科核心素养呼唤单元教学[J].课程教材教学研究(教育研究),2020(Z3):58.

[7] 刘辰艳,张颖之.从 STS 到 SSI:社会性科学议题的内涵、教育价值与展望[J].教育理论与实践,2018,38(29):7-9.

[8] 黎潇阳,任小文,王林玲."四史线"教学法:指向生物学学科核心素养的 HPS 教育变式[J].生物学教学,2018,43(09):6-8.

[9] 郭华.深度学习与课堂教学改进[J].基础教育课程,2019(Z1):10-15.

[10] 吴举宏.促进深度学习的中学生物学教学策略[J].生物学教学,2017,42(10):18-20.

[11] 夏雪梅.PBL 项目化学习设计:学习素养视角下的国际与本土实践[M].北京:教育科学出版社,2008.

课外活动:概念图及实验探究方案设计

一、活动任务

(1) 根据教师要求,选择某一中学生物学核心概念,利用 FreeMind、XMind 等概念图制作软件进行概念图的设计。

(2) 根据要求,基于具体的中学生物学教学内容,设计一份合理完整的实验探究方案。

二、活动目标

(1) 学会利用相关软件制作概念图的基本方法,领悟概念图在中学生物学教学中的作用。

(2) 设计实验探究方案,掌握探究方案设计基本方法,并在过程中体验其对学生学习的意义。

三、活动形式

作业+网络互动交流

四、活动过程

1. 概念图的制作

（1）下载 FreeMind、XMind 等软件工具，学习软件的基本操作步骤（相关软件操作可阅读"帮助文档"或"技术辅助视频"），也可以利用 Mindomo 网络平台进行在线概念图的合作编辑。

（2）根据要求，选择初中或高中教材中某一内容，利用 FreeMind、XMind 等概念制作软件进行概念图的设计，并将学习成果（一般为图片）上传。

（3）参与学习平台的互动交流。

2. 设计实验探究方案

（1）根据要求，围绕着中学生物学中的一个特定主题（如"生长素的作用机理""温度对光合作用的影响"等），确定需要进行实验探究的问题，明确探究活动的教学目标。

（2）围绕探究问题，搜集相关文献资料及素材，设计基本的实验探究步骤以及教学过程的组织、形式。在此基础上，完善实验探究方案，明确实验探究的评价内容与标准。

（3）将实验探究方案以文本形式提交至课程学习平台，参与平台上的互动讨论。

（4）针对他人的评价意见修改个人作品，并提交最终作品至课程学习平台。

五、活动评价

本次活动将从提交概念图及实验探究方案的作业质量、活动参与度等方面进行评价。

第二节 中学生物学教学过程的设计

在完成了两个分析(学习者分析、学习内容分析)以及三个设计(教学目标设计、教学策略设计、教学媒体设计)后,如果要将这些分析和设计的片段进行连接、整合,成为一个相对完整的教学方案,就需要进行教学过程的设计和表述;而教学目标、教学策略的落地,也需要实施教学过程才能实现。

任务 1:教学过程概述

情境导入

"基因突变"的教学过程

上课开始,新教师小张老师做了一个简单的开头后为同学们设计了两个合作学习的活动。

活动1:小组自由分组,合作学习"基因突变"这一节的内容,完成一个概念图。

活动2:赛一赛。以小组为单位进行"基因突变"这节知识的竞答,获胜的小组将会得到奖励。

活动开始后,很多同学有点一头雾水,不知道从何下手。几位平时成绩较好、学习能力比较强的同学开始翻看课本,自学这一节的内容。过了一段时间,大家渐渐开始进入状态,开始讨论如何构建一个概念图,时间一分一秒地过去,离活动1的结束时间越来越近,有的同学手忙脚乱地填写概念图,而有的同学开始无所事事地在一边偷闲。

每个组都完成了基因突变这一节概念图的构建。进入了活动2,采用必答题和抢答题的方式,进行小组竞赛。黑板上有事先设计好的表格,不断地记录着各小组的成绩。每个小组都争先恐后地发言和抢答,气氛很活跃,场面非常热闹,大家都沉浸在竞赛的氛围中。竞赛结束后,排名前三名的小组都得到了一定的物质奖励。

但是,从课后的检测来看,却发现学生这一堂课的掌握情况很不好,最基本的概念都没有弄清楚。小张老师很疑惑,为什么会这样呢?

请你来给小张老师支支招,他设计的教学过程,有什么问题吗?

教学过程的设计和实施是课堂教学的中心环节。教师在生物学教学中该如何设计和表述教学过程呢？首先我们必须对教学过程的相关概念与理论有所了解。

活动1　教学过程的概念建构

▲ **教学过程的内涵**

教学过程的内涵一般包括：① 教学过程是一个由多因素参与、多层面体现、多环节递进的网络结构转化的过程；② 教学过程是一个具有多元任务追求，师生共同体验的特殊生活过程；③ 教学过程是在动态中预设、生成和转化的过程；④ 教学过程是以语言为支点的交往实践活动过程。

▲ **教学过程的层次**

在中学生物学教学实践中，教学过程常常被理解为宏观、中观和微观三个层次（表5－5）。

宏观层次： 指整个中学阶段的生物学教学过程，即从初中一年级到高中毕业之间的生物学教学全过程。

中观层次： 指一门生物学课程或一个大的教学单元从开始到结束的教学全过程。

微观层次： 指一个课时的教学过程。

本节讨论的教学过程主要指的是中观和微观层次的教学过程，也就是一堂课或一个单元的教学过程。

表5－5　教学过程的层次

教学过程的层次		生物学教学过程层次	
第一层次	学习者从小学到大学毕业或受完一定阶段的教育为止，这是一个总的教学过程	整个中学阶段的生物学教学过程，即从初中一年级到高中毕业之间的生物学教学全过程	宏观层次
第二层次	一门课程从开始到结束	一门生物学课程或一个大的教学单元从开始到结束的教学全过程	中观层次
第三层次	一门课程的一章或一个单元的教学		
第四层次	一部分知识或一课时的教学	一个课时的教学过程	微观层次

▲ **教学过程的要素**

结构要素：教师、学习者、课程和教学媒体。

过程要素：教学目的、教学策略和方法、教学内容、教学形式、课程方案、学科课程标准、教学环境、教学时间、学业质量等。

> **资料阅读**

教学过程的本质

对教学过程本质的传统认识如表 5-6 所示。

表 5-6　有关教学过程本质的一些传统认识

刺激-反应论	教学过程是安排情境、控制反应，使学习者形成适当的感应性，并通过强化练习，最终形成行为习惯的过程。
探究、发现论	教学就其实质来说，就是充分发挥其探究和发现的能力，从而获得知识和发展的能力。
特殊认识论	教学过程是一种特殊的认识过程，具体表现在认识的间接性、有领导的认识和认识的教育性。
认识发展论	教学过程是一种特殊的认识过程，也是一个促进学习者发展的过程。
实践论	实践说包括特殊实践说和认识实践说。特殊实践说认为，教学是一种特殊的实践活动；认识实践说认为，教学过程是一个包含着认识和实践两个方面的活动过程，是认识与实践相统一的过程。
知情统一论	情感和认知是教学过程的主要部分，教学中的这两个作用是统一在一起的，缺一不可。
多重本质论	教学过程是一个多方面、多层次、多序列、多形式和多矛盾的复杂过程。

对教学过程本质认识的新进展如表 5-7 所示。

表 5-7　有关教学过程本质的一些新认识

特殊交往论	教学过程是一种有目的、有组织和有计划的师生交往活动。
认识与交往实践统一论	教学过程是一个包括认识和交往实践两个方面的活动过程。
特殊审美论	教学过程的实质不但是教师指导学习者个体的一种特殊的认识过程，也是一种特殊的审美过程。
动态生成论	教学就是把教学过程看作师生为实现教学任务和目的，围绕教学内容，共同参与，通过对话、沟通和合作活动，产生交互影响，以动态生成的方式推进教学活动的过程。
语言性沟通与合作论	教学从本质上就是一种"沟通"与"合作"的活动。因此，教学可以被理解为一种语言性沟通或语言性活动，其中"对话"是教学活动的重要特点。
非线性论	教学过程的各个环节之间所建构的意义不是呈线性的、序列的、积累的特征，而是呈现越来越有深度、越来越丰富、层层递进且回环往复的特征。

小试牛刀

资料中是不同时期不同研究者对教学过程本质的研究,根据你的阅读和理解,你能谈谈你对教学过程的内涵是如何理解的吗?

活动 2　小组合作阅读并了解教学过程的经典理论

▲ 西方早期影响较广的教学过程理论

1. 赫尔巴特的教学过程"四段论"

赫尔巴特是19世纪德国著名的教育学家,他对教育学的最大贡献就是在心理学的基础上建立了教学论。他通过分析学生学习过程中的心理状态,提出了著名的四段教学法,把教学过程划分为四个连续的阶段:(1)明了,即教师明确地给学生讲授新知识;(2)联想,即将新知识与旧知识联系起来;(3)系统,即做概括和结论;(4)方法,即通过习题解答、书面作业等形式把所学知识应用于实际。

"四段论"将教育学与心理学密切地联系起来,关注教育的系统性和社会性,主张发展学生多方面的兴趣,但较少关注学生的创造性和主动性。

2. 杜威的"五步教学法"

杜威认为,教学过程是儿童通过亲身实践、探究获取经验的过程,同时也是儿童思维发展的过程,这一进程与科学家从事科学研究的进程完全一样。而立足于此理论建立的主动教学法在教学过程中可分为五个步骤:

第一步,创设情境。第二步,产生问题。第三步,自主探究或合作探究。第四步,得出结论。第五步,当堂训练。

▲ "课程现代化"的三个典型代表

进入20世纪50年代以来,随着课程理论的发展,教学过程理论也出现了很大发展。苏联的赞科夫、西德的根舍因和美国的布鲁纳提出的教学过程理论被誉为"课程现代化"的三大典型代表的教学过程理论。

表5-8　"课程现代化"的三个典型代表及其教学过程理论

赞可夫	"一般发展"理论	促进学生的一般发展是教师的出发点和归宿,学生的认知发展进程在心理活动上有三条线索,即观察活动、思维活动和实际操作活动。不仅要在教学中发展学生的智力而且还要发展学生的情感、意志品质、性格和集体主义思想,使学生整个身心都得到最优的一般发展。
瓦·根舍因	范例教学法	教师在教学中选择真正基础的本质的知识作为教学内容,通过"范例"内容的讲授,使学生达到举一反三掌握同一类知识的规律。 "范例教学法"认为教学要经历四个阶段:首先,要学习"个",即通过典型的、具体的单个实例来说明事物的特征;继而学习"类",在第一步学习的基础上进行归纳、推断,认识这一类事物的特征;在此基础上,掌握规律,即在前面学习的基础上,进一步归纳出事物发展的规律性;最终,获得关于世界和生活的经验,使学生不仅了解客观世界,也认识自己,提高行为的自觉性。

| 布鲁纳 | 发现法 | 主张以发展学生探究能力为主线来组织教学过程。
认为教学活动首先要引起学生的兴趣,产生内在的学习动机;其次,教师要按知识结构组织教学内容,使学生掌握学科的基本概念和原理;第三,根据不同的教学要求,改变学生陈述教学内容的顺序;最后,师生对学习结果进行反馈,进一步改进教与学。布鲁纳的理论突出了教学过程的特点,兼顾了教与学两方面的作用。 |

续 表

▲ **巴班斯基的教学过程最优化理论**

苏联教育家巴班斯基提出教学过程最优化理论。"教学过程最优化"理论主张根据教学目标、教学任务,考虑师生具体条件,制定一个最好的教学方案,然后灵活执行,以求在有限的时间和精力内,取得尽可能好的教学效果。巴班斯基对教学过程的分析具有整体性、相互联系和动态的特点,对教学过程的认识进一步科学化。

▲ **认知心理学:信息加工理论指导下的教学过程**

20世纪60年代,认知心理学在美国兴起。在认知心理学看来,学习的过程是信息加工的过程,也就是信息的编码、贮存和提取的过程。学习的信息加工理论科学地揭示了学习的实质,为教学过程设计奠定了强有力的理论基础。根据学习信息加工理论,将教学过程中的学习分成六个环节。

第一个环节:**注意和预期**。指学生在自己的需要、兴趣、情绪、动机等心理条件以及外部刺激的综合作用下,对学习材料的无意注意和有意注意;并且由于学习材料与学生的需要之间的关系,学生会对未来的学习产生期待。

第二个环节:**激活原有知识**。将长时记忆中与新知识相关的信息激活起来,为新知识的学习做好准备。

第三个环节:**选择性知觉**。在预期学习目标指引下,学生会有选择地接受教材和教师讲授的信息,同时对有的信息可能视而不见、听而不闻。

第四个环节:**工作记忆**。选择性知觉获得的新信息与被激活的原有知识相互作用的一过程就是我们常说的同化过程;新知识通过同化进入学习者原有的知识网络,获得意义,这一过程即为理解。

第五个环节:**新知识的巩固与转化**。进入学习者原有知识网络的新知识会通过适当的复习得以巩固,有的还可以转化为办事的能力;原有知识网络也会在此过程中得到改组重建。

第六个环节:**知识的应用和迁移**。当学生面临新的问题情境时,从一个地方学来的知识能被提取出来,用来解决"是什么"和"怎么办"的问题,这个过程就是学习迁移。

▲ **皮连生的"六步三段两分支"课堂教学过程模式**

根据广义知识学习阶段和分类模式,吸取了加涅的课堂教学过程模式的优点,我国著名教育心理学家皮连生教授在《智育心理学》中提出了"六步三段两分支"课堂教学过程模式(图5-17)。它表明:教学是为学习创造必要的学习条件,帮助学生更有效地学习;学生是学习的主体,教师是教学的主导;教学过程服务于学习过程。这一模式有助于我们深入理解生物学教学过程的结构和本质。

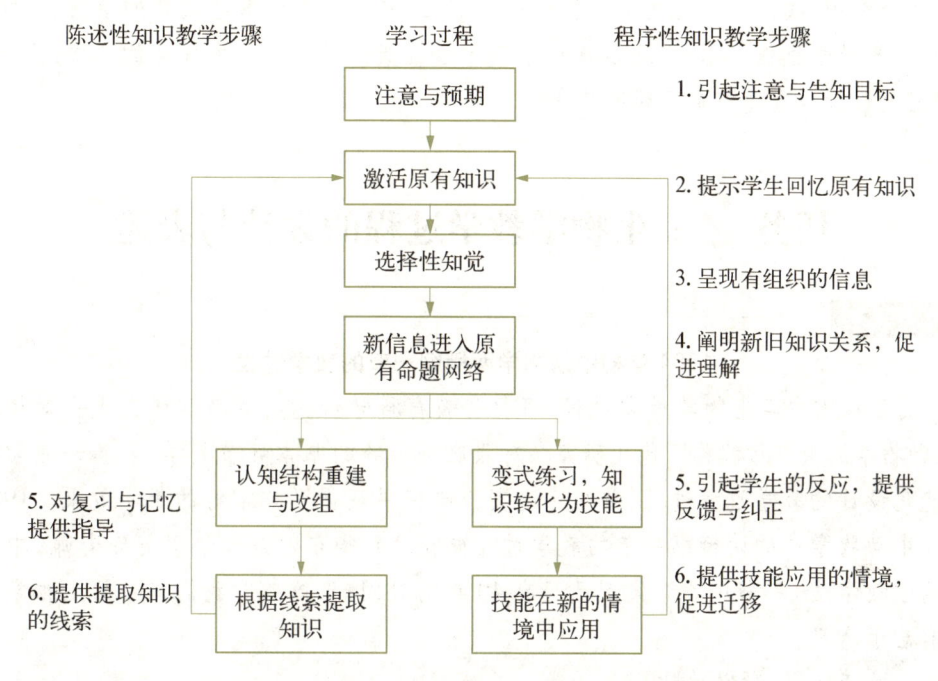

图 5-17 "六步三段两分支"课程教学过程模式

"六步"是指,不论哪类知识,其完整的学习过程都经过注意与预期、激活原有知识、选择性知觉、新信息进入原有命题网络、认知结构重建与改组(变式练习、知识转化为技能)、根据线索提取知识(技能在新的情境中运用)六个步骤,同时也就有相应的六个教学步骤:(1)引起注意与告知目标;(2)提示学生回忆原有知识;(3)呈现有组织的信息;(4)阐明新旧知识关系,促进理解;(5)对复习与记忆提供指导(引出学生的反应,提供反馈与纠正);(6)提供提取知识的线索(提供技能应用的情境,促进迁移)。

"三段"是指,学习和教学的六个步骤可以概括为三段:一至四步为一段,其中心任务是知识的理解;第五步和第六步分别为第二段和第三段,其中心任务是知识的巩固和转化(第二段),以及知识的提取与运用(第三段)。

"两分支"是指,陈述性知识和程序性知识的教学过程的前四步相同,从第五步开始出现分支:一支表示陈述性知识的巩固和提取,即"对复习与记忆提供指导"和"提供提取知识的线索"两步;一支表示程序性知识的变式练习和迁移,即"引出学生的反应,提供反馈与纠正"和"提供技能应用的情境,促进迁移"两步。

"六步三段两分支"课堂教学过程模式着眼于师生的双向活动,反映了知识分类学习的思想,并能清楚地解释基本课型的结构。

小试牛刀

选取中学生物学教学内容,进行基于教学过程理论的中学生物学课堂教学过程案例分析。

> **任务小结**

在本任务中,我们学习了教学过程的基本内涵,并通过了解教学过程的层次、教学过程的要素,分析教学过程的本质,逐步建构了教学过程概念的外延。本任务的完成,为生物学教学过程的设计与表述奠定了理论基础。

任务 2:生物学教学过程的设计与表述

> **情境导入**

1984 年初中动物学两栖纲一节的教学过程

为了探索中学生物学教学过程,河北省教育科学研究所的教学研究人员对植物学、动物学的教学过程作了优化研究。对照班按传统的基本环节教学,实验班教学则按优化设计的教学过程进行,并在对比实验研究中获得了非常好的教学效果。1984年初中动物学中的两栖纲一节的教学过程被收录到华东师范大学周美珍老师《中学生物学教学法》一书中。该案例已经有 40 年的时间,但依然对我们当今的生物学教学有启示意义。

1. 临境入兴,激发动机

即设置一定的生物学教学环境,使学生身临其境,从而引起学习动机,激发学习、探索生物现象的兴趣。在讲两栖纲前,他们利用春天,带学生一起到稻田、沟渠捕捉青蛙,包括雌雄抱对蛙,带回学校促使产卵,并将发育的小蝌蚪放在玻璃缸内,上课前陈列在实验桌上。桌子上还放着其他两栖动物标本。学生进入教室,便可见各种蛙的生态、形态及其繁殖现象,以及蟾蜍、蝾螈、大鲵等标本,使他们课前就对青蛙等两栖动物产生了浓厚的兴趣和强烈的探索要求。

2. 观察实践,充分感知

上课时,教师利用活青蛙,引导学生观察其生态、形态。再进行解剖,观察脑、肺、心脏、皮肤及运动器官等结构。并利用蛙卵及不同发育时期的蝌蚪,观察蛙卵发育过程。此外,还观察了蟾蜍等其他两栖动物标本。这样,就进一步丰富了学生的感性知识,并训练了他们辨别动物的技能,培养了他们的观察能力和自学能力。

3. 动情晓理,深入钻研

为使学生深入理解教学内容,发展思维能力,在学生观察实验时,向学生逐步提出问题:

(1) 同学们知道青蛙的生境是什么吗?

(2) 青蛙的体色、形态、构造有哪些特点适应它们的生活方式?

(3) 青蛙怎样进行繁殖?它是怎样发育的?在发育过程中出现什么现象?说明什么问题?

（4）两栖动物有哪些共同的特征？

以上问题，可指导学生有目的地观察、实验，更主要是在感性知识基础上，引导学生深入理解青蛙的生活习性、形态结构、生殖发育等基础知识，并概括总结出两栖纲的特征和起源，同时培养了学生的思维能力。

4. 巩固知识，实际运用

课后教师布置了一个作业：每个学生从玻璃缸中捞取蛙卵进行孵化饲养。观察青蛙的发育史，并写一篇小论文。大多数学生花了一个多月完成了作业。不少学生写了内容生动的小论文，这些论文不仅反映出学生对基础知识的掌握是牢固的，应用是灵活的，而且发展了学生的智能。说明这个实践作业，对知识的巩固和应用均起到了良好的作用。

以上教学过程的设计对你有怎样的启示？

此案例是以文字式进行教学过程的表述，你还知道哪些教学过程的表述方式？

对于生物学新教师来说，将教学过程科学、全面地表述出来，是教学能力提高的重要基础。那么我们可以通过哪些方式准确表述教学过程？不同课型的教学过程设计又具有怎样的特点呢？

活动1 文字式教学过程的表述

▲ 文字式教学过程的概念建构

文字式教学过程是最常见的呈现方式。教学过程设计首先要将教学过程按照课堂教学中的不同环节分为几大块，包括导入环节、发展阶段和总结阶段。其中发展阶段是新知识展开的阶段，因此又按照不同的知识点分为几个部分。

文字式的教学过程设计，是撰写最方便、也是使用最广泛的形式，对于教师而言书写起来非常顺畅，是教师写详细教学设计的良好选择。操作过程中教师可根据教学过程分段，并且可以在每一段教学过程中，通过设计思路环节分析过程设计中所注重的教学策略和需要注意的细节等。这对于新教师来说，是一个良好的选择。

但是，这种表达方式的教学过程，总体框架略显模糊，阅读者难以快速抓住教学过程设计的梗概。同时，文字型的过程设计更多地关注教师的行为，容易忽略对学生行为的关注。

案例鉴赏

（备注：案例的教学内容分析、学情分析、教学目标、重难点及教学策略等内容省略，主要展示教学过程的表述）

"遗传信息的携带者——核酸"的教学过程[①]

1. 创设生活化情境,导入新课

核酸这一概念学生几乎不了解,但是在日常生活中却经常听说 DNA,学生通过媒体等渠道对亲子鉴定、利用 DNA 鉴定技术破案等相关技术也有些了解,但并不深入。本节课教师通过播放"公安机关利用 DNA 指纹技术侦破案件"的一段视频引出 DNA 鉴定技术的相关应用,并提出问题:为什么 DNA 能确定犯罪嫌疑人的身份?以此引入本节课。

设计意图:找到学生已有经验与新知识的连接点,将问题融于情境,让学生感受到生物学知识学习的乐趣,激发学生的好奇心和求知欲。

2. 分析资料,构建核苷酸结构模型

提供资料:1868 年,瑞士科学家米舍尔在研究脓血细胞成分时,用酒精处理掉细胞中的脂肪性物质,用猪胃蛋白酶处理蛋白质,从而得到细胞核,他分析细胞核中的各种化学物质后,发现核中存在着磷酸;1894 年,科学家汉默发现酵母菌核酸中含有五碳糖;19 世纪末 20 世纪初,科塞尔和莱文经过不断努力,发现核酸中还含有含氮碱基,并且确认共有五种(A、G、C、T、U)。在核酸中五碳糖有两种,分别是核糖和脱氧核糖,由此证明了核酸实际上有两种,即脱氧核糖核酸和核糖核酸,也就是 DNA 和 RNA。

学生通过阅读科学研究资料,了解核酸的种类,小组讨论总结出磷酸、五碳糖、含氮碱基是组成核酸的基本成分。教师出示两种五碳糖的结构示意图,引导学生观察示意图,了解两者的结构并明确 5 个碳原子的位置,对比它们的不同。同样,教师出示含氮碱基的结构示意图,介绍五种含氮碱基,提示学生可以利用联想记忆法,如 C 代表胞嘧啶,是胞啶(胞嘧啶核苷)的英文 Cytidine 的首字母,来巧妙地记忆含氮碱基的简称。

教师介绍:经过科学家的测定,DNA 分子量在几十万到几百万之间。氨基酸通过脱水缩合形成了生物大分子蛋白质,那么同样是生物大分子的核酸,是否也有其小分子的基本单位呢?并提供资料:20 世纪 30 年代初,莱文又发现核酸可被初步水解成小的片段,一个片段中含有一分子磷酸、一分子五碳糖、一分子含氮碱基,这样的组合叫核苷酸。核苷酸就是核苷与磷酸的反应产物,核苷由五碳糖的第一位碳原子与碱基连接形成,生物体内核苷酸的磷酸分子通常连接在五碳糖第五位碳原子上。

用不同形状的泡沫板代表不同结构,牙签代表化学键,请学生们通过小组合作构建尽量多种类的脱氧核苷酸或核糖核苷酸。完成后各小组展示构建的核苷酸模型(图 5-18),小组间相互点评并纠正模型存在的问题。

[①] 王云飞.科学史和模型在"遗传信息的携带者——核酸"教学设计中的应用[J].生物学教学,2019,44(10):46-47.

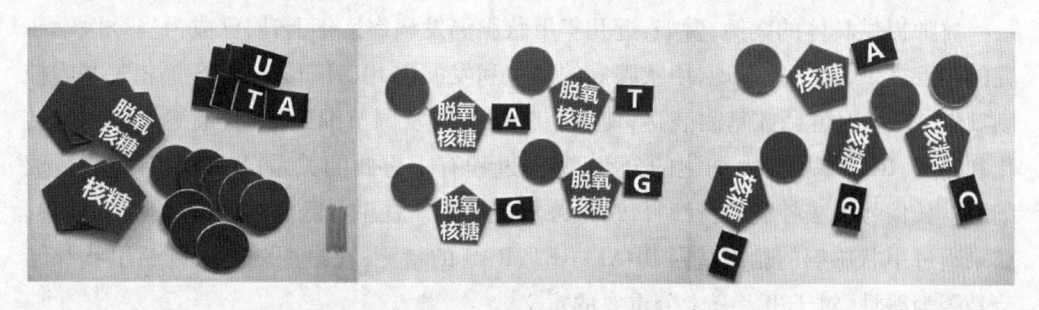

图 5-18　学生小组合作构建的核苷酸模型

设计意图：通过分析资料以及构建核苷酸结构模型，学生对核苷酸结构能有深入了解。培养学生阅读资料获取信息以及小组合作的能力。

3. 分工合作，模拟核苷酸聚合形成核酸的过程

核酸的基本单位是核苷酸，核苷酸又是如何连接构成核酸的呢？提供资料：实验证明，DNA 和 RNA 都是核苷酸相连构成的长链结构且分子量巨大，核苷酸相连时，第 3 位碳原子上的羟基和相邻核苷酸的磷酸相连，把存在于核苷酸间的连接键称为磷酸二酯键。RNA 一般以单链形式存在，而 DNA 通常由两条脱氧核苷酸链构成，而且 DNA 会形成独特的空间结构——双螺旋结构。

学生分析资料后通过小组合作，利用构建的四种核苷酸连接成一条核苷酸链，并记录碱基的排列顺序。各小组展示核酸结构模型，其他小组对模型的准确性、美观性进行点评。教师引导学生利用表格对 DNA 和 RNA 的基本单位、空间结构等进行比较。

设计意图：利用核苷酸构建核酸结构模型，学生能真正理解"核酸是由核苷酸聚合而成的长链"这一概念，为接下来学习核酸的功能做铺垫。

4. 核酸的功能

每个个体的遗传信息各不相同，但是构成 DNA 的碱基却只有四种，DNA 是如何储存大量遗传信息的呢？各小组分享记录的脱氧核苷酸链中四种碱基的排列顺序，归纳碱基数目与排列顺序种类的关系，总结出核酸的功能。引导学生理解 DNA 是绝大多数生物的遗传物质，DNA 分子的多样性、特异性决定了生物的多样性、特异性。学生分享相关文学作品，感受生命的独特与美丽。

设计意图：学生对构建的核酸结构模型进行深入挖掘，理解核酸的功能。通过欣赏相关文学作品深切感受生命的珍贵，学会尊重生命、珍视生命。

5. 拓展延伸

提供新闻资料：2018 年《自然·生物技术》报道，有一个国际团队研制出了一种基因测序装置，只有手机大小而且方便携带，可以对完整人类 DNA 进行测序。其团队成员之一贾斯丁·奥格雷迪表示，这项技术具有非常重要的意义，它为基因组进行个性化测序提供了极大的便利，用于诊断各种癌症等疾病也是指日可待。

教师提供具体的案例,譬如,近几年甲状腺癌发病率逐年上升,已成为当今医学研究的热点之一,经研究发现,甲状腺癌的发生和发展由 BRAF、RET、RAS 等相关基因控制。BRAF 基因可调控基因表达,使细胞骨架重构及调节细胞代谢,最终导致细胞转化和癌变;RET 基因与癌细胞的分裂、凋亡过程有很重要的关系;RAS 基因能够造成细胞生长信号失去控制而持续释放,最终形成癌变。在甲状腺癌的诊断、治疗过程中,如果通过甲状腺癌的相关基因 BRAF、RET、RAS 的检测,在早期就能够判断甲状腺结节是否为恶性,对于患者有十分重要的意义。

让学生阅读资料,分析进行 DNA 测序及研究的价值。此后,考虑该项技术还有哪些应用。

设计意图:让学生通过阅读资料,了解最新相关科学研究进展,能解释或解决实际生活中相关的问题,而且能培养学生的社会责任感。

小试牛刀

1. 请尝试评价案例中文字式的教学过程设计得如何。
2. 选择初中或高中的一个教学内容,设计一个文字式的教学片段。

活动 2　表格式教学过程的表述

▲ **表格式教学过程的概念建构**

表格式教学过程是近期比较流行的教学过程呈现方式。表格式的教学过程设计如表 5-8 所示,横向分别是教学环节、教师的组织与引导、学生活动以及教学意图。编写教学设计时教师先根据教学内容填写表格第一列,随后根据具体的教学内容填写后面三列的教学内容。

表 5-8　表格式教学过程包含的要素

教学环节	教师的组织与引导	学生活动	教学意图
导入(×分钟)			
新授课知识点 1(×分钟)			
新授课知识点 2(×分钟)			
小结(×分钟)			
作业与迁移(×分钟)			

▲ 表格式教学过程设计具体操作要点

（1）在"教学环节"，可在每个环节下注明本环节所需要的时间。教师在上课时，可以一目了然地知道在特定时间内应该进行什么活动，有利于把握教学节奏，避免出现前松后紧或前紧后松的情况。

（2）"教师的组织与引导"和"学生活动"是整个表格中文字最集中的部位，这部分切忌写得密密麻麻，条理不清。设计时可以将"过渡""情境""引导""提问"等具有明显提示作用的词加粗，便于在实际教学过程中，将实际教学进度与教学过程设计快速对应。

（3）纵向的"新授课知识点"环节是整个教学过程的重点，为了一目了然、突出重点和难点，在设计中可以根据教学内容将其分成若干栏，分别表述。

（4）在"导入"前面还可以加上"课前准备"环节，使教学过程更加完整。

与文字式教学过程的呈现方式相比，表格式的呈现方式最明显的特点是：清晰明了；有利于把握教学进度；能直观地看到教师和学生的活动，更好地体现师生的双边互动。它是教学工作中能够广泛使用的方法，既能保证高质量教学，又能减轻工作负担。

案例鉴赏

（备注：案例的教学内容分析、学情分析、教学目标、重难点及教学策略等内容省略，主要展示教学过程的表述方式。详见表5-9。）

表5-9 "生命活动的主要承担者——蛋白质"一节的教学过程

教学环节	教师的组织与引导	学生活动	教学意图
导入	提问： 1. 在检测生物组织中的糖类、脂肪和蛋白质的实验中，哪些生物组织中含有较多的蛋白质？ 2. 你们还能说出哪些食品中含蛋白质比较多？ 3. 有些食品，如切面、面包等要添加氨基酸，为什么？ 4. 你知道在生命活动中蛋白质有什么重要作用吗？ 评价学生回答，引入研究主题：生命活动的主要承担者——蛋白质。通过上面的讨论可以看出，蛋白质和氨基酸都是生命活动所需要的重要物质，那么，它们之间是什么关系呢？	思考回答： 1. 豆浆、花生种子匀浆等生物组织样液中含有较多的蛋白质。 利用生活经验参与讨论： 2. 瘦肉、鸡蛋、牛奶等食品中富含蛋白质。 3. 氨基酸是人体生命活动需要的成分，有的氨基酸在人体内不能合成。 4. 蛋白质是构成人体的物质。 进入学习内容生命活动的主要承担者——蛋白质的结构和功能。思考教师提出的问题。	联系学生已有知识和生活经验。 利用问题探讨创设问题情境。 通过评价促进学生发展，引入新课。为讲述氨基酸是组成蛋白质的基本单位做铺垫。

续 表

教学环节	教师的组织与引导	学生活动	教学意图
氨基酸的结构通式及种类	提问： 蛋白质是由许多氨基酸组成的。氨基酸是组成蛋白质的基本单位。食物中的蛋白质经过消化成为各种氨基酸才能被人体吸收利用。氨基酸有多少种结构？各有什么特点呢？ 引导学生通过"思考与讨论"主动获得氨基酸结构知识，尝试写出氨基酸分子的结构通式。 倾听学生之间的讨论，巡查学生书写的氨基酸分子结构通式。 讨论： 1. 判断某分子是不是氨基酸的依据是什么？ 2. 不同氨基酸分子的区别在哪儿？	对比观察几种氨基酸的结构，总结出几种氨基酸结构的共同点，试写出氨基酸分子的结构通式。 思考回答问题。	利用提问使学生明确活动的目的，主动地参与学习过程。 氨基酸结构特点是学习氨基酸形成蛋白质的基础，让学生自主对比观察，达到突出重点、突破难点的目的。
氨基酸形成蛋白质的过程	提问：生物体中组成蛋白质的氨基酸约20种，氨基酸是怎样形成蛋白质的呢？科学家是怎样开展研究的？介绍科学家人工合成蛋白质的研究过程和方法。引导学生观察氨基酸形成蛋白质的示意图，阅读课文完成"思考与讨论"。 讨论： 1. 氨基酸形成蛋白质的大致过程是怎样的？ 2. 20种氨基酸能够形成多少种蛋白质？	倾听、体验科学家的研究过程和方法。 观察氨基酸形成蛋白质的示意图，阅读氨基酸脱水缩合过程的文字、图解，与同学交流看法，获得氨基酸形成蛋白质的知识。 思考回答，提出自己的猜想。	强调科学发展的过程，渗透科学方法、科学精神的教育。
蛋白质功能的多样性	讨论： 1. 氨基酸形成蛋白质的大致过程是怎样的？ 2. 20种氨基酸能够形成多少种蛋白质？	倾听，参与交流，形成对蛋白质结构多样性的认识。	发挥学生主体作用，感知知识形成，突出重点。

续　表

教学环节	教师的组织与引导	学生活动	教学意图
蛋白质功能的多样性	让学生代表表述氨基酸形成蛋白质的过程，猜想蛋白质的种类。 总结学生的讨论结果，用图解形式记录氨基酸与蛋白质的关系，说明氨基酸种类、数目、排列顺序以及肽链的盘曲折叠方式决定蛋白质的多样性。 提问：蛋白质执行哪些功能呢？ 引导学生观察、阅读蛋白质主要功能示例，归纳总结。 讨论： 1. 蛋白质结构多样性与功能多样性有怎样的关系？ 2. 人类研究蛋白质的功能有什么意义？中国科学家在蛋白质方面开展了哪些研究？	观察、阅读并思考。 回答问题，了解中国科学家在"国际人类蛋白质组计划"中的研究进展及成果。	使学生了解中国科学家在生命科学研究前沿的工作，激发学生的兴趣，发展相关情感。
小结	本节课的学习要理解氨基酸形成蛋白质的结构层次，蛋白质的结构和功能及其多样性的原因。在学习方法上，主要是通过观察对比、图文结合理解知识。	学生简要回答出组成蛋白质的基本单位是氨基酸，氨基酸分子的结合方式，肽链形成具有空间结构的蛋白质的过程，氨基酸的种类、数目、排列顺序，肽链的盘曲折叠方式决定了蛋白质结构的多样性及功能的多样性。	通过总结蛋白质的结构和功能，学生获得蛋白质是生命活动的主要承担者的基本认识。
作业	评价学生学习情况。	学生练习。	通过对练习情况的评价，了解学生对知识的理解情况，为继续学习奠定基础。

小试牛刀

1. 请尝试评价案例中表格式的教学过程设计得如何。
2. 选择初中或高中的一个教学内容,设计一个表格式的教学片段。

活动 3　流程图式教学过程的表述

▲ 流程图式教学过程的概念建构

流程图式的表述方式是用图形化的方式展示教学步骤和过程的方法,即把复杂的教学过程分解为相对简单的几个环节,采用类似于计算机流程图的形式将其表示出来。它既可帮助教师清晰地规则和展示教学活动的全过程,同时也为学生提供了一个清晰的学习路径(表 5-10)。

表 5-10　流程图符号及意义

符　号	符号表示的意义
□	教师的活动或师生互动的作用及学习内容
▯	教学媒体的选择与应用
▱	学习者活动
◇	判断、归纳或结论
→	过程进行的方向

流程图浓缩了的教学过程。与文字式和表格式的呈现方式相比,流程图的篇幅小了很多,在一张纸上就可以完整地呈现教学过程;流程图虽小,但是非常清楚地显示了课堂活动中各个要素之间的关系、比重和层次,简明扼要、一目了然。

但是做好一个流程图需要教师对整个教学过程以及各教学环节的逻辑关系和过渡衔接等都非常熟悉,同时对教师的计算机能力要求也较高。

案例鉴赏

(备注:案例的教学内容分析、学情分析、教学目标、重难点及教学策略等内容省略,主要展示教学过程的表述方式,如图 5-19 所示。)

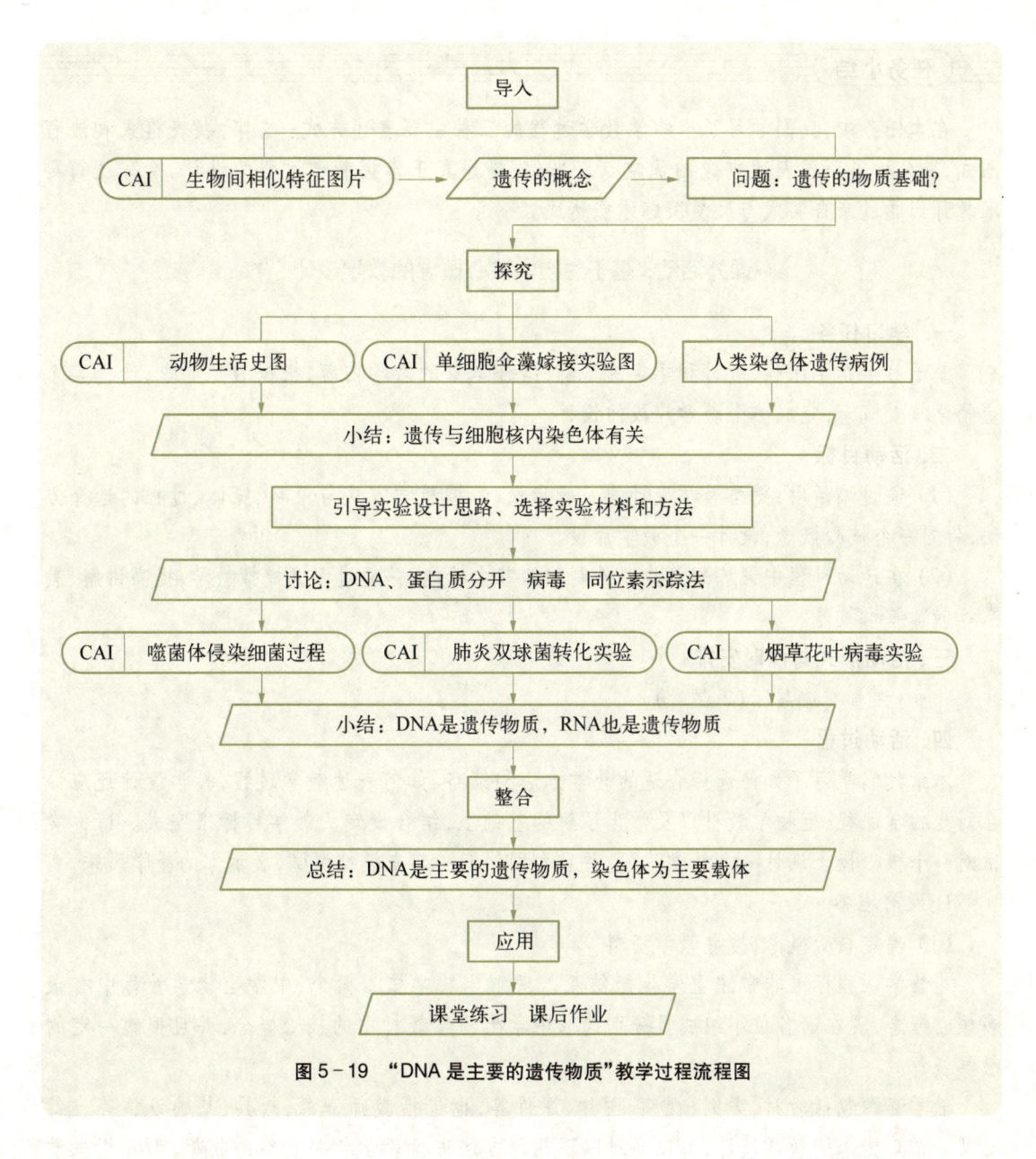

```
                            导入
                             │
        ┌────────────────────┼────────────────────┐
   ┌─────────────────┐   ┌─────────┐      ┌──────────────┐
   │CAI 生物间相似特征图片│──▶│遗传的概念│─────▶│问题：遗传的物质基础？│
   └─────────────────┘   └─────────┘      └──────────────┘
                                                 │
                                               ┌────┐
                                               │探究│
                                               └────┘
                                                 │
        ┌────────────────────────┬───────────────┴────────────┐
   ┌────────────┐      ┌──────────────────┐         ┌─────────────────┐
   │CAI 动物生活史图│      │CAI 单细胞伞藻嫁接实验图│         │人类染色体遗传病例 │
   └────────────┘      └──────────────────┘         └─────────────────┘
                                  │
                   ┌──────────────────────────────┐
                   │小结：遗传与细胞核内染色体有关 │
                   └──────────────────────────────┘
                                  │
                   ┌──────────────────────────────┐
                   │引导实验设计思路、选择实验材料和方法│
                   └──────────────────────────────┘
                                  │
                   ┌──────────────────────────────┐
                   │讨论：DNA、蛋白质分开 病毒 同位素示踪法│
                   └──────────────────────────────┘
                                  │
   ┌───────────────────┐  ┌──────────────────┐  ┌────────────────┐
   │CAI 噬菌体侵染细菌过程│  │CAI 肺炎双球菌转化实验│  │CAI 烟草花叶病毒实验│
   └───────────────────┘  └──────────────────┘  └────────────────┘
                                  │
                   ┌────────────────────────────────┐
                   │小结：DNA是遗传物质，RNA也是遗传物质│
                   └────────────────────────────────┘
                                  │
                               ┌────┐
                               │整合│
                               └────┘
                                  │
                   ┌────────────────────────────────────────┐
                   │总结：DNA是主要的遗传物质，染色体为主要载体│
                   └────────────────────────────────────────┘
                                  │
                               ┌────┐
                               │应用│
                               └────┘
                                  │
                        ┌─────────────────┐
                        │课堂练习 课后作业│
                        └─────────────────┘
```

图 5-19 "DNA 是主要的遗传物质"教学过程流程图

小试牛刀

总结文字式、表格式、流程图式教学过程表述的优点和缺点。

表述形式	优　　点	缺　　点
文字式		
表格式		
流程图式		

任务小结

在本任务中,我们学习了生物学教学过程的三种主要表述方式:文字式、表格式和流程图式,并分析了不同表述方式的优缺点。当然,要想真正掌握教学过程的设计、撰写还需要准教师们通过亲自实践与反复演练才能达成。

课外活动:基于生物学核心概念的教学设计

一、学习任务

基于对生物学课程、教材和学生的了解,结合本章的教学内容,根据教师要求,选择某个生物学核心概念,完成一个教学片段的设计。

二、活动目标

(1) 通过该活动,熟悉教学设计的一般步骤,掌握教学方法与策略、媒体、过程的选择方法,针对一个核心概念,设计一个教学片段。

(2) 在活动过程中锻炼幻灯片课件制作的基本技能,并通过课堂模拟教学,提高讲解、教态等教师基本技能。

三、活动形式与课时安排

作业+课堂交流展示(2课时)

四、活动过程

本章我们学习了如何选择合适的教学方法和策略、如何表述教学过程,教学设计还应该在对生物学课程、生物学教材以及学生了解的基础上,结合设定的教学目标来完成。请你尝试对一个核心概念设计一个教学片段,并且和同伴们一起来模拟课堂,展示你的教学风采。

1. 课前准备

(1) 确定核心概念,搜寻教学资料

生物学课程标准非常注重学生能够深入理解生物学核心概念,中学生物学教材中有很多核心概念,现在请各位小组成员分别选取中学生物学教材中的核心概念,并且搜集一定的教学资源。

教学资源包括教材、案例、视频、图片、课件等,也包括教师资源、教具、基础设施等。针对某一核心概念的教学设计,可以通过以下几种方法进行教学相关资料的收集,如分析中学生物学教材、课程标准中的要求,查找国家中小学智慧教育平台网站上展示的优秀教学设计、教学课件、教学视频等案例,搜索中国知网等数据库中优秀的教学案例,作为参考资料。

(2) 分析需求,选择策略,完成教学设计

按照流程,完成教学设计:确定核心概念→教材内容分析→学情分析→制定教学目标→选择教学方法和策略→选择教学媒体→设计教学过程。

(3) 组织内容,制作幻灯片课件

幻灯片课件通过把静态文件制作成动态文件浏览,把复杂的问题变得通俗易懂,使之更为生动,给人留下更为深刻的印象。幻灯片课件已经广泛地运用于一线中学生物学教学实践,下面请根据你的教学设计,制作幻灯片课件。

在制作幻灯片课件的过程中,请注意以下几点:
- 界面美观,背景清雅,切忌凌乱繁杂。
- 重点突出,内容完整,表述言简意赅。
- 布局合理,恰当使用素材及动画效果。

2. 课堂展示,交流观点

在完成教学设计,并制作幻灯片课件等步骤的基础上,与同伴模拟课堂,进行教学展示。

(1) 教学语言
- 讲普通话,字音正确;语言流畅,语速、节奏恰当;音量适当。
- 语言准确,逻辑严密,调理清楚;正确使用专用名词术语,无科学性错误。
- 语言简明形象、生动有趣、通俗易懂;语调抑扬顿挫,语言富有启发性。

(2) 教态
- 课堂走动符合教学需要,快慢适宜,停留得当;体态端正,自然大方。
- 面部表情准确、自然、适度、微笑、态度和蔼;目光积极有神,面向全体学生;手势动作变化自然协调、得体。

(3) 讲解
- 知识内容正确,规范。
- 创设情境,提供感性认识,启发思考,激发兴趣,培养思维。
- 条例清晰,逻辑性强,深入浅出,符合学生认知规律。

五、活动评价

本次活动的成果将从内容、幻灯片课件制作、语言表达、形象风度等四个基本方面进行综合评价。

第六章
中学生物学教学媒体的设计

要点提示

本章首先分析了教学媒体的相关概念,介绍了媒体的发展史及教学媒体的分类,剖析了教学媒体的技术特性;随后介绍了中学生物学教学设计中常用的教学媒体的特点及相关案例;最后讨论了教学媒体的选择方法。通过对教学媒体特性的认识、怎样选择教学媒体以及如何在教学中应用教学媒体等问题的分析,帮助学习者在教学过程中有效地传递教学信息。

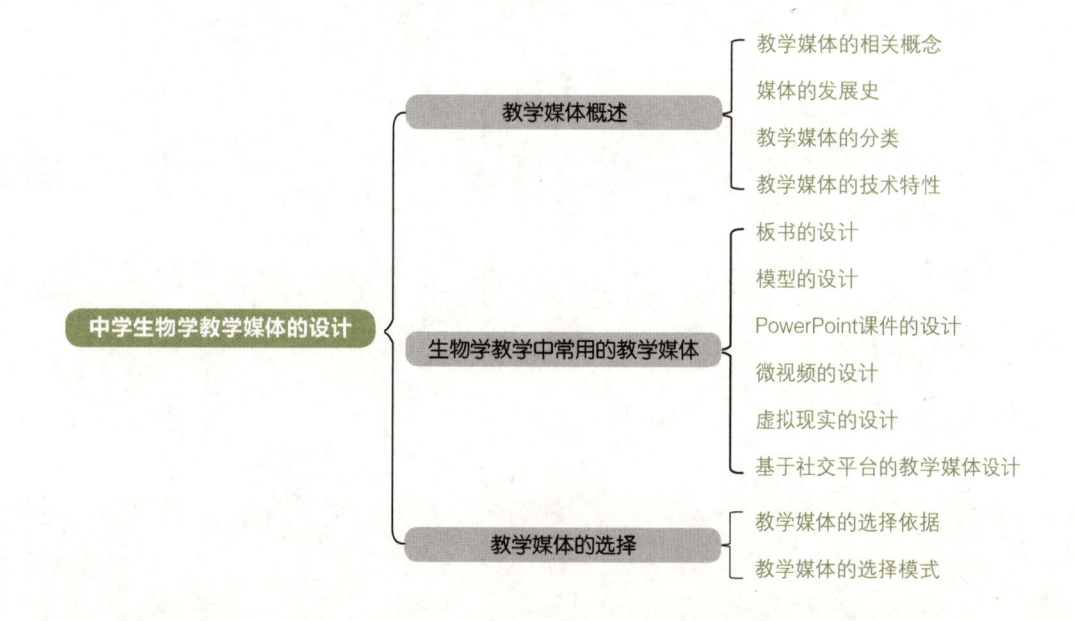

```
                                    ┌─ 教学媒体的相关概念
                   ┌─ 教学媒体概述 ──┤   媒体的发展史
                   │                 │   教学媒体的分类
                   │                 └─ 教学媒体的技术特性
                   │
                   │                 ┌─ 板书的设计
                   │                 │   模型的设计
中学生物学         │   生物学教学中   │   PowerPoint课件的设计
教学媒体的设计 ────┤   常用的教学媒体─┤   微视频的设计
                   │                 │   虚拟现实的设计
                   │                 └─ 基于社交平台的教学媒体设计
                   │
                   │                 ┌─ 教学媒体的选择依据
                   └─ 教学媒体的选择─┤
                                     └─ 教学媒体的选择模式
```

学习目标

1. 通过资料阅读,了解教学媒体的相关概念、媒体的发展历史及教学媒体的分类,简述教学媒体的技术特性。

2. 结合案例,理解中学生物学教学设计中常用教学媒体的特点,尝试基于中学生物学的具体教学内容,初步设计教学媒体。

3. 利用教学媒体选择的基本依据和模式,选择适合的教学媒体。

第一节
教学媒体概述

在第五章第一节中,我们已经学习了如何选择教学策略以及中学生物学教学中常用的教学策略,而教学策略的设计和实施则依赖于教学媒体,没有教学媒体,再完美的教学策略也无法实现。那么,什么是教学媒体呢?教学媒体有怎样的特点呢?在实际的教学中又该如何设计和使用教学媒体呢?让我们进入本节的学习吧。

任务 1:教学媒体的相关概念建构

情境导入

戴尔经验之塔

戴尔是美国著名的试听教育学家,在他的专著《视听教学法》中提出了"经验之塔"理论,成为了美国"视觉教学运动"的主要理论依据。

戴尔的"经验之塔"是依照其抽象程度不同,将学习者获得知识的各种经验分成三大类十个层次(图6-1)。从塔的底层到顶层各阶段表示各种经验从具体到抽象的程度。最底层的经验即"做"的经验,也是最直接具体的经验,包括有目的的直接经验、设计的经验和参与活动。中间层的经验是观察经验,是学习者通过观察承载教学信息的媒体去间接获取的经验。最顶层即抽象的经验,通过某些带有抽象的语言符号和视觉信号的媒体去获得的经验。

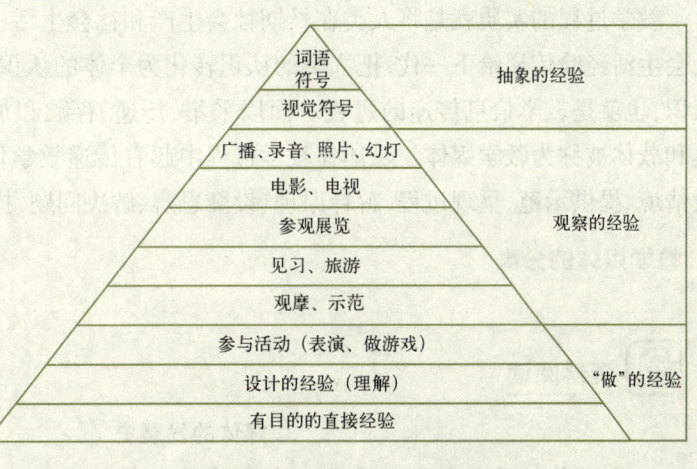

图6-1 戴尔的经验之塔模型

仔细观察经验之塔,你发现了什么呢?

戴尔(Edgar Dale,1900—1985)的"经验之塔"虽提出于 20 世纪 40 年代,但直到今天仍在全球教育技术领域,特别是媒体理论研究和媒体教学实践方面产生着深刻的影响,有着举足轻重的地位,被尊为媒体教学的"经典"。"经验之塔"的主要观点包括了:① "经验之塔"最底层的经验最具体,越往上升,则越趋抽象。但并不是说,求取任何经验都必须经过从底层到顶层的阶梯;② 教育应从具体经验入手,逐步进到抽象,有效的学习之路,必须充满具体经验;③ 教育不能止于具体经验,而要向抽象和普遍发展,要形成概念;④ 在学校中,应用各种教学媒体,可以使教育更为具体,从而造成更好的抽象;⑤ 位于宝塔中层的试听教具,较言语、视觉符号更能为学生提供较具体和易于理解的经验,又能冲破时空的限制,弥补其他直接经验方式的不足。

活动1 教学媒体及其分类的概念辨析

▲ 媒体

媒体一词来源于拉丁语"medium",音译为媒介,意为两者之间。它是指从信息源到受信者之间承载并传递、加工信息的载体或工具。媒体有两层含义:一是承载信息所使用的符号系统,如文字、符号、语言、声音、图形、图像、软件程序等,媒体呈现时采用的符号系统将决定媒体的信息表达功能;二是指存贮和加工、传递信息的实体,如书本、挂图、投影片、录像带、微缩胶片、计算机磁盘等以及相关的采集、播放、处理设备。

▲ 教学媒体

教学过程的实质就是将人类在长期社会生产和社会生活中积累起来的社会生产经验和社会生活经验传递给下一代,把人类的认识转化为个体的认识,把他人的认识转化为自己的认识,也就是教学信息传递的过程。而以采集、传递、存贮和加工教学信息为最终目的的工具和载体被称为**教学媒体**。媒体在教学过程中起着传递教学信息的作用,可以展示事实、创设情境、提供示范、呈现过程、解释原理、设疑思辨、解决问题、提供评价分析等。

▲ 教学媒体的分类

> **资料阅读**
>
> **媒体的发展史**
>
> 人类传播历史上曾出现了三次大的媒体形态演化,教学媒体的沿革也大致与此相一致。这三次媒体形态变化分别是:第一次的**口语语言媒体的形态**,第二次的**文字语言媒体形态**,第三次的**数字语言媒体形态**。此外,在这三次媒体形态演化中,还有两个对其中主要媒体起到促进作用的媒体阶段:**印刷媒体阶段**和**电子媒体阶段**(表 6-1)。

表 6-1 教学媒体的发展历史

媒体发展阶段	教学媒体发展	教学媒体特点
口语语言媒体阶段（30000年前）	古老的家族式教育是以口语语言形式发展的。	无法实现延时、保留和复制信息；便捷，高度的参与性与交互性、有效性。
文字语言媒体阶段（6000年前）	教育在文字媒体出现后，其教学形式也发生了转变，即由古老的家族式教育转变为小规模化的"公共教育"。	克服口语语言传播的时空限制，稳定性高；但手抄本依靠人力抄写文字，费时费力，又容易出错，效率低。
印刷媒体阶段（公元600年活字印刷；公元1500年机械印刷）	随着印刷媒体的普及与发展，教育领域内又出现了一场革命——知识的普及、学校教育的完善与发展。最为重要的是印刷术造就了知识阶层，也促进了教育的长足发展。	提高了文字传播效率，出版业的发展使书面语言标准化，教科书成为教学中与口语语言同等重要的媒体。
电子媒体阶段（200年前）	在教学领域内，幻灯、投影、广播、电影、电视等电子媒体不同程度地应用在教学的各个环节中。作为一种辅助课堂教学的电子媒体，在教与学的过程中起到了非常重要的作用。	丰富了课堂教学中的感性资源，延伸了人类的视觉体验和能力，提高了传授知识的效率，拓展了传统教学媒体的空间。
数字语言媒体阶段（近几十年来）	数字语言是和以往任何一种语言都不同的语言，数字语言的发展将对人类有着深远的变革性影响，在教学领域内数字媒体的开发与应用，将带来一场前所未有的数字革命。	极大地促进全世界人类在信息、知识和经验等方面的交往和互动。

依据媒体的发展史，可将教学媒体分为**传统教学媒体**和**现代教学媒体**两大类。根据媒体作用于感官和信息的流向，教学媒体还可以具体分为视觉媒体、听觉媒体、视听媒体、多媒体、系统媒体、交互媒体等（表 6-2）。其他分类方式还包括：① 依据使用主体，可分为教学辅助媒体、学生自主媒体；② 依据呈现形态，可分为听觉媒体、静止图像投影媒体、活动视觉媒体、实物媒体、人类和环境资源。

表 6-2 教学媒体的分类

教学媒体	传统教学媒体	直观教具	仪器、实物、标本、模型、黑板、印刷材料等
		示意教具	图片、地图、表格等
	现代教学媒体	视觉媒体	幻灯、投影、实物投影、照相机、数码相机等
		听觉媒体	磁带与录音机、激光唱盘与激光唱机、广播、复读机等

续表

教学媒体	现代教学媒体	视听媒体	电视、录像机、摄像机、激光视盘、电影等
		多媒体	有声幻灯片、多图像系统、多媒体学习包、多媒体计算机等
		系统媒体	语音室教学系统、计算机辅助教学系统、微格教室等
		交互媒体	程序教学机器、模拟机、计算机网络系统、CAI 课件等

小试牛刀

随着 ChatGPT 等生成式人工智能的迅猛发展,你认为这些技术对教育教学有哪些积极和消极的影响?你能否和同伴一起畅想一下未来的教学媒体大概是什么样子?

活动 2 　教学媒体的技术特性分析

▲ 呈现力

呈现力也称为表现力。指教学媒体表现事物的空间、时空、运动和颜色等特征的能力,也就是媒体所传递的信息描述事物特征的能力。

例如,视觉媒体电影与电视能够以活动的、彩色的图像和同步的声音去呈现事物的运动状态与规律,能够全面地呈现事物的空间、时间、运动、颜色与声音特征。播放生物进化纪录片就能够用动态、色彩和声音呈现生物进化的过程。

静态的视觉媒体在呈现事物空间与颜色特征方面有较强能力,静止的图像也有利于学生更详细地观察事物的细微部分。展示细胞、组织器官图片能够帮助学生对抽象不可见的事物形成具体的形象。

Flash 动画既能动态地反映一些抽象或微观生理生化活动的过程,又能静态地、细微地展示事物的结构。有丝分裂、减数分裂、DNA 复制等动态过程就可以利用 Flash 动画的方式来展示,帮助学生理解。

▲ 重现力

重现力指教学媒体不受时间、空间限制,把储存的信息内容重新再现的能力。

例如,教科书、挂图、幻灯、录像、模型等绝大部分的教学媒体都有较强的重现力。广播和电视受同时性限制,但录音和录像打破了这种限制,并且因其形象生动、"不知疲倦"而令语言、文字望尘莫及,但是,语言文字在重现信息时具有独一无二的调控能力。

重现可分为即时重现和延时重现两种。录音机录制内容后,便可即时播放,录像机可以边录边放,这都叫即时重现;幻灯、电影拍摄后,需经过后期加工制作才能使用,称为延时重现。多媒体计算机和网络型媒体是可以随时重现的媒体,这种媒体可以在任何时间和地点被使用者加以重用。

又例如,在网络远程教育中,任何学习者登录到因特网,进入相应的网站,都可以学习网络课程。

▲ **传送能力**

传送能力也称接触面。指教学媒体把信息传送到接受者空间范围的能力。

传送能力分为有限传送能力和无限传送能力两种。有些媒体,如电影、幻灯、投影、录像电视等只能在一定范围内使用,属于有限传送能力。广播、电视能跨越时空的限制,到达家庭、社会,属于无限传送能力;网络型媒体能够跨越时空的限制,学习者能够在任何时间通过网络实现信息获取、传递和交流,也属于无限传送能力的媒体。

例如,我们可以在 Coursera、Udacity、edX 等国外的慕课平台上,修读世界各地大学的授课内容。

▲ **参与性**

参与性指教学媒体在发挥作用时学生参与活动的机会。

参与性可以分为情感参与和行为参与两种。各种媒体一般都可提供情感参与的方式和机会,能用具体的形象和影响刺激学习者,引起学习者情绪上的反应,诱发学习者在情感上的参与;幻灯、投影、录像等媒体既可以使学习者观察图像,又可以在师生间进行如提问、答疑、讨论等交流活动,具有较强的行为参与性。

例如,在生物学课堂中,DNA 双螺旋模型的搭建就为学生提供了自己动手操作的机会;而播放滥用抗生素导致的危害的视频,就是在给学生提供情感参与的机会的同时,深化了对滥用抗生素的危害的理解。

▲ **可控性**

可控性是指使用者对媒体操纵控制的难易程度,即这种教学媒体制作和操纵起来是否方便。

言语、板书、教科书可以由教师随心所欲使用。录音机、幻灯、录像、计算机等也是比较容易操作和控制的,是教师在课堂中常用的媒体。而电影、电视和广播等的播出则掌握在专门机构手中,学校教师无法支配它们的内容和播放时间。在众多教学媒体中,网络型媒体是较容易学习和受控的媒体类型,学习者只要有条件上网,随时随地都可以找到相应的学习资源进行学习,不用过多地考虑时空的限制。

小试牛刀

根据对教学媒体技术特征的学习,尝试填写以下表格。

		教科书	板书	模型	语言	标本	录音	幻灯	电视	录像	计算机网络
呈现力 (表现力)	声音特征										
	颜色特征										

续　表

		教科书	板书	模型	语言	标本	录音	幻灯	电视	录像	计算机网络
呈现力（表现力）	空间特征										
	时间特征										
	运动特征										
重现力	即时重现										
	延时重现										
传送能力（接触面）	无限接触										
	有限接触										
参与性	感情参与										
	行为参与										
可控性	易　控										
	难　控										

任务小结

通过本任务的学习，我们发现，随着人类社会的不断发展，教学媒体的形式正在不断地丰富和拓展——从传统的口语语言媒体形态到文字语言媒体形态再到数字语言媒体形态。根据不同的分类依据，教学媒体可以有丰富的分类，而不同的教学媒体其技术特征都有所不同，所以不存在万能的教学媒体。

第二节
生物学教学中常用的教学媒体

> **情境导入**

"响尾蛇是如何追捕猎物的"教学片段

1. 观看视频,发现并探究问题

教师播放三段蛇与老鼠的视频,请学生提出希望探究的问题。学生提出的问题包括:蛇为什么进行S形运动?蛇是怎么追踪猎物的?蛇在黑暗环境如何感知老鼠的存在?蛇是如何吞下并吃掉老鼠的……

教师以其中一个问题作为本节课探究的主题——蛇是怎么追踪猎物的?随后请学生根据已有的知识和经验提出对该问题的解释。学生们充分发挥想象并结合已有的知识经验进行推测。教师通过板书记录下学生提出的各种假设,归纳总结包括:热、声音、猎物的气味、毒液的气味。

2. 阅读材料,做出合理假设

教师下发有关响尾蛇的学习资料,请学生自主阅读,分析哪种解释更为合理。通过思考和小组合作讨论,学生排除了听觉是蛇追踪猎物的主要方式,并普遍达成共识——蛇可能通过热或气味追踪猎物。

随后教师引导学生根据学习资料,进一步推理蛇到底是通过什么方式追踪猎物的并陈述自己的理由。不同学习小组的学生存在不同意见。其中一些小组认为热量是蛇追踪猎物的方式,并提出蛇具备热感受器;而另外几个小组的学生认为是蛇的嗅觉起了关键作用。教师顺势引导学生,要用什么方法才能够说服对方呢?进而引出实验的方法。

3. 设计实验,验证假设

教师请学生分小组讨论,参照之前做过的两个实验"温度影响霉菌的生长""植物影响环境温度"的设计思路进行实验的设计。由于七年级学生以往很少设计实验和进行实验,对实验的设计原则也不是非常了解。所以不少学生阐述的仍是对问题的解释而非实验的设计过程,而有的学生虽然阐述了实验的设计过程,但是由于缺少对实验设计原则的认识,使得实验设计不够合理,教师在此过程中不断地引导学生,逐步得出比较合理的实验设计过程:(以嗅觉这一因素为例)分别选择被蛇咬伤的小鼠一只和工作人员处理死亡的小鼠一只,沿同样路径拖动到指定地点,分别观察响尾蛇的举动。随后,教师利用板画模拟实验的过程,帮助所有学生了解实验的过程。

4. 介绍科学家已经进行的实验,模拟实验操作的过程

由于各种因素的限制,生物学课堂并不能真正进行实验,来验证响尾蛇追踪猎物的实验过程,所以教师继续利用板书和板画模拟科学家进行的实验过程,通过教师的陈述,让学生了解到科学家设计并进行的实验与自己设计的基本一致,从而增强自信心。

教学中,这位教师用到了哪些教学媒体?
你还知道哪些可用于生物学教学的教学媒体?

生物学教学中经常使用的教学媒体很多,根据其直观程度一般可以分为以下几大类(图 6-2)。

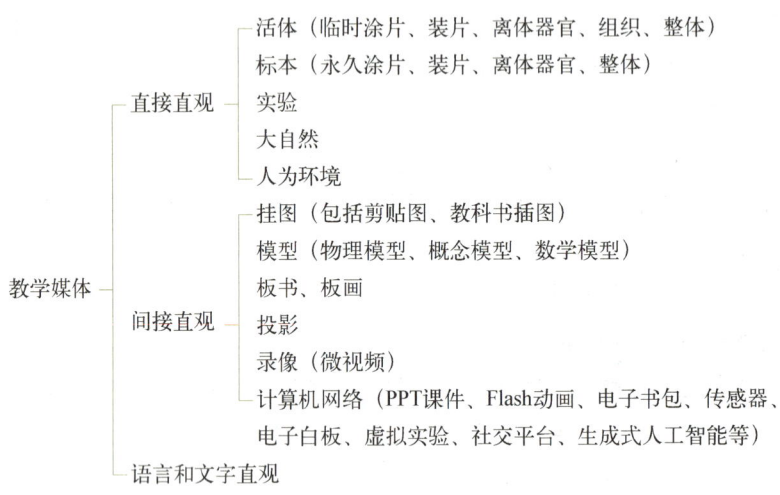

```
                    ┌ 活体(临时涂片、装片、离体器官、组织、整体)
                    │ 标本(永久涂片、装片、离体器官、整体)
         ┌ 直接直观 ┤ 实验
         │          │ 大自然
         │          └ 人为环境
         │          ┌ 挂图(包括剪贴图、教科书插图)
教学媒体 ┤          │ 模型(物理模型、概念模型、数学模型)
         │          │ 板书、板画
         │ 间接直观 ┤ 投影
         │          │ 录像(微视频)
         │          │ 计算机网络(PPT课件、Flash动画、电子书包、传感器、
         │          └ 电子白板、虚拟实验、社交平台、生成式人工智能等)
         └ 语言和文字直观
```

图 6-2　生物学教学中常用的教学媒体分类

活动 1　板书的设计

▲ **板书及其类型**

板书是教师上课时为帮助学生理解、掌握知识而在黑板上书写的简练的文字、图形、符号等,它是用来传递教学信息的一种言语活动方式,又称为教学书面语言。

板书一般可分为两种,一种是教师在对教学内容进行高度概括的基础上,提纲挈领地反映教学内容的书面语言,往往写在黑板正中,称之为正板书;另一种是在教学过程中,因为学生听不清或听不懂,或者作为正板书的补充、注脚而随时写在黑板上的文字,往往写在黑板的两侧,称之为副板书。

生物学教学中常用到的板书类型包括提纲式板书、对比式板书、线索式板书和图画式板书。其中,提纲式板书条理清楚、重点突出、字句简洁、教学思路清晰;对比式板书对比强烈,利于分析共性与个性,利于学生求异思维能力训练;线索式板书能够突出知识形成的过程,有利于学生学会学习;图画式板书生动、形象、直观,事物的内在关系显现得淋漓尽致,能够有效地激发学生的学习兴趣,促进抽象思维能力的发展。

在设计板书时,要注意以下原则:① 板书要为教学服务;② 板书要简洁扼要;③ 板书要完备美观;④ 板书要有启发性;⑤ 板书的使用要选在适当的情况之下。

案例鉴赏

以下为一些板书样式。

细胞膜——系统的边界

一、制备细胞膜
　　材料:哺乳动物成熟红细胞
　　原理:吸水胀破

二、细胞膜的成分
　　脂质(约50%);蛋白质(约40%);糖类(约2%—10%)。

三、细胞膜的功能
　　1. 将细胞与外界环境隔开。
　　2. 控制物质进出细胞。
　　3. 进行细胞间的信息交流。

四、细胞壁
　　成分:纤维素和果胶;作用:支持和保护。

DNA 与 RNA

比较项目		DNA(脱氧核糖核酸)	RNA(核糖核酸)
基本单位	名称	核苷酸	
^	^	脱氧核苷酸(4种)	核糖核苷酸(4种)
^ 成分	五碳糖	脱氧核糖	核糖
^	磷酸	磷酸	
^	含N碱基	腺嘌呤(A)、鸟嘌呤(G)、胞嘧啶(C)	
^	^	胸腺嘧啶(T)	尿嘧啶(U)
连接		每个核酸分子是由几十个乃至上亿个核苷酸连接而成的长链	
^		DNA 由两条脱氧核苷酸链构成	RNA 由一条核糖核苷酸链构成

中心法则

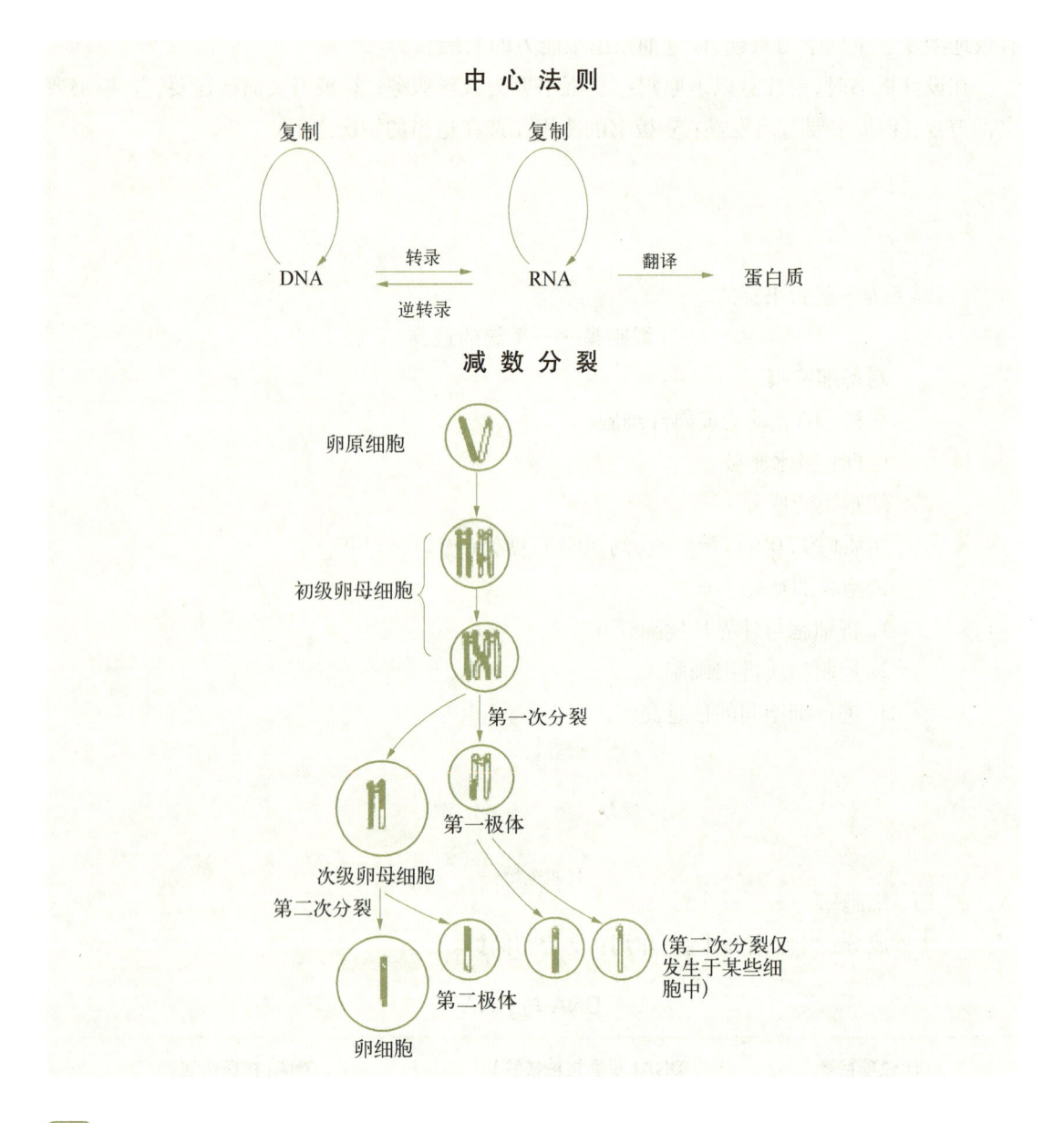

复制 ⟲ DNA ⇌(转录/逆转录) RNA ⟲ 复制　RNA —翻译→ 蛋白质

减数分裂

卵原细胞 → 初级卵母细胞 → 第一次分裂 → 次级卵母细胞、第一极体 → 第二次分裂 → 卵细胞、第二极体（第二次分裂仅发生于某些细胞中）

小试牛刀

1. 与同伴尝试讨论，以上案例中的板书分别属于哪种类型？
2. 请选择初中或高中的一个教学内容，尝试设计板书。

活动2　模型的设计

▲ 模型的概念建构

模型是与真实物体、单一事件或一类事物对应的而且具有解释力的试探性体系或结构。模型是一种常见的操作性媒体，实物以及实体模型也是比较典型的操作性媒体。

建构模型是指通过对科学模型的研究来推知客体的某种性能和规律,借助模型来获取、拓展和深化对于客体的认识的方法,也就是科学研究中常用的模型方法。生物学教学中主要的模型类型包括物理模型、概念模型和数学模型。

在现代生物学研究中经常使用模型方法,通过寻找变量之间的关系,构建模型,然后依据模型进行推导、计算,作出预测。DNA双螺旋结构的发现过程就是一个非常典型的例子。模型方法在科学研究中具有重要作用,它在中学生物学课程中对于培养学生的科学思维具有重要意义。《普通高中生物学课程标准(2017年版2020年修订)》中也将"模型与建模"作为科学思维发展的重要内容之一,在具体内容要求和教学提示部分也列出了"尝试制作真核细胞的模型""尝试建立数学模型""制作DNA分子双螺旋模型"等要求。

▲ 模型类型及相应特点

1. 物理模型

根据相似原理,把真实事物按比例放大或缩小制成的模型,它可以模拟真实事物的某些功能和性质。由于物理模型要根据实物的形状、颜色、大小比例及特征来制作,能体现实物的自然顺序和自然位置,能真实、形象地反映研究对象,更加直观和形象地帮助学生熟悉对象的各个特征、微观结构的位置以及相互关系,甚至在演示模型过程中掌握生命现象的本质。同时,能训练学生的动手能力和立体形象思维。

2. 概念模型

概念模型是通过分析大量的具体对象,分类并揭示其共同本质,将其本质凝结在概念中,把各类对象的关系用概念与概念之间的关系来表述,用文字和符号突出表达对象的主要特征和联系。建构概念模型有助于培养学生的系统思维与逻辑思维能力。

3. 数学模型

数学模型是用来描述一个系统或它的性质的数学形式。对研究对象的生命本质和运动规律进行具体的分析、综合,用适当的数学形式来表达,从而依据现象作出判断和预测。建构数学模型有助于培养学生的类比推理能力。

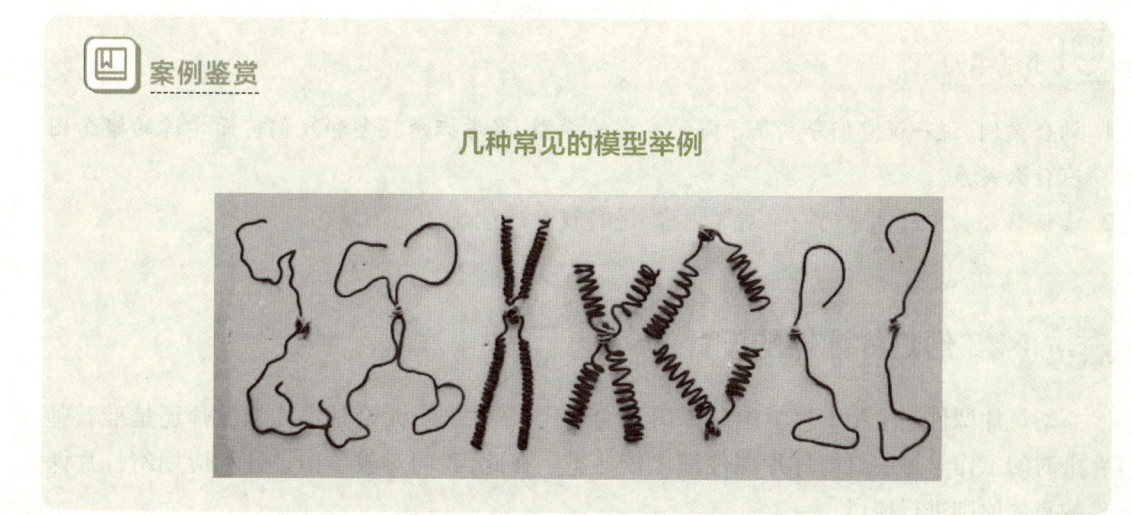

📖 **案例鉴赏**

几种常见的模型举例

图 6-3 几种常见的模型

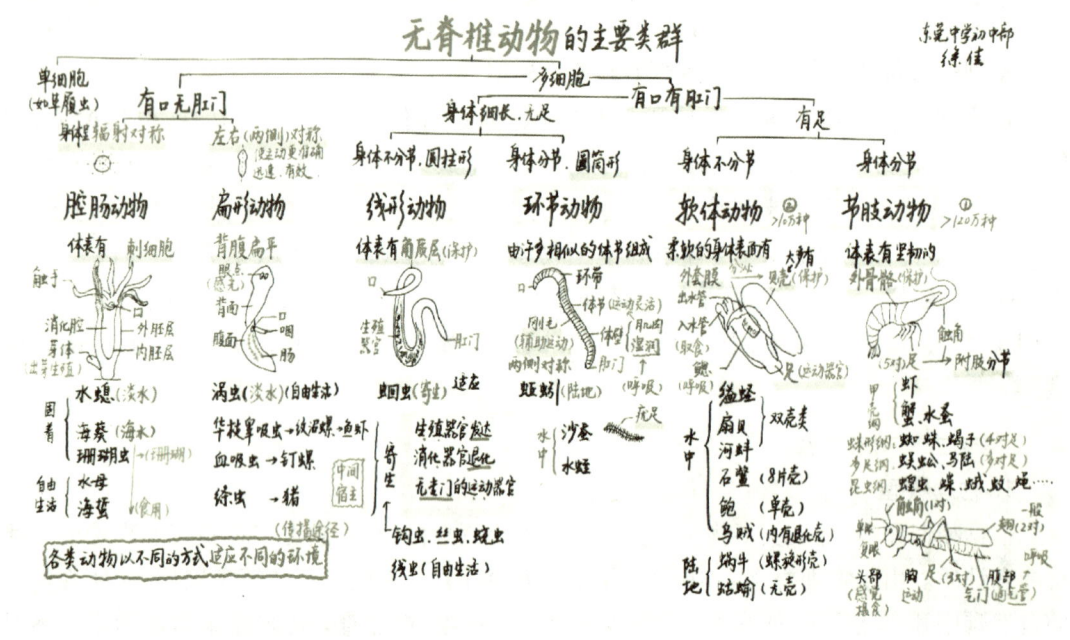

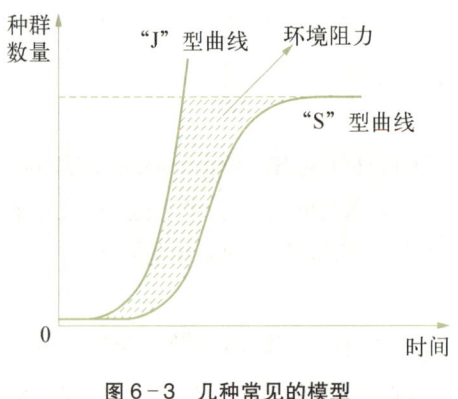

小试牛刀

1. 结合案例,说一说它们分别属于哪种类型的模型,思考概念模型和我们前面学过的概念图有什么关系。
2. 尝试结合初中或高中的一个教学内容,进行模型的设计。

活动 3 幻灯片课件的设计

　　幻灯片课件是生物学教学中最常用到的现代教学媒体,无论是生物学教师还是准教师在平时的工作学习中对幻灯片课件都比较熟悉。在此,我们对教学中设计和应用幻灯片课件的重要原则进行探讨。

▲ 幻灯片课件设计和应用的重要原则

1. 整体设计

教师要注意充分发挥幻灯片在教学过程中的辅助作用,避免用幻灯片替代所有教学内容的做法。在教学中注意发挥幻灯片课件的以下辅助特点:① 辅助提示作用,帮助教师组织思路,引导讲授线索,突出讲解重点,保障教学有序进行;② 提供直观视觉感受和体验,将真实世界的图像展示在学生面前,将抽象的概念转化成可视化图像给学生;③ 丰富讲述事实和内容,组织丰富的视觉听觉材料,讲述丰富动人的故事,或者列举大量的实证资料;④ 发挥分析论证作用,提供分析的图表和充足的资料,帮助教师分析某事物的运作系统或内部关系,或发展趋势;⑤ 激发情绪和气氛,通过色彩、动画、音乐等元素的运用,使学生与教师之间产生情感互动,煽动情绪高潮,营造课堂的气氛。

2. 简洁即美

PowerPoint 是常用的制作电子幻灯片的软件,"power point"一词的英文原意就是重点、要点,所以不要把幻灯片课件当成文稿文件,幻灯片课件上只出现关键性的词语或短句,而不是要说的每句话。如果把要说的每句话都写上,那就不需要教师的讲解了,因为学生扫视屏幕文字的速度比教师大声照读文字的速度快得多。

应该尽量字少图多,详细的内容可以写在备注里面,或者另外使用文稿文件提供辅助学习的讲义和阅读资料。

用好备注栏,如果希望为学生提供更多的文字资料,可以将有关的文字资料放在幻灯片课件的备注中,一方面可以作为教师教学的提示,另一方面可以制作阅读材料提供给学生学习。学生在课后可能需要复习资料,带有备注的幻灯片课件就像简易讲义一样有用。

3. 换位思考

幻灯片课件上面的字体要大,保证坐在最后一排的学生都能够看清楚屏幕上面的最小的字体;字体和屏幕背景的色彩要对比反差鲜明,如白底黑字、蓝底白字,可以留意一下高速公路上的路标是如何设计的,怎样才能够保证汽车驾驶员在高速行驶的远处都能够看清楚标牌上面的文字。

每一页幻灯片上面的文字不要超过 5 行,最好 3 行以内,字体大小和文字的行数多少,文字与背景的反差是否清晰,教师可以利用一次上课的机会,坐到教室的最后一排和教室左右两边观察一下,幻灯片上的文字是否清晰。设计幻灯片时,一定要照顾到后排和左右两边的学生,确保每位学生都能够清晰地看到幻灯片的内容。

> **案例鉴赏**
>
> 下图是一位教师在"DNA 的结构"一节设计的一页幻灯片,她将自己所有的教学内容,甚至是板书都设计在幻灯片里,黑板上不留任何痕迹。幻灯片就好像是她的教案,而离开了幻灯片,似乎就上不下去课了。

板书设计

3.2 DNA的结构

遗传物质的特点：(1) 结构稳定　(2) 储存大量遗传信息　(3) 稳定遗传

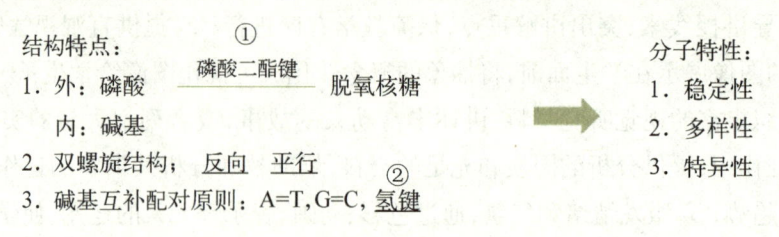

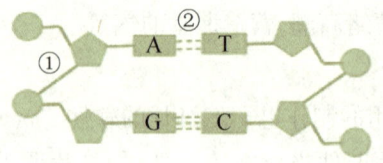

结构特点：
① 磷酸二酯键——脱氧核糖

1. 外：磷酸
　　内：碱基
2. 双螺旋结构；反向　平行
3. 碱基互补配对原则：A=T,G=C, ②氢键

分子特性：
1. 稳定性
2. 多样性
3. 特异性

小试牛刀

1. 你同意案例中教师的观点和做法吗？
2. 在当前的生物学教学中，板书和幻灯片课件是最常用到的教学媒体，一般情况下我们要两者结合使用，请思考：为了提高教学效率，板书应该呈现哪些内容？幻灯片上应该呈现哪些内容？

活动 4　微视频的设计

▲ 微视频的概念建构

微视频是指长度在 30 秒到 20 分钟之间的，可以通过电脑、手机、平板电脑、数码摄像机、MP4 等多种视频终端摄录或播放的教学视频短片的统称。比如可汗学院的课程、TED 演讲、慕课，还有常用的翻转课堂教学模式等都是借助微视频来开展实施的。

微视频的教学功能主要体现在以下几个方面：① 承载内容短小精辟，目标明确，重点突出，它可以将比较宏大的知识主题解构成比较特定的微主题。不仅知识点更加清晰，也有利于提高学习者学习的针对性。② 对接终端多样，能够满足泛在学习的需要，微视频形式短小，纯文字、图像和音乐都可以成为其内容，也可以通过平台下载到个人电脑、手机、平板电脑等多种移动设备上，学习者可以灵活自主地展开移动化学习。③ 灵活运用于多种学习情境。微视频可以用于在线学习、面对面的学习和混合式学习，学习形态可以是正式学习，也可以是非正式学习。

案例鉴赏

基于"生命观念"的"进化与适应"微课视频设计[1]

一、教学设计

1. 教学内容

达尔文自然选择学说的内容包括过度繁殖、生存斗争、遗传变异和适者生存。现代生物进化理论是在达尔文的自然选择学说的基础上发展起来的。所以学好达尔文的自然选择学说对于学生学习现代生物进化理论非常重要。同时,也有助于学生树立正确的进化与适应的生命观念,加深对科学本质的理解和感悟。

2. 学情分析

学生在初中生物学教材(八下)学习过生物进化的有关内容,初步了解了达尔文的自然选择学说,但是对于自然选择学说的要点比较模糊,有待进一步澄清认识。

3. 教学目标

① 概述达尔文的自然选择学说的主要内容;② 评述达尔文的自然选择学说的贡献;③ 说明自然选择导致生物更好地适应特定的生存环境;④ 运用"进化与适应"的"生命观念"解释一些生物学现象。

4. 分镜头脚本

详见表6-3。

表6-3 教学内容的分镜头脚本

序号	教学内容	解 说 词	时长
1	情境设置:由长颈鹿最显著的特征——长脖子引出问题,导入新课,激发学生兴趣	非洲草原上最迷人的动物要数长颈鹿了,它是世界上最高的动物,它不仅有大长腿,还有长脖子。长颈鹿的长脖子能把自己的脑袋举到离地4.5米高处,那长颈鹿的脖子为什么这么长呢?	40 s
2	达尔文介绍	要回答这个问题,还得从一个人说起。达尔文生于1809年,英国生物学家,进化论的奠基人。曾经乘坐贝格尔号舰做了历时5年的环球航行,对动植物和地质结构等进行了大量的观察和采集。出版《物种起源》,提出了自然选择学说。	28 s
3	过度繁殖	达尔文在《物种起源》中列举公认生殖能力较弱的大象为例。如果一对大象能活到一百岁,其间它们生育六头小象,而这些小象仍以这样的速率生育,那么700年后,这对大象的子孙后代将达到两千万头。这个事例说明了什么?生物都有过度繁殖的能力。	40 s

---

[1] 秦海峰.基于"生命观念"的"进化与适应"微课视频设计[J].生物学教学,2018,43(09): 43-44.

续表

序号	教学内容	解说词	时长
4	生存斗争	按照理论上的计算,动、植物会在不太长的时期内产生大量的后代而占满整个地球。事实上,几万年来,象的数量也没有增加到那样多,各种生物的数量在一定的时期内都保持相对的稳定状态,这又是为什么呢？达尔文认为,这主要是过度繁殖引起生存斗争的缘故。资源是有限的,任何一种生物在生活过程中都必须为生存而斗争。生存斗争包括生物与无机环境之间的斗争,生物种内的斗争(如为食物、配偶和栖息地等的斗争),以及生物种间的斗争。由于生存斗争,导致生物大量死亡,结果只有少量个体生存下来。正因为生物界在不断发生着生存斗争,结果是每一个物种都被限制在一定的数量之内。	78 s
5	遗传和变异	但在生存斗争中,什么样的个体能够获胜并生存下去呢？达尔文用遗传和变异来进行解释。达尔文认为一切生物都具有产生变异的特性。在生物产生的各种变异中,有的可以遗传,有的却不能够遗传。	24 s
6	适者生存、不适者被淘汰	哪些变异可以遗传呢？达尔文用适者生存来进行解释。达尔文认为,在生存斗争中,具有有利变异的个体,容易在生存斗争中获胜而生存下去。反之,具有不利变异的个体,则容易在生存斗争中失败而死亡。这就是说,凡是生存下来的生物都是适应环境的,而被淘汰的生物都是对环境不适应的,这就是适者生存。	41 s
7	自然选择的定义	达尔文把在生存斗争中,适者生存、不适者被淘汰的过程叫做自然选择。达尔文认为,自然选择过程是一个长期的、缓慢的和连续的过程。由于生存斗争不断地进行,因而自然选择也在不断地进行,通过一代代的选择作用,物种变异被定向地向着一个方向积累,于是性状逐渐和原来的祖先不同了。这样,新的物种就形成了。由于生物所在的环境是多种多样的。因此,生物适应环境的方式也是多种多样的。所以,自然选择也就形成了生物界的多样性。	60 s
8	总结自然选择学说的内容和意义	总结一下,达尔文自然选择学说的内容：过度繁殖、生存斗争、遗传变异和适者生存,其中过度繁殖是生物生存的条件,生存斗争是生物生存的手段和动力,遗传变异是基础,适者生存为生存斗争的结果。达尔文自然选择学说论证了生物是不断进化的,对生物进化的原因提出了合理的解释,科学地解释了生物多样性的形成。	49 s

续 表

序号	教学内容	解 说 词	时长
9	解释长颈鹿的脖子为什么那么长	现在可用达尔文的自然选择学说解释长颈鹿的脖子为什么那么长。长颈鹿的脖子为什么那么长呢？长颈鹿，一开始它们不叫长颈鹿，叫鹿。过度繁殖后超过了环境的承受能力，树叶不够吃，鹿与鹿之间势必互相争夺食物，这叫生存斗争；这些鹿之间存在着颈长和颈短的变异，这些变异是可以遗传的，颈长的能够吃到高处的树叶，就容易生存下去，并且繁殖后代，这就是适者生存；颈短的个体，吃不到高处的树叶，当食物缺少时，就会因吃不到足够的树叶而导致营养不良，体质虚弱，活下来的可能性很小，留下后代的概率就更小，经过许多代以后，颈短的鹿就被淘汰。这样，颈长的鹿一代代地进化下去，就成了现在大家看到的长颈鹿。	103 s

二、制作步骤

1. 素材搜集

长颈鹿进化的图片、中央电视台制作的传记纪录片《达尔文——自然之子》的视频片段。

2. 制作工具

手绘视频软件 VideoScribe 是国外一款比较经典的动画视频制作软件，可添加一些照片、音乐和文字等。利用它自带的一些动画效果，能快速制作出动画视频。微课中问题的提出和解答以及教学的内容等，都是通过该软件来呈现的。也可以采用先制作幻灯片课件，再用编辑软件 Camtasia Studio 的录屏功能。

3. 后期编辑

可利用编辑软件进行后期的编辑，将各个分镜头组接起来，再配上背景音乐，最后导出 mp4 格式的教学视频。

扫描二维码，观看课例视频

小试牛刀

1. 请你尝试评价以上案例中制作的微视频。
2. 请利用案例中介绍的技术或你自己知道的技术，结合初高中的教学内容，设计一个微视频。

活动 5　虚拟现实的设计

▲ 虚拟现实

在生物学教学过程中,学生常常需要结合抽象知识进行一些实验或实践活动,而教学时间、经费和设备条件的限制常常使教师不得不放弃学生参与的环节。虚拟现实技术的应用给生物学课堂教学内容和方式带来了革命性的变化,经过专门设计,可以模拟实验过程或现实情境的教学软件为学生获得"操作"技能和实践经验提供了替代的途径。

随着时代的发展,虚拟现实的内涵也在不断丰富。当前,虚拟现实(virtual reality, VR)一般指借助计算机及最新传感器技术创造的一种崭新的人机交互手段。虚拟现实技术利用电脑模拟产生一个三维空间的虚拟世界,让使用者如同身临其境一般。这种技术的目标是在屏幕上使虚拟与现实世界进行互动,带给人们最真实的感官体验。

案例鉴赏

NOBOOK 生物学虚拟实验室的下载与使用

一、NOBOOK 的下载与安装

NOBOOK 生物学虚拟实验平台有初中版和高中版,均支持在线使用、Windows 和 macOS 三种环境,可在 https://www.nobook.com/shengwu.html 选择所需要的版本进行下载。下载后点击安装文件进行安装,安装文件大小约为 2G,下载和安装均需要一定的时间。安装完后可点击对应图标打开平台,本文以"NOBOOK 生物初中版"为例介绍该平台的使用。

二、NOBOOK 平台界面介绍与实验分类

使用离线下载版平台需要先登录,点击右上角"登录/注册"按钮进行登录或注册。在"NOBOOK 生物初中版"平台中共内置了 186 个初中生物学项目,在平台的上部将这 186 个项目分为植物学、动物学、生理学和微生物四个门类,每个门类下分为生物学动手实验和生物学实验资源两个门类,其中部分 3D 视角的项目具有一个"3D"字样下标(图 6-4),从视觉类型上统计,其中 3D 视角项目达到 81 个,约占总量的 43.5%。

三、使用"NOBOOK 生物初中版"进行项目操作

"NOBOOK 生物初中版"可在学生平板中在线使用或在教师电脑中安装。因此,其中的项目在课堂中既可作为演示活动,也可作为分组活动开展。在平台对应的类别中选择一个项目打开,打开后可以看到实验标题、实验目的、实验器材、实验步骤和讨论等几部分内容。

在开始虚拟实验前,教师可以引导学生了解实验目的,认识实验器材,而后点击实验步骤以开始项目。在虚拟实验室中,教师和学生在实验步骤的指导下,通过手指滑动屏幕或鼠标活动来拖拽、拨动和点击实验用品,模拟现实中显微镜的调光、调焦、物镜的切换、实验物品的添加和放置等具体操作,尽可能地还原真实实验操作的体验。

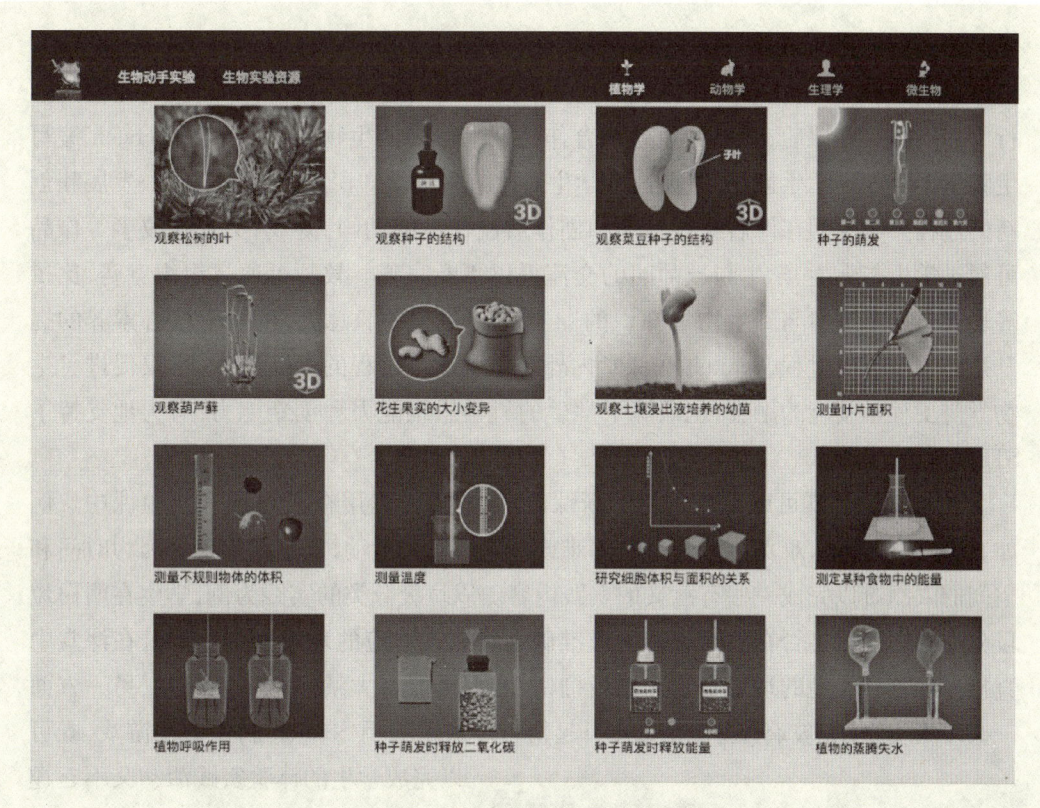

图 6-4 "NOBOOK 生物初中版"界面

通过鼠标滚轮和多点触控操作可实现局部关键点的放大、缩小和模型旋转等。在一些需要记录实验数据的项目界面右侧可见"记录"标志,点开可见实验记录表,用于记录虚拟实验中的关键数据。在某些实验的右上角有四条横线,点击这个图形会出现该生物对应结构的说明。在项目实际开始后的操作界面下方会出现"铅笔""橡皮""介绍"和"清除"四个图标,其中"铅笔"可实现教师在虚拟项目进行过程中的批注功能——圈画重点提醒或板书,共有七种颜色可供选择。"橡皮"用于逐条删除"铅笔"的痕迹,而"清除"用于删除全部"铅笔"痕迹,点击"介绍"会出现有关该生物的介绍内容。实验完成后,在讨论栏目中有一些与本实验有关的问题,点击问题会出现该问题的答案。在虚拟项目运行过程中任意时刻都可以点击右下角的"返回"图标以退出当前项目。

Scratch 软件在中学生物学教学中的应用[①]

Scratch 是由美国麻省理工学院开发的一款面向儿童和青少年的编程软件(官方网址:https://scratch.mit.edu/),在该软件中,原本晦涩难懂的编程代码被清晰直观地表述出来,使用者不需要具备编程基础,只需要"搭积木式"地将这些语句组织在一起即可完成编程任务,操作简单,容易上手。2012 年,Scratch 在国内普及,并成为我国中小学信息技术课的主要学习内容。然而,将 Scratch 引入非信息学课堂教学的研究,目

[①] 徐益苗,赵晓燕.Scratch 软件在初中生物学 STEM 教育中的应用[J].生物学教学,2018,43(03):42-43.

前并不多见。在 Scratch 融入的课堂教学中,教师根据教学目标,通过 Scratch 设计情境沉浸式的教学环境,学生在体验和使用的过程中,将具体的生物学知识内化为生活行为的依据。在课后,学生可独立或合作将课上习得的生物学知识利用 Scratch 编写生物学小程序。学生创作的过程,即学生对已有生物学知识进行回忆、重整、发展和创新的过程。学生们在课后经过思考和创作后制作出的动画、游戏、交互式故事等作品可通过学生与学生、学生与教师间的交流得以不断完善。教师可通过组织竞赛、比拼等形式引导学生参与到生物学知识的"再加工"过程中。总之,生物学核心素养的提升是一个发展的过程,Scratch 在课堂内外与学生学习过程的不断融入,不仅促进了生物学与工程学技能的融合,也锻炼了学生的科学思维能力和创新能力,有力地支持了 STEM 教育。

Scratch 软件既可以用在生物学新课教学中,也可以用在复习课和实验课中。例如,在新课教学中,难免会涉及一些困难或危险的实践活动,课堂教学也会因为时间和空间的限制难以完成一些有意义的实践内容。以垃圾分类的实践为例,学生在明白垃圾分类的标准后能否在生活中将垃圾准确地投放进对应的垃圾桶中? 如若在课堂中直接呈现各种类型的垃圾实物和垃圾桶,一方面可能将大量病菌引入课堂,另一方面一些垃圾实物(如玻璃碎片)可能会引起伤害事故。利用 Scratch 制作的小游戏,既可以完成学生的体验实践活动又不乏趣味性。在场景地面上摆放标示着"可回收垃圾""厨余垃圾""其他垃圾"及"有害垃圾"的垃圾桶,荧幕中随后间隔地落下一种垃圾,学生通过操控键盘方向键以控制垃圾落进哪一种垃圾桶(图 6-5)。若学生投放垃圾准确,则出现"+1"表示得到 1 分;若投放错误,就会发出警告声,同时出现一个红色的"×"提醒学生投放错误。学生在课堂中积极的表现表明了学生乐意接受这样生动画面和即时多感官反馈式的体验。

图 6-5 学生操控鼠标控制垃圾的下落

基于 VR 技术的"基因的表达"一节的复习教学[①]

在"基因的表达"一节复习教学中,共设计制作 4 个 VR 场景。

场景 1"大脑之旅"。主要用于课堂导入,激发学生学习兴趣。同时复习选择性必修 1 神经调节的相关知识。首先由学生戴上 VR 眼镜,体验 VR 技术带来的"大脑之旅",感受 VR 课程的精彩魅力,同时熟悉 VR 眼镜的使用。

[①] 徐洁,孙睿,邓宵飞. 虚拟现实(VR)技术在高中生物学课堂上的应用举例[J]. 生物学教学,2017,42(03): 46-47.

场景2"细胞结构"。主要用于复习必修1细胞的基本知识,为解决本节课重难点——转录、翻译做基础知识的复习准备。在学生体验之前,教师要求学生注意观察场景中的细胞结构与教材插图有哪些不同。在感受震撼画面的同时,学生轻轻摇头可以通过眼镜选择不同的细胞器及细胞结构,耳机中可听到对该结构的基本功能的讲解,对重难点知识更易把握(图6-6)。这部分知识相对比较简单,通过体验,学生较容易掌握。在课前查阅资料、与技术人员讨论制作这个场景的过程中,发现学生对教材上的插图比较熟悉,但真实细胞中的立体结构,学生未必能识别出来,尤其是内质网、高尔基体等。在课堂讨论阶段,学生果然提出如"那个紫色的结构也是高尔基体吗?""这个管腔构成的结构是内质网吗?"等问题。虽是课堂上的一个小插曲,但有必要在教学中对学生进行自然学科素养的培养,让学生认识到知识来源于实践,不是教材上的条框。

图6-6 学生通过VR眼镜体验细胞结构

场景3"转录"。这是本节课突破的重点,为了更好地解决学生在学习中的疑惑,在场景3"转录"中,设计了互动环节:学生通过观察场景中的碱基互补配对情况,寻找规律。转动头盔,选中碱基(使头盔中的红点区域对准相应碱基),完成剩余碱基的配对。恰恰是在这样看似游戏的环节中,学生完成对重点知识的理解与运用。

场景4"翻译"。这是本节课的难点,配合场景设计学案,让学生在体验结束后思考学案上的相关问题。这些问题是根据学生的思维漏洞所设计的,主要是一些易错易混的难点。如真核生物与原核生物转录翻译的区别等。在学生体验结束后,要求对这些问题进行思考,小组讨论,之后由教师答疑解惑。最后,进行例题练习,巩固复习的效果。

【评析】

在本案例中,课程设计了互动场景:在细胞核中,点击鼠标,进行碱基配对,选择合适的核糖核苷酸,进行mRNA的合成。这种游戏式的体验,既激发学生的学习兴趣,又加深学生对知识的理解。短短几分钟的时间就将教材必修1中的细胞结构及细胞器功能、必修2中的基因表达、必修3中的内环境和神经调节等知识融合在一起。但VR技术走进课堂对教师的综合素质也提出了更高的要求,由于VR课程一旦全部制作完成,较难再进行修改,且VR课程需要教师的适时引导。对于课堂教学来说,VR是一种辅助手段,应该适时适宜地使用。

小试牛刀

1. 请你尝试谈谈以上案例中的虚拟现实技术对我们的生物学教学有怎样的影响。
2. 查阅资料,和同伴分享还有哪些虚拟现实技术。

活动 6　基于社交平台的教学媒体设计

▲ 社交平台的概念建构

随着信息技术的不断发展,越来越多的社交媒体软件(如 QQ、微信、钉钉、哔哩哔哩、微博等)被应用于生物学教学中,很多教师基于社交媒体在课前给学生布置预习任务,在课后帮学生进行答疑解惑或布置家庭作业。

近年来随着微信的迅速发展,微信公众号已经成为了应用于教学的常见教学媒体。据不完全统计,在知网以"微信"和"教学"为关键词进行检索,查得的文献有 3 000 多篇。在微信中分别以"高中生物学""初中生物学""生物学教育"等为关键词,调查中学生物学微信公众号的使用情况,共可搜索到 200 余个微信公众号。对这些微信公众号进行分析发现,按照面向对象可以分成两大类:教师和学生;按照账号的主体形式可以分成三大类:企业网站、教研室(学校/教育局)和个人;按照微信功能可以分成四大类:① 习题讲解,占 55.56%,主要提供疑难试题、模拟题分析;② 教师科研进修,占 26.67%,为教师教研提供交流平台,如学校或省市生物学教师的教研学习;③ 资料分享,占 13.33%,旨在传播生物学知识、提升生物学兴趣;④ 微课分享,占 4.44%。进一步分析发现,高中生物学微信公众号以考试为导向,以帮助学生提高生物学学习成绩为主要目的;初中生物学微信公众号更倾向于面向教师的进修教研。

微信公众号在生物学教学实践中应用的着力点在于课前测试预习和课后巩固拓展,为教师课中教学留出更多的时间,让学生思考、探究和讨论。

案例鉴赏

应用微信进行生物学课外复习的案例设计[①]

1. 微信生物学课外复习平台的创建

该平台可以在后台进行自定义菜单。自定义菜单可以创建 3 个一级菜单,每个一级菜单可创建 5 个二级菜单,该平台设计的一级菜单有:旧知回顾(二级菜单包括:知识库、习题册和学习方法)、课外拓展(二级菜单包括:课外知识、分钟课堂)和公告活动(二级菜单包括:任务公告、疑惑解答)。每个菜单都有相应的内容模块。对复习平台进行自定义菜单设定,可以让学生更加熟悉,方便使用平台进行复习。

---

① 梁冬秋,肖鹏.微信应用于生物学课外复习的可行性分析[J].生物学教学,2016,41(01):35-36.

2. 微信应用于重要概念及难点复习的案例

利用微信平台对重要概念以及重难点知识复习时，需要进行适当的补充，可以把课堂上没法详细讲解的生物学知识在平台进行稍微讲解。如关于真核细胞与原核细胞的比较，一般课堂上都会列表格进行详尽比较，当然在复习过程中也需要强调两者的区别。此外，在复习过程中还需要对真核细胞的线粒体、叶绿体来源与原核细胞的关系进行解说，文字配合图片，通俗易懂。这不仅让学生了解了真核原核细胞的由来，还培养了学生生物进化的意识。

3. 微信平台应用于答疑反馈的案例

利用微信平台进行答疑，一方面可以建立微信群，通过群聊进行讨论；另一方面，凡是关注生物学课外复习平台的学生，都可以直接在平台进行文字留言提问，也可以把题目拍照发到后台进行留言，教师在后台可以使用文字、图片、语音、视频、表情或超链接图文消息进行答疑。通过微信平台收集学生的疑问及对教学的评价，教师反馈于课堂教学并调整教学的过程。

4. 建立微信平台关键词搜索知识库

微信公众平台的后台设置了三种自动回复功能，分别是被添加自动回复、消息自动回复和关键词自动回复。被添加自动回复是平台被关注的时候，给新用户回复的消息；消息自动回复是关注人在平台回复的是非设定的关键词的时候，平台自动回复的消息；最常用的是关键词自动回复，它是在后台设定特定的关键词链接，关注人回复特定的关键词，即可弹出相应的内容。如回复"细胞膜"的时候，会自动弹出有关细胞膜的重难点突破的图文消息（图6-7）。用关键词自动回复可以建立一套知识库，方便学生搜索自己想查看的知识点，做到"哪里不懂，回复哪词"，方便灵活。

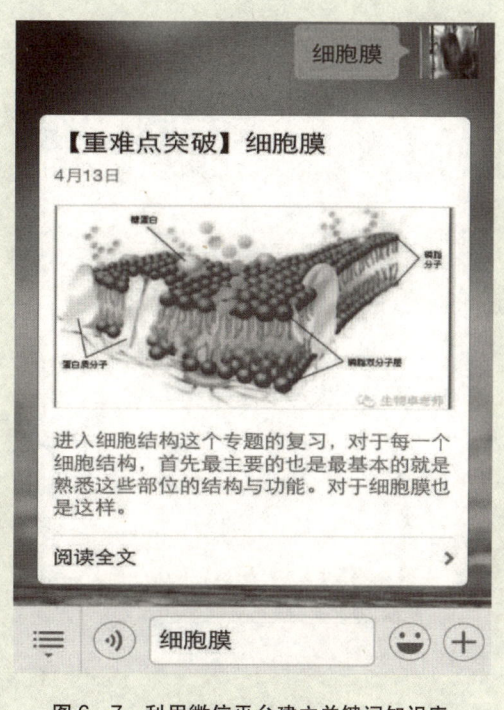

图6-7 利用微信平台建立关键词知识库

小试牛刀

1. 请结合案例说说基于社交平台的教学媒体有怎样的优缺点。
2. 你还知道哪些社交平台应用于教学中的例子？

任务小结

通过完成本节的一系列任务,相信我们对生物学教学中常用教学媒体的设计有了初步掌握,当然教学中使用的媒体远不止这些,还有更多的教学媒体需要教师在教学实践中不断地发掘和运用。需要指出的是,互联网仅是个平台,最终还需教师精心准备教学内容,做好课前、课堂和课后对学生的学习追踪。教师更应该与时俱进,不断提升自己生物学教学的专业水平和数字素养,用互联网提供的教学模式和教学环境,丰富、拓展各种教育手段和教学内容。

第三节
教学媒体的选择

> **情境导入**
>
> 公开课中的"怪象"
>
> "公开课"顾名思义,应是公开展示的真实课堂,但在当下却被很多教师误解为"表演课"。一旦与"表演"一词挂钩,就在不自觉中给"公开课"穿上了一件华丽的外衣,涂上了一层浓妆。
>
> 首先,是各种教学媒体充斥课堂。悠扬的配乐、生动的Flash动画、精制巧妙的实验教具、令人目不暇接的幻灯片等等。这些教学辅助手段在课堂上一应俱全、轮番上阵,教师马不停蹄地转换着手中的工具,切换着斑斓的画面,学生则"兴趣盎然"地跟着欣赏。殊不知这快节奏、大容量的被动观赏中究竟能激起学生心中多少的涟漪。
>
> 其次,是媒体在取代教师的角色。工整华丽的多媒体课件取代了教师朴素的板书,一节课下来,黑板空空如也。不知学生课后望着那"干净"的黑板,脑海中是否会呈现出那线条清晰的"课件板书"。还有一些教师用媒体取代了部分教学环节,一旦媒体出了问题,后面的教学环节都无法正常进行。
>
> 再次,是媒体的运用铺张且低效。在倡导节约的今天,"公开课"似乎反其道而行。为了达到某种期望的效果,不惜成本。例如,一堂实验课上,上课教师为全班每个同学准备了一套精美的量具(直尺、三角板、圆规),以供学生在实验设计时使用。试想这样奢侈的准备真的有必要吗?即便教师不准备,学生的书包里也不会缺少这些上学的必备品;即便准备也没有必要人人一份,准备1—2套,以供学生在需要时拿出即可;还有就是这样刻意的准备,无形中限制了学生想象的思维空间,有些"此地无银三百两"的嫌疑,一边在鼓励学生开动脑筋,不要拘泥于现有的材料,一边又在不断地提供各种工具,试图引导学生钻进教师提前设好的那个"套"中。不知这样的铺张奢侈能否真正达到教师们想要的效果,或是体现教师们的某种理念。
>
> 你是否经历过这样的公开课"怪象"呢?你认为我们在教学中,应该如何选择教学媒体呢?

生物学作为一门自然学科,正在从宏观研究向微观领域纵深。而现代教学媒体既可以展示生物体的宏观世界,又能展示出生物体的微观世界;既能展示出生物的静止状态,又能展现出生物的动态景观;既有利于观察完整的个体,又有利于观察局部器官;既可激发学生的学习兴趣,又可加深学生对知识的理解和记忆等。但"黑板、挂图、教科书"等传统教学媒体是不是就过时了呢?

其实不然,相关研究发现:现代教学媒体在较多时候确实促进了生物学课堂教学。但就如情境导入中的现象一样,较多教师在课堂教学中过分依赖现代教学媒体,它也同样存在着如信息量过大、学生难以参与互动活动等不足。

作为生物学准教师,我们该如何选择教学媒体呢?下面就让我们共同进入本任务的学习吧。

任务 1:小组合作分析教学媒体的选择依据

在前面学习教学策略的选择中,我们呈现了"光合作用"一节的 4 个教学案例,分别依据不同的教学目标而制订不同的教学策略,那么依据不同的教学目标和教学策略方法,应该选择怎样的教学媒体呢?教学媒体的选择还有哪些其他要考虑的因素呢?

表 6-4 案例回放

序　号	目 标 定 位	策 略 设 计	媒 体 选 择
案例 1	理解光反应、暗反应的过程,理解光合作用中的物质变化和能量转换。	讲述法+多媒体	PPT 课件,板书,动画
案例 2	培养学生科学素养,激发学生学习生物学热情。	自主学习+合作学习,教师辅助教学	PPT 课件
案例 3	学生主动构建光合作用过程,培养学生信息获取与处理能力,并感悟科学思维和方法、体会科学家的合作精神。	科学史	图片、动画,实物模型
案例 4	培养学生的科学探究、对比实验设计以及逻辑思维的能力,激发主动学习的热情,体会科学探究的快乐。	实验探究	实物模型,板书

▲ 依据教学目标选择教学媒体

选择教学媒体是为了有效地实现教学目标和教学任务。教学目标和教学任务不同,教学策略和方法也不同,因此,对教学媒体的要求就不同。教学目标和教学任务制约着教学媒体的选择(表 6-4)。不管是什么样的教学目标和教学任务,只选择一种教学媒体是违背教学规律的。

▲ 依据教学具体内容选择教学媒体

各门学科的性质不同,适应的教学媒体会有所区别;同一学科内各章节内容不同,对教学媒体也有不同要求。例如,细胞等微观结构的观察,采用图片就能够直观生动地展示细胞的各个细节,帮助学生认识细胞;而 DNA 双螺旋结构这样空间结构明显的事物,需要通过实物模型来帮助学生充分理解双螺旋的结构;又如有丝分裂等动态的变化过程,就需要通过动画的方式展示动态的变化过程。

▲ **依据学生实际情况选择教学媒体**

　　学习者的情况主要包括年龄特征、兴趣爱好、学习能力、学习经验、学习态度以及群体的规模等,这些都影响着媒体的选择和应用。例如,初中生以形象思维为主,因此可以较多地使用图片、录像、动画等媒体,这些媒体生动形象、重点突出、色彩鲜艳,能够吸引学生持久的注意力,也便于学生在大脑中形成直观形象的经验;随着年级的升高,到了高中阶段,学生的抽象思维能力大大发展,经验也更加丰富,注意力持续的时间延长,为他们选用的教学媒体可以更加广泛,传递的内容可以增加分析、综合、抽象、概括等理性知识的分量,重点应放在揭示事物的内在规律性上,同一种媒体连续使用的时间也可以更长。

▲ **依据教学条件选择教学媒体**

　　教学中能否选用某种媒体,还要看具体的条件,包括资源、环境状况、经济能力、教师技能、时间、使用环境和管理水平等因素。例如,录像的资源具有视听结合的优点,但是符合特定课题需要的录像片不一定随手可得。而多媒体课件及其他多媒体软件的使用方便、有效,但是需要教师用很多的时间去制作,教师对课件制作的熟练程度也影响着教学媒体的选择。

📊 **资料阅读**

教学媒体选择的原则

　　除了依据具体的教学目标、符合具体的教学内容以及适应教与学的对象以外,教学媒体的选择还要遵守以下原则。

　　最小代价原则:

　　最小代价原则就是在教学设计的过程中选择教学媒体时,要根据能得到的效能和需要付出的代价做决定,力求做到以最小的代价,得到最大的收获。选择的媒体在内容上能否满足教和学的需要?能否有助于提高教和学的效率?需要付出的努力(代价),主要是设计和制作媒体需要花费的人力、物力、财力,使用媒体需要花费的时间和精力,媒体是否得来方便、用来方便。在设计和选择教学媒体时,主要应从需要与方便两方面来考虑,也就是要同时在代价与效能两个方面精打细算,力求做到代价小、效能大。

　　共同经验原则:

　　选择的教学媒体,它所传输的知识经验,同学生已有的经验,必须有若干共同的地方,否则,学生是难于理解、掌握的。右图中两个圆圈,A 代表教学媒体传输的知识、经验,B 代表学生已有的经验,其间重叠的地方,便是它们的共同经验,是它们可以传通的地方。

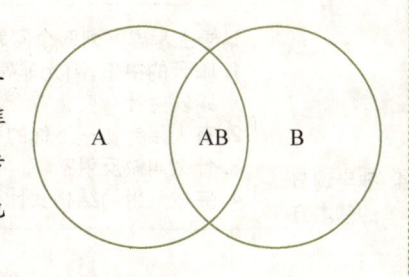

　　共同经验原则和桑代克(Edward L. Thorndike)的"共同要素说"是一个道理。桑代克认为,两种学习有共同要素才能互相迁移。即在学习上,要甲向乙迁移,重要的

条件是甲和乙之间有共同的要素，否则就不能迁移。例如，在活动 A(包含 1、2、3、4、5 等要素)和活动 B(包含 4、5、6、7、8 等要素)之间，因有共同成分 4 和 5，所以这两种活动之间才会有迁移出现，学习 A 才能影响学习 B。

多重刺激原则：

选择的教学媒体，应是从不同角度、侧面，去表现事物的本质特征。所讲对象，在不同的时间、地点、条件下多次重复出现，用不同的形式，表现同一内容。例如，讲细胞的形态结构时，除了植物细胞、动物细胞，还应包括细菌、真菌、支原体、衣原体、草履虫、变形虫等多种形态的细胞，有助于防止学生对细胞的片面理解，增强教学效果。

多次重复，这种重复不应是机械的、无效的重复，而是不同形式的、有效的重复。每次重复，都应能提供一定的信息量，在学生的认识中增添一点新的东西。

小试牛刀

依据表 6-5 所示的教学过程，对其运用的教学媒体进行分析，填写表 6-6。

表 6-5　人教版必修三《稳态与环境》第 2 章有关神经调节的教学过程

教学内容	教师活动	学生活动
1. 导入	播放刘翔在 110 米栏比赛中创世界纪录的视频片段。刘翔从听到起跑枪声到起跑用时在 0.158 秒左右，这个过程就是在神经系统的作用下，通过神经调节来完成的	问题讨论：在这 0.158 秒左右的时间内，人体是如何对枪声做出反应的？
2. 神经系统的组成	课件展示人的神经系统图片	根据该图片思考： 1. 人的神经系统由几部分构成？ 2. 神经系统结构和功能的基本单位是什么？
3. 神经元的结构	课件展示神经元的结构	根据神经元的结构图简述神经元的结构
4. 神经调节的基本方式	请学生考虑下列四个问题： 1. 晴天的中午，阳光非常强烈，用眼睛直接去看太阳，眼睛发生什么变化？ 2. 有人用针扎一下你的手，会发生什么变化？ 3. 什么叫做反射？ 4. 完成反射的结构式什么？	思考问题
	Flash 展示反射弧的结构动画	思考问题： 1. 一个反射弧至少由哪几部分构成？ 2. 反射弧中的神经元分为哪几种？各有什么功能？

表 6-6　教学媒体选择分析

媒体类型	选择依据	媒体作用	评价和建议

任务 2：阅读并了解教学媒体的选择方式

教学中，我们可以通过问卷式、流程图式、矩阵式或表格式来选择教学媒体。

▲ 问卷式

编　号	题　　　目
1	所需媒体是用来提供感性材料还是提供联系条件？
2	该媒体是用于辅助集体讲授还是用于个别化学习？
3	媒体材料与学生的认知水平相一致吗？
4	教学内容是否要作图解或图示处理？
5	视觉内容是静态图像还是活动图像来呈现？
6	活动图像要不要配音？是用电影还是录像来表达试听结合的活动图像？
7	有没有现成的电影或录像以及放映条件？

▲ 流程图式

图 6-8 为罗密佐斯基（A.J. Romiszowski）提出的视觉媒体选择流程图。

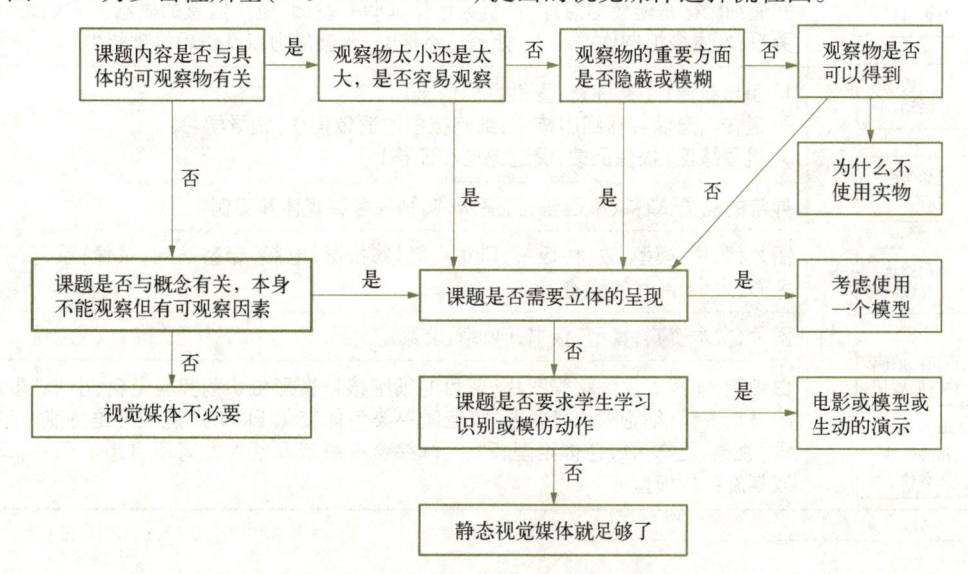

图 6-8　视觉媒体选择流程图

▲ 矩阵式

威廉·艾伦(William Allen)根据"教学设计取决于具体的学习目标,教学媒体的功能高低是相对于一定的学习目标而言的"观点,设计了矩阵式选择模式(表6-7)。这个矩阵由两个维度组成,一个维度是特定的媒体,另一个维度是特定的学习目标和学习类型。

表6-7 矩阵式选择模式

教学媒体种类	学习事实信息	学习直观鉴别	学习原理、概念和规则	学习过程	执行技能变化的知觉运动动作	发展所期望的态度、观点和动机
静止图像	中	高	中	中	低	低
电 影	中	高	高	高	中	中
电 视	中	中	高	中	低/中	中
三维物体	低/中	高	低	低	低	低
自动录音	中	低	低	中	低	中
程序教学	中	中	中	高	低	中
演 示	低	中	低	高	中	中
印刷课本	中	低	中	中	低	中
口语表述	中	低	中	中	低	中

▲ 表格式

表格式是由加涅和布里格斯提出的一种系统的媒体选择方法(表6-9)。它对经验不丰富的教师分析每一节课需要的教学活动和教学媒体有益。表6-8是一个初中教学的案例。

表6-8 "细胞核是遗传信息库"教学案例拆解

步 骤	案例拆解 (人教版7年级上册第2单元第2章第2节——细胞核是遗传信息库)[①]
分析目标	知道细胞核是遗传信息库,辨析染色体、DNA、基因、遗传信息的概念及它们之间的关系;发展模拟制作的能力、处理信息能力、观察能力以及逻辑推理能力
列出教学活动	1. 引出新课(引起注意,提供目标信息) 2. 遗传信息储存在细胞核中;细胞核中的遗传信息(指导学习) 3. 巩固练习(提供反馈,促进记忆和迁移)
选择刺激种类	异常的视觉,口头、书面语言,演示,实物等各种媒体和实例
列出备选媒体	图片,照片,模型,教材,板书,Flash,幻灯,投影,电影,专家访问,录像,录音,各种色彩、大小、形状的实物
理论上最佳媒体的选择	图片,文本资料,模型,板书,Flash,录像
最终媒体选择	白细胞、洋葱表皮细胞等图片(醒目的细胞核);变形虫切割实验资料;小羊"多莉"的身世资料;细胞结构模式图;染色质→染色体变化 Flash;"鹿成纤维细胞分裂过程"视频;正常人染色体组型、21三体综合征患者及性腺发育不良患者图片;DNA双螺旋结构模型等

---

① 李建芝,顾咏梅."细胞核是遗传信息库"一节的教学设计[J].生物学通报,2010,45(08):28-31.

表6-9　表格式教学媒体的选择模式

	教 学 活 动	刺 激 种 类	备 选 媒 体
A	引起注意	异常的声音或视觉	录音、图片
B	关于目标的信息	口头语言或实物	录音、各种媒体
C	指导学习	口头或书写语言、演示标本或行为示范	电影、录像、访问专家
D	提供反馈	口头或书面语言	录音、书、黑板或其他显示板
E	促进记忆和迁移	各种媒体的刺激	各种色彩、大小、形状的实物,照片、图片,问题情境

小试牛刀

采用流程图式和表格式,请分析与设计初中"心脏的结构"、高中"红绿色盲的遗传特点""电信号在神经纤维上的传导"等内容应该分别采用什么样的教学媒体。

任务小结

教学媒体是教学的辅助工具,在漫长的教学发展过程中不断地更新、演变。从教师手绘板画到挂图,再到现在的动态课件,可见教学媒体越来越多元化、现代化。面对如此丰富多彩的教辅手段,教师往往认为使用的越多越好,越高端越好,把教辅工具当作是装点课堂的华丽工具。其实不然。首先,我们要把握媒体使用的"量"度。即要遵循孔子中庸之道中"过犹不及"的适度原则。选择最能有效帮助学生学习的工具,充分挖掘教辅工具的使用价值。其次,要正确认识媒体的意义。教学媒体的作用重在"辅"字,实质在于"工具"一词,即其意义在于帮助教师顺利、高效地完成课堂教学,而不是替代教师的某些教学功能。再次,使用媒体时要有经济"意识"。此处的"经济"不仅指成本意识,更重要的是一种效益意识,即使用这些教学媒体后的效果如何,是否真正提高了教学效益,深层训练了学生的思维和能力。

拓展阅读

请阅读下列文献,了解未来教育和未来学校3.0时代的新图景。
张治.走进学校3.0时代[M].上海:上海教育出版社,2018.

第七章
中学生物学教学评价设计

要点提示

教育评价是教学设计不可或缺的部分,广义的教育评价既包括对学生学业成就的评价,也包括对教师教学的评价。根据不同的视角和维度,可以把教育评价分为不同的类型。而随着教育的发展,教育评价也呈现出越来越多元化的趋势。在生物学教学中,对学生学业成就的评价包括多种评价方式,较为常用的方式有课堂问答、作业、纸笔测验,此外还包括越来越受到重视和青睐的表现性评价,本章对纸笔测验和表现性评价进行重点学习。此外,本章介绍了听评课的基本方法和步骤,它是对教师教学进行评价的重要方式之一。

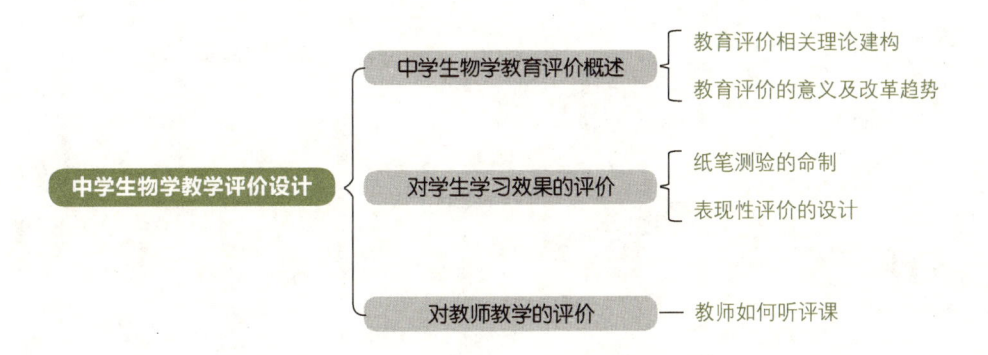

中学生物学教学评价设计
- 中学生物学教育评价概述
  - 教育评价相关理论建构
  - 教育评价的意义及改革趋势
- 对学生学习效果的评价
  - 纸笔测验的命制
  - 表现性评价的设计
- 对教师教学的评价
  - 教师如何听评课

学习目标

1. 阐明教育评价的概念、功能和常见的类型。
2. 设计和实施常见的学生评价,如纸笔测验、表现性评价。
3. 能够合理地编制纸笔测验并对测验结果以及试卷质量进行初步分析和利用。
4. 尝试进行评课和说课。

第一节
中学生物学教育评价概述

评价之于教育,很多时候像是一根标杆,测量教育教学的质量,但更多时候它会超越测量的意义,要在依据一定的法则(标准)用数值来描述教育领域内事物属性的事实判断的基础上,进行价值性的判断。"评价"是实际教学中必不可少的一部分,"评价"既是教学设计中的重要内容,也是检测教学设计实施效果的重要手段,更是完善教学设计的必要环节。作为生物学教师,即便已经很精通教学,如果不懂测验与评价,也很难成长为一名专家型教师。教师既要做教学专家,又要做评价专家。

任务 1:教育评价相关理论建构

> **情境导入**
>
> **评价等同于表扬吗**
>
> 在"苔藓和蕨类植物"一节教学中,教师提问:"同学们是否按要求采集了苔藓植物的标本?"很多学生马上喊道"采集了",并举起来让教师看看是不是。教师走到学生中间,肯定了学生采集来的标本,表扬了这些按时完成任务的同学。这时教师用惊喜的语气问道:"你们是从哪里采集到的苔藓植物?"学生马上就站起来回答"从花盆里""从墙角采到的""从操场的看台底下"……教师肯定了他们,"看来,只要用心去寻找,就一定能找得到;但假如不用心找的话,就是放在你眼皮底下也看不到。可见,这些同学很认真地去完成了采集的任务。"
>
> 在教学反思中,上课教师认为自己十分注重形成性评价,在每个学生回答完问题之后都及时地表扬、反馈和指导;教研员也认为这个教师评价做得好,不仅时间上及时,而且表扬的语言也准确到位。从这位上课教师对学生的表扬来看,他对学生还是非常关爱的,也具备了娴熟的表扬技巧。
>
> 那么,你认为表扬等同于评价吗?
> 谈谈你对教育评价的理解。

什么是教育评价?中学生物学教师应如何认识教育评价?如何在教学中设计和实施评价?这是一系列需要回答的问题。

活动 1　教育评价的概念建构

▲ 评价

评价=(定性+定量)测量+价值判断。评价是以对事实的把握为基础的价值判断过程，它既要求对客观的事实加以描述和把握，又要从主体的目的需要出发对客体的价值做出判断，是事实描述与价值判断的统一。

▲ 教育评价与教育测量

从广义上来说，教育评价是按照一定的价值标准和教育目标，利用测量和非测量的方法，系统地收集资料信息，对受教育者的发展变化以及影响受教育者发展变化的各种因素进行价值分析和价值判断，并为教育决策提供依据的过程。在这一定义中，除受教育者之外，与培养学生相关的各种条件都可以成为教育评价的内容，包括各级教育行政部门履行职责的情况、学校办学水平、教师教学质量等。[1]鉴于本门课程的特点，本章中我们不仅会讨论如何评价学生的学业成就，也会讨论如何对教师的教学进行评价。

教育测量与评价是既相联系又相区别的。区别在于：第一，教育测量是对教学、课程的定量描述，而教育评价是一种定性描述；教育测量关心的是数量的多少，教育评价关心的是价值的高低。第二，教育测量是一种客观的过程；教育评价则带有主观性，是客观测量与主观估计的统一。第三，教育测量是一种单一的活动，教育评价则是一种综合的活动，比教育测量所包含的内容要广泛、综合。

教育测量与教育评价又是密切联系的同一过程的两个不同方面。教育测量是教育评价的依据，教育评价是教育测量的具体体现；教育测量是教育评价获得数据资料的重要手段，教育评价要基于教育测量的数据给予正确的价值判断。

事实上，将教育测量与教育评价两种活动截然分开是非常困难的，教育评价不一定非得以教育测量为基础才能进行。在一些情况下，教育测量与教育评价是同义的，许多教育测量本身就含有价值判断的成分。

▲ 教学评价

教学评价是依据教学目标对教学过程及结果进行价值判断并为教学决策服务的活动，包括对教师教的评价和对学生学的评价。在学科教育中，由于教育和教学是融为一体的过程，落实在学科教育中的评价主要是教学评价。

🔰 小试牛刀

根据所学，判断以下三种情况哪个属于教育测量，哪个属于教育评价。

1. 小明在高二生物学期末考试中取得了 90 分。
2. 小明的生物学学得很好。
3. 小明的生物学作业整洁，且能按时提交。

---

[1] 赵德成.促进教学的测验与评价[M].上海：华东师范大学出版社，2016.

活动 2　教育评价方法的相关类型辨析

教育评价方法的类型多种多样，从不同的角度、不同的维度大致有以下几种分类方法。

▲ **按照评价的时间与目的的不同，分为诊断性评价、形成性评价和终结性评价**

诊断性评价是在各学年、各学期或某一教学阶段开始进行的预测性、摸底性的测量与评价。它的目的是了解评价对象的基础和情况（如学生对课程目的的期望、兴趣和意见，学生的知识和学习能力的储备，学生的个体差异情况和学习风格等），分析存在的问题，设置和安排合理的教学方案。在教学开始之前，教师可以采取查阅学生学习档案、课前小测试、与学生进行座谈、问卷调查等多种方式进行诊断性评价。

形成性评价是学习过程中的测量与评价。它的目的是了解教学的结果及学生学习的进展情况和存在的问题，及时调整和改进教学，以便顺利达到预期目的。设计和实施好形成性评价是提高课程教学质量的重要保证。形成性评价贯穿于课程教学的整个过程，方式多种多样，主要有随堂提问、课堂练习、档案袋评价、自我评价和相互评价等。

终结性评价是教学结束后的测量与评价。它的目的是了解学生一学期或一学年的学习是否达到了教学目标的要求，对教学成果做出较全面的综合总结和成绩评价。终结性评价既是对教学过程的总结分析和评价，也是设计和实施下一教学过程的依据。常见的评价方式有纸笔测验、档案袋评价、座谈、报告等。

▲ **按照评价所参照的标准不同，分为常模参照评价和标准参照评价**

常模参照评价也称相对评价，以被测评的团体的平均状况为评价标准，以评价学生在团体中的相对位置。

标准参照评价也叫绝对评价，以既定的教育目标或课程目标、教学目标为评价标准，衡量学生在多大程度上达到了该标准。

一个测验究竟是常模参照还是标准参照，需要根据其考查目的和结果表示方式的不同来确定。教师实施的单元验收测验结果既可以以一个绝对分数作为是否合格的标准（标准参照），考查学生达成单元教学目标的程度，也可以将一个学生的分数与参加考试的其他学生去比较（常模参考），考查该学生在这一群体的相对位置。

▲ **按照评价所使用的工具不同，分为纸笔测验和表现性评价**

纸笔测验是指以书面形式进行的测验，方法是将测验题印在纸上，要求受试者用笔作答，主要侧重于评价学生的学科知识、学习成就或在认知能力方面的发展。中学生物学课程有明确、具体的教学内容和要求，尤其是认知方面，如为了考查学生学习成就所进行的测验绝大多数是纸笔测验。纸笔测验还用作智力测验、性向测验等。此外，有些非文字的图形测验也用纸笔。不过有些学习成果如动作技能，便不适用此种测验。

表现性评价是使用多种工具和形式，评定学生在实际情境下应用知识的能力，以及在情感态度和动作技能领域学习成就的一种评价方式。在表现性评价中，学生的表现可以体现在完成表现任务活动过程中，也可以体现在完成表现性任务后生成的成果或作品上。表现性评价的主要形式有观察与轶事记录、档案袋、实验操作检核表、实验报告、表演、作品等。

▲ 按照评价性质的不同,分为量化评价和质性评价

量化评价是通过收集数量化的资料信息,运用数学分析方法得出评价结论,如测验、考试、结构性观察都属于量化评价。量化评价主要有三个特点:一是客观,这种测量工具使用的一般是客观性试题;二是统一,评价对象往往使用的是统一的测试题,遵循统一的评价标准;三是测量结果分数的分布区间也比较大。量化评价的优点在于:它在一定程度上满足了以选拔甄别为主要目的的教育需求;为学生选拔、评优,教师奖惩、晋级、职称评定等提供客观依据。而缺点在于:量化评价往往只关注可测性的品质和行为,强调共性、稳定性、统一性,而忽视一些难以量化的个性品质的评价。

质性评价是指通过收集非数量化的资料信息,并运用描述的分析方法得出评价结论的一类评价。行为观察记录、档案袋评价、情境测验都属于质性评价。质性评价相较于量化评价更强调观察、分析、归纳与描述,更关注现场;对学生种种的表现,力图做出具有教育学、心理学意义的解释与推论。它的优点在于以系统的描述和分析取代了简单和抽象的分数,为教师教学行为的转变、学生学习方式的转变提供了大量有效的反馈信息。但质性评价采用多元价值的评价标准,评价的主观性比较强,评价的结果甄别、区分的功能比较弱。

小试牛刀

分析以下的几个案例,思考:(1)几个案例中,教师分别运用了什么教学评价方式?(2)请你对每个案例中教师的教育评价方式进行评价。

案例1:在"核酸是遗传物质的证据"一节教学之前,吴老师设计了题为"病毒、细菌来了!"的课前学情调查表,分别从微生物分类、已学知识、预备知识三方面做了问卷调查。

结果显示,学生在已学知识和预备知识方面存在差异。虽然有75%的学生知道细菌是原核细胞,但认为大肠杆菌属原核结构的却只有47.5%,对肺炎双球菌结构的认识更是屈指可数;关于噬菌体,知道其属于病毒的学生只有27.5%;对于噬菌体在大肠杆菌中繁殖需要消耗其脱氧核苷酸、氨基酸的内容,学生的已学知识与预备知识也存在较大差异,其中,只有50%的学生知晓合成DNA需要消耗脱氧核苷酸;另外,对菌落概念能进行识别性判断的学生也只有25%。在课前学情调查与分析的基础上,吴老师优化了教学设计思路。

案例2:吴老师在"核酸是遗传物质的证据"一节教学之后对教学重点内容中的难点部分展开了课后学情问卷调查:在调查的四个难点内容中,对"肺炎双球菌的转化实质"的认识效果最不明显,应该作为今后教学设计优化的目标环节;其中对子代噬菌体蛋白质来源情况,学生认知水平最低,这是今后教学设计需要重点思考的问题,如是否DNA如何指导蛋白质合成的基因表达内容还未学习的原因。

案例3:课堂交流"观察花的结构"实验观察结果,学生按老师要求依次描述花的各部分结构名称和特点,A学生回答:"我切开花柄,观察到里面有一些丝状的结构,不知道叫什么名称。"老师皱了皱眉头,说:"你看到哪里去了?老师没有要求切开花柄,要听清楚观察要求,坐下。"

案例4:在指导课外科技活动的过程中,运用野菜的相关知识,开展"野菜食用与保健"

"认识野菜的茎""认识野菜的花"和"浙江各地食用野菜的地域性"等课题的研究。此类作业历时较长,学生不是每个题目都做,可以自主选择,同时采取小组合作的方式共同完成,最后以调查报告、小论文、讲演稿或手抄报等形式展示交流。

案例5:探究光照强度对青菜叶片光合速率的影响实验课堂检核表(表7-1)。

表7-1 实验课堂检核表

检核项目	行为要点(每项10分,总分100分)	自评	组长评	师评
1. 课前预习	(1) 明确实验目的,设计实验思路			
2. 检查材料器具	(2) 检查材料器具是否完好齐备(青菜叶片若干、打孔器、注射器、日光灯、小烧杯、1% $NaHCO_3$ 溶液、镊子、刻度尺、计时器等。)			
3. 实验操作过程	(3) 选择长势相同的绿色青菜叶片若干,用打孔器打出30片小叶圆片,注意避开大的叶脉。			
	(4) 用注射器抽去叶片细胞间隙的气体,使其全部沉于1% $NaCHO_3$ 溶液底部。			
	(5) 将这些叶片分装到3个含30 mL 1% $NaCHO_3$ 溶液的小烧杯中,每个小烧杯10片,将10张小叶圆片完全推开。			
	(6) 将3个小烧杯垂直于日光灯管,以中心间距分别为5 cm、10 cm、15 cm排列,标记1—3号。			

任务小结

在本任务中,我们学习了教育评价的概念,知道了测量与评价、教育测量与教育评价、教育评价与教学评价的主要区别,并学习了根据不同的角度和维度,把教育评价方法分为不同的类型。随后,尝试基于教育评价方法对生物学教学中的具体案例进行了分析。这些内容和活动为教师设计教育评价奠定了基础。

任务 2:阅读并分析教育评价的意义及改革趋势

情境导入

分数真的那么重要吗

我们常常听到这样一句话:考,考,考,老师的法宝;分,分,分,学生的命根。当下部分家长和教师只关心孩子的成绩和班级排名,对于孩子取得该成绩的原因及评价结果的意义和评价存在的局限却知之甚少。对于学生的兴趣、爱好和成绩以外的特长更是不闻不问,而是一味根据原始成绩波动进行奖惩和施加压力,这实际上是对评价的误用。

> 你认为教育评价的意义到底是什么呢?
> 什么样的教育评价才是好的评价呢?

学生的发展应该是全方面的,而不仅仅是智力发展,即便是智力,它也是多元的,不仅包括语言、逻辑,还包括人际、自然、空间和反思等多个方面。因此作为教师应该增加自身关于教育评价的知识,并且慎用评价结果。尽管如此,评价在教育实践中仍然占有举足轻重的地位,是不可缺少的课程和教学环节。随着时代的发展,教育评价也表现出了更加多元的发展趋势。

活动1　了解教育评价的意义

在教学前评价学生的起点和需求,可使教学更有针对性;在教学过程中评价学生在学习中的点滴进展,可以发现优势与不足,并对不足予以及时的补救;在教学结束后再从整体上评价学生的达标程度,分析教师的教学成效。教学与评价"你中有我""我中有你",相互联系,相互促进。归结起来,评价在教学中的意义主要体现在如下几方面。

▲ 对教师的教与学生的学发挥导向作用

评价是对学生发展变化达成既定目标程度的评判,所有的评价活动必须从目标界定开始,而且要操作化地界定目标,这样教师才知道教什么及怎么教,学生也才知道学什么及怎么学。评价是"指挥棒",对教学具有导向作用。随着改革的推进,近十年以来的中高考命题发生了很大的变化,联系实践的表现性评价类题目数量增加了。于是,从高中到初中,一直到小学,实践课受到广泛关注,许多学校都在探讨如何将学科教学与实践更紧密地结合,以有效提升学生的实践能力。这就是评价导向作用的一种体现。人们经常批评"应试教育",但如果师生所应对的考试是合适的,导向是正确的,这种积极的"应试"其实正是我们所追求的。

▲ 分析学生的学习需要,使教学更有针对性

在本书的第三章我们已经学习过,教师在教学设计之前不仅要分析课标和教材,更要分析学情。分析学生在课前已经知道什么、想知道什么、应该知道却不知道的又是什么,教师对此要作深入的分析,以明确学生的学习需要及教学重难点。这种诊断性评价要客观、深入。教师可以使用正式的课前诊断和调查,了解学生的学习水平和学习兴趣,并据此设计和修改教学计划,使之更有针对性。

▲ 诊断学生的优势与不足,为教学提供反馈

教师的教学能力有高有低,学生个体间的差异也很大,所以教学进行一段时间之后,学

生的学习进展各不相同。多少学生达成目标？多少没有完全达标？部分达成是达成了哪些目标？有哪些目标没有达成？教师要通过正式和非正式的评价对此予以确认，并及时反馈给学生，这样学生才能及时调整自己的学习活动。评价提供了一种从反思到改进的调整机制，有助于优化教学，以适应个体和群体的需要。

▲ 评价学生学习成效与教师教学绩效

教学是否有效，关键看学生学习的最终成效。通过评价，不仅可以考查教学达成既定目标的程度，而且可以衡量教师的教学绩效。很多人反对用学生成绩作为教师评价的唯一依据。因为学生成绩的取得受到多种因素的复杂影响，学生学得不好，不一定是因为教师教得不好。但是想想看，如果在评价教师工作绩效时完全不考虑学生成绩，那么教师的工作也就难以问责，教学有效性自然也就无法保证。所以，对学生学习表现的评价还是应该作为教师绩效评价的重要依据之一，只是不能作为唯一依据。

小试牛刀

请尝试完成以下表格的填写。

项目	诊断性评价	形成性评价	终结评价
时间			
功能			
工具			

活动 2　分析现代教育评价的改革趋势

▲ 国际教育评价的改革趋势

从国际上看，20世纪的"教育评价"经历了一个历史演变过程。

（1）教育测量时代。20世纪起初的30年（1901—1930年）是教育测量时代，普及了可靠性高的测量法——客观测验。

（2）教育评价时代。接下来的30年（1931—1960年）是教育评价时代，开发了基于教育目标这一绝对的价值标准来进行评价的方法，客观性、可靠性高的学力测定有了可能。

（3）矫正教育评价的时代。20世纪60年代以后产生了从根本上矫正教育评价意涵的新动向——开始尊重每一个儿童的个性与人权，倡导"诊断性评价"与"形成性评价"，从而产生了诸多根本变革评价方式的新尝试。

20世纪末，教育评价理念发生了两次重要的转向，第一次是从"对学习的评价"（Assessment of Learning）转向"促进学习的评价"（Assessment for Learning），开始于20世纪90年代的英国，最早出现于1999年英国评价改革小组的宣传册《为了学习的评价：超越黑箱》，其定义是：学习者和他们的教师为了确定学生现在在哪里（where），应该到哪里（where），以及如何更好地到那里(how)而收集和解释证据的过程。简言之,就是教师和学生为了做出一定的教学决策而收集和解释证据的过程。吉普斯(Ceroline V. Gipps)将之描述为从心理测量学范式到教育评价范式的变革,从测验文化到评价文化的变革。在这种范式的转换中,最为核心的就是教学、学习和评价的关系发生了明显的变化——评价不再仅限于对教学、学习的判断,而成为了促进教学和学习的工具。

第二次则是进一步转向"评价即学习"(Assessment as Learning),是2002年由露丝·丹恩(Ruth Dann)提出来的,后来罗娜·厄尔(L. M. Earl)对这一理念进行了深入研究。该理念认为,评价本身就是学生发展元认知的过程,注重发挥学生的主体性,进行自我评价与监控。罗娜·厄尔认为三种评价理念存在以下不同点(表7-2)。

表7-2 三种教育评价理念的区别

	对学习的评价	促进学习的评价	评价即学习
评价功能	检测教学成效,测查学习效果	推动教学改善,促进学生学习	评价本身即是一种学习的过程
评价时间	独立于教学时间之外	独立于教学时间之外	难以割裂于教学时间之外
评价主体	主要为教师和评价专家	主要为教师、评价专家以及学生	主要为学生
评价内容	主要为教学内容及学生能力	主要为教学内容及学生能力	更关注高层次能力(如批判性思维、自我管理等)
评价手段	以测验或考试为主	终结性评价与形成性评价并重	更为多元化、弹性化
结果使用	对评价结果进行量化比较	主要对评价结果进行质性分析	评价结果并非评价活动的重心

"评价即学习"是将评价的主体交给学生,教师的作用主要是评价的设计者和辅助者。这一理念并不排斥"对学习的评价"和"为了学习的评价"。这一理念主要被用于课堂评价,不过我们也可以将其拓展到课堂之外。如计算机化自适应测验,根据学生的应答情况适时调整试题的难度,这样可以更好地帮助学生了解自己的能力发展水平,通过反馈与激励促进学生的自我评价。

进入21世纪,随着"21世纪型能力"及"发展核心素养"的倡导,自然产生了与之配套的"学习评价"模式的探索。而什么样的教育评价才是指向21世纪型的教育评价呢?钟启泉教授指出,基于核心素养的课程发展隐含着一以贯之的"真实性"诉求——真实性学力、真实性学习、真实性评价,所以应该探索以"表现性评价"(真实性评价)为代表的新型评价模式。[1]

---

[1] 钟启泉.基于核心素养的课程发展:挑战与课题[J].全球教育展望,2016,45(01):3-25.

▲ 我国教育评价的改革趋势

受国际评价理念的影响,我国的教育评价理念也在发生变化。《基础教育课程改革纲要(试行)》就指出,"评价不仅要关注学生的学业成绩,而且要发现和发展学生多方面的潜能,了解学生发展中的需求,帮助学生认识自我,建立自信。发挥评价的教育功能,促进学生在原有水平上的发展"。我国初高中生物学课程标准在评价建议中,也提倡评价主体和评价方式的多元化,重视学生的自我评价,充分发挥评价的激励与反馈功能。评价理念的转变切中了以往我国学生学习评价中存在的最大弊端——过分强调评价的区分、甄别功能,使得评价恢复了其本性功能——发展性功能。

> **课标链接**
>
> (1)《义务教育生物学课程标准(2022年版)》中的"评价建议"之一:
>
> 跨学科实践活动评价
>
> 教师应重视通过跨学科实践活动评价学生核心素养发展,着力考查学生的工程思维能力、批判性思维能力、创新意识和综合运用多学科的知识与技能解决实际问题的能力。
>
> 坚持以过程性评价为主,注重对选题价值、方案设计、动手操作、反思改进等方面进行评价,注重依据项目报告和物化成果综合评价项目完成质量。
>
> (2)《普通高中生物课程标准(2017年版2020年修订)》"评价建议"中的评价原则:
>
> 评价应遵循立德树人的指导思想,重视学生爱国主义情操和社会责任感的形成;评价应关注学生对生物学大概念的理解和融会贯通;评价应指向学生生物学学科核心素养的发展;评价应体现导向性和激励性;评价方式应具有多样性。使评价既促进学生核心素养水平的提升,又推动教师教学水平的提高,实现评价者和被评价者共同发展的目的。

小试牛刀

1. 结合本任务的学习,从评价主体、评价内容、评价方式等方面说说现代教育评价发生了哪些变化?
2. 你认为哪种教育评价方式更适合于对学生的核心素养的评价?

任务小结

通过本任务的学习,我们发现,从"对学习的评价"到"促进学习的评价"再到"评价即学习",这不仅是评价方式的转变,也是一种评价理念的发展。为了实现评价的发展功能,教师需要在教学活动设计之前积极地思考和设计评价、在教学活动过程中合理实施评价,通过课堂学习评价及时发现学生学习过程中的问题,调整学生学习,提高学习效率。当评价从"问责制下的铁锤"转变为"有效促进教学的工具"时,评价就能更好地促进学生学习的开展。

> **扩展阅读**

什么样的评价是好的评价

有学者研究指出,好的评价应该满足以下条件:

(1) 促进教学的;(2) 具有良好的效度;(3) 公平且符合道德伦理;(4) 使用多种手段的;(5) 有效率并切实可行;(6) 恰当整合技术。

的确,如果评价不准确、不可靠,或不公平,那么它就不能发挥导向、鉴别、诊断、激励和发展等多重功能,有时还可能适得其反。教育评价本身也应受到严谨的评价。人们把对评价进行的评价叫元评价。

教育者、评价者和研究者要加强元评价意识,对各种测验与评价进行元评价,及时发现其中存在的问题并予以改进,确保评价的质量。元评价的常见指标有效度、信度、难度、区分度及公平。

(1) 效度是高质量评价的首要条件。如果测试题目效度不良,即使其信度、难度、区分度等其他指标都符合测量学要求,也没有什么实质意义,也不是好的评价。效度指对于一个既定的目标,在做出推论和提供解释过程中评价的有用性程度。它是一个综合的概念,要分析评价的效度,证据需要来自内容、解题过程、内部结构、与其他测验关系以及测评结果等多个方面。

(2) 信度指多次测验结果的一致性程度,它反映了测量过程中所存在的随机误差的大小。信度高是效度高的必要条件。如果多次测验或评价的分数间没有相关性,测验的信度不高,结果就不可信,效度也不可能高。

(3) 难度就是测评题目的难易程度。如果题目是客观题,可用二分法记分,通常使用正答率来表示难度;如果题目是主观题,采用非二分法记分,学生会得到从零到满分之间的一个分数,那么难度通常用平均得分率来计算。

(4) 区分度指测验题目对被试表现差异的区分能力。如果题目是客观题,可以用二分法记分,其区分度一般用鉴别指数法或点二列相关系数计算;如果题目属于主观题,评分在零至满分之间,这种题目的区分度则可以通过计算题目得分与总分相关系数加以分析。

(5) 公平是衡量测验与评价质量的重要指标。它要求测验不能让学生因性别、种族、社会经济地位、宗教信仰或其他人口学特征而受到侵犯或不公平对待。开发高利害测验时,组织者要成立一个专门的小组对试题和整个测验进行公平审查。[①]

有关测验效度、信度、难度及区分度的估算方法请参见本章第二节。

[①] 赵德成.促进教学的测验与评价[M].上海,华东师范大学出版社,2016.

第二节
对学生学习效果的评价

每一位教师在读书期间都经历过无数次的测验与评价，自己成为教师之后也在教学实践中经常实施测验与评价。但熟悉测验与评价并不意味着教师就能科学、合理地使用它，用好它。测验与评价需要精心设计。只有教师以严谨的态度设计或选编测验，确保测验的准确性和有效性，测验才能为教学提供有价值的信息。

在中学生物学教学中，常用到的学习评价方式包括课堂问答、作业、纸笔测验、表现性评价等。在本节中，我们将重点围绕纸笔测验和表现性评价的设计与实施进行学习。

任务 1：纸笔测验的命制

> **情境导入**
>
> **生物学课上的课堂问答**
>
> **场景 1** 课堂交流"探究光对鼠妇生活的影响"的实验结果，某小组同学汇报了真实观察结果："10 只鼠妇中，有 9 只留在亮处，1 只留在暗处。"显然这不是老师期待的答案，老师并没有进一步追问原因，而是脱口而出："没关系，失败是成功之母。"
>
> **场景 2** 生物学课上开展合作学习，老师给回答问题的小组加分。老师提问："不同等级的生物分类单位之间相互关系有什么特点？"大多数小组按课本的表述，分别得到 2 分。某小组用图解说明（图 7-1），老师也给了 2 分。
>
> 图 7-1 小组学生的图解说明
>
> **课堂问答是中学生物学教学中最常用**也是最为灵活的**学习评价方式**，通过课堂问答，教师可以激发和引导学生思维、诊断学生认知障碍、检查学生掌握情况、活跃课堂氛围，让教学更有效，让课堂更有生机和活力。你认为案例中的两位教师的学习评价做得好不好？

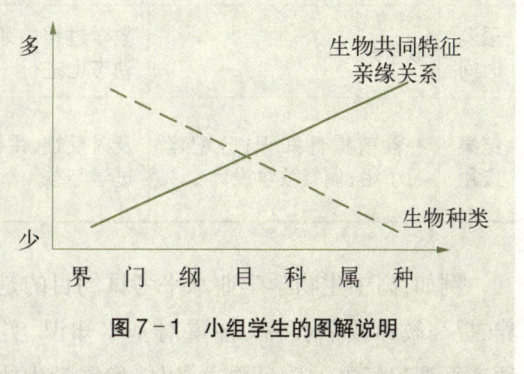

通过情境阅读我们发现，对学生进行学习评价还是有很多方法和技巧的。那么，在平常

的中学生物学教学中,教师该如何设计和实施学习评价呢?首先,就让我们从比较熟悉的纸笔测验开始学习吧。

为了对学生实施纸笔测验,教师需要编制一份科学合理的试卷。编制试卷的流程一般包括明确评价目的、设计测验细目表、选择题型、编拟试题、试题的审查、试卷的编排与品质分析等环节。以下我们将通过7个活动来学习纸笔测验的命制环节。

活动1 明确评价目的

测验与评价的设计从明确目的开始。为什么要设计测验?用测评所收集的信息做什么?是为了学情分析、教学改进,还是达标验收抑或评比与选拔?不同的评价侧重点不同,相应的试题难度、选取、实施方式也有差别(表7-3)。所以,教师在编制试卷之前首先要明确评价目的。

表7-3 不同目的下的测验与评价

	学情分析	教学改进	达标验收	评比与选拔
测评重点	必需的前提性知识;教学目标	教学目标;容易出现的错误	教学目标	参考教学目标,但可适当拓展延伸
题目样本	一个有代表性的小样本	数量小	一个能代表目标范围的较大样本	代表预测范围
难度	难度不大	难度范围很广	依教学目标而定,不刻意控制难度	控制难度,使之具有一定的鉴别力
预测时间	教学开始前	教学过程中即时、动态地进行	教学结束后	根据需要而定
结果应用	补救前提性知识;分配学习小组;调整教学设计	及时反馈,用以改进学与教	评分;证明学习成就水平	激励先进,鞭策后进;选拔具有特定能力、兴趣或表现的学生

例如,高中生物学学业水平考试的目的是检验学生学习效果、促进学生养成学科核心素养、提高教师教学水平。注重对基本知识、实践能力、创新能力和思维能力的考查。考试必须遵循课程标准的质量要求,以能发展学生的生物学学科核心素养为基准,考查学生学习生物学的能力和学科创造力,尤其注重考查学生在实际问题中建立生物学概念、解决问题的综合能力。学业水平考试应力求更真实地反映教和学的水平,引导师生转变教和学的方式,促使学生在课内外进行生动活泼的学科学习,使学生的生物学学科核心素养得到全面均衡的发展。[1]

---

[1] 刘恩山,曹保义.普通高中生物学课程标准(2017年版)解读[M].北京:高等教育出版社,2018:131.

> **资料阅读**
>
> **基于学科核心素养评价的重要依据——学业质量标准**
>
> 《普通高中生物学课程标准(2017年版2020年修订)》在评价建议中提出,评价内容应以课程目标、课程内容和学业质量标准为依据;而相应的课标解读中也提出,命题必须依据课程标准中的学业质量标准、内容标准和学科核心素养要求,并注意三者的对接。可见,学业质量标准是评价的重要依据。
>
> 在本书的第二章我们已经讲到,本轮课标修订的重要变化之一就是各学科研制了学业质量标准。学业质量是新课标实施的重要组成部分,对初高中生物学的教与学具有很强的指导作用。质量标准强调的是学生在学习中学得怎么样、学得好不好,规定了学习的质量要求;而内容要求则注重学生在学科学习中应该学习哪些内容、学多少,规定了学习的内容范畴。两者反映了教育的质和量的两个方面,指向的是学生通过学科课程学习后所发生的行为和能力变化。
>
> 学业质量是学生在完成本学科课程学习后的学业成就表现。学业质量标准是以本学科核心素养及其表现水平为主要维度,结合课程内容,对学生学业成就表现的总体刻画。依据不同水平学业成就表现的关键特征,学业质量标准明确将学业质量划分为不同水平,并描述了不同水平学习结果的具体表现(详见课标)。
>
> 学业质量标准是阶段性评价、学业水平考试命题的重要依据。例如,高中课标中"学业质量水平二"是高中毕业生在本学科应该达到的合格要求,"学业质量水平四"是学业水平等级性考试的命题依据。学业质量标准的每一级水平均包括生物学学科核心素养的四个维度以及不同水平间的差异,主要表现在不同复杂程度的情境中运用各种重要概念和方法解决问题的程度,水平从低到高具有递进关系。
>
> **中国高考评价体系的构建**
>
> 2020年1月,教育部发布的《中国高考评价体系》中提出了"一核四层四翼"的高考评价体系(图7-2)①,从高考的核心功能、考查内容、考查要求三个方面回答了"为什么考、考什么、怎么考"的考试本源性问题。"一核四层四翼"的高考评价体系中的"一核"指的是"为什么
>
> 图7-2 "一核四层四翼"的高考评价体系

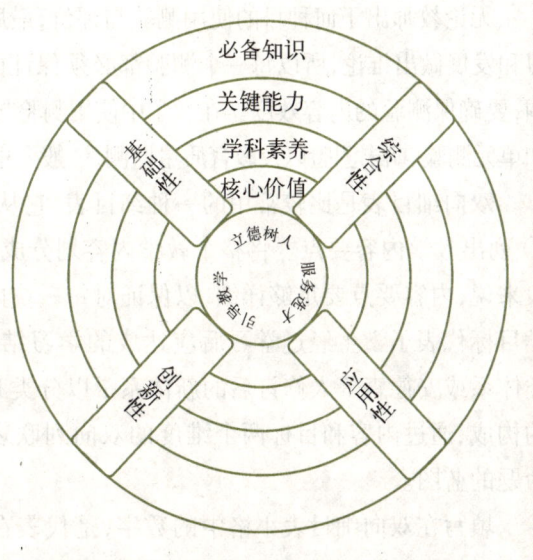

---

① 教育部考试中心.中国高考评价体系[M].北京:人民教育出版社,2019:6.

考",明确了高考的考查目的:立德树人、服务选才、引导教学;"四层"指的是"考什么",明确了考查内容:必备知识、关键能力、学科素养、核心价值;"四翼"指的是"怎么考",明确考查要求:基础性、综合性、应用性、创新性。尽管"一核四层四翼"的高考评价体系是针对高考的目的、内容和要求做出的说明,但显然具有广泛的影响力。其中的四翼(基础性、综合性、应用性、创新性)反映了"怎么考"的问题,也给试题的命制指明了方向。[①] 从党的十八大开始,到课程标准的颁布和实施,再到教育部考试中心高考评价体系的颁布,可以清楚地看到对于学生的评价应立足于"立德树人",落实发展学生核心素养的评价方向。就生物学学科来说,评价既要依据"一核四层四翼"的高考评价体系框架,又要依据高校人才选拔要求和《普通高中生物学课程标准(2017年版2020年修订)》。

小试牛刀

结合自己的学习或教学实际,分析一次具体的教学评价活动的评价目的和意义,并作出相应的评论。

活动 2　设计测验细目表

无论教师出于何种目的使用测验与评价,最后都要基于学生在测验中的表现来对学生的学习和发展做出推论,所以每一个测验都必须保证能测到自己想测的东西,题目能代表预测的范围,要确保测验的内容效度。在教学中使用测验与评价,特别是带有达标验收性质的终结性评价,如单元测验、期末测验以及教育质量监测,一般要根据课程标准和教学目标编制测验细目表。

双向细目表是比较常用的一种细目表,它从两个维度上绘制测验蓝图。其主要步骤是:① 列出教学内容要点。将整个教学内容划分成多少个内容要点。这带有一定的主观性。一般来说,内容要点要足够详细,以保证对每一块内容的充分取样。② 列出教学目标清单。教学目标代表了学生经过学习后应达成的学习结果,一般采用布鲁姆等人提出的认知目标分类体系或安德森等人修订后的新体系予以分类和表述。③ 填写双向细目表。确定测验题目的构成,通过内容和目标两个维度的双向列联表予以表示,就构成了一份双向细目表,成为命题的蓝图。

填写在双向细目表小格中的数字,是代表在某一个教材内容范围下要测量某一种教学目标时,所应该命题的试题数目或分值;而填写在边缘小格中的数字,则代表每一类教学内容单元或某一种教学目标在整份测验中要占的题数分量或分值比重;而数字 100 则是代表整份测验预计要命出的试题总数或测验总分(表 7-4)。

---

① 吴成军.生物学学科核心素养的教学与评价[M].上海:华东师范大学出版社,2020:286-287.

表7-4 高中生物学必修模块——成就测验的双向细目表

考查内容	考查目标	识记	理解	应用	分析	综合	评价	总计	百分比
细胞的分子组成	选择	6	4					18	18%
	简答		4	2	2				
细胞的结构	选择	4	8					24	24%
	简答			4	2	3	3		
细胞的代谢	选择	2	7	5	3			38	38%
	简答		4		5	5	3		
细胞的增殖和分化	选择	2	4	5	3			20	20%
	简答		3		3				
总计		14	34	20	18	8	6	100	100%
百分比		14%	34%	20%	18%	8%	6%		

在实际操作中,可根据需要对此表格加以扩展,例如,添加价值取向、评分细则、难度等指标使之成为多向细目表。从内容及认知要求上看,双向细目表具有较高的内容效度,很好地回答了考试"为什么"的问题,体现了基于标准命题的一些特点,为教师命题提供了便利,有效克服教师命题随意、试题取样不当、题型单调、覆盖面窄或失之偏颇等弊病,促进考试命题向科学化、规范化和高质量的方向健康发展。

小试牛刀

崔允漷教授在《新课程关键词》一书中指出,双向细目表比较适用于低阶的知识点目标达成检测,而无法测评高阶的关键能力、必备品格与价值观目标。请你基于生物学学科素养,与同伴尝试讨论并设计素养导向的测评蓝图。

活动3 选择题型

根据不同的标准,试题可以分成不同的类型。根据评分方法的不同,可分为客观性试题和主观性试题。客观性试题答案的范围已被明确限定,不同的评分者可以得出完全相同的评价结果;主观性试题没有标准答案,只有答题要点,在考查学生思维的灵活性、创造性上具有优势,但评分时受主观因素的影响较大。客观性试题包括选择题、填空题、判断题、匹配题等。主观性试题包括简答题、设计题、论述题等。

一般认为,如果要测量学生对某些事实性知识、概念性知识的记忆和理解,采用客观题即可;如果要考查学生是否能设计一个实验鉴别不同的物质,或考查学生能否就某一现象进行批判性分析等,那么采用主观题会更好。不同的题型有不同的特点,在编制试卷时要充分发挥不同类型试题的功能,做到题型结构的合理配置。

▲ 选择题的命题规范

选择题由一个"题干"和若干个"选项"共同组成。题干有不完全陈述句和直接疑问句两种形式,选项则由一至多个正确答案和若干个干扰答案共同组成,是客观性试题中应用最广的一种题型。

选择题有单选题和多选题之分。多选题由于难度较大,生物学考试中多不采用。

选择题题小量大,考点分布面广,作答和评分都很简便,所以该题型一直受到青睐。但要编制一套质量较高的选择题并不是一件容易的事情。这里提出一些最基本的命题原则,可供大家研讨。

(1) 尽可能将各选项共同的词句放到题干中。 这样可以使题目简洁明了,减少学生阅读选项的时间。

[反例] 某省会考题

如果人体内胆汁分泌不足,将会(　　)。

A. 影响对豆腐的消化　　　　　　　B. 影响对米饭的消化

C. 影响对肥肉的消化　　　　　　　D. 影响对瘦肉的消化

上题各选项中都有共同的句式"影响对……的消化",所以选项的设计不够简练。该试题可以修改为:

如果人体内胆汁分泌不足,将主要影响哪种食物的消化?(　　)

A. 豆腐　　　　B. 米饭　　　　C. 肥肉　　　　D. 瘦肉

(2) 应使各选项的语法结构与题干相一致。 检查的方法就是将题干与每一个选项分别连接起来,看语法结构上是否有问题。

[反例] 教学参考书试题

对于在35%的蔗糖溶液中已发生质壁分离的细胞,严格地说其细胞之间充满了(　　)。

A. 35%的蔗糖溶液　　　　　　　B. 浓度高于35%的蔗糖溶液

C. 溶液的浓度高于细胞液　　　　D. 溶液的浓度低于细胞液

该题目的选项C和D在语法结构上与题干不一致。故可以将这两个选项分别修改为: C. 高于细胞液浓度的溶液;D. 低于细胞液浓度的溶液。

(3) 尽可能使用肯定式陈述,必须使用否定句式时对否定词应加特别强调。强调的方法是在否定词下加上着重号或下画线,并最好把否定词放在题干的最后。

[反例] 某省会考题

下列哪一项不是有关血浆中氨基酸的来源?(　　)。

A. 直接从小肠绒毛吸收来的　　　　B. 由组织蛋白分解来的

C. 由组织细胞合成后进入血浆的　　D. 蛋白质在血液中分解形成的

该题目中的否定词未加强调,容易被学生漏读。修改方法就是将题干改为"下列有关血浆中氨基酸来源的描述,不正确的是",并在"不正确"三个字下加上着重符号。

(4) 非正确的选项都应具有一定的诱答性。 用学生容易出现的错误观念作为诱答,在诱答中同样使用一些修饰词,各选项具有相同性质,这些都是提高备选答案干扰性的方法。只有当错误答案对学生具有一定迷惑性时,才能作为较好的干扰项。

[反例] 全国高考题

播种前浸种时间太长,就会引起烂种和烂芽,其主要原因是(　　)。

A. 二氧化碳中毒　　B. 酒精中毒　　C. 乳酸中毒　　D. 能量不足

修改前,该试题中的选项 D 与前三个选项明显性质不同,实测的结果发现选项 D 的诱答效用性接近于零。如果将选项 D 改为同性质的"丙酮酸中毒",结果诱答的有效性明显提高。

(5) 不宜用于测量复杂的推理和计算。较简单的推理和计算内容可用选择题来测试,但一些复杂的推理和计算题则更适合用于简答题或问答题等题型。

[反例] 某省会考题

由含 3 000 个磷酸的基因控制合成的蛋白质,在蛋白质的形成过程中最多可失去(　　)个水分子。

A. 1 000　　　　B. 999　　　　C. 500　　　　D. 499

这是一道综合性很强的题目,涉及中心法则、蛋白质脱水缩合反应等方面的较多内容,仅仅用一道选择题难以测出学生的思维过程和真实水平。

▲ 填空题和简答题的命题规范

填空题是一种古老的题型,以填充字词完成不完全陈述句的形式作答。简答题常以填空的形式作答,也可用一个直接问句的形式来求答。填空题的答案仅是一个词,简答题的答案则是一段话或一个短语。前者在评分上比后者更容易做到客观,后者则比前者更容易测量出学生较高认知层次的学习结果。

在生物学考试中,对这两种题型并未作严格的区分,在全国高考生物学试卷中常常将它们统称为简答题。简答题实际上还包括填图题和识图作答题等形式。这类题型编制相对较容易一些,但仍有一些命题原则需要我们加以注意和重视。

(1) 试题的逻辑性要强,限定要明确,不能引起歧义。

[反例] 全国高考题

开始使用杀虫剂时,对某种害虫效果显著,但随着杀虫剂的继续使用,该种害虫表现出越来越强的抗药性。实验证明害虫种群原来就存在具抗药性的个体。这证明:

① 害虫种群中个体抗药性的_____体现了生物的变异一般是_____的。

这道小题的设问不明确,限定也不严密。前后两个空的逻辑关系可以是几种情况。如原标准答案为"差异""不定向"。但如果填"产生""不依赖于外界环境"也是成立的。

② 杀虫剂的使用对害虫起了_____作用,而这种作用是_____的。

该小题的第一个空由于被"作用"限定了,题意是明确的。而第二个空则缺少限定,指令性不强,考生不知填什么。(标准答案为"选择""定向")

③ 害虫抗药性的增强,是通过害虫与杀虫剂之间的_____来实现的。

该题的标准答案为"生存斗争",但是由于缺少明确的限定,这个答案并不是唯一的。如果用第②小题的答案"选择"也是成立的。这样第③小题便失去了存在的意义。由此可以看出,填空题中限定词的使用是非常关键的。

(2) 答案应该是重要的生物学专业术语或包含生物学概念的语句。

[反例] 全国高考题

进化论认为,地球上现存的各种生物均由_____演变而来,因此它们之间有着_____的亲缘关系。

第二个空的标准答案是"或近或远",这是文学上的形容词,而非生物学专业术语。故该空没有考到应考的知识点上。同时,这个答案也不唯一。

(3) 题干中的空不要太多,且空尽量不要放在题干的开头。

[反例] 某省会考题

昆虫的脑激素由_____所分泌,它作用于_____,使_____释放_____,以控制昆虫的_____。

此题由于要求填的空格太多,题干被弄得支离破碎,非常不利于学生阅读和弄清题意。

(4) 应以考查理解和分析、综合能力为主。

[题例] 全国高考题

有一种斑蝶,体硬而味臭,鸟类不食;另一种蛱蝶,体软而无臭,但因其酷似前者而免遭鸟类捕食。此种现象称为_____。

此题的测量目标是学生对"拟态"概念的理解。当时的教科书有这样的文字叙述:"某些有恶臭或毒刺的动物所具有的鲜艳色彩和斑纹叫做警戒色",而本题巧妙地将具恶臭的斑蝶与不具臭味蛱蝶一起比较,利用了非本质相似性的迷惑技巧,非常好地考查了学生对"拟态"概念理解的牢固程度。当然,此题的设问表述需作改进。

(5) 避免空格的长短给考生以暗示。

空格的长短可能提示答案字数的多少,因此对于求答专业术语的填空题要使空格的长度相等。而求答短语的简答题的空格则可以较长一些(也可以不用空格求答,而用直接问句求答)。

(6) 要提供可能出现的各种答案和相应的评分要求。

▲ 论文式题型的命题规范

论文式题目要求学生针对一些问句式或陈述句,用自己的语言写成较长表述的答案。它允许学生自由作答,但这种自由的程度可根据需要有所不同。这种题型的缺点很明显,即评分的客观性差和测题取样代表性差;但优点也很明显,那就是便于评价学生对材料的理解、组织能力以及测量复杂的学习结果。

案例鉴赏

[题例一] 香港高级程度会考生物卷选答题

例1 "预防(疾病)胜于治疗",试评论这一说法。

例2 在香港建立郊野公园,有何目标?要达成这些目标需要有管理上的策略,试加以描述。

例3 以《自然灾害对生物带来的后果》为题,写一篇文章。

[题例二] 全国高考广东卷试题

关于生命起源的问题至今仍是科学家们不断探索的课题。1953年,美国学者米勒(S. L. Miller)进行了模拟实验,开辟了通过实验研究生命起源的新途径。

20世纪60年代以来,科学家们相继发现了一些新的科学事实。1969年"阿波罗11号"登月成功,经研究揭示,月球表面的许多环形山是陨石坑。它们是在月球刚形成时被大量天体撞击造成的。这表明太阳系初期,天体碰撞频繁,地球也不会例外。可以推测,那时地壳比较脆弱,到处火山爆发,地球表面温度极高,即使有少量的CH_4和NH_3放出,也会立刻被高温和极强的紫外线辐射裂解为CO_2、H_2和N_2。

20世纪70、80年代,科学家发现了35亿年前的、由多细胞组成的、结构较复杂的丝状微体化石。由此可推断,生命起源很可能在40多亿年前就已发生,那时地球刚形成不久。

天文学家已发现了数十种星际分子(指存在于星际空间的分子),它们大多是有机化合物。1969年坠落在澳大利亚麦启逊镇的陨石中含有氨基酸……

结合米勒的实验,指出以上资料哪些不支持米勒实验的结论,请简要说明(不超过250字)。

参考答案及评分标准:米勒模拟原始地球的条件,用CH_4、NH_3等合成了氨基酸等小分子有机物(1分),证实在生命起源的过程中,在原始地球的条件,由原始大气中的无机小分子生成有机小分子物质是可能的(2分)。资料表明,早期地球表面温度极高,原始大气中不可能存在CH_4、NH_3等物质,因此,这一资料不支持米勒实验的结论(2分)。资料还显示,星际分子大多是有机化合物,所以,地球上最早出现的有机物有可能来自星际分子,而不是来自地球,这对米勒实验证实的结论也提出了挑战(2分)。(其他合理答案可酌情给分)

上面两例都是一些开放式的问答题,例1是全开放型的,答题的自由度较大,其参考答案略。例2则是半开放型的,评分的客观性略高一些。

这里再对论文式试题的命题方法提出以下几点建议。

(1) 只用来测量复杂的和高层次的学习结果。论文式题型尤其适合于测量"综合、评价"层次的认知目标,如果用来测量"记忆、理解"等低级认知目标就意义不大。

(2) 应明确而系统地陈述问题,让学生清楚地了解答题要求。即答题内容可以开放,但答题要求一定要明确。

(3) 一般不应让考生选做,否则难以对比评分。

(4) 可以将大的问题分解成若干小的问题,这样便于学生答题和教师评分。

(5) 应同时根据主观性试题的特点编制详细的评分标准(答题要点和评分细则),努力提高评分的客观性。

小试牛刀

对于事实性知识或概念性知识的考查,最好采用哪种题型?(　　)
A. 简答题　　　　B. 论述题　　　　C. 设计题　　　　D. 选择题

活动 4　编拟试题

指向学科核心素养的生物学试题命制,要准确把握生物学学科核心素养的内涵和表现特征。确定试题所要考查的生物学概念体系(课程标准中的内容要求)和核心素养及其水平要求(一个或多个素养);寻找与生物学相关的生活化素材,联系生产实际的素材和前沿学术素材,创设真实的生物学情境;基于真实情境,设计能够引发生物学学科核心素养表现的问题、评价任务或解决方案;以学业质量标准为依据,针对情境材料、核心素养分级水平和设问方式研制等级性评价标准。指向生物学学科核心素养的命题框架可建构为图7-3。[①]

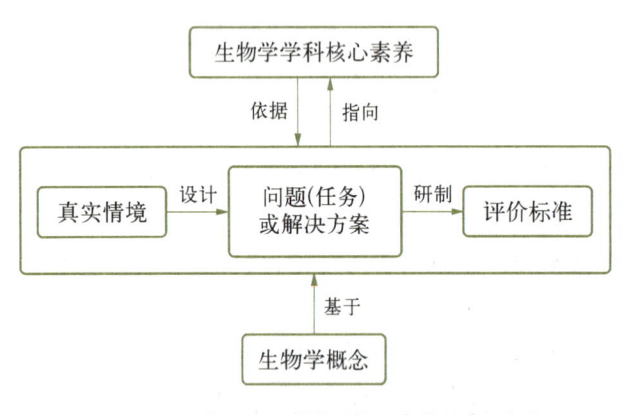

图 7-3　指向生物学学科核心素养的命题框架

▲ **收集科学素材,创设真实情境**

《普通高中生物学课程标准(2017年版2020年修订)》指出,试题情境应围绕现实问题(包括热点问题)展开,尽量做到新颖、真实、科学、恰当,有一定的信息量和复杂度,能够成为学生运用学科知识分析和解决实际问题的载体。而情境素材可源于教材内容的拓展、科学研究的过程和成果、科技文献素材、现实生活中的问题、大学教材及生物学竞赛试题等。故教师只有养成收集科学素材的习惯,具有在原创命题时创造一个个真实情境的意识,才可能有针对性地设置问题,考查生物学学科核心素养。

案例鉴赏

(2018年马鞍山市高三二模选择题第31题)物种跨越重洋,因漂流环境恶劣难以存活下来,但最近研究发现全球变暖导致极端恶劣天气变多,如台风、海啸等,把更多

---
① 周初霞. 指向学科核心素养的高中生物学试题命制研究[J]. 生物学教学,2020,45(03):62-65.

的海岸生物带向海洋,海洋中无法降解的塑料、玻璃瓶等海洋垃圾,为这些海岸生物提供了更多的附着场所。当漂流速度缓慢时,这些海岸生物逐渐适应海洋环境,漂流到另一个海岸,可能成为入侵物种。请分析并回答下列问题:

(1) 某地区的部分原有物种由于这些入侵物种的影响,种群数量减少,生态系统的抵抗力稳定性将会_____,这些原有物种与入侵物种之间的关系可能有_____。

(2) 海洋垃圾和恶劣天气这些环境因素与入侵物种相互影响,体现出了_____的过程。在这个过程中某一入侵物种发生了基因突变,导致其种群的基因库发生了改变,判断其与原物种是否仍是同一物种的依据是_____。

(3) 根据材料,在无法控制海啸的情况下,我们可以通过什么方式预防入侵物种对当地生态系统的危害?_____。

参考答案:(1) 降低　竞争、捕食或寄生;(2) 共同进化　是否存在生殖隔离;(3) 减少无法降解的塑料、玻璃瓶等进入海洋(合理即可)。

解析:本题干素材来源于《环球科学》杂志 2017 年刊发的一篇文章,此素材既是大家关注的热点问题,也提供了一种原创命题的真实情境,可以基于此素材设置问题来考查学生理论联系实际的能力,考查生命观念、社会责任、科学思维等生物学学科核心素养。比如,通过第一个问题考查入侵物种引起"种群数量变化""种间关系""抵抗力稳定性改变"等概念,需要学生能利用生物学知识,做出理性解释和判断,考查学生的生命观念和科学思维;通过第二个问题考查"共同进化""生殖隔离"等概念,让学生深刻理解和形成生命观念中的生态观和进化观;最后一问旨在真实情境中考查学生的社会责任意识,要求学生关注环境问题,具有参与环境保护讨论的意识,有利于学生形成造福人类的态度和价值观。

▲ 规划核心素养测试水平,合理设置问题(任务)

命题立意时,规划核心素养测试水平,要从核心素养的不同维度进行考量"重点考查哪种素养,考查的是哪一级水平",明确设问方向,罗列在该水平等级下"问哪些问题、如何进行设问",合理设置出有针对性的问题。从某种意义上讲,试题的质量取决于问题的设置。试题从知识能力立意到核心素养立意,不是基于知识的变化,而是因为立意不同引起的问题情境和设问方式的变化。

案例鉴赏

二烷氨基乙醇羧酸脂(DA-6),是一种新型的叔胺类植物生长调节剂。某科研小组研究了 DA-6 对不同光照强度下草莓光合作用的影响,对相关指标进行了测定,结果如下(表 7-5)。

表7-5 相关指标的测定结果

组别	处理	光合速率 [mmol/(m²·s)]	气孔导度 [mmol/(m²·s)]	胞间CO_2浓度 [mmol/(m²·s)]	Rubisco活性 [μmol/(m²·s)]	丙二醛(MDA) (μmol/g)
①	不遮光+清水	10.1	0.16	260	38.2	2.12
②	不遮光+DA-6	15.2	0.24	255	42.1	1.93
③	遮光+清水	8.3	0.14	278	25.3	2.74
④	遮光+DA-6	13.4	0.23	269	35.7	2.39

注：气孔导度表示气孔开张的程度；Rubisco是光合碳同化的关键酶；丙二醛(MDA)是膜脂过氧化产物，其含量与生物膜受损程度正相关。

(1) 选择_____组进行比较分析，发现气孔导度不是遮光条件下光合速率下降的主要限制因素，其判断依据是：_____。

(2) DA-6处理可提高不同光照强度下草莓叶片的光合速率，其中，对_____(遮光、不遮光)条件下的作用更为显著；根据实验数据推测，DA-6可能是通过_____，从而提高草莓叶片光合作用的暗反应速率。

(3) DA-6是否也作用于草莓叶片的光反应阶段来缓解弱光带来的不利影响？说出你做出推测的理由。_____。

参考答案：(1) ①③或②④(1分)；遮光条件下气孔导度虽然减小，但胞间CO_2浓度升高，并且Rubisco活性显著降低(2分)。(2) 遮光(1分)；增大气孔导度，增加CO_2吸收量，同时能提高Rubisco活性，加快光合碳同化速率(2分)。(3) 是(1分)；DA-6处理组丙二醛(MDA)的含量明显降低，能缓解叶绿体类囊体薄膜的损伤，从而缓解弱光带来的不利影响(其他合理答案酌情给分)(3分)。

解析：例题所涉及的生物学核心素养及其级别见表7-6。问题(1)考查学生对实验对照原则的把握；问题(2)需要学生对实验数据进行分析，并透过实验现象进行溯因推理，考查学生的信息获取能力及逻辑思维能力；问题(3)鼓励学生创新思维，问题有一定的思维张力，要求学生能根据不同处理组中丙二醛含量的变化规律，结合辅助信息，进行因果推理，做出正确判断。

表7-6 本题核心素养的表现及其级别

考查的核心素养	核心素养表现	素养级别
生命观念	知道光合作用等生理现象受外界环境因素(光照强度)的影响，并可以受生长调节剂(DA-6)的调控，具备生命的物质观和信息观。	生命观念1级水平

续 表

考查的核心素养	核心素养表现	素养级别
科学探究	明确对照组,理解设置对照组和实验组的必要性;能正确分析实验结果,并展开交流。	科学探究2级水平
科学思维	能够在新的问题情境中,基于实验数据,揭示光照强度对光合速率的影响机制,以及推测DA-6对遮光带来不利影响的缓解机理,并做出恰当的方式表达、阐明其内涵。	科学思维4级水平
社会责任	关注新型植物生长调节剂(DA-6)在生产生活中的应用。	社会责任2级水平

▲ 基于核心素养表现水平,制定等级性评分标准

整合开放的情境化任务给学生提供了展示各种表现、思维方式和问题解决过程的空间,但也带来了如何合理评分的难题。这就需要根据具体的考试题目,开发相应的评分标准。研制评分标准可以采用演绎方式和归纳方式相结合的方法,充分利用理论分析和专家经验,在经验做法上开展大量的认知研究,提高评分标准的科学性和合理性。

以往传统高考生物学主观题评分注重答案要点,以"关键词"为评分点,可以减少评分误差,一定程度上提高了测试的信度。但是这种评分方法对学生的答题逻辑和综合学科素养的考查判断具有消极作用。在以学科核心素养为考查目标的学业水平考试中,主观题的评分应以综合等级评分取代原来的评分方式,综合评判学生的答题逻辑与素养水平。综合等级评分方法以比格斯(Biggs)提出的 SOLO 分类评价法为基础(有关 SOLO 分类理论的内容在本书第四章有所介绍)。SOLO 分类评价法将学生的学习结果由低到高分为前结构、单点结构、多点结构、关联结构和拓展抽象结构5个不同的层次。利用 SOLO 分类评价法进行试题评分,有利于引导学生整合生物学知识,从生物学核心概念的整体知识而非局部考虑问题。这样的综合等级评分更加贴合以学科核心素养和学业质量标准为特色的评价理念。当然,命制试题时,等级和分值可灵活考虑。

📖 案例鉴赏

基于 SOLO 分类评价的上海高考生物学模拟试题

二甲双胍用于治疗2型糖尿病已有近60年的历史,最新研究表明,其对癌症预防和治疗也具有潜在益处。二甲双胍及其结构类似物通过抑制线粒体的呼吸作用而抑制细胞的生长,其中的关键步骤在于 RagC 蛋白复合物的跨核孔穿梭运输(图7-4)。若图中所示的细胞是癌细胞,试述二甲双胍抑制癌细胞生长的机制。[1]

---

[1] 李竹青.对生物学"表述"类试题进行分层评分的探索[J].生物学教学,2018,43(10):58-60.

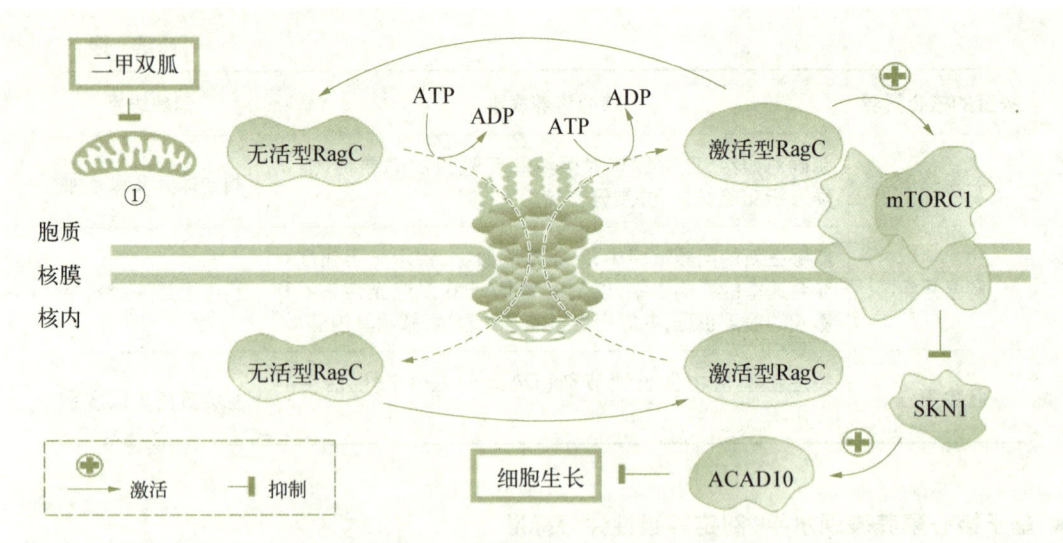

图 7-4　RagC 蛋白复合物的跨核孔穿梭运输机制

表 7-7 为基于 SOLO 分类理论的评分标准表。

表 7-7　评分标准表

SOLO 层次	回 答 表 现	分值
前结构	无法理解问题,答案和试题无关。	0
单点结构	回答只能依据所提供材料的一个相关点,获取信息零碎,结论有局限性。如能回答以下的任一信息:"二甲双胍能抑制线粒体呼吸作用,从而影响 ATP 供应;ATP 是 RagC 蛋白复合物的跨核孔穿梭运输所必需的;激活型 RagC 能促进有活性的 mTORC1 发挥作用,这是细胞生长所必需的。"	1
多点结构	能依据所提供材料的多个相关点。例如,以上信息的任意两点以上,但只是孤立地提取信息,没有阐述两者之间的关联和逻辑关系。	2
关联结构	能答出以上三点,并厘清 ATP 供应和 mTORC1 发挥作用之间的逻辑关系。	3

▲ 其他需要注意的问题

在编拟试题的过程中,还需关注以下事项。

(1) 加强自身汉语言修养,不断提高命题水平。

(2) 在句式选用上,宜多使用陈述句、肯定句、主动句式,少使用疑问句、否定句和被动句式。

(3) 加强试题表述的检测和审查。

(4) 采用文字和图表相结合的方式呈现信息,适当限定或减少文字使用量。

(5) 试题表述要符合考生生理和心理特点,贴近中学教学实际与考生思维习惯。

小试牛刀

对核心素养"生命观念"的评价

为调查森林生态系统生物多样性状况,提高对森林资源科学合理的利用能力,研究小组对我国西南某地一自然保护区的主要森林树种进行检测。对其中一个测试点松科植物群落中的马尾松、油松、湿地松等3个物种进行了统计和测量,研究小组获得如下结果:马尾松207棵,油松为51棵,湿地松38棵。

设问:

（1）阐明森林生态系统生物多样性研究对提高森林资源利用能力的指导意义;

（2）根据辛普森公式求出生物多样性指数(保留两位小数);

（3）根据辛普森指数阐述该地区森林生态系统生物多样性的保护程度,以及生物多样性受哪些因素影响;

（4）提出你对该地区森林生态系统生物多样性保护的针对性建议。

附:辛普森指数计算公式:

$$D = 1 - \sum_{i=1}^{S}\left(\frac{n_i}{N}\right)^2$$

D——多样性指数,n_i——某物种的个体数,N——群落中个体总数。

请根据试题与学业质量标准的对应及答题要求,尝试填写本题核心素养的考查水平。

试题与学业质量标准的对应关系		考查的核心素养等级水平
学业质量标准	答题要求	
初步具有结构与功能相适应的观念	能初步认识到森林生物多样性保护的意义和价值	
能运用这些观念分析和解释简单情境中的生命现象	学会解决森林生物多样性保护问题的具体方法	
能运用这些观念分析和解释特定情境中的生命现象	能说明生物多样性保护程度,及受哪些因素影响	
能指导、解决生产和实践中的具体问题	能根据森林生物多样性保护程度,提出多样性保护的具体措施	

活动 5　试题的审查与试卷的编排

题目和任务编制完后,教师要对照题目编写的一般建议以及各种题型的特殊要求,对题目进行认真的检查和修改。即使微小的改变,有时也能引起题目或任务在功能上的变化。如果是大规模、标准化、高利害的测验,这种检查和修改更是必不可少。图7-5是某地基础教育质量监测项目在测验编制阶段所采用的程序。由图可见,题目检查与修改是题目编制中非常重要的一个环节。

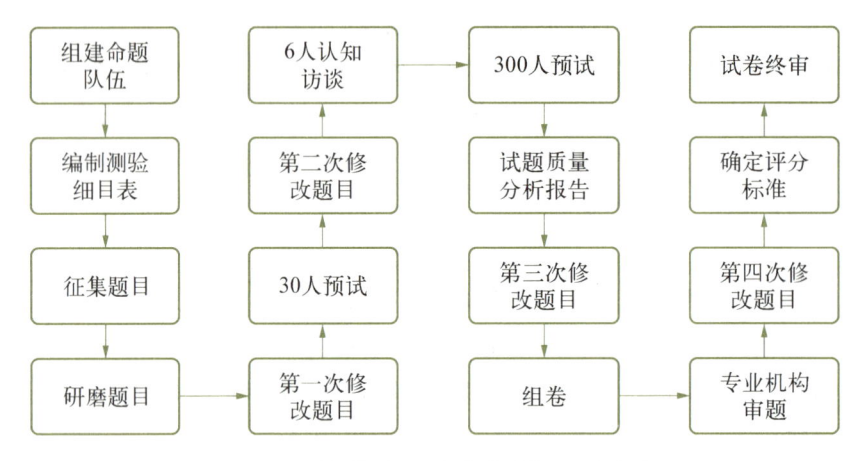

图 7-5 质量监测项目中的学科命题一般程序

▲ **试题审查的一般方法**

(1) 口读感觉法——口读几遍,感觉试题表述是否有不顺口的地方。

(2) 成分分析法——紧缩句子,找出主干(主语、谓语和宾语),检查是否存在句子成分不全或搭配不当等问题,然后理清"枝叶"(定语、状语和补语),检查"枝叶"与主干搭配是否存在语法问题。因为要判断某一试题是否有表述问题,光凭语感有时是靠不住的,必须依赖于熟练掌握基本的语法、修辞和逻辑规则。用这些规则来审视所命制的试题,往往能够发现新的问题,进而纠正相应失误或错误。

(3) 人员交换法——除命题人自我把关外,由其他人员对试题表述进行多维度的检查和修正。

▲ **试题审查的基本内容**

(1) 集体讨论试题,教师在命题时要研读课程标准,依据课程目标、考试类别和学业质量标准进行考试目标、考试内容、考试题型、难易程度、考试题量等的审核,把握各个知识点的考试能力要求,处理好基础与能力的关系。

(2) 试题的命制是否能够测量学生的真实学习能力,是否针对学生的最近发展区,使学生通过答题能巩固新知和拓展思维,使教师通过研读试题能准确把握教学方向并能发现教学的遗漏。

(3) 关注试题所使用的语言是否简洁,有无歧义。试题的语言表达要明确,要符合学生的认知水平。

(4) 试题插图是否清晰,图文是否匹配。

(5) 讨论答案的唯一性和思考性。

(6) 讨论问题的设问是否有梯度以及与教材的关联性。

(7) 讨论各小题的独立性,试题之间要彼此独立,要注意知识点的合理分布。

(8) 揣摩学生的解题思路,思考学生的可能答案。

▲ 试卷的编排

试卷的编排包括试题的安排和编制指导说明两个方面。

在安排试题时,要充分考虑测验的目的、学生的发展水平和考试时间,尽可能做到以下几点。

（1）在可能的情况下,应当将相同题型的所有题目放在一起。

（2）出于教学目的,把考查相同层次(如记忆、理解、应用)的题目放在一起。

（3）以难度递增的方式来排列题目。

测验卷上应包含施测的指导说明,主要的信息包括：测验的目的、完成测验的时间、如何记录答案、试题分数的分配、考试过程中其他需要特别说明的事项等。当一份测验包含多种题目类型,作答方式不太统一时,最好的做法就是先提供一个整体性的指导语,然后在各个部分或各种题型中再分别给出具体的指导语,对答题方式进行细致说明。

资料阅读

格伦隆德(B.E.Gronlund)和沃(C.K.Waugh)曾经设计了一份测验编制检查清单[1]（表7-8）,教师在测验定稿后可以用它进行自我评价,如果发现问题就在正式施测之前进行调整,使测验编制得更好。

表7-8 测验编制检核清单

		项　目	未达成	部分达成	已达成
1	平衡	题目是否考查了成就领域中学习任务的一个有代表性的样本?			
2	恰当	测验题目是否呈现了恰当的任务?			
3	简洁	是否用了简单清晰的语言表述测验任务?			
4	正确	题目是否难度适当,没有错误? 答案是否经得起推敲?			
5	独立	题目之间是否没有相互暗示,即一道题目不会帮助回答另一道?			
6	编排	是否将考查相同成果的题目放在一起? 是否将相同类型的题目放在一起? 是否将题目按难度递增顺序排列?			
7	序号	是否在整个测验中按顺序标定了题目的序号?			

---

[1] N.E.格伦隆德,C.K.沃.学业成就测评(第9版)[M].杨涛,边玉芳,译.北京：教育科学出版社,2011.

	项目		未达成	部分达成	已达成
8	指导	是否有整个测验和各部分的指导语？指导语是否简洁并符合学生的阅读水平？指导语是否说明了答题时间和答题方式？指导语是否说明了可否猜测？			
9	空间	页面的空间安排是否便于阅读和作答？			
10	打字	最终版本是否有打字错误？			

小试牛刀

(2014 年江苏省义务教育生物学科学业质量监测试测)你听说过这句谚语吗？"阴茶花，阳牡丹，半阴半阳四季兰。"请回答下列问题：

(1) 这句谚语说明这些花卉的生长发育受哪一种因素影响较大？

(2) 为探究光照强度是否会影响开花，科研人员选择凤仙花、万寿菊和一串红进行对照实验，结果如表 7-9 所示。

表 7-9　实验结果

	从播种到开花所需天数	
	光照较弱	光照较强
凤仙花	22	20
万寿菊	24	18
一串红	27	21

分析表中数据，你可以得出什么结论？

(3) 秋季日照时间短，万寿菊盛开在秋季。为了美化环境，要使万寿菊适当提早开花，你会采取什么措施？

简要分析：本题重点考查学生运用知识解决实际问题，并对实验结果进行分析解释的能力。谚语"阴茶花，阳牡丹，半阴半阳四季兰"，根据其中的"阴""阳""半阴半阳"可推知光照是影响花卉生长发育的较大因素。根据万寿菊盛开在秋季，而秋季日照时间短，据此可推知，若要使万寿菊提前开花，可用缩短日照时间的方法来处理，如暗处理、遮光。根据实验数据，可发现这三种花卉具有这样的规律：光照较强时，从播种到开花所需天数较短；光照较弱时，从播种到开花所需天数较长。因此，可得出如下结论：光照强度会影响植物开花，而且光照较强可使花卉提早开花。

该题经过试测发现,本题区分度、难度、拟合度都不错,但不同得分点与总分没有按从低到高递增。试测后专家进行研讨,并结合学生访谈情况,大家一致认为,与第(3)小题相比,很多学生作答第(2)小题更有难度,直接影响作答第(3)小题的信心,特别是第(2)小题的答案会明显误导学生作答第(3)小题,学生对光照强度和光照时间的概念混为一谈,没有清晰区分。[1]

如果你是命题者,你打算对本题进行怎样的修改或调整呢?

活动 6　试卷品质分析

试卷品质分析是对整个测验的品质做出分析。通过试卷品质分析确定测验是否达到测验目的,是否真实、有效和可信。它可以作为正式试卷确定前预试阶段的一项基础工作,也可以在正式测试后作为整个测试工作评价的一个方面。对试卷进行品质分析的主要维度包括效度、信度、难度、区分度。

▲ 效度

效度指的是一次测量的有效程度,即一次测量实际上能够测出其所要测量的特性的程度。效度是高质量评价的首要条件。一道测试题或者一套测评方案,只有其效度良好,才能创造好的评价。如果测试题目效度不良,即使其信度、难度、区分度等其他指标都合乎测量学要求,也没有什么实质意义,也不是好的评价。由美国教育研究协会(AERA)、美国心理学会(APA)与全美教育测量理事会(NCME)共同编定的《教育与心理测试标准》强调,效度是评价最基本的要求;美国教育考试服务中心(ETS)也反复强调,效度是反映试题质量最为重要的指标。[2]

在中学生物学测量与评价中,常用内容效度来表征测量的有效程度。内容效度指的是测量内容的代表性程度。如果一次生物学测验涵盖了生物学教学所要求达到的教学目标的重要内容,就可以说它具有较高的内容效度。

内容效度的分析方法主要采用逻辑分析方法,也叫专家评判法,其基本思路就是请有关专家判断测验题目与预定测评范围吻合的程度。具体步骤是:(1)邀请本领域的测评专家和资深教师,组成专家工作组;(2)明确欲测内容范围,一般从内容和能力两个方面进行分析,最后形成双向细目表,明确每个纲目的题目比例;(3)分析每道题目的效度及整套测验题目的覆盖率、代表性和难度等,对整个测验的有效性做出总的评价。

▲ 信度

为了保证测量的准确性,有时候需要通过多次测量来予以验证。如果一个东西,今天测量和明天测量的结果相差很大,人们就会对测量的准确性产生怀疑;如果同一个东西,用两

---

[1] 吴举宏.区域学业质量监测试题难度调控策略——以江苏省义务教育生物学科学业质量监测为例[J].生物学教学,2017,42(12):43-45.
[2] 美国教育研究协会,等.教育与心理测试标准[M].燕娓琴,谢小庆,译.沈阳:沈阳出版社,2003.

种不同的工具测量所得的结果不一致,到底要相信哪一个?还是两个都不准确,都不值得信赖?这些都需要细致分析。对多次测量结果的一致性程度进行分析,就是信度(reliability)分析。具体点说,就是在不同时间,使用同一测验或使用两个平行测验,或者在不同测试条件下,对同一组被试实施多次测验所得分数的一致性。信度高是效度高的必要条件。如果多次测验或评价的分数间没有相关性,则测验的信度不高,结果就不可信,效度也不可能高。

在实际的测评中,信度的计算方法主要有重测信度、复本信度和分半信度三种。

(1)重测信度。又称稳定性系数。以同一份试卷测一群(班)学生两次,两次评测相隔一段时间,于是每位学生各有两个分数,然后求出两组分数之间的相关系数,即为信度。

(2)复本信度。即根据相同的命题双向细目表,制作两份在内容、难度和题型上尽可能类似的试卷,然后分别用这两份试卷来测验同一群学生(可连续或相隔一段时间实施),每位学生各得两个分数,再求出两组分数之间的相关系数,即为信度系数。

(3)分半信度。在实施测验之后,将每一份试卷的奇数和偶数题分别计分,于是每一份试卷便可得到两个分数。然后求出所有学生的奇数题分与偶数题分两者之间的相关系数,再依照斯皮尔曼-布朗公式加以校正。

▲ 难度和区分度

难度和区分度是题目品质分析的重要内容。一般而言,无论是形成性测验,还是终结性测验,教师都会对试题的难度和区分度进行分析。难度和区分度适当,才能帮助测验和评价发挥其预定功能。

(1)难度。难度顾名思义,就是测评题目的难易程度。一道题目或一个测验,如果大部分被试都能答对,那么它的难度就小;如果大部分被试都答不对,就说明它难度比较大。

如果题目是客观题,可以用二分法记分,通常使用正答率来表示难度。公式如下:

$$P = R/N$$

(P 代表项目难度;N 为全体被试数;R 为答对该题目的人数。)

例如,在250名学生中,答对某道题目的学生有150人,则该题目的难度为0.60。

如果题目是主观题,采用非二分法记分,学生会得到从零到满分之间一个分数,那么难度通常用平均得分率来计算,公式如下:

$$P = \bar{X}/X_{max}$$

($\bar{X}$ 表示所有被试在题目上的平均得分;X_{max} 表示该题目的满分。)

例如,某题目满分为40分,250名学生参加这次考试,该题平均得分为30分,那么该题目的难度为0.75。

题目的难度水平会影响学生的成绩以及对教师教学质量的判断,在高利害测验中,难度也会影响学生的升学或就业,因而难度需要谨慎确定。一般而言,在选拔性测验中,应使题目平均难度接近录取率。而在标准参照测验中,比如单元测试、期末考试,题目要严格依照课程标准或既定目标来编制,可以不必过多考虑难度。

> **资料阅读**

试题难度的调控策略

1. 从"情境"维度调控试题难度

一般来说,试题情境越复杂,试题难度越大;情境越陌生,试题难度越大。学生对过程复杂、信息量大、亲和性差的情境首先在阅读和理解上会产生诸多障碍,其次从中提取信息难度加大,因此学生得分率明显下降。

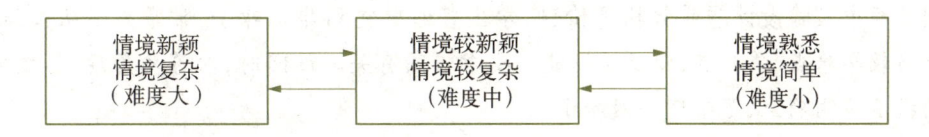

情境新颖 情境复杂（难度大） ⇄ 情境较新颖 情境较复杂（难度中） ⇄ 情境熟悉 情境简单（难度小）

2. 从"知识"维度调控试题难度

学生从条件出发到问题解决过程中涉及知识的回忆与再现、迁移与应用,如果涉及的知识点越多,则上述过程的难度越大、每一过程的准确率越低,因此知识综合性越强的试题难度越大。

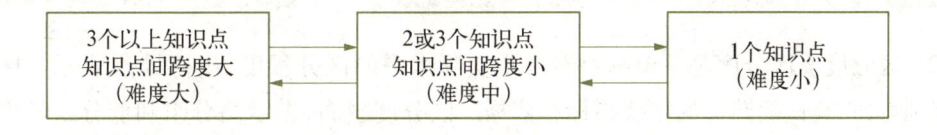

3个以上知识点 知识点间跨度大（难度大） ⇄ 2或3个知识点 知识点间跨度小（难度中） ⇄ 1个知识点（难度小）

3. 从"能力"维度调控试题难度

通常情况下,能力层次水平要求越高,试题难度越大。当然,这两者之间也并不是一个简单的正相关关系,有时记忆水平的试题难度可能也很大,这是由于考查的知识内容非常冷僻和琐碎。

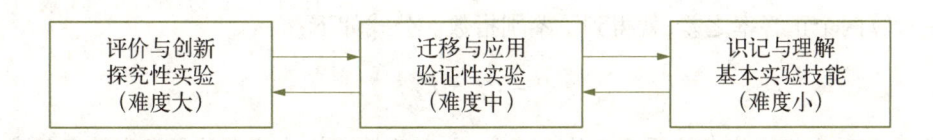

评价与创新 探究性实验（难度大） ⇄ 迁移与应用 验证性实验（难度中） ⇄ 识记与理解 基本实验技能（难度小）

4. 从"思维"维度调控试题难度

试题解答都需要经过缜密的思维过程,要求学生能够基于试题中呈现的事实、证据或条件,运用归纳与概括、演绎与推理、质疑与批判等思维方法解决问题。思维链条中的环节越多、跨度越大,试题难度就越大。

试题中条件信息越隐蔽,越具有干扰性和迷惑性,学生解题就越困难,试题难度就越大。在选择题中干扰项越多、选项迷惑性越大、符合题意的选项越隐蔽,学生得分率越低。特别是从学生易错点出发编制的选项,学生越容易"误入歧途",如易混淆的知识点、前科学概念的错误认知等。

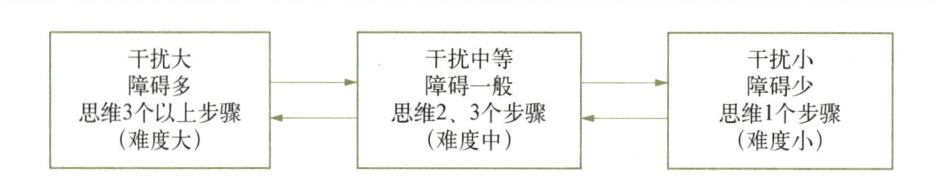

```
┌─────────────┐     ┌─────────────┐     ┌─────────────┐
│   干扰大     │ ←→ │  干扰中等    │ ←→ │   干扰小     │
│   障碍多     │     │  障碍一般    │     │   障碍少     │
│思维3个以上步骤│     │思维2、3个步骤│     │思维1个步骤   │
│  (难度大)   │     │  (难度中)   │     │  (难度小)   │
└─────────────┘     └─────────────┘     └─────────────┘
```

5. 从"设问"维度调控试题难度

不同题型设问方式不同,相同题型的不同设问方式,都会影响试题难度。从题型角度来说,是非判断题、选择题、填空题、简答题和问答题,其难度一般是逐渐加大的。在问答题中**实验设计题或分析评价题**,学生普遍感觉到非常棘手,常常力不从心,这主要与教学难点、薄弱点,以及试题能力要求较高有关。设问时,对答题角度、答案要求的提示越明确,试题难度一般越小。

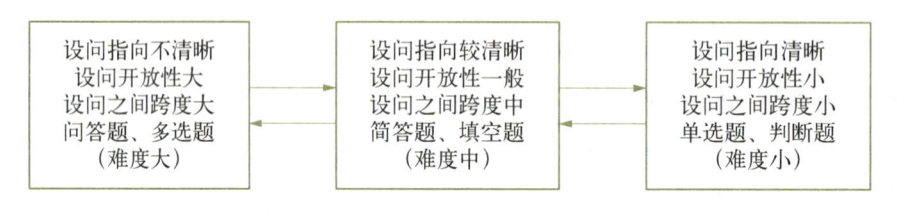

```
┌─────────────┐     ┌─────────────┐     ┌─────────────┐
│设问指向不清晰│ ←→ │设问指向较清晰│ ←→ │设问指向清晰  │
│设问开放性大  │     │设问开放性一般│     │设问开放性小  │
│设问之间跨度大│     │设问之间跨度中│     │设问之间跨度小│
│问答题、多选题│     │简答题、填空题│     │单选题、判断题│
│  (难度大)   │     │  (难度中)   │     │  (难度小)   │
└─────────────┘     └─────────────┘     └─────────────┘
```

(2) 区分度。区分度是一个题目对考生实际水平的区分程度,用符号 D 表示。区分度又称鉴别力,它是试题筛选的主要指标和依据。区分度越高,表示高分组和低分组学生在这个题目上的得分差别越大,也就是这个题目能够较好地区分两组学生;反之则得分差别越小,也就意味着该题不能有效地区分高低分两组学生。

这里介绍客观题区分度的计算方法,客观题可以用二分法记分,其区分度一般用鉴别指数法计算,具体做法是:先按照被试的测验总分由高到低排序,然后选择前27%的被试作为高分组,后27%的被试作为低分组,分别计算高分组和低分组被试在某道特定题目上的正答率,最后计算两个正答率之差,就得到了鉴别指数。公式如下:

$$D = P_H - P_L$$

(P_H表示高分组被试在该题目上的正答率;P_L表示低分组被试在该题目上的正答率。)

举个例子来说,高分组在某题上的正答率为0.78,低分组的正答率为0.45,那么这道题的鉴别指数是0.33。

在鉴别指数计算中,高分组和低分组的确定需要特别说明。将测验总分排序后,将前27%作为高分组、后27%作为低分组是最常见的做法。之所以这样做,是因为有研究发现,当分数呈正态分布时,这种区分方法最有效,既可以使高分组和低分组的差异尽可能放大,又可以使两组人数尽可能多。

鉴别指数处于−1.00至1.00之间。指数越大,说明区分度越好。一般要求区分度要在0.3以上,如果能够达到0.4则更好,否则不宜直接用于常模参考性评价,因为题目对于区分和鉴别学生贡献不大。

(3) 难度和区分度的关系。

从难度、区分度的计算公式可以看出，两者是紧密联系的。如果一道题目太难，很少人甚至几乎没有人能答对，那么这道题就难以有效区分高水平和低水平的学生，区分度不好；如果一道题目太容易，大家都能正确作答，区分度也不好；如果题目保持中等难度，比如是0.50，则有可能高分组的所有被试都正确作答，而低分组却无人通过，那么这时的鉴别指数 D 就可能达到最大值1.00。

有研究者粗略估计了不同难度的题目可能达到的最大鉴别指数，参见表7-10。[1]

表7-10 不同难度的题目可能达到的最大鉴别指数

难 度	1.00	0.90	0.70	0.50	0.30	0.10	0.00
区分度	0.00	0.20	0.60	1.00	0.60	0.20	0.00

由表7-10可见，中等难度题目的区分度最好，这也是人们在常模参照测验中要求题目保持中等难度的原因之一。当然，需要注意的是，实际编制测验时，不能让一套测验中所有题目都保持一样的难度。在一套测验里，题目的难度分布要有一定的广度和梯度，使整个测验的难度呈正态分布，且平均水平保持在一定的中等难度上，这样才能有效地将各种水平的考生区别开来。

小试牛刀

两道关于光合作用的题目

1. 叶绿体是植物进行光合作用的场所。下列关于叶绿体结构与功能的叙述中，正确的是（　　）。
   A. 叶绿体中的色素主要分布在类囊体腔内
   B. H_2O 在光下分解为[H]和 O_2 的过程发生在基质中
   C. CO_2 的固定过程发生在类囊体薄膜上
   D. 光合作用的产物——淀粉是在基质中合成的

   本题正确答案为D，共有77位学生参与答题，其中7人选A，7人选B，23人选C，40人选D。

2. 如图所示，某植物的绿叶经光照24小时后，然后脱色用碘处理，结果有锡箔覆盖的位置不呈蓝色而不被锡箔覆盖的部位呈蓝色。该实验证明：（　　）。
   (1) 光合作用需要叶绿素　　(2) 光合作用需要光
   (3) 光合作用放出氧气　　(4) 光合作用制造淀粉
   A. (1)(4)　　　　　　　　B. (2)(4)
   C. (2)(3)　　　　　　　　D. (1)(3)

   本题正确答案为B，共有76人作答，全部答对。

---

[1] 戴海琦,张锋,陈雪枫.心理与教育测量[M].广州：暨南大学出版社,2007.

请分别计算两道题目的难度系数。

你认为哪道题目比较适合应用于选拔性考试?

活动 7　对学生测验结果的分析与利用

将学生的测验成绩经过初步的统计与处理,利用统计表、统计图,可将大量数据的结果清晰、概括地表达出来,便于分析、比较。教育测量所直接得到的原始分数含有的信息十分有限,例如,一个学生 20 个数学题目答对了 10 个,20 个语文题目却答对了 14 个,有人会认为该学生一定语文比数学学得好,但实际却并不一定是这样,因为也许数学考试的难度远远大于语文,得 10 分已经是高分了,而语文的 14 分可能仅仅是一个平均分而已。为了使不同的原始分数可以直接比较,必须对其进行转换,一般而言,对测验成绩的统计与处理常会用到算术平均数、方差、标准差及频数分布表等。

对学生测验结果的分析包括对群体成绩分布、集中量数、差异量数等指标的分析,从而把握学生分数的整体特征。此外,还可以对学生分数进行转化便于进一步比较和利用。

▲ 对群体特征的分析

在生物学教育测验的分析中,首先要求教师对全班、全年级或所有考生的成绩做出一个整体评价,其方法通常有以下两种。

(1) 利用正态分布图进行评价。

常规班级的学生分数的总体分布接近于正态。根据集体成绩的分布形态,可以做出粗略的分析和评价(表 7-11)。

表 7-11　运用正态分布图的评价方法

成绩分布	分　析　与　评　价
正态	成绩正常:即中等成绩者居多,绩优生和绩差生人数较少。
正偏态	成绩不理想:成绩差的学生偏多,成绩优秀的学生偏少。
负偏态	成绩理想:绩优生居多,绩差生较少。
双峰型	两极分化明显,不理想:绩优生与绩差生都多,中等生很少,个体差异大而不利于班级教学。
平坡型	不理想:成绩好、中、差的学生比例接近,学生间的个体差异偏大,不利于班级教学。
陡峭型	个体差异小,有利于集体教学:有成绩集中偏低和成绩集中偏高情况,后种情况非常理想。

(2) 利用平均分和标准差进行评价。

平均分($\bar{X}$)和标准差(σ)分别是代表性最好的集中量数和差异量数。平均分反映了学生集体测验成绩的平均水平,可以将班级的平均分与测验总体(如年级)的平均分进行比较,也可以与平行班级进行比较。但这种比较仍有不足,那就是还要看平均分对学生集体成绩的代表性如何。

标准差是反映学生成绩离散程度的一个量化指标。标准差越大,说明学生个体差异越大,平均分的代表性就越差;标准差越小,说明学生成绩越是集中,平均分的代表性就越好。所以,集体成绩理想的状态应该是平均分高而标准差小。当然也有人会认为标准差大比较好,因为标准差大则表明班级中有少数拔尖人才可资进一步培养。这种说法也有道理,只是评价的目的不一样使然。

> **资料阅读**
>
> 方差和标准差是反映数据变异程度的重要指标。方差(variance)是各个数据与其算术平均数的离差平方和的平均数,通常以 σ^2 表示。由于方差的计量单位和量纲不便于公众从意义上理解和解释,所以实际统计工作中多用方差的算术平方根——标准差来刻画统计数据的差异程度。如图7-6所示,如果数据真的服从正态分布,理论上约68%数值分布在距离平均值有1个标准差之内的范围,约95%数值分布在距离平均值有2个标准差之内的范围,以及约99.7%数值分布在距离平均值有3个标准差之内的范围,称为"68-95-99.7法则"。
>
> 图7-6 正态分布示意图
>
> 标准差(standard deviation)一般用 σ 表示。方差和标准差的计算公式分别是:
>
> $$方差:\sigma_X^2 = \frac{\sum(X-\overline{X})^2}{n}$$
>
> $$标准差:\sigma_X = \sqrt{\frac{\sum(X-\overline{X})^2}{n}}$$

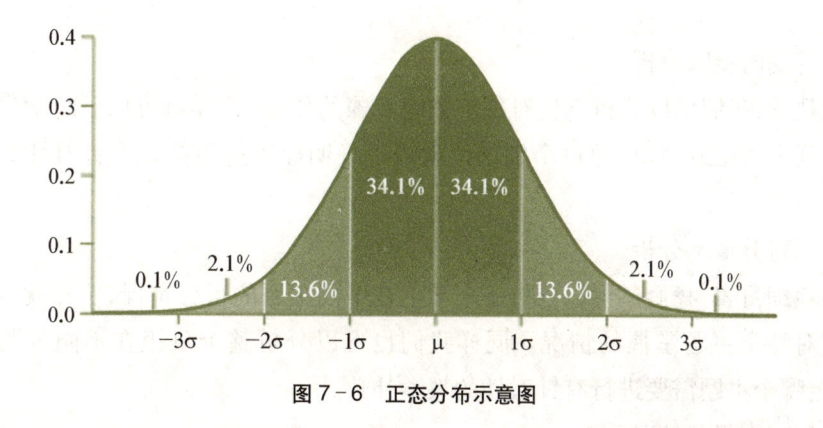

▲ 将原始分转化为标准分

标准分又称 Z 分,是较常用的一种导出分数,是以标准差为单位度量原始分数离开其平均数的量数,表示一个原始分数在团体中所处的相对位置,亦即在平均数之上或之下多少个标准差的位置。

其计算公式为:

$$Z = \frac{X - \bar{X}}{\sigma_X}$$

标准分在测验成绩的分析和评价中的作用非常多,如:① 准确地计算各科或生物学学科各次考试成绩的总评分;② 确定考生在较大规模考试中的位置;③ 确定分数段之间的人数或确定某人数所在的分数段;④ 比较不同科目之间的考试成绩;⑤ 比较班级或个人的发展水平;⑥ 把等级评定转换为计算数据。

▲ 对测验结果的进一步分析和利用

(1) 选择题的选项分析。

对于选择题,我们可以分析每个题目的正答率,进而了解每个题目的难易度而有区别地加以应对。比如,对于难题教师需要讲解而不能依赖学生自学,对于简单的题目则完全可以留给学生自学或合作学习。此外,我们还可以分析在干扰选项中,学生多是错选了哪个选项,这表示学生可能存在相应的错误概念,这一信息对于教师转变学生已有的错误概念十分关键。

(2) 主观题的步骤分析。

对于主观题,我们可以分析学生对每个关键步骤的作答,这样就可以了解学生多是在哪些步骤上遇到了困难或障碍,通过个别谈话就可以查明原因进而提供有针对性的解决办法或辅助。

(3) 主题得分情况分析。

根据测验细目表,我们还可以分析一个学生在不同主题的得分情况,这样就可以有针对性地反馈其对特定主题掌握的情况。同样我们也可以分析整个班级在不同主题的得分情况,进而决定哪个主题需要进行有针对性的教学补救。

(4) 认知层次得分情况分析。

同样的道理,我们也可以分析学生在不同认知层次题目上的得分情况,进而确定学生对特定概念或者考点所达到的认知层次水平。通常来讲,认知层次越高,题目的难度也会越大,如果学生在高认知层次题目上得分较高,而在低认知层次题目上得分不高,其往往可能是马虎所致,或者是题目本身存在问题。认知层次上的反馈信息不仅有助于学生调节学习策略,也有利于教师诊断学生在特定考点和认知水平上存在的障碍,进而提供相应的辅助。

案例鉴赏

运用大数据教学平台,提高试卷讲评效能

(某市联考试卷选择题第 4 题)下列对组成生物体的化学元素和化合物的叙述中,正确的是(   )。

　　A. 所有酶和核酸都是含有 N 元素的生物大分子
　　B. 蛋白质、核酸、淀粉和脂肪都是多聚体
　　C. 脂肪细胞中含量最多的化合物是蛋白质
　　D. 动物与植物所含的化学元素的种类差异很大

该题主要考查学生的识记能力,属于基础题。从"智学教师端"推送的"答题统计"中发现学生答题情况不容乐观:选择正确答案 A 的学生只有 13 人,占 26%。大多数学生错选了 B 和 C,各占 26%。在讲评这类题目时,以往的做法是由教师直接分析为什么不选的原因,其效果如"填鸭式"。学生只能被动接受,效果一般。现在,充分挖掘并利用平台的信息反馈功能,指定平台提供的"答错名单"中的几位学生陈述选择该选项时的想法,然后引导其他学生对他的见解提出质疑,"错因"在"表达、互辩和思考"中逐渐明朗、一致。错选 B 的学生认为"脂肪属于脂质,而脂质和蛋白质、核酸一样,是有机化合物,蛋白质和核酸是多聚体,所以脂肪也是"。这时,就有学生提出反驳:"多聚体是由许多单体连接而成,而初中学习食物的消化和吸收时讲过,脂肪分解产物只有脂肪酸和甘油,不符合多聚体的概念。"错选 C 的学生在其他学生给予的纠错中意识到,原来是受到题干中"脂肪细胞"的迷惑,误认为脂肪细胞中含量最多的化合物是脂肪。在错选 D 的学生的陈述中(占 14%),学生进一步明白了动、植所含的化学元素是"数量差异很大"而非"种类差异很大"。[①]

小试牛刀

李老师为了提高习题讲评的效率,采取了一系列的措施。首先,她将自己所教的每个班级分成了 4 个小组,并推选出了生物学小组长,负责作业的提交和习题完成情况的汇总。对于每次布置的作业习题,都会让学生把作答的选择题答案输入电子表格并统计学生需要教师讲解的题目。李老师拿到电子表格和统计表之后就会对学生的作答情况进行系统的分析,比如每个题目的正答率、学生最容易错答的选项、学生在不同主题的得分情况以及学生个人纵向成绩变化等。起初,李老师并不十分擅长使用电子表格,但是没过多久,在学生的帮助下,她能够很轻松的使用如求和(sum)、平均数(average)、条件(if)函数,此外通过网络搜索,她还学会了用 countifs 函数对学生的选项情况进行汇总,使得她很容易就知道学生多数错在哪个选项上,课堂讲解也更加有针对性了。

[①] 朱淑芳.运用大数据教学平台 提高试卷讲评课效能[J].生物学教学,2018,43(11):31-32.

想一想：李老师所采取的革新，哪些是值得借鉴的？在实施的过程中，还可能出现哪些困难和障碍？如何调整评价策略才能克服这些困难？

任务小结

在对学生学习效果的评价中，可以通过多种途径获取学生学习表现的证据，纸笔测验是其中一种，也是获取证据的重要来源途径。纸笔测验具有诸多优点：① 高效：学生可以在相对较短的时间内回答一定数量的试题；② 覆盖面广：纸笔测验能够覆盖学科不同领域的重要内容；③ 实施和管理较为容易；④ 评分客观便捷：试题的评阅相对简单，特别是选择题、判断题和填空题。但是，纸笔测验也有不足之处，比如无法提供学生在特定内容领域所知和所能的完整证据，不能反映学生的复杂问题解决能力，无法评价学生的实际动手操作能力等。如果不能获得关于学生所知和所能的全面和足够的证据，即使运用再先进的结果分析方法和工具，也不能对学生的学业成就进行推论，自然也就不能对教育决策提供支持。随着评价理论的发展，关于学生学业成就的证据来源也在不断丰富和扩展，出现了表现性评价、课堂观察等。

任务 2：表现性评价的设计

情境导入

国际学生评价项目(PISA) 15 岁中学生科学素养测试样题——苍蝇

国际学生评价项目(PISA)特别注重考查学生在情境中处理问题的能力。试题根据内容、能力和情境三维细目表编制，一般成组编排，先呈现一个生产或生活情境，然后才提出具体问题，且接近半数的问题是开放式建构回答题，没有唯一答案。以下是该项目公开的一道科学素养测试样题。

阅读下列短文，并回答下列问题。

有位农夫在农业试验所担任管理乳牛的工作。牛舍里苍蝇很多，影响动物健康。所以，农夫用含有"杀虫剂 A"的溶液，喷洒牛舍及乳牛。这种杀虫剂几乎杀死了所有的苍蝇。然而，过了一段时间，又有很多苍蝇。于是，农夫再度喷洒一次这种杀虫剂。这次的喷洒效果，与第一次喷洒的效果相似。虽没有杀死全部苍蝇，但让大多数苍蝇死亡。再经过一段时间，苍蝇又很多。于是，又再一次地喷洒杀虫剂。这样的事情一再发生，总共喷洒了五次杀虫剂。结果很明显的，杀虫剂 A 杀死苍蝇的效果越来越差。农夫注意到了他的喷药过程，他先配好一大瓶的杀虫剂溶液，这五次喷药都用这一瓶溶液，因此，对于杀虫效果越来越差的可能原因，农民的解释是：杀虫剂因存放时间过久而分解。

来源：Teaching About Evolution and the Nature of Science[M]. Washington, DC: National Academy Press, 1998: 75.

问题1：农夫所提的解释是：杀虫剂因存放时间过久而分解。如何验证这个解释？请简要说明之。

问题2：为什么"杀虫剂A杀死苍蝇的效果越来越差"？农夫的解释是：杀虫剂因为存放时间过久而分解。除了农夫的解释之外，请你举出两个不同的解释。

两位生物学师范生在学习了有关教育评价的相关理论后对本题展开了讨论，A同学认为既然PISA测试是以书面形式进行的测验，那么这道题目应该属于纸笔测验。而B同学认为，这道PISA试题虽通过书面形式测验，但它评价的是学生在真实情境下运用已有知识解决实际问题的能力，所以应该属于表现性评价。你认为这道题目是纸笔测验还是表现性评价呢？

表现性评价是与纸笔测验相对而言的一种评价方式，评价任务并不要求学生在给定的选项中选择正确的或合理的，也不要求学生填空或简答，而是要求学生在真实的情境下完成一项任务，如解决复杂问题、进行操作或表演、制作某种作品等，然后由评价者根据特定的量规对学生的表现或作品进行评定。对于短文写作、观点论述等一些常出现在纸笔测验中的开放性任务，如果是单独的任务类型，那么这类任务可以看作表现性评价任务。由此可以看出，是否用纸笔介质完成任务并不是表现性评价和纸笔测验的根本区别。[①]

那么，到底什么是表现性评价呢？它具有怎样的特点呢？作为生物学教师又该如何设计表现性评价呢？下面就让我们一起来学习吧。

活动1　表现性评价的相关理论建构

表现性评价也被称为实作评价、表现性测验、真实评价、直接评价等。它是20世纪80年代中期以来，西方国家兴起的一场学生学业评价改革的运动，主要动因是对标准化考试形式的批评，以及对其考试功能的质疑。在我国，2001年正式启动的第八次基础教育课程改革重视教育评价方式的创新，很多学科的课程标准都强调引入和推广表现性评价。比如，《义务教育生物学课程标准（2011年版）》建议教师通过真实的实践活动（如科学探究、实验、调查、科技制作、问题研讨、演讲表演、角色扮演等）组织评价，通过观察、记录和分析学生在活动过程中的参与意识、合作精神、表达交流、实验操作，分析学生的实践活动成果，对学生表现进行评价。

▲ **表现性评价的含义**

乍一听到表现性评价，有些教师可能会感觉很陌生，但实际上它早已存在于我们的教学实践当中。如学生在音乐课上的演唱、器乐演奏，美术课上的绘画，体育课上的篮球投篮，科学课上的实验操作和科普剧表演，英语课上的语言对话，语文课上的短文写作，等等。

---

① 王健,李连杰,单中伟.基于评价三角理论的学业质量评价设计[J].中国考试,2019(01)：30-39.

我们可以给表现性评价下一个通俗的定义：表现性评价通常要求学生在某种特定的真实或模拟情境中，运用先前所获得的知识完成某项任务或解决某个问题，以考查学生知识与技能的掌握程度，或者问题解决、交流合作和批判性思考等多种复杂能力的发展状况。[1]

当然，我们也可以通过与传统客观纸笔测验的比较来理解表现性评价。总结众多的相关研究，表现性评价和传统的客观纸笔测验的区别主要体现在任务的真实性、复杂性，需要的时间和评分的主观性上（表 7-12）。[2]

表 7-12 客观纸笔测验和表现性评价的特点比较

客观纸笔测验		特　点	表现性评价	
选择式试题	补充型试题		限制性表现	扩展性表现
低 ←── 较低 ──		任务真实性	── 较高 ──	高
低 ←── 较低 ──		任务复杂性	── 较高 ──	高
短 ←── 较短 ──		需要的时间	── 较长 ──	长
低 ←── 较低 ──		评分主观性	── 较高 ──	高

▲ **表现性评价的优势与不足**

表现性评价的优势体现在以下三方面。

（1）检测传统纸笔测验检测不了的教育结果。表现性评价不仅评价学生"知道什么"，更重要的是评价学生"能做什么"；不仅评价学生行为表现的结果，更重要的是评价学生行为表现的过程；不仅是对某个学习领域某方面能力的评价，更重要的是对学生综合运用已有知识进行实作与表现能力的评价。

（2）促进学生的学习与成长。表现性评价中的评分规则清晰详细地描述了预期的目标，让学生更清楚"我要去哪里"；表现性评价非常注重在学习过程中向学生提供反馈，让学生更清楚"我现在在哪里"；表现性评价旨在培养学生的自我评价能力，让学生更清楚"我是学习的主人"。

（3）促进标准—教学—评价的一体化。课堂教学中实施的表现性评价任务就是基于传统纸笔测验测不了的那些目标来设置的，这样的任务也就是检测处于课程标准的核心的目标。另外，教师为了检测学生完成表现性评价的任务，事先要为学生提供必要的学习支持并组织相应的学习活动，而这些学习活动都是指向或为了核心目标的达成。这样，所有教与学的活动都是为了目标的达成，评价任务及其实施就是为了检测目标达成情况。这样的教学设计与实施活动，也就更好地实现了标准—教学—评价的一体化。

当然，表现性评价也有其不足之处。

---

[1] 赵德成.促进教学的测验与评价[M].上海：华东师范大学出版社，2016：101.
[2] 周文叶.中小学表现性评价的理论与技术[M].上海：华东师范大学出版社，2014：50.

(1) 费时费力的问题，这也是教师们最为困惑的问题。有时候为了确保评价的效度，使评价结论能被推到相似情境中，教师还需要使用复合型任务或多个表现性任务。

(2) 表现性评价的信度问题也值得关注，尤其是将其用于高利害评价的时候。表现性评价具有开放性，需要教师对学生的行为表现或活动结果进行主观评判，因而会涉及评分者一致性的问题。为克服评分误差，评分者要为评价内容设计清晰、合理的评分规则。

▲ 表现性评价的结构

表现性评价的三个核心要素包括（图7-7）：

(1) 居于课程核心的目标。对于具体的课程而言，核心的、需要持久理解的目标，就是那些具有超越课程内容的持久价值的大观念，并且这些目标必须是学生通过自主发现与探究才能达成的，而不是教师教了就会的。

(2) 真实情境中的表现性任务。不论何种形式的表现性任务，均应尽量接近真实生活中的复杂情境，为培养学生"带得走"的能力，提供各种各样的机会。

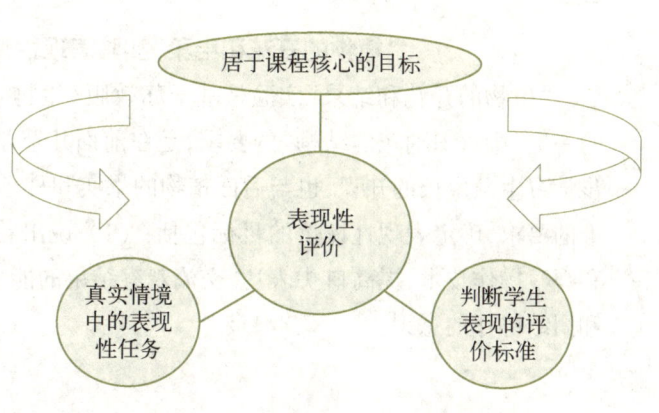

图7-7 表现性评价要素结构图

(3) 判断学生表现的评价标准。真正的表现性评价与选择题的评分不同，它没有一个统一的标准答案，而只有答案的标准，需要评价者根据事先设置好的评分规则，依照自身的经验和智慧来决定学生表现的可接受程度。

小试牛刀

表现性评价虽有一些不足，但它顺应当前我国课程改革的方向，能够评价学生的核心素养。请尝试思考在生物学课程中教师应该如何恰当地用好表现性评价呢？

活动 2　表现性评价的设计

与其他评价方式一样，设计高质量的表现性评价可以遵循一定的步骤。根据表现性评价的结构，其设计步骤一般包括评价目标的界定、表现性任务的设计及评价标准的开发等。

▲ 评价目标的界定

明确评价目的对于表现性任务的设置是非常重要的，如果是对学生的学习进行评价，那么就不能事先告诉学生评价任务完成情况的具体标准及范例，否则学生将获得"答案"；如果是为了促进学生学习，则往往需要告诉学生评价标准并让他们理解这些标准，从而为学生自评提供标准参考。

评价目标决定了表现性任务的特性。在设置表现性任务之前,我们要明确评价目标的任务范围是什么,这个任务要检测一个目标还是多个目标。如果是多个目标,彼此之间的关系如何,其中哪个是核心目标等。只有清晰地界定了评价目标,并厘清各目标之间的关系,才能明确任务要评的是什么。

> **案例鉴赏**
>
> **"植物的开花和结果"实验表现性评价的目标设计**
>
> "植物的开花和结果"实验是基于苏教版《生物学》七年级上册第5章"绿色植物的一生"中"识别花的结构"的要求,是在前面几节学习营养生长知识的基础上,进一步学习生殖生长的知识,也与后面植物的果实和种子形成有直接的关系。根据课程标准的要求,确定表现性评价的目标包括:(1)说出花的基本结构;(2)掌握花的解剖和观察操作技术,提高口头表达、交流观察结果的能力;(3)培养认真求实的科学态度和团结协作的意识。

▲ 表现性任务的设计

明确评价目的和目标之后,接着就要考虑设置表现性任务的具体事宜,并撰写任务指导语。

(1)任务结构。任务应该结构化还是非结构化?任务的哪个部分需要结构化?结构化到什么程度?事实上,任务可能是定义一个问题让学生来解决(结构化的);也可能要求学生自己来明确问题是什么(非结构化的或是定义不良的)。在两者之间,我们可以给学生搭"脚手架"。"脚手架"是提供给学生的支持、指导和建议,可以建议学生如何解决问题,使用哪些书籍或资料,以及告诉他们最后作品的大致特征。如果任务只用一到两个程序或策略就能解决,那么意味着这个任务有较好的结构。非结构化的任务意味着有更多正确的方法解决问题或是完成作品。

(2)任务数量。总的来说,任务数量越少,能够评价的目标就越少,可行性越强。在评价中,任务数量取决于以下几个因素:① 任务范围;② 评价目标的数量;③ 完成每项任务的时间以及所拥有的时间;④ 需要诊断或收集的信息;⑤ 可用的人力资源。

(3)任务完成人数。学生在完成任务时,能否求助于同学、教师或专家?是独立完成,还是小组合作?我们需要看评价目标是什么。如果评价目标包括发展合作交流能力,那么就应该建立一个至少有部分需要进行小组活动的任务。

(4)任务表现形式。有的评价目标要求学生以多种方式交流知识,或用多种方法来解决一个问题,或是用多种方式来表达自己的思想。我们不能随意决定采用哪种方式,而需要根据评价目标决定。如果所采用的统一表现形式不适合所有学生,那么就应该借助替代性的表现形式来适应、满足他们的要求。比如,学生中有部分少数民族学生在语言文字表达能力方面较弱,教师就可以让学生用肢体语言或是绘图的形式来进行表达。

(5) 任务完成时间。有些目标在较短的时间内就可以进行评价,比如绘制一个概念图,或者进行简单的生物学实验。但是,许多目标需要学生完成一个长期的评价,比如做一个植物发芽的实验,或者完成一份环境调查报告,往往需要数周甚至更长的时间,许多工作需要在课后完成。任务时间的限制一定要与目标相匹配,而不是与教师自己的便利性相匹配。

(6) 撰写任务指导语。为了让学生知道他们哪些表现会受到评判,必须告诉学生关于任务以及评分的内容。教师应当用简短的话描述评价任务,要说明完成任务所需要的思维过程。任务的措辞和指导语应该根据学生的学习水平而定,确保学生能理解你期望的反应是怎样的。

> **学习资料**
>
> **表现性任务的类型**
>
> 1. 纸笔任务
>
> 表现性评价中的纸笔任务类型有别于传统的客观纸笔测验,但也不需要借助于其他设备或资源,常见的如问题解决题。问题解决题给予学生一个问题情境或任务,要求学生展示某种程序和正确的解决方案。问题解决题能测量大量的内容或目标,最适合检测那些要求在问题情境中应用知识或技能的学习目标,并能将猜测最小化,比选择题和匹配题更容易编制。
>
> 2. 操作展示
>
> 展示需要学生能够使用知识和技能来示范一个界定良好的复杂任务。展示不像项目那样历时长久,也不如它复杂。展示的任务一般都是界定良好的,并且学生和评价者都知道正确的解决方向。它也允许个体间有所差别,当学生展示时,他所采取的风格和方法都会被考虑在评价之内,在学习过程中,学生需要通过适当的技巧来展示他们的技能。例如,展示使用显微镜观察有丝分裂装片、展示一个生态瓶的制作过程等。
>
> 3. 实验研究
>
> 实验或调查是学生制订计划、执行计划,并且解释实验研究(调查)结果的过程。研究关注回答具体的问题,或者调查具体的研究假设。实验或调查包含了发生在自然或者社会科学领域的广泛的研究活动,它们可以由学生个体执行,也可以由小组合作执行。
>
> 实验评价的是学生是否能合理运用所要检测的技能。可以评价学生是否掌握了合适的概念框架或理论,以及对研究现象的基于原理的阐释。评价后者,需要关注学生的文献资料质量、他们对研究问题的理解、他们如何设计研究、他们列举的问题和假设的质量、他们对数据间关联关系所提供的解释。通过实验或调查来进行评价,特别需要关注学生以下学习目标的达成:

（1）在收集数据之前做估算和预测；

（2）综合数据，分析数据，展示数据结果；

（3）得出结论，并引用收集到的合理资料来支持结论；

（4）陈述假想，确定方法或数据上可能的错误来源；

（5）有效地交流实验或调查结果。

4. 口头表达与角色扮演

口头表达要求学生以访谈、演讲或其他口头表达等方式来展现他们所掌握的相关知识，运用他们的口头表达技能。明确学习目标是口头表达特别要强调的一点。演讲是口头表达的重要形式之一，而辩论是口头表达的另一种形式，辩论是双方学生就某个问题进行逻辑性辩解。

角色扮演将口头表达、展示与表演等综合在一起。学生结合他们对小说或历史人物的理解通过角色扮演来展示人物的立场或性格。

5. 项目工作

通过项目工作，可以评价学生综合运用知识的能力。项目可以是学生独立完成的，也可以是合作完成的。

（1）学生个人项目。个人项目的结果可展示为一个模型、一件科技作品、一个真实报告，或一项收集。

一个经过完整设计的项目要求学生应用并整合一系列的知识技能。举例来说，当学生写研究报告时，学生将应用资料搜索、文献引用等技能，列提纲，组织结构，计划报告，使用书面语言遣词造句，呈现以及展示他对主题的理解等。一个好的项目任务将促进学生思维的严谨性、创造性以及问题解决等多项能力。

（2）小组项目。小组项目要求两个或者两个以上的学生一起合作完成。将小组项目作为表现性评价的类型之一，主要是要评价学生是否能合作完成项目，形成高质量的成果。小组项目的评价目标取决于学科性质以及学生的水平。

（3）兼顾小组和个人的项目。在小组和个人结合的项目中，小组成员一起合作完成长期项目，在项目结束后，个人准备好自己的报告，不得借助同组其他人的帮助。当项目复杂，并且要求几个学生在合理时间内展现合作能力来共同完成时，这种结合的方法就很有用。这个学习目标要求学生有能力准备最后的报告、自己解释结果等。在这种情境中评价学生，需要同时准备针对小组和个人的学习目标以及评分规则。

案例鉴赏

"植物的开花和结果"实验表现性评价的任务设计

（1）外部观察：观察百合花的外部结构，找出花瓣、雄蕊和雌蕊。

(2) 具体计数：用手将百合花的花瓣取下，依次放好，观察花瓣、雄蕊和雌蕊的数目。

(3) 分辨雄蕊：指出百合花的花药和花丝，用手触摸花药，感受花药中的花粉。

(4) 分辨雌蕊：取下百合花的雄蕊，观察雌蕊的结构，指出柱头、花柱和子房。

(5) 寻找胚珠：用双面刀取下百合花的子房，将子房横切，再将子房纵切，用放大镜观察纵切面，用双面刀刮出一粒粒的胚珠。

(6) 观察玫瑰花：用观察百合花的方法，找出玫瑰花的花瓣、花萼、花托、花柄、雄蕊（花药、花丝、花粉）、雌蕊（柱头、花柱、子房），并说明判断理由。

(7) 小组合作：分组展示实验结果，讨论实验中出现的问题以及解决方案。

(8) 实验报告书写：将实验目的、原理、仪器、步骤、结果、分析写在实验报告上。

(9) 制作花瓣贺卡：将花的各部分结构展平，贴出一个新的图案；在图的旁边用铅笔标出各结构的名称；为你的创意图取一个名字；针对你的图写一段美好的、祝福的话。

▲ 评价标准的开发

描述完任务之后，教师还要开发评价学生完成特定任务质量的评价标准。它往往以评分规则的形式出现，直接告诉学生达成不同学习水平的各种表现。此外，还需要为评分规则中的水平表现配置范例，而且范例最好多于一个，以免所有学生模仿单一范例。这些范例可以从以往学生作业中选取，也可以教师自编。

由于检测目标任务类型的不同，与之匹配的评分记录工具的类型也不同。表现性评价中常用的评分记录工具包括检核表、等级量表和评分规则。

(1) 检核表。

检核表是一组列出行为表现或作品成果的评价维度，并且提供简单记录的资料表。一份用来评价行为表现或作品成果的检核表，一般包括两部分：一部分是评价行为表现或作品成果的重要维度，另一部分是检核记录（表 7-13）。

表 7-13 "设计生态瓶实验步骤"检核表

检核项目	检核行为	是	否
实验材料用具选取	① 材料齐全		
	② 植物、动物符合淡水生态瓶或者陆地生态瓶的要求		
	③ 所取的水或者花土无污染且富含微生物		
	④ 所选植物是动物取食的对象		
	⑤ 植物和动物的数量比例合适		

续表

检核项目	检核行为	是	否
实验步骤设计	① 加入瓶中成分是否说明齐全		
	② 加入各成分的顺序是否说明合理		
	③ 是否说明密封瓶子		
	④ 生态瓶所处的光源说明是否正确		
	⑤ 是否说明观察什么实验现象并予以记录		

（2）评价量表。

评价量表也是用来评价行为表现过程和成果的一种评价工具。它通常用来评价某个表现出现的频度大小，所评价的行为表现特质属于连续性变量资料，这种资料被人为地分成了少数几个等级（表7-14）。

表7-14　探究性实验方案设计评价量表

我的姓名：
组员姓名：
实验方案的题目是：
实验设计方案的质量如何？

评定任务	评分				
实验设计的思路	1	2	3	4	5
有效使用图书馆、网络等资源	1	2	3	4	5
实验现象观察准确	1	2	3	4	5
合理地设计操作过程和方法	1	2	3	4	5
准确地预测实验结果	1	2	3	4	5
分析现象，得出结论	1	2	3	4	5
在设计中注重反思和改进	1	2	3	4	5
利用讨论机会来改进实验设计	1	2	3	4	5

注：请在五点量表上评分，1表示"欠佳"，5表示"优秀"。

（3）评分规则。

评分规则就是对等级量表各等级的表现或特征加以描述。一个评分规则可以包括一个等级量表，但它提供对不同等级分数相应特征和表现的描述。评分规则使表现性评价等级的标准变得清晰（表7-15）。

表 7-15 "植物的开花和结果"实验表现性评价的评分规则设计

表现任务	5 分	3 分	1 分
(1) 外部观察	多感官结合,客观全面观察;细致入微,重点突出,能区分花瓣和花蕊的结构。	相对客观,但不能多感官结合;观察不够仔细,能区分花瓣和花蕊的结构。	不能进入课堂状态,观察方法不够恰当,不能区分花瓣和花蕊的结构。
(2) 具体计数	完整取下花瓣,整齐摆放,没有损坏其他结构;细致观察花瓣、雄蕊和雌蕊,能准确说出其数目;实事求是,以实验结果为准。	完整取下百合花的花瓣,没有破损其他结构,正确计数百合花的花瓣、雄蕊和雌蕊数目。	不能完整取下百合花花瓣,零碎百合花花瓣散落在桌面,不能正确计数花瓣、雄蕊和雌蕊数目。
(3) 分辨雄蕊	准确区分花药和花丝的结构,说出雄蕊结构特点,通过触觉感受花药中的花粉。	了解雄蕊的结构,能区分出花药和花丝的结构。	知道雄蕊,但是不能找出花药和花丝。
(4) 分辨雌蕊	完整取下雄蕊,了解雌蕊的结构,准确区分柱头、花柱和子房的结构,说出雌蕊结构特点。	完整取下雄蕊,了解雌蕊的结构,能够区分出柱头、花柱和子房。	完整取下雄蕊,但是不能找出柱头、花柱和子房。
(5) 寻找胚珠	熟练使用双面刀片,在解剖盘上将子房横切再将子房纵切,准确找到胚珠。	使用双面刀片,能将子房横切再纵切,找到粒状结构,但不能辨识。	不能正确使用双面刀片,没有找到胚珠的结构。
(6) 观察玫瑰花	熟练去掉玫瑰花瓣,找到雄蕊和雌蕊,说出判断依据。	找到玫瑰花雄蕊和雌蕊。	操作混乱,不能准确区分玫瑰花的各部分结构。
(7) 小组合作	熟练解剖玫瑰花,准确区分结构,从不同方面说出玫瑰花雄蕊和雌蕊的区别。	操作步骤比较模糊,有些结构不能分辨清楚。	操作混乱,结构分辨不清。
(8) 实验报告书写	思路清晰,描述详尽,语言严谨,卷面工整。	报告整体符合要求,只出现部分失误。	报告不能符合要求,出现错误较多。
(9) 制作花瓣贺卡	花的结构展平,图案有创意,标注名称和祝福语,整个作品较为美观。	花的各部分结构展平,贴出一个新的图案。	花瓣摆放较乱,不能形成完整的一个图案。

注:本探究活动中第(1)—(6)和第(8)项任务采取教师评价和学生自评结合的方式,第(7)项任务采取教师评价和学生互评的方式,第(9)项任务采取学生自评的方式。将上述 9 项任务按三个等级进行评分,综合教师评价、学生自评和学生互评,获得 38 分以上(含 38 分)的为"优秀";获得 31—37 分的为"良好";获得 27—30 分的为"及格";27 分以下为"不及格"。教师对于整个班级学生在表现性评价过程中的共同问题进行总结,学生也可以根据自己的各项得分进行反思和查漏补缺。

小试牛刀

义务教育课程方案和各学科课程标准于 2022 年颁布以来,出现了如综合评价、增值评价、协商式评价、过程评价等评价理念,请查阅资料了解这些概念。

任务小结

表现性评价能够测量传统纸笔测验无法测量到的目标,符合培养学生生物学学科核心素养的课程目标,但它也存在对教师要求高、费时费力等劣势。所以,在对学生进行学习评价的过程中,教师应通过多种途径广泛地收集有关学生所知和所能的各种证据,不管是纸笔测验,还是表现性评价,抑或其他评价方式,只要能获取与教育目标所指的各类行为有关的有效信息,都可作为获取证据的可能途径或来源。

拓展阅读

档案袋评价

1. 档案袋评价的含义

档案袋评价(portfolio assessment),也叫成长记录袋评价、卷宗评价、历程档案评价等,也是近二三十年来学生学业评价领域最受关注的评价方法之一。其内涵主要包括:它是学生作品有目的、有计划、有组织的汇集;它能反映学生学习的进程与成果;它要有详细的评价规则;它是一个反思和促进教与学的过程。也正是因为基于这些要素的考虑,课程评价专家斯蒂金斯(R. Stiggins)说他所见到过的对档案袋评价所下的最好定义是:一份学生档案袋就是"一个学生作业和表现的专业收容库,可以告诉你关于这个学生的努力、进步或学业成绩的经历",它涉及一个或者更多的学科领域。要想增强档案袋的交流潜力和对教学的益处,我们就要努力做到:让学生参与选择具体的内容;根据既定的要求来选择使用的教材和资料;制定好判断学生作业和表现的质量的评价准则;让学生在这个过程中进行定期思考。就像艺术家用他们的作品档案来展示他们的艺术才华、作家用他们的作品集表现他们的写作技能一样,我们的学生也是通过收集他们表现的样本来讲述自己的学校学习经历的。

2. 档案袋与档案袋评价的关系

在平时的研究与讨论中,人们经常将档案袋与档案袋评价混为一谈,"作为评价媒体的档案袋(收集物),是长期有目的、有计划地收集关于学习信息的容器,它能够为档案评价提供信息源"。档案袋只是作为收集信息的一种工具或手段,而不具备评价的功能。只有在收集档案之前确定明确的评价目标,开发具体的评分规则,并对档案袋中的信息做出一定的分析处理,才会使得这个档案袋具备评价的功能。

3. 表现性评价与档案袋评价的关系

在当前有关学生评价的专业著作或文章中,档案袋或档案袋评价和表现性评价经常被放在一起讨论。有的学者认为档案袋评价是表现性评价的一种类型,另一些学者认为档案袋评价是表现性评价的又一称呼,还有的学者认为档案袋评价是表现性评价和真实性评价的结合。事实上,档案袋是有目的、有计划地收集学生学习信息的容器,它可以是需要进行表现性评价的学生的作品,可以是选择题等客观纸笔测验信息的汇集,也可以是课堂观察所记录的学生轶事等信息。因此,用于档案袋评价的档案袋的内容不限于表现性评价的结果,也包括了其他形式的评价的结果。可见,档案袋评价并不是表现性评价的又一称呼。当然,在近些年我国的评价改革中,人们强调运用档案袋评价,往往着力于对学生"核心技能"的考查,主要是收集和展示学生在真实或模拟真实情境中完成的作品及其过程表现,从而揭示他们的学习历程及其进步情况(表7-16)。也正是从这个意义上,有人认为档案袋评价是表现性评价与真实评价的结合。

表7-16 中学生生物学学习档案袋常见评价内容举例

评价项目	具 体 内 容	收录及评价方式
我的学习目标	根据自身情况制定近期或远期学习目标,根据实际变化调整目标	学习目标入档,及时反馈,实施整体评价和个人评价(定性评价)
实验的设计和实施报告	实验的具体方案、现象记录、问题分析、得出结论;实验中获得的经验、体会和收获	实验报告入档,及时反馈,整体评价和个人评价(定性报告评级与等级记分结合)
搜集、整理资料(上网、图书馆、社区调查)	根据每个学习主题搜集与之相关的信息和资源,并进行筛选整理,得出结论	资料入档,组员交流讨论,进行自我评价、他人评价;教师检查并作出定性评价(从内容和方法上加以评价)
解决问题的方案和过程	方案的可行性、独特性、创造性;过程的体验性	方案和过程记录入档,实施整体评价和个人评价(定性评价)
作业或测验后的反思	经验总结,未解决的问题,需进一步研究的问题,进一步的打算	学生谈体会,及时反馈,教师点评并提出建议,感受及结果入档(从知识、思维能力和情感态度上综合进行定性评价)
单元自我小结	自我反省、阶段总结(学习态度、方法和策略)	自我小结入档,及时反馈,实施整体评价和个人评价(定性评价)
自我评价和小组评价	自我评价记录和小组评价记录	个人评价表、小组评价表入档,实施整体评价和个人评价(定性评价)

第三节
对教师教学的评价

在本章第一节中，我们已经学习过，广义的教育评价不仅包括对学生学业成就的评价，也包括对教师教学工作的评价。而鉴于本门课程的特点，我们将关注点聚焦在生物学课堂当中，所以对教师教学设计的评价就包括了对教师教学过程和教学设计方案的评价，这就是我们常说的评课。评课有助于教师改进和完善自己的教学，提高教学设计能力和水平。随着教育的发展，传统的听评课也逐渐走向了专业化——课堂观察。

那么，评课应该评价哪些内容，生物学教师又该如何进行评课，这是一系列需要回答的问题。

任务 1：教师如何听评课

情境导入

有关听评课数量的调查

据不完全调查，在中国大陆，一般来说，学校规定老师一学期的听课节数在10—20节。"最牛"的一所学校规定，每个老师一学期必须听38节课，并递交听课笔记以备检查。然而，可参照的日本、新加坡以及中国台湾和香港等地的学校在这一方面都没有给教师作如此硬性的规定。

日本：一学年有三个学期，小学一般一个月教师参加听评课一两次，1月、2月、6月、9月，由于刚开学或学期结束，学校一般不开展听评课，所以按学年算的话，一学年大概有七八次。初中只有热心课例研究的学校，教师才会做到一个月参加一次听评课，一般的学校就很难说。高中几乎没有听评课活动。

新加坡：没有明确规定每学期的听评课节数，只有如下两条规定与之有关。(1) 教师每年需参加100个小时的专业发展活动，主要形式有：阅读与教学相关或其他专业领域的书籍；上培训课、参加研讨会、讲座等；教师之间听课、观课与议课；进行教研活动，如行动研究。(2) 学校安排相同科目、相同年级的老师每周有一小时是大家共同的空节，可用来共同议课、备课。

中国台湾：没有统一规定听评课节数，有少数学校每学期要求教师参加一次此类活动。

中国香港：没有统一规定听评课节数，有些学校要求一个教师一年有一次被其他教师观课。但近几年，一般学校都有同级、同科、同伴观课的做法，但最多也就是定个最低标准：一年一次。①

你认为教师需要听评课吗？听评课是不是越多越好呢？

当前，我国中小学教师参与同伴间的听评课，总的来说，所花时间较多，但所获效果究竟怎样呢？根据调查发现，目前我国中小学的听评课普遍存在专业化程度不高的问题，部分教师的听评课存在"三无"现象：听课，无合作的任务，没有明确的分工；评课，无证据的推论，基于假设的话语居多；听评课，无研究的实践，应付任务式的居多。②

鉴于听评课活动中存在的上述"去专业"现象，我们需要用一种专业的思维来思考教师同伴间的听评课，以改善教师日常的专业活动。

活动1　学习听评课的方法

生物学课堂教学评价的方法，总的来说有定性和定量两种方法。在实践中，教育工作者常常采用定性和定量相结合的方法。此外，根据教学评价依据和证据来源的不同，评课可以分为分析法、调查法和课堂观察。

▲ 分析法

分析法侧重利用评价者本人的学识和经验对课堂教学活动进行定性的分析和评判，一般没有明确具体的指标和评价标准，因此评价者本人主观因素影响较大。分析法可以用于自评和他评。生物学教师在课后可以对自己的课堂教学进行分析，找出自己的优势和不足。自评对于教师改进教学工作、提高教学水平和效果具有积极意义。学校管理者以及其他教师也可以运用分析法进行评课，在观摩一节课的课堂教学活动后，凭借自己对教学的理解和经验，分析其成功或薄弱之处。由于分析法简便易行，能突出主要问题，因此在教学评价中经常运用。

▲ 调查法

调查法相较于分析法，收集的证据会更加广泛，同时评价的依据也更加统一规范。调查法主要有座谈和问卷两种形式。座谈是召集有关教师和学生举行专门会议，询问某教室的课堂教学情况，了解人们对其教学质量的意见，最后对其教学质量给予评价。问卷调查是通过设计专门的问卷，向相关人员发放问卷进行调查，收集有关数据，最后对教师做出定性或定量的评价。如果是高利害性的教学评价，一般会采用调查法，既包括他评也包括自评，这样会更全面地对教师的教学效果做出客观真实的评价，并且避免受到评价人主观因素的影

---

① 崔允漷，等.课堂观察Ⅱ：走向专业的听评课[M].上海：华东师范大学出版社，2012：24-25.
② 崔允漷.论指向教学改进的课堂观察LICC模式[J].教育测量与评价(理论版)，2010(03)：4-8.

响。问卷调查收集的数据,有时是质性的数据,有时则包括量化的数据,好的评价应该很好地将两者结合,进而给出准确而有意义的评价反馈。

案例鉴赏

请学生为我评课[①]

为了及时了解课堂教学的效果,教师请学生课下为其评课,评价意见就写在教师送给他们的记录本上。凡是给教师评课的同学,教师一定写上回复,或肯定或解释或鼓励。根据学生的评课意见,合理的就采纳并改进,不合理的就向学生说明,由此使得师生关系更加融洽。

1. 老师,您像朋友一样和同学们交流沟通,您说要少布置作业,这样可以减轻同学们的压力,很好;但也有不好之处,即使您布置的作业很少,仍有个别同学很不自觉,从来不看书。(未留名)

回复:我们争取课上尽量提高效率如何?

[反思]笔者一向反对给学生留下大量作业,尤其是那些从书本机械地搬到作业本上的作业和一遍遍没有效果的重复练习。但是这名同学的担心也不无道理,现实就是如此:老师严厉一些、布置作业多一些,学生因惧怕老师而优先完成这一学科的作业。老师不布置作业,学生肯定不会去看书的。作为初中生物学学科,它既不能采用数学、物理那样纯粹的理科的学习方法,又不能像文科中的有些知识一样只要简单背诵就可以,而是需要理解,将那些很抽象、微观的东西通过语言、图片等形式呈现出来,让学生在理解的基础上记忆、应用。仅仅靠布置背诵或书面的作业肯定是不行的,怎么办?

2. 老师,您好!这节生物课同学们不仅学习了生物知识,还学会了多角度考虑问题,如苔藓植物为什么生长在阴湿处。并且还让我们认识了平时不注意的植物,教我们学会留心观察身边的事物。您这种观察学习的方法很高明,可以让同学们产生兴趣,有一种真实感,而不是老师无休止地讲,同学呆板地听,那样效果就不如这样好。相信在您的正确引导下我们会学好生物。——徐西帅

回复:谢谢你对老师的评价,你课堂上的表现非常好,听得认真,要是同学们都像你这样听课就好了。是你告诉老师要讨论学习的,所以好的效果也是你的功劳呢,谢谢你!同学们学习中有什么问题可以收集一下。我们共同努力!

[反思]从这名同学的评价中可以看出,这是一名很会学习的学生。作为初一的学生,能够抓住课堂上的知识要点和教师教学的特点进行总结归纳,可以说能力是比较强的,也说明他很会听课、效率高。同时他很能发现课堂上哪些知识是新生成的,哪些是应该掌握的。我们要培养学生的正是这种学习的能力,但真正能达到这种程度的学生恐怕不会太多,需要教师多思考、多想办法——怎样培养学生学会学习。

[①] 姚宝骏,陆建身.生物案例教学论[M].合肥:安徽教育出版社,2011:311-312.

▲ 课堂观察

作为一种科学研究的方法，课堂观察源自西方，在我国早已有所介绍，也有零星的学校或教师开展了一些尝试性的课堂观察的研究工作。可喜的是，最近几年课堂观察受到了学者和一线教师越来越多的关注，并呈现出良好的研究与实践势头。其中华东师范大学崔允漷教授团队构建的一种教师同伴合作研究课堂的听评课模式——课堂观察 LICC 范式得到了广泛的关注并产生了影响。

那么，到底什么是课堂观察呢？课堂观察，顾名思义，就是通过观察对课堂的运行状况进行记录、分析和研究，并在此基础上谋求学生课堂学习的改善、促进教师发展的专业活动。作为专业活动的观察与一般的观察活动（如前文介绍的分析法）相比，它要求观察者带着明确的目的，凭借自身感官及有关辅助工具（观察表、录音录像设备），直接（或间接）从课堂上收集资料，并依据资料做相应的分析、研究。它是教师日常专业生活必不可少的组成部分，是教师专业学习的重要内容。[①]

小试牛刀

请根据任务内容的学习，通过与同伴的讨论，尝试比较分析法、调查法及课堂观察法的异同。

活动 2　阅读并了解听评课的内容

▲ 对教学设计方案的评价

好的教学设计是上好一堂课的前提。如果一堂课的设计本身不符合教学内容的特点，或者与学生的已有认知脱钩，再或者与教学实际情境不符，那么再怎样的灵活应变也难以挽回设计本身固有的缺陷。因此，教师需要认真做好前端分析，并结合其教学情境，合理设计教学活动。

教学设计方案的评价指标一般包括以下几个方面。

1. 对教学设计理念的评价

教学设计理念的主要评价指标是理念是否具有先进性。为了能使传统教案走向现代教学设计，先进的理念必须渗透到教学设计的每一个环节，从而更清楚地表明教师深刻领会新课程标准的必要性和紧迫性。

2. 对前端分析的评价

对前端分析的评价包括两个方面：一是对学习内容、学习者和学习环境分析的准确性，二是是否在分析的基础上提出了切实的、有效的对策。

3. 对教学目标设计的评价

教学目标设计的评价指标可以参考以下几个方面：教学目标的设计是否符合课程标准

---

① 沈毅，崔允漷.课堂观察：走向专业的听评课[M].上海：华东师范大学出版社，2008.

和学习者的实际;教学目标是否清晰,即是否明确通过教学学生能够达到什么样的目标;对于知识教学点、能力培养点、德育渗透点的把握是否准确;教学设计中重难点和关键点的确定是否准确;教学目标是否具有可操作性、可测量性等。

4. 对教学策略设计的评价

不同的教学策略有各自的特点、优势和适用的条件,没有任何单一的策略能够适应所有的教学情况。故教学策略设计的评价指标可以参考以下几点:一是所选教学策略是否利于教学目标的达成,二是是否考虑了学生的实际情况(认知特征、学习风格等),三是是否考虑了所选教学策略的适用范围和使用条件以及客观的教学条件等。

5. 对教学媒体设计的评价

对教学媒体设计的评价需从多个角度考虑:首先,需要考虑学习者的特点(认知特征、学习风格等);其次,需要考虑学习内容的特点;再次,需要考虑教学目标,不同的教学目标常需使用不同的媒体形式去传递教学信息;最后,需要考虑客观的教学条件,包括资源、环境状况、经济能力等。

6. 对教学内容设计的评价

对教学内容设计的评价需要注意以下三点:一是教学内容的设计是否与教学目标的达成相一致;二是教学内容的设计是否立足教材,而非脱离教材;三是教学内容的设计是否基于学生已有的认知特点分析,即教师能否灵活地处理教材,即"用教材教",而非"教教材"。

7. 对教学过程设计的评价

教学设计中必须要有一个较为详细的教学过程,以便在实际教学中能够有一个标准作为参照。因此,对教学过程设计评价的内容可以参考以下几个方面:教学过程流程图设计的科学性、合理性、简洁性;教学切入点是否恰当;教学过程的每一个环节时间分配的合理性;教学过程的每一个环节是否都符合学生的学习需要等。[1]

小试牛刀

基于以上教学设计方案的评价指标,自主设计一个评价量表,对"DNA 的复制"教学设计(部分)进行评价。

"DNA 的复制"教学设计(部分)

一、教材分析

本课内容选自高中生物学必修 2 第 3 章第 3 节。本节内容是解释中心法则的重要内容。同时本课可以联系"有丝分裂"和"减数分裂",加深对"DNA 分子结构"的理解,对学生完善知识体系有重要作用。本课内容中科学家的实验部分内容具有较强的思维逻辑性,具有较好的课堂思维情境设计价值。

---

[1] 崔鸿.中学生物学教学设计[M].北京:高等教育出版社,2016:243.

二、教学目标

1. 通过学习证明 DNA 分子是半保留复制的,领悟证明实验的核心思路。
2. 认识 DNA 复制的流程和条件。

三、重难点

1. 重点

(1) 证明 DNA 分子半保留复制的思路。

(2) 认识 DNA 分子复制的过程和条件。

2. 难点

证明 DNA 分子半保留复制的思路。

四、教学策略

本课中 DNA 半保留复制的教学,重在思维方法的领悟。通过设置有效的问题网络,适当地设定类比提示,诱导学生思维层层深入,培养学生深入挖掘并理解问题的思维能力。恰当余留思维空间,引导学生主动思考,提高思维集中度,建立课堂的"思维共同体"。

通过 DNA 分子复制过程中模型制作的方式学习 DNA 复制的流程和条件,提高学生关键信息的获取能力和动手能力。

教学评价中,突破性地在题目回答之后再设一问"你怎么知道你可以这样做?",引导学生有意识地进行问题与知识联系,使巩固知识的效果更加牢固。

五、教学流程

如图。

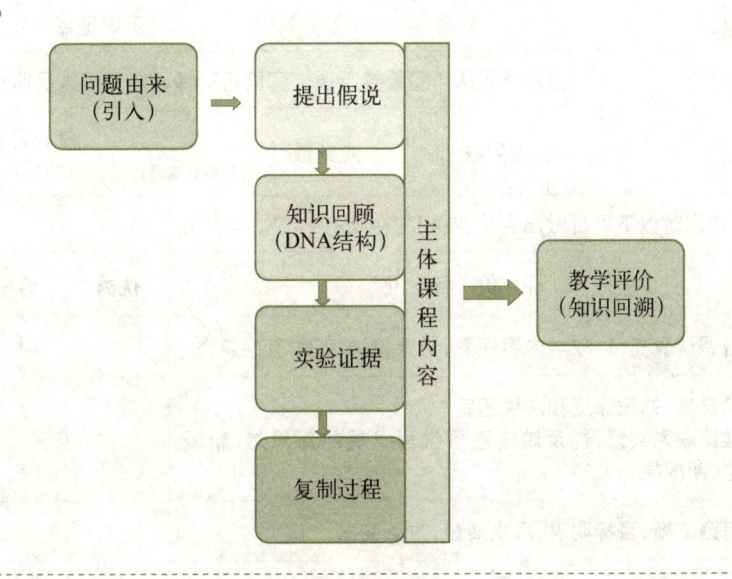

```
问题由来(引入) → 提出假说
                    ↓
                知识回顾(DNA结构)     主体
                    ↓              课程  → 教学评价(知识回溯)
                实验证据            内容
                    ↓
                复制过程
```

▲ **基于分析法的课堂教学过程评价的内容**

在使用分析法或调查法时,课堂教学过程评价的内容通常包括教学目标、教学内容、教学组织、教学方法、教学效果、教师教学基本功等方面。

（1）在教学目标上，要求目标明确，符合课程标准和教材的要求，注意科学世界观的教育，符合素质教育的要求，注意创新意识和能力的培养。

（2）在教学内容上，要求知识正确，无科学性错误，注意理论联系实际，重点突出，难度适宜，容量适中，教材处理恰当，合理设计教学情境，问题（活动）设计具有科学性、启发性。

（3）在教学组织上，要求课堂教学结构合理，节奏适度，讲练时间分配恰当，教学效率高，练习有层次性、启发性，注意能力培养；学生学习情绪饱满，能积极主动参与教学，活动面广。

（4）在教学方法上，要求贯彻启发式教学的原则，充分体现学生的主体地位，能及时抓住反馈信息，启发引导学生的创新思维，灵活处理学生反映出的问题。

（5）在教学效果上，要求达到教学目标，全体学生理解掌握了教学内容，课堂气氛活跃而有序，学生思维活跃，具有创新性，有一定的广度和深度。

（6）在教师教学基本功上，要求语言清晰准确，富有感染力，普通话标准，教态和蔼亲切，学生易于接受，板书设计合理工整，使用教具或作图规范。

传统的分析法常依据评价者本人的学识和经验对课堂教学活动进行定性的分析和评判，评价结果比较主观。而随着教育的发展，传统的分析法中也出现了量表评价法（表 7-17），这使得分析法的评课结果更加客观及专业化。

表 7-17　量表评价法举例

课程名称		课程性质		开课院系	
授课教师		授课对象（专业、年级）		听课人	
听课时间		节次		听课地点	
听课类型	□领导听课　□督导听课　□同行听课　□管理人员听课				
学生出勤人数	迟到数		应到数（教务处填写）		最长迟到时间

教师授课情况：请您对以下项目做出评价，在相应栏处打"√"。

评价项目	评价标准	优秀	合格	不合格
教学态度	备课认真充分，教学内容娴熟，讲课精神饱满，有感染力。			
教学内容	信息量、知识深度和广度适宜；理论联系实际，能反映或联系学科发展的新思想、新概念、新成果。			
教学过程	思路清晰，目标明确，层次清楚，重点突出。			
教学方法	运用启发式教学，鼓励学生思考和讨论，师生交流与互动积极，注重培养学生批判性思维和创新能力。			
教学手段	传统教学手段与现代教育技术有效结合，能有效利用多媒体，PPT 等辅助教学手段。			

续表

评价项目	评 价 标 准	优秀	合格	不合格
教学语言与教态	普通话标准,语言流畅、简洁生动; 仪表端庄,教态自然。			
教学管理	能很好的控制教学秩序,课堂纪律良好。			
教学效果	能调动学生情绪,课堂气氛活跃; 学生上课精神饱满,注意力集中,主动学习意识强,基本掌握有关知识与技能,完成教学目标。			

综合评价等级:(　　)优秀　(　　)合格　(　　)不合格

▲ 课堂观察 LICC 范式的基本框架和实施步骤

与分析法或调查法只"评"教师行为不同的是,课堂观察 LICC 范式将课堂解构为四要素(图7-9):学生学习(learning)、教师教学(instruction)、课程性质(curriculum)和课堂文化(culture),课堂观察 LICC 范式的命名就是基于这样的考虑。其中学生学习是课堂的核心,另外三个是影响学生学习的关键要素,图中的箭头表明各要素间的关系。出于观察的需要,遵循理论的逻辑,将每个要素分解成 5 个视角,再将每个视角分解成 3—5 个可供选择的观察点,这样,就形成了"4 要素 20 视角 68 观察点"(表 7-18)。它为我们理解课堂、确定研究问题、明确观察任务提供了一张清晰的认知地图和一个实用的研究框架。

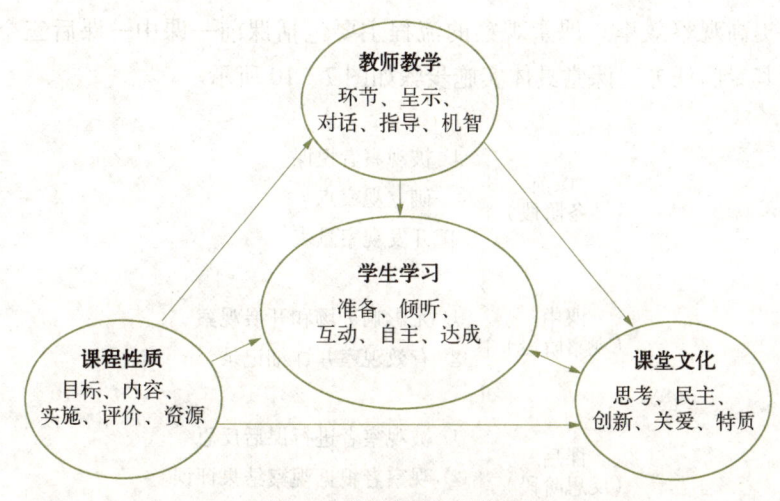

图 7-9　课堂观察的四维框架

表 7-18　课堂的 4 要素 20 视角及部分观察点举例

要　素	视　　角	观 察 点 举 例
学生学习 (L)	(1) 准备;(2) 倾听; (3) 互动;(4) 自主; (5) 达成	以"达成"视角为例,有 3 个观察点: • 学生清楚这节课的学习目标吗? • 预设的目标达成有什么证据(观点/作业/表情/板演/演示)? 有多少人达成? • 这堂课生成了什么目标? 效果如何?

续 表

要素	视角	观察点举例
教师教学 (I)	(1)环节;(2)呈示; (3)对话;(4)指导; (5)机智	以"环节"视角为例,有3个观察点: • 由哪些环节构成?是否围绕教学目标展开? • 这些环节是否面向全体学生? • 不同环节/行为/内容的时间是怎么分配的?
课程性质 (C)	(1)目标;(2)内容; (3)实施;(4)评价; (5)资源	以"内容"视角为例,有4个观察点: • 教材是如何处理的(增/删/合/立/换)?是否合理? • 课堂中生成了哪些内容?怎样处理? • 是否凸显了本学科的特点、思想、核心技能以及逻辑关系? • 容量是否适合该班学生?如何满足不同学生的需求?
课堂文化 (C)	(1)思考;(2)民主; (3)创新;(4)关爱; (5)特质	以"民主"视角为例,有3个观察点: • 课堂话语(数量/时间/对象/措辞/插话)是怎么样的? • 学生参与课堂教学活动的人数、时间怎样?课堂气氛怎样? • 师生行为(情境设置/叫答机会/座位安排)如何?学生间的关系如何?

课堂观察是一个专业过程,是一个行为系统工程,因此需要一套基本流程以保证课堂观察的规范化和提高观察效率。课堂观察的流程主要包括课前—课中—课后三个环节,每个环节里面均有其专门任务。课堂具体实施步骤如图7-10所示。

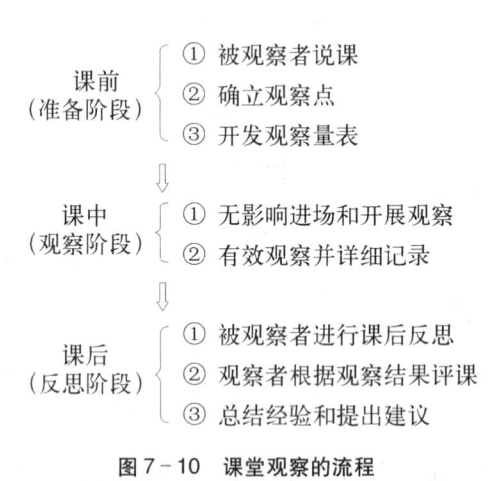

课前（准备阶段）
① 被观察者说课
② 确立观察点
③ 开发观察量表

课中（观察阶段）
① 无影响进场和开展观察
② 有效观察并详细记录

课后（反思阶段）
① 被观察者进行课后反思
② 观察者根据观察结果评课
③ 总结经验和提出建议

图7-10 课堂观察的流程

小试牛刀

请根据任务内容的学习,通过与同伴的讨论,思考课堂观察LICC范式是不是要求每堂课都需要观察68个点呢?

活动 3　分析课堂观察 LICC 范式的优势和局限

▲ 优势

课堂观察作为一种新的听评课形式,在促进教师专业成长方面有很明显的优势。

(1) 课堂解构,有利于教师深入了解课堂。

课堂观察将课堂分为四个要素,每个要素又分解为数个观察点。分解观察点的过程,就是对课堂进行解构,通过这个过程,极大丰富了教师对课堂的认知。课堂观察将很多课堂中隐藏的教学点、教育点都显现出来,让教师对课堂有更充分的认识,为教师更加充分地备课提供了依据。

(2) 同行评价,有利于教师改进课堂教学。

课堂观察特别重视课后交流评课阶段。各个观察合作体成员从各自的观察角度,根据记录的数据和现象,分析得出结论。然后,被观察者说明自己的设计意图及当时教学感受。最后,观察者从教学优势、劣势、特点等专业发展角度给予被观察者专业建议。通过这个过程,让被观察者明了自己在教学上的缺失,判断教学方法的有效性以及教学效果的优良性,汲取他人的经验,使自己的教学能力得到迅速提升。

(3) 学生评估,有利于教师调整教学计划。

课堂观察的最终目的在于确保学生得到发展,改善学生的学习。课堂观察对学生的评估结果反馈,尤其是学习成绩是否进步,能让教师知道目前的教学方法是否合适,教学情况离目标有多远,是否需要修正目标或改变教学策略等。教师针对这些信息,可以对教学计划进行调整,进而反思教学计划的科学有效制定。

▲ 局限

课堂是纷繁复杂的,课堂观察即使采用 4 个要素、20 个视角,也不能完全记录整个课堂的信息。课堂观察使用观察工具进行观察时,还会受到工具限制。因此,有条件的话,课堂观察最好借助现代化教学技术,如实录室,将整个课堂录下来,保留完整影像,可供后期更好地进行各种专项分析。

> **资料阅读**
>
> **一堂好课的标准**
>
> 什么样的课是一堂好课?这个问题没有标准答案。从应试的角度、从育人的角度,答案肯定不同。不同的学校也会有不同的答案,不同的人、不同的角色,答案也各不相同。
>
> 虽然好课没有标准答案,但有共同要求,那就是以学生的发展为本,以提升学生的核心素养为旨归。
>
> 以生物课为例,我个人认为能体现"活"就是好课。生物都是活物,一定要讲活。怎么体现这个"活"字呢?

第一,知识要学活。概念教学要重在理解概念的实质,不去抠字眼。如果仅仅是抠字眼而对概念的实质理解不了,那你就没法活起来,会越学越死。

第二,思维要活跃。能不能调动学生的思维、激活学生的思维是非常关键的,学生如果只是被动地听老师讲,那肯定活不起来。

第三,思维要灵活。思维光活跃了还不行,还得灵活。如果思维总是钻牛角尖,不会换角度来思考,没有发散性,那种思维再活跃也不行。生物界的多样性、复杂性决定了我们学生物学需要思维上的灵活性。

第四,要有有效的学生活动。学生活动既要包括探究活动,又要包括实践活动。

第五,要联系现实生活。即使学习非常微观的内容,也要联系现实生活。

第六,启迪人生,引导学生创造未来生活,这是最高的要求。学生物课,能够做到启迪人生吗?比如我们讲细胞,会讲到细胞凋亡,细胞凋亡是细胞自动结束自己生命的过程,这是为个体做贡献、为整体做贡献,当然也是由基因决定的。我们联系一下每个人在社会里生活,有时候也需要一些牺牲精神,牺牲个体、牺牲局部是为了整体。如果将细胞学讲到这个程度,是不是对人生有启迪呢?

关于一堂好课的标准,仁者见仁,智者见智。我说的这些都不是标准答案,我希望各位老师一起来思考,去补充一堂好课的标准。

(转载自"中小学数字化教学"公众号,作者:赵占良)

小试牛刀

我们一般通过调查法调查学生对教师教学过程的评价。以下是学生眼中的一些好课的案例,请你阅读并思考:这些课堂教学案例具有哪些共同的特征?

案例一:罗伯特森借助电子显微镜观察到细胞膜具有清晰的"暗—亮—暗"三层结构。就此,教师提问学生"这种结构像什么"。有的说像三明治,有的说像肉夹馍。教师说:"大家看它像不像我们吃的奥利奥饼干?"学生们喜笑颜开,这个模型也深深印在了学生脑海中。

案例二:在学习ATP时,教师对学生说:"如果早上我们去买早点,能否举着一张一万元的支票说'老板,来俩包子'?"从这个简单的例子深入浅出地让学生理解了糖类与ATP的关系。

案例三:在讲到病毒的生活方式时,说:"病毒就像罪大恶极的侵略者,吃人家的,住人家的,走的时候还把人家房子拆了!"

案例四:在学习人体内环境与外界进行物质交换时,教师说:"电视广告里说某某富氧水,可以喝的氧,让你漫步森林两小时!这种说法科学吗?"学生认真思考之后,才发现广告里的说法对大众是一种误导,因为人体吸收氧气应通过呼吸系统而不是消化系统。

案例五：有一次在学习生态系统功能时，教师向全班同学提问："生态系统存在着物质流、能量流——"有位学生接道："人流！"全班哄堂大笑。教师当时第一反应是要狠狠批评他，但只在一瞬间改变了决定，而是微笑着对全班同学说："刚才这位同学的思维很敏捷，在城市生态系统中的确存在着人的流动，我们每天就在学校和家之间来回流动，当然这其中也必然带来了物质、能量和信息的流动。"面对这种突发情况，倘若教师一味声色俱厉地批评学生，有可能会引起逆反心理，无法达到教育的效果。

案例六：在实施"人体的消化和吸收"一节的教学时，让善于表演的学生以"西瓜子历险记"为题，把自己扮演成在人体消化道中历险的西瓜子角色。他们用出彩的语言描述人体消化系统的组成和功能，用滑稽的动作表演食物的消化和营养物质的吸收过程。实践证明，这种以表演小品方式组织的教学形式，带有浓郁的幽默色彩，很受学生的欢迎。因此，我在"血液的组成""动物的分类"等多处教学活动中，也运用这一角色表演形式，都取得了良好的教学效果。

任务小结

听评课是对教师教学设计评价的重要环节，是教师同伴合作实践的重要活动之一。新课程倡导校本教学研究机制建设，以此为动力推动教师的自主发展。而实现教师同事、教学专家之间的互动对话、交流与合作是至关重要的。校本教研立足于课堂研究，基于合作的课堂观察是同事间交流的非常重要的方法，它破除了传统的听评课走过场的形式，而带有更多的目的性、针对性，使听课更有效，评课更深入。因此，我们需要"从业余的思维走向专业的思维"，摒弃那种"无须知识基础""谁都可以听评课""随意点评"的做法，倡导那种理解课堂、重在合作、关注学习、基于证据的听评课。

拓展阅读

"DNA的结构"一节的课堂观察[①]

在备课组内组成观察合作体，利用集体备课时间，对年轻教师王老师进行了一个学期的课堂观察，研究课堂观察对促进教师专业发展的作用。

1. 观察量表的制定

课堂是错综复杂的，任何观察者都不可能获得课堂中的全部信息，因此组建观察合作体有利于全面地收集课堂信息，并且借助于合作体的群体组织活动，可以使课堂观察更加专业化、客观化。观察合作体的每个人具体确定某一维度后，接下来就是要确立恰当的观察点，这是课堂观察的关键环节之一。

遵循"以研究为前提，兼顾可观察、可记录、可解释"的原则确立观察点，然后将观察点汇总到观察量表中。经过反复实践，考虑可操作性，我们针对课堂观察的4个维度和20个观察视角，共制定了4份观察量表，表7-19是"教师教学"维度的观察量表。

---

① 徐涛.教师专业成长的催化剂：生物学课堂观察[J].生物学教学，2019，44（01）：26-28.

表 7-19 教师教学观察量表

观察维度：教师教学

视角	观察点	观察记录	分析与建议
环节	教学环节、流程及时间分配是否合理		
	哪些教学环节、活动有特色、创意		
呈示	讲解效度如何		
	板书呈现了什么		
	演示实验是否规范		
对话	所用语言对学生是否友好		
	提问的时机、对象、次数和问题的类型、结构、认知难度如何，效果怎样		
指导	检查学生的理解程度(范围/频率/语态)		
	指导自主学习的平台有哪些		
	指导合作学习的平台有哪些		
机智	教学设计有无临时调整，结果如何		
	如何处理来自学生或情境的突发事件		

2. 跟踪课堂观察

在具体课堂观察时，观察者可以在总观察量表的框架下，开发新的观察量表工具，有利于更细致化、专门化的观察。

从2016年秋学期开始，观察合作体6名教师利用每星期集体备课的两节课时间，开始课堂观察模式听课，并重点对王老师组织了完整的课堂观察5次。以"DNA的结构"一节的课堂观察活动为例，首先，第一节集体备课时，王老师先就本节课内容进行设计陈述，针对本节课是生命科学史中经典教学内容的特点，他准备以构建"单位—单链—双链—立体"模型进行深入教学，分为温故知新、小组合作、构建模型、深入探究四个环节。备课组教师根据王老师的课前说课，共同讨论本节课可以从哪些维度入手进行观察。有的教师认为本节课环节设置较多，那么教师会如何分配时间呢？故选择的观察维度是"课堂教学时间的分配"；有的教师想了解在DNA模型建构和探究讨论环节学生的参与情况，故选择的观察维度是"学生活动参与的深度"；笔者想了解不同环节之间教师会如何串引，故选择教师教学维度下的"教学环节引导的有效性"作为观察视角。选定四个维度的观察视角后，各个观察者根据各自的观察视角选择合适的观察量表或开发新的观察量表。笔者则针对于自己的观察视角设计了教学环节引导的有效性观察量表(表7-20)。

表 7-20 教学环节引导的有效性观察量表

教学环节引导的有效性

教 学 环 节	所用时间	引导语句	学生反应	引领方式（讲解、理答、评价）
导入 DNA 结构教学				
引导学生进入 DNA 科学史发现历程				
引导学生进行 DNA 模型建构				
引导学生合作讨论 DNA 的结构特点				
引导学生深入探究 DNA 的分子特性				
各个教学环节之间逻辑是否合理？为什么				
教学环节设计有什么特点				

观察者提前进入课堂，根据观察任务确定观察位置，以保证收集客观信息。如观察学生学习，则应选择距离学生较近的位置，且最好附近有不同层次的学生，使收集到的学生课堂的信息更全面。为了保证观察的效率和质量，每个观察者每次听课时只观察一个维度，记录一张量表。观察者如实记录收集的数据和看到的现象，课堂观察结束后进行各种数据统计和现象分析，并将结果汇总到四维评价坐标图上（图 7-11）。

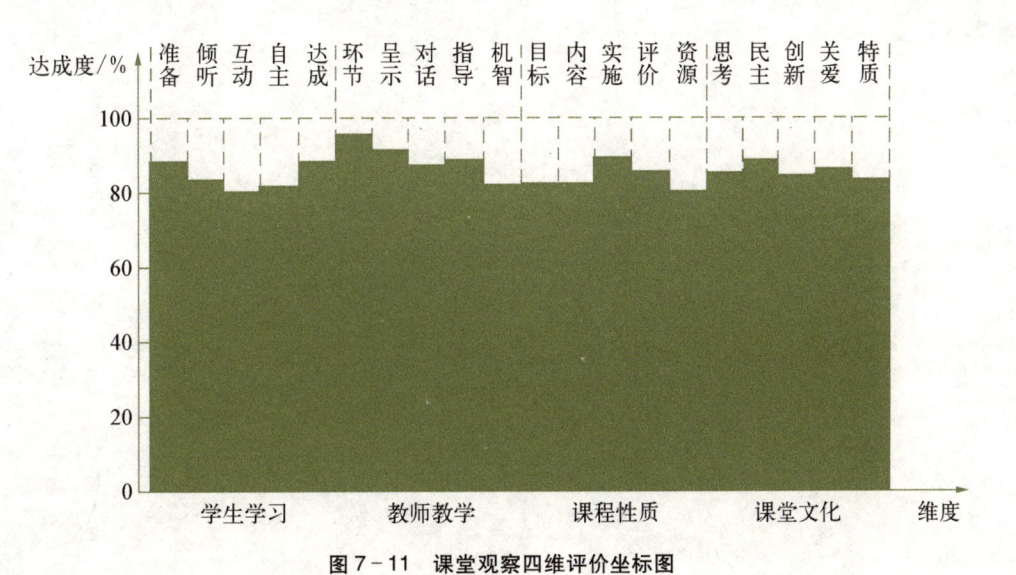

图 7-11 课堂观察四维评价坐标图

3. 总结建议

观察量表只是记录课堂中的数据和现象，如何分析这些数据、如何发现数据背后的原因和现象下面的实质，这要求观察者有较强的数据分析能力、教学反思能力，这也是课堂观察操作中的关键环节之一。

如在"DNA 的结构"一节的课堂观察活动中,笔者的观察视角是"教学环节引导的有效性",记录到第一环节新课的导入共花约 3.5 分钟,教师通过创设情境引导学生:"有两对夫妇在同一个医院同时生孩子,护士忙乱中出错将孩子弄混了,请问该怎么办才能帮助护士准确地将孩子交还给其父母?"学生对于该情境很感兴趣,讨论热烈,参与度较高,达到 90%以上。学生们给出多种建议,有的说可以用指纹鉴定,有的说可以用 DNA 鉴定,甚至有学生说用滴血认亲等。教师针对学生提出的建议,又将问题交给学生们,"哪位同学能帮我解释一下,是否可以用指纹鉴定来判定亲属关系,为什么?""滴血认亲科学吗?真的可以作为判定血缘关系的依据吗?"

根据本节课堂观察记录,我的分析和建议是:本节课教师很好地设计了各个教学环节的关联语句,能够自然连贯地实现环节之间的过渡。教师在处理课堂生成时体现教师有较好的基本功,反应敏捷,处理恰当。但是在引导学生分析 DNA 分子结构特点这一环节时,因为模型建构环节花费时间较多,导致这一环节略显仓促。引导只是 20 秒左右的三句话,整个 DNA 分子结构分析只花费 3 分钟左右时间。因此建议强化学生活动环节的时间掌控,以保证本节课达到学生能力锻炼和知识理解巩固同重。课堂设计时,要注意关注学生的反应,教师在回答学生问题时言语要清晰简练。

课外活动：说课

在系统学习教学设计的基本理论和方法之后，完成基于中学生物学某一章节内容的完整的教学设计，并在教师指导下，开展说课活动。

一、背景知识介绍

1. 说课的目的及含义

说课是教师一种有效的专业交流形式。通过说课，教师可以快速地传递教学设计意图和思路。说课可以放在教学前，也可以放在教学后。比如在集体备课时，说课就是教师交流和表达的一种有效形式。在有些教研活动中，说课也可以和评课结合起来，放在教学之后评课之前进行。比如教师先进行教学设计，然后进行教学展示，接下来说课，说说这节课背后的设计思想和意图等，之后结合老师的上课、说课进行集体评课。

说课是指授课教师将自己在备课中深入钻研教材和教学设计的体会和认识口述出来的过程。这里的"说"主要是一种"解说"而不仅仅是一种"述说"。所谓解说，就是不仅要说出"教什么""怎样教"，更重要的是要说清楚"为什么要这样教"，即有什么理论或实际依据。

2. 说课的内容

实际上，说课内容主要包含三方面，即说目标、说方法、说因由。由于教学脱离不开具体的教学情境，因此特别是对不熟悉当地教学情境的对象说课时，还应该说一说教学展开的具体情境，比如用的是什么教材、学生情况如何、学校教学资源条件如何等。

（1）说目标。教学目标是一节课的灵魂。教师的教学就是围绕着目标开展的。教师要确立目标、达成目标、最后检测目标。教师要根据具体的教学情境确立目标，比如是怎样的一个教学主题、这个教学主题有怎样的特点、哪些内容对学生最有价值、哪些内容不容易学习、学校的哪些条件资源可以利用等，只有结合这些实际的情况，确立的目标才具有可行性。

此外，目标应该聚焦学科核心素养，围绕课标的内容要求，虽然不一定要面面俱到，但是头脑中也要有这样的框架，防止只注重一个维度而完全忽略其他维度。教学目标的设定要结合具体的内容和学情，这在先前的教学设计课程中已经学习了，如学习内容分析、学习者分析、学习需要分析等内容都对确立合理的教学目标有帮助。在教学目标表述上，可以采用ABCD格式表述，也就是"主体+行为+发生条件+程度"。一节课的教学目标不宜过多，说课也应该有所侧重，重点说自己着重突破的、有新意的目标。

（2）说方法。方法既包括教法，也包括学法。通过描述具体的教学环节和程序来体现教法和学法。如这节课你打算怎么上？这节课要做哪些具体活动？设置的关键教学环节和学习任务都是什么？通过说方法，你必须能让听众对这堂课的教学过程有一个整体的了解，同时也要尽可能具体直观，而不是笼统拔高和抽象概括。

在说方法时，要说出教学主线，即教学活动按照怎样一个逻辑或问题线索展开、每个环节都解决什么问题、环节之间又是如何关联和过渡的。只有这样,才能帮助听众在有一个整体轮廓的同时,又能关注到重要的活动环节。

(3) 说因由。光描述了教学过程和方法还不够,说课还要能说出具体这样开展教学活动的意图和理由。这往往需要教师对自己已有的教学经验进行反思和提炼,然后才能有意识地对教学活动中不足之处进行完善或新的尝试。说因由,是督促教师深刻反思的一种方式。它推进教师有意识地进一步思考"自己为什么这么教",也就是这样的教学实践背后的理念和规律是什么?为什么有些活动有效、有些无效?哪些规律只适合这个内容的教学?哪些则可以推广到其他主题的教学?这将有利于教师提高思考和交流的深度和质量,同时也能切实推动教师专业发展和提升教学实践质量。

总之,说课不是对教学设计的简单复述,也不是课堂再现,而是授课教师对备课过程理性上的再认识,是备课的升华和高度提炼,是一种行之有效的教研活动和师资培训形式。

二、活动内容

结合试讲内容(或其他自选内容)对自己在备课和教学设计过程中的思考和体会进行理性的再认识和提升,从教学情境、目标、方法、过程等方面进行5—7分钟的说课,可以借助演示文稿,要凸显出自己的教学意图和依据,每小组派2—3名代表在下节课上展示,其他同学的说课视频要挂在网上。

三、活动目标

(1) 通过该活动,知道说课的基本要素,学习说课的基本方法。

(2) 在活动过程中锻炼演示文稿制作的基本技能,并通过课堂展示活动,提高表达能力。

四、活动评价

本次活动的成果将从内容、演示文稿制作、语言表达、形象风度四个基本方面进行综合评价。

五、参考资料

[1] 陈亚君,郑晓蕙.浅析生物学教师的说课思路和技巧[J].生物学教学,2007,32(10):18-20.

[2] 余宏亮,石耀华.论作为教师课程理解的说课及其心理转换[J].课程·教材·教法,2013,33(06):22-27.

[3] 尹合栋.说课评价量规的设计与应用[J].现代教育技术,2012,22(12):35-39.

[4] 宋萑.说课与教师知识建构[J].课程·教材·教法,2012,32(04):120-124.

[5] 任宝贵,陈晓端.说课与教师专业发展[J].教育科学研究,2009(02):69-71.

[6] 罗晓杰.说课及其策略[J].教育科学研究,2005(02):40-43.

[7] 鲁献蓉.新课程改革理念下的说课[J].课程·教材·教法,2003(07):25-30.

[8] 张廷均.怎样撰写说课稿[J].教学与管理,2002(22):31-32.